KB042898

달진제주
민요로 흐르다

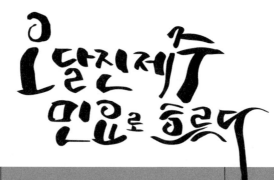

오달진제주
민요로 흐르다

민요로 보는
근대제주의 경제와 사회

진관훈 지음

學古房

재작년『오달진 근대제주』(학고방, 2019)를 내면서 이성훈 박사님께 미리 말씀 드렸었다.『제주민요로 본 제주경제와 사회』단행본을 준비하겠노라고. 얼추 그 약속을 지킨 셈이다. 물론 하고 싶고 재미있어 한 일이다.

'오달지다'는 '마음에 흡족하게 흐뭇하다', '허술한 데가 없이 야무지고 알차다'라는 뜻을 가진 형용사로 '오지다'와 비슷한 말이다. 제주어로 말하면 '요망지다'와 유사하다고 할 수 있지만 그보다 훨씬 기품 있는 표현이다. 당시 중2 던 딸 현정이가 제안했다. 제주해녀노래 사설 속에는 "유다른 삶과 '오달진' 기개가 담겼으며, 제주해녀다운 삶의 방법과 어떠한 고난에도 까무러지지 않는 意志를 터득하고 탄탄한 意氣"가 들어있다. 故 김영돈 교수님의 지론이다. 제주민요 특히, 노동요의 주인은 '오달진 제주여성'이라는 의미로 들린다.

그래서 지난번에 이어 이번 책도 '오달진 제주' 시리즈로 하려고 한다. 금년 말 발간예정인 제주화전에 관한 단행본 제목도 '오달진 제주의 火田 이와기'로 일찌감치 정했다. 언제나 그렇듯이 역사는 흐른다. 그 역사의 표현인 민요는 가락이다. 그 구성진 가락도 흐르고 흐른다. 이 '흐르다'는 표현은 이 책의 표지 글씨를 쓴 아내 고경혜 선생님 아이디어다. 거기에 아들 성근이와 딸 달래의 코멘트를 보탰다.

　자주 말하지만, 제주경제사를 공부하다 보면 아쉬움이 많다. 특히 관련자료 대부분이 관찬자료이다 보니 정작 이 땅에 살았던 제주도민들을 올바로 이해하였는가에 대해 우려된다. 통치효율을 위해 관에서 나온 공식자료는 아무리 그 해석을 확대한다 해도 한계가 있을 수밖에 없기 때문이다. 그래서 나는 은사 유광호 교수님의 가르침대로 공식자료의 이면적裏面的의미를 재해석하는 방법을 자주 사용한다. 구술, 민간인 기록, 공인 회고록, 구비문학, 신문 등 비공식 연성자료를 이용하여 실제적 의미를 파악해 보려 한다. 그 중 민요가 '딱' 이다.

　민요와 같은 비공식적 연성자료soft data를 이용하여 공급자 입장보다는 기층민 입장에서 폭넓게 해석해 보려 한다. 공식자료를 통해 당시 모습을 간접적으로 재생하기보다 연성자료를 통해 현실감 있는 역사적 리얼리티에 접근하는 편이 옳다고 본다.

　이 글 역시 작년 '제이누리'에 45회 연재되었다. 제이누리 양성철 대표에게 늘 고맙게 생각하고 있다. 연재를 하면 많이 반성하고 자주 글 쓰는 태도를 가다듬을 수 있어 좋다. 함부로 아는 체 하다가 잘못을 깨닫게 되면 며칠간은 밥 먹기 싫을 정도로 위축된다. 그래도 기사댓글에 나타나는 지적사항들을 보며 자칫 흐트러지기 쉬운 글쓰기 자세를 다시 가다듬고는 한다. 누가 봐도 옳은 지적들을 정중히 해 주신다. 왜 나는 그걸 몰랐을까, 내 무식의 소치라고 밖에 변명이 여지가 없다.

어느 목요일 오후 2시 10분, 송성대 교수님께서 전화 주셨다. 그날 게재된 내 글의 주장이나 근거, 문장의 맥락, 균형, 심지어 말장난 등을 꼼꼼하게 지적해 주셨다. 결론은 '좀 더 공부하며 글을 써라' 이었다. 그러셨던 교수님이 올해 1월 황망히 돌아가셨다. 재작년 1,000페이지가 넘는 『문화의 원류와 그 이해』개정 증보판을 내신 후, 하늘나라 부르심 받아 올라가셨다. 난 졸지에 학문적 고아가 됐다. 그보다 아무 때나 찾 아가 여쭤볼 수 있고, 늘 깊은 가르침을 주셨던 스승님께서 이승과의 소통이 불가한 異域으로 가버리셔서 슬프다. 그래도 많이 모자라지만 이 책을 스승님 영전에 올릴 수 있게 되어 다행이다. "수고해서~ 고생 해싱게"

두 가지 양해를 구하고 싶다. 이 글을 쓰기 위해 자료를 모으고 골격 을 구성하면서 나는 자의반 타의반으로 '친절한 글쓰기'를 포기했다. 이 책은 어리숙한 시절 한라산 남쪽에서 태어나 촌에서 국민학교와 중학교 를 나온 '오고 답답한 중장년 섬놈'의 눈높이로 쓰여 졌다. 사실 제주어 로 노래한 제주민요는 고증을 거친 후 표준어현대어로 번역하고 해석하 여 이해하기 쉽게 재구성하는 작업이 필요하다. 당연히 그래야 하겠지 만, 그러기에는 내 역량이 턱없이 부족하다. 변명 같지만, 이 책은 민요 백과사전이나 제주어사전이 아니다. 그 부분은 제주어 전공자님들의 몫으로 남겨두기로 하고, 대신 제주민요의 풍자와 해학, 삶의 고달픔과

승화를 제대로 그려보고자 했다. 그렇다고 너무 무겁게 여길 필요는 없다. 지나치게 진지해질 필요 없이, 잠 안 올 때 듬성듬성 읽다보면 민요가락 흐르듯 깊은 잠에 빠지실 수 있을 게다.

이 책에 나오는 민요는 고 김영돈 교수님 저서와 제주학센터 아카이브 (http://www.jst.re.kr/digitalArchiveDetail.do?cid=210402&mid=RC00088 977&menuName=구술음성〉민요)를 전적으로 인용했다. 제주어는 강영봉 교수님이 대표 조사집필위원인 〈제주특별자치도, 2009, 개정증보 제주어 사전〉을 바이블 삼았다. 이처럼 훌륭한 기초자료에도 불구하고 군데군데 숨어있는 이 책의 많은 오류들은 전적으로 필자의 무지와 게으름에 기인한다.

그리고 또 하나, 이 책에 인용된 자료사진의 출처문제이다. 필자가 직접 촬영한 사진들도 있지만, 이 책의 성격상 대부분 오래된 흑백사진이라 포털이나 블로그, 지자체 발간의 '제주백년 사진이야기', '사진으로 보는 제주 옛 모습', '제주 100년 사진', '사진으로 보는 제주역사' 등에서 가져왔다. 그래서 지자체명만을 표기하고, 원소유자는 표기 못했다. 이 점 양해 구하면서 나중에 원본 촬영자를 알게 되면 동의를 구하고 수정 보완하려 한다. 따라서 독자님들께서는 이 책의 사진을 보기만 하시고 재인용은 절대 마시기 바란다.

작년 약간의 땅을 마련했다. 장차 가족묘원으로 조성해 갈 예정이다. 지금은 꽃밭 겸 텃밭으로 활용하고 있다. 첫 해라 그런지 작물들이 신통치 않다. 요즘 무위이화無爲而化를 되 뇌이고 있다. 반려식물도 다 무슨 생각이 있어 그러려니 하며 산다.

얼마 전 내시경으로 胃와 大腸에 있는 선종제거 시술을 했다. 위에 3개, 대장에 9개 도합 12개 선종을 잘라내니 몸이 가벼워진 느낌이다. 난 생애 최초 내장기관 보링이라 여겼지만 아내와 아들, 딸은 다소 긴장한 듯 했다. 어쨌든, 고3생활로 매일 축 쳐져있는 딸, 造景 공부 하느라 잔뜩 긴장해 있는 대학원생 아들, 연구부장을 맡아 업무하기에도 정신없을 텐데 우리를 뒷바라지 하느라 번 아웃 직전인 아내, 그래도 이들과 함께 해서 행복하다. 방학이라 집에 내려온 아들이 불쑥 말했다. "전 엄마, 아빠의 아들로 태어나서 기쁩니다." 난 성큼 대답했다. "난 네가 우리아들로 태어나 줘서 고맙다."

이번에도 흔쾌히 출간을 허락해 주신 학고방 하운근 대표님과 기품 있는 편집과 디자인을 해주신 이현미 담당님, 조연순 팀장님께 깊이 감사드린다. 아마 이 분들은 두고두고 복 많이 받으실 거다.

2021년 7월 2일
진관훈

목 차

책을 펴내며 _5   머리말 _13

머리말

"제주도는 민요의 나라이다"

민요는 민중들의 사상, 생활, 감정을 담고 있으며 노동이나 생산 활동과 연관된 생산적 노래이다. 제주민요에는 농사짓기 소리農謠, 고기잡이 소리漁謠, 일할 때 부르는 소리勞動謠, 의식에서 부르는 소리儀式謠, 부녀요婦女謠, 동요童謠, 잡요雜謠 등이 있다. 특히 제주민요는 노동요勞動謠와 부녀요婦女謠가 압도적으로 많다(김영돈, 2002).

노동요에는 농사짓기 소리로 '검질 매는 소리', '사대소리, 사디소리'가 가장 많고 '밭 밟는 소리'踏田謠, '도리깨질 소리', '방아 찧는 소리' 등이 있다. '고기잡이 소리'로 해녀들이 전복을 따러 갈 때 노를 저어가면서 부르는 '해녀 뱃소리', '노 젓는 소리, 멸치 후리는 소리'가 있다. 그리고 일하며 부르는 소리로 맷돌질하면서 부르는 '고랫소리', '가래질소리', '꼴 베는 소리', '톱질소리', '방앗돌 굴리는 소리' 등이 있다. 또한 말총으로 망건, 탕건 등을 짜며 부르던 노래들도 있다.

노동요에는 당시 생산 활동에 관한 구체적 사실들이 나타나 있다. 특히 선유가船遊歌, 어부가에서는 송당 '되방이 짓기', 함덕 '신짝 부비기', 조천 '망건 틀기', 신촌 '양태 틀기', 별도 '탕건 틀기', 도두 '모자 틀기', 고내, 애월 '기름장사', 대정 '자리 짜기', 김녕, 갈막 '태왁 장사', 어등, 무주 '푸나무장사', 종달 '소금장사', 정의 '질삼 틀기' 등 마을마다 지역특성에 맞게 성행했던 가내수공업이나 부업활동에 관한 내용이 들어있다.

1930년대 들어 제주에 대한 외부의 관심이 높아지면서 감칠맛 나는 제주민요들이 밖으로 알려지기 시작했다. 1938년 6월 7일 조선일보는 "제주도야 말로 참으로 민요의 나라이다. '고랫노래'라고 하여 방애 찧을 때에 부르는 노래도 있고, 바다 위에 배를 띄워 놓고 저어가며 노에 맞춰 부르는 '뱃노래'도 있으며, 들에서 김을 맬 때에 그 힘들고 괴로움을 조금이라도 덜어 볼까 하여 이 고랑에서 '멕이고' 저 고랑에서 받는 '엄부가'嚴父歌도 있다" 라며 제주민요를 소개하고 있다

> 이어도 호라하라 이어도 호라 이어 이어 이어도 호라
> 이어 홈민하면 나 눈물 난다 어어 말난 말아근말고 가라
> 이어도 하라 이어도 하라 이어 이어 이어도 호라
> 강남江南가건 가거든 해남을 보라 이어도가 반이라 혼다한다
>
> | 이어도 노래 |

이 섬의 노래 가운데서 가장 대표되고 특징을 나타내는 것은 '이어도'의 노래가 첫째일 것이다. 이와 같이 이어도가 늘 붙어 다니니 그러면 이 이어도라는 것은 무엇일가? 이것은 한 전설傳說의 섬이니 이허도離虛島라고 까지 쓰는 사람이 있어서 본도本島와 지나支那와의 사이에 위치

를 둔 섬이지마는 본도에서는 퍽 먼 곳에 있으므로 보이지도 않고 또 일찍 한 사람도 가본 일이라고는 없는 그런 신비스럽고 허무한 전설의 섬으로 알아오는 이가 많다. 그리하여 이 도녀島女들은 그가 사랑하는 남편이 지나支那에 공물貢物을 싣고 한번 배를 타고 바다로 나간 후에 한 번도 그 배가 다시 돌아온 일은 없었다고 하니 이 여자들이 얼마나 이 이허도가 원망스러웠으랴(조선일보, 1938년 6월 7일 기사).

지금까지 제주민요 연구는 주로 국문학, 민속학, 인류학, 음악분야에서 많이 이루어졌다. 그동안 열악한 조건에도 불구하고 발품 팔아가며 제주민요를 채록하고 정리하여 체계화시킨 선학들의 노고와 학문적 성과는 존경을 넘어 경이롭기까지 하다. 나 같은 문외한들조차 '제주민요 연구'에 무임승차할 수 있는 사회적·학문적 환경의 조성은 전적으로 1세대 제주민요 연구자님들의 자기희생과 학문적 헌신에 기인한다. 다시금 존경을 표한다.

그 독보적인 성과는 제주민요 연구의 선구자인 故 김영돈 교수(1999, 2002)의 『제주의 민요』, 『제주도 민요 연구 Ⅰ, Ⅱ』에 소중하게 담겨있다. 이후 제주민요에 관한 많은 논문과 단행본이 발간되었다. 대표적으로 조영배(2009), 『태초에 노래가 있었다』, 변성구(2007), 『제주민요의 현장론적 연구』, 양영자(2007, 2017), 『제주민요의 배경론적 연구』, 『제주학으로서 제주민요』 등이 있으며 최근 마을조사 형태의 국립무형유산원(2020), 『제주민요』 등도 있다.

이와 함께 민요연구 1.5세대라 할 수 있는 좌혜경 박사는 지난 40년 간의 본인 연구를 포함한 기존 성과물들을 토대로 현장에서 직접 구술,

채록한 민요들을 집대성한 『제주민요사전』(좌혜경 외, 2015)을 공동 연구로 발간했다. "기존 채록된 영상, 음성, 구술, 디지털자료들을 바탕으로 제주전역의 창자唱者들의 노래를 수집하고 디지털화 한 600여 편 중 가장 원형성이 잘 남아있다고 판단되는 자료를 선정한 후 유형별로 분류하고 가사채록과 음악적인 채보를 진행하였다"(좌혜경 외, 2015:3). 이를 "제주연구원〉제주학 아카이브〉유형별 정보〉구술음성〉민요"에 디지털 아카이브화 하여 제주민요에 관한 원 자료들을 상세히 제공하고 있다. 이 글은 이 자료에 전적으로 의존했다.

당연한 말이지만, 지금까지의 제주민요 연구는 제주의 사회와 경제 분야에 대해 미처 관심을 두지 못했다. 이에 착안하여 이 책에서는 이 선행연구들을 토대로 '제주민요와 제주의 사회와 경제생활'을 융합融合한 연구를 시도해 보고자 한다. 즉, 민요와 사회 · 경제, 제주민요와 제주사회 · 경제사의 '학제 간 연구'라 할 수 있다. 다시 말하면, 제주민요에 나타난 당시의 사회 · 경제생활, 사회 · 경제적 행위, 사회 · 경제현상 등을 제주 사회 · 경제사적 관점에서 재해석해보고자 한다. 이를 통해 제주민요에 대한 다양한 의미와 포괄적 가치를 되새길 수 있기를 기대해 본다.

지금까지 민요와 경제학을 융합한 학제 간 연구interdisciplinary approach는 김상규 교수가 독보적이다. 김상규2016, 2017의 "우리나라 산업별 민요의 경제적 함의"(경제교육연구 제23권 1호, 51~84), "우리나라 지역별 민요를 활용한 경제교육"(경제교육연구 제24권 1호, 65~97), 『민요와 경제학의 만남』 등이다. 이 연구들은 우리나라 전 지역의 민요와 경제학, 경제교육과의 학제 간 연구를 시도한 최초의 연구로 '민요의 경제학적 함의, 민요경제학Benjonomics'에 대한 체계적 연구로 평가되고 있다.

한편 다양한 제주민요들은 아래 표와 같이 사회·경제사적 연구대상 별로 재 묶음 할 수 있다. 물론 이러한 분류는 관점에 따라 달라 질 수 있다[1].

〈표 1〉제주민요의 사회·경제사적 요소

자연	영주10경	영주십경가, 산천초목, 이야홍, 계화타령, 너녕 나녕, 오돌또기
정신·종교	장례의식	행상노래(행상소리), 상여노래(상여소리), 진토굴 파는 노래(진토굴 파는 소리), 진토굴 소리, 솔기소리, 달구질노래(달구소리), 평토소리, 꽃 염불 소리
	무속의식	탐벌소리
	불교의식	회심곡
사회집단	집안, 시집살이	시집살이노래, 집안노래,
산업노동	농업	따비질 노래, 밭가는 노래, 곰방메노래, 써레질노래, 밀레질 노래, 둣거름 불리는 노래, 밭 밟는 노래, 김매는 노래, 보리 훑는 노래, 마당질노래, 마소 모는 노래
	목축업	마소 모는 노래, 꼴 베는 노래
	어업	닻 감는 노래, 노 젓는 노래, 멸치 후리는 노래, 갈치 낚는 노래, 해녀노래, 테우노래
	임업	나무 베는 노래, 나무 켜는 노래, 나무 쪼개는 노래, 나무 깎는 노래, 나무 내리는 노래

---

1) 제주민요는 '놀레'노래, '소리', '가' 등으로 이름 지워져 있다. 제목을 붙이는데 특별한 원리나 방법이 있어 약간씩 다르지 않나 추측만 한다. 하지만 이 글에서는 '노래'와 '소리'를 구분하지 않고 혼용하여 썼다. 서울에서는 십이잡가 十二雜歌를 통하여 독자적인 성격을 확립한 잡가가 종목이 계속 늘어나고 널리 불려 졌다. 이러한 변화가 일어나자 '노래'와 '소리'를 구별하여야만 되었다. 정악인 가곡歌曲을 잡다한 공연물과 구별하고자 하는 쪽에서는 가곡만 '노래'이고, 그 밖의 것들은 '소리'라면서 격이 다르다고 하였다(한국민족문화대백과사전, 민요).

	목축	마소 모는 노래, 꼴 베는 노래
	운반노동	마소 모는 노래, 연자 맷돌 옮기는 노래, 물건 나르는 노래
	제분노동	절구 방아 찧는 노래, 연자 방애 찧는 노래, 맷돌질 하는 노래
	가내공업	풀무질 소리하는 노래
	가내수공업	망건 뜨는 노래, 양태 뜨는 노래, 탕건 뜨는 노래, 모자 뜨는 노래
	토목	땅 다지는 노래, 목도하는 노래, 흙 이기는 노래, 짚 두드리는 노래, 벽 바르는 노래, 상량하는 노래, 흙덩이 부수는 노래
생활수준	생활고	자립·신세한탄의 노래, 신세·팔자한탄의 노래

주지하다시피, 제주민요에는 노동요가 가장 많다. 이 노동요를 산업과 노동의 특성이라는 관점에서 재분류하면 아래 표와 같다.

<표 2> 제주노동요의 산업·노동별 분류

산업·노동	분류	소리 명칭
농업노동요	따비질 노래	따비질 소리, 따비왓 가는 소리, 새왓 이기는 소리
	밭가는 노래	밧 가는 소리
	곰방메노래	곰베질 소리, 흑벙에 ᄇᆞ수는 소리, 벙애 바수는 소리
	써레질노래	서레질 소리
	밀레질 노래	밀레질 소리
	둣거름 볼리는 노래	걸름 볼리는 소리, 보리 걸름 볼리는 소리, 둣걸름 내는 소리
	밭 밟는 노래	밭 볿는 소리, 밧 볼리는 소리, 조팟 볼리는 소리
	김매는 노래	검질 매는 소리, 사데소리, 홍애기소리, 아웨기, 용천검, 상사소리, 더럼소리, 더럼마소리, 다벌소리, 농부가, 쫀른사데, 진사데, 추침사데

	보리 훑는 노래	보리 훑트는 소리
	마당질노래	도깨질소리, 마당질소리, 타작소리
	마소 모는 노래	ᄆᆞ쉬 모는 소리, 텟ᄆᆞ쉬 모는 소리, 쉐 ᄆᆞ는 소리
어업노동요	닻 감는 노래	닷 감는 소리, 맬 후리는 소리
	노젓는 노래	베 젓는 소리, 테우 젓는 소리, 세터 띄우는 소리
	멸치 후리는 노래	멜 후리는 서우제소리, 멸치 잡는 소리, 멜 후리는 소리
	고기(갈치)낚는 노래	궤기 나끄는 소리, 궤기 나끄는 홍생이, 갈치 나끄는 소리, 갈치 나끄는 홍생이
	해녀노래	해녀 노 젓는 소리, 노 젓는 소리, ᄌᆞᆷ녀 노 젓는 소리, 네 젓는 소리, 해녀물질 소리, 테와 짚고 나가는 소리
	테우노래	선유가, 테우 만드는 소리
목축노동요	마소 모는 노래	ᄆᆞᆯ 모는 소리, 소 모는 소리, ᄆᆞ쉬 모는 소리, 텟ᄆᆞ쉬 모는 소리
	꼴 베는 노래	ᄎᆞᆯ 비는 소리, 홍애기 소리
임업노동요	나무 베는 노래	낭 끈치는 소리, 낭 끈치는 톱질 소리, 낭 끈치는 도치질 소리, 대톱질 소리, 홍기도치 소리
	나무 켜는 노래	낭 싸는 소리, 톱질소리
	나무 쪼개는 노래	낭 깨는 소리, 낭 깨는 도치질 소리
	나무 깎는 노래	낭 까끄는 소리, 귀자귀소리
	나무 내리는 노래	낭 내리는 소리, 낭 끗어 내리는 소리
수공업노동요 (관망 제조)	망건 뜨는 노래	맹긴 뭇는 소리, 맹긴 줒는 소리
	양태 뜨는 노래	양태 뭇는 소리, 양태 줒는 소리
	탕건 뜨는 노래	탕근 뭇는 소리, 탕근 줒는 소리
	모자 뜨는 노래	모자 뭇는 소리, 모자 줓는 소리
가내공업 (요업)노동요	풀무질 소리하는 노래	똑딱불미 소리, 토불미 소리, ᄇᆞᆯ판불미 소리, 디딤불미 소리

	흙덩이 부수는 노래	흙덩이 바수는 소리
토목노동요	땅 다지는 노래	집터 다지는 소리, 달구소리, 원달구소리
	목도하는 노래	산태질 소리, 목도질소리
	흙 이기는 노래	흑질 소리, 흑굿 가는 소리, 질뜨림 소리, 흑 이기는 소리, 흑굿 이기는 소리
	짚 두드리는 노래	찍 두드리는 소리
	벽 바르는 노래	새벽질하는 소리, 흑질 ᄒᆞ는 소리
	상량하는 노래	상량소리
운반노동요	마소모는 노래	ᄆᆞᆯ 모는 소리, 소모는 소리, ᄆᆞ쉬 모는 소리, 텟ᄆᆞ쉬 모는 소리, 낭 끗어 내리는 소리
	연자맷돌 옮기는 노래	방앳돌 끗어 내리는 소리, ᄆᆞᆯ방애동 끗어 내리는 소리
	물건 나르는 노래	산태질 소리, 목도질소리, 낭 끗어 내리는 소리
제분노동요	절구 방아찧는 노래	방애 찧는 소리, 남방애 짛는 소리
	연자방애 찧는 노래	연자방애 돌리는 소리, ᄆᆞᆯ방엣돌 소리
	맷돌질 하는 노래	ᄀᆞ레 ᄀᆞ는 소리

사실 그동안 제주사회·경제사 연구에 사용되었던 자료 대부분은 공식자료나 관찬사료이다. 그 자료들은 제주도민의 실생활을 반영하는 데 한계가 있다. 이를 극복하기 위해서는 구술, 민간인의 기록, 공인들의 회고록, 구비문학민요, 설화 등, 신문 등 비공식적인 연성자료soft data를 적극 발굴·축적하는 일이 중요하다(유광호, 1986). 이를 통해 당시 제주도민들의 실제 모습 재현再現에 힘써야 한다. '제주민요로 보는 제주경제와 사회' 연구 역시 이러한 시도의 하나이다.

1

민요의 나라, 제주

"제주도에서는 주로 여자가 일하고 여자에 의해 민요가 불리어지는 것 같았다. 그녀들이 언제 어떤 일을 할 때 노래를 부르느냐면 그것은 주로 집안의 일, 즉 맷돌, 절구를 찧는다던가 말총으로 망건網巾, 탕건宕巾 등을 짜는 이른바 힘이 든다든가 그렇잖으면 심심해서 일할 때 하는 노래이다. 이 밖에 야외에 나가 농업을 한다든지 바다에서 전복을 딸 때도 물론 부르지만 농가農歌란 것은 육지부와 마찬가지로 별로 그 수가 많지 않고 해녀의 노래로 바다 속에서 작업하면서 부를 수도 없으므로, 있어도 난바다에 나갈 때까지 배를 저으면서 노래하는 정도의 것이다" (조윤제 趙潤濟, 1942.).

다리송당松堂 큰아기덜은아기들은 되방이 짓기로 다 나간다
함덕咸德근방 큰아기덜은 신짝 부비기로 다 나간다
조천朝天근방 큰아기덜은 망건網巾틀기로 다 나간다
신촌新村근방 큰아기덜은 양태凉太틀기로 다 나간다

별도別刀근방 큰아기덜은 탕건宕巾틀기로 다 나간다
도두道頭근방 큰아기덜은 모자帽子틀기로 다 나간다
고내高內, 애월涯月 큰아기덜은 기름장사로 다 나간다
대정大靜근방 큰아기덜은 자리짜기로 다 나간다
김녕金寧, 갈막 큰아기덜은 태악장사로 다 나간다
어등행원, 무주월정 큰아기덜은 푸나무장사로 다 나간다
종달終達근방 큰아기덜은 소금장사소금장사로 다 나간다
정의산旌義山앞앞 큰아기덜은 질삼틀기길삼틀기로 다 나간다

이 민요는 어부가선가, 船歌이다. 이에서 보면, 송당 되방이짓기, 함덕
신짝 부비기, 조천 망건틀기, 신촌 양태틀기, 별도 탕건틀기, 도두 모자
틀기, 고내, 애월 기름장사, 대정 자리짜기, 김녕, 갈막 태악장사, 어등행
원과 무주월정 푸나무장사, 종달 소금장사, 정의 길삼틀기 등 마을마다
지역특성에 맞는 가내 수공업이나 부업활동을 통해 소득을 올렸음을
알 수 있다.

방아 찧기(사진 : 국립중앙박물관)

제주민요는 노동요만 있는 게 아니다. 의식에서 부르는 소리儀式謠, 부녀요婦女謠와 동요童謠, 통속화된 잡요雜謠 등도 있다. 노동요의 중간 중간, 즉 단조로운 노동 중에 사랑과 원한, 시집살이, 집안, 인간관계 등 인생살이에 대한 내용도 많다. 제주 노동요를 통해 제주여성들은 신세를 한탄하거나 삶의 고달픔을 소리로 표현했다. "시어머니는 시어머니대로 또 며느리는 며느리대로 말 못할 속 서러운 사정을 하소연하는 인정人情의 노래도 있으며 또 밤이며 낮으로 보고 싶고 기다려지는 사상思想의 연가戀歌도 가지가지가 있다"(조선일보, 1936년 6월 8일 기사).

저 산골로 흘르는흐르는 물은 낭긔섭새나뭇잎 다 썩은 물이여
세월에서 흘르는 물은 고운정 미운정 다 썩은 물이여
하늘에서 내리는 물은 궁녀궁녀 신녀신녀 발 씻인 물이여
집집의서집집에서 흘르는 물은 개도새기돼지 발 씻인 물이여
정녜정녀에서 흘르는 물은 오장 간장 다 썩은 물이여

살젱살려고하여도 살지 못하는 몸 혼저서 죽엉죽어 혼으로 가져
살젱하여도 어느 누게누가 살려나 주리
혼저서 죽엉죽어 저 싀상세상가도 어느 누게 구덕바구니해 눅정눕혀
저 쉬상 문을 두드려 주라

독은닭은 울믄울면 날이나 샌다 정녜 울멍울며 어느 날 새리
설룬서러운 어멍 날 날 적의때 놈은남은 울어도 정녜도 울랴

어린 신부新婦는 시집살이 고달픔을 노래했다. 비단옷 입으며 은가락지 끼고 가죽신 신던 귀한 집 처녀가 낯선 곳에 시집와서 비단옷 대신 삼베옷 입고 가죽신 대신 초신 신으며, 시집식구들 구박에 서럽게 신세 한탄 하고 있다.

불림질〈사진 : 제주특별자치도〉

　"산도 설고 강도 선 이곳에 누굴 믿고 왔나. 남편 아니면 내가 왜
이곳에 왔을까. 청 기와집 열다섯 칸 구경하러 왔나. 비단치마 입던 허
리에 삼베치마 입던 몸에 무명저고리가 웬 말이냐. 은가라지 끼던 손에
'골갱이'호미가 웬 말이며 가죽신 신던 발에 초草신이 웬 말이냐. 서방님
은 '물꾸럭'문어의 넋이 들렸는지 나를 보면 꺼안으려고만 한다."

　　산도 설고 강도 선 곳듸곳에 누게누가 보레 이곳듸이곳에 와시니
　　느네너네 오라방오빠 엇이믄없으면 나든 무사왜 이곳듸 오리
　　청지에청기와집 열다섯 칸을 구경허레구경하러 난 와시냐왔느냐
　　비단치매비단치마 입단 허리에 삼베치매삼베치마 입단입던 몸에 미녕무명저
　　　고리 웬 말이냐
　　은가락지 찌단끼던 손에 골갱이제주호미가 무신말고무슨말이고
　　가죽신 신단신던 발에 초신이 무신말고무엇이란 말이고
　　가심가슴썩은 물이나 뒈영되어 솟아나근 눈물이 됀다된다
　　정네 눈물은 여의주러라 떨어진 곳듸곳에 복 생기라

시어멍은시어머니는 전복 넋이 나를 보믄보면 언주쟁 혼다한다
시아방은시아버지는 소라의 넋이 나를 보믄 세돌각세도가 혼다
시누이는 송사리의 넋이 나를 보면 도망을 간다
서방님은 물꾸럭문어 넋이 나를 보믄 안구정안고 싶어혼다

　돌아가신 친정어머니를 그리며 부르는 사무친 노래도 있다. "새야! 저 세상 새야! 저 세상에게 가서 만萬에 하나 우리 부모 만나, 우리 딸 어디 앉아 울고 있더냐고 우리 부모가 묻거든, 길거리에 앉아 엄마 부르며 울고 있더라고 말해다오." 이 세상 그 어느 딸이, 돌아가신 친정엄마 무덤 옆에 당배추가 아무리 '어랑 어랑' 해도 복 바치고 눈물겨워 하나라도 캘 수 있을까.

저 생이새야 저 싀상세상 생이야 저 생이야 저 싀상 생이야
만에 호나하나 나 부모 보경보면 어디 앗앙앉아 울어니 호경하거든
삼도소도 거리에 앗앙 어멍 불르멍부르며 울엄쟨운다고 호라하라
설룬네서러운 어멍 무덤 욮의옆에 당배치는배추는 어랑 어랑
호미어정낫 가져 캐젠캐려해도 눈물제완겨워 못 캐여라

　이렇듯 고달픈 삶 속에서도 남녀의 연분을 표현한 노래가 있다. 임에 대한 가슴 먹먹한 그리움을 은유隱喩와 비유를 통해 조심스레 소리하고 있다. "소나무와 밤나무는 평판評判 좋으면 살길이 있다. 원님의 은덕도 싫다 판관님의 우세도 싫다. 함박눈이 퍼붓는 날에 나무지게에 부림패 걸어 섶나무 지고 오는 임 보고 싶다. 밤에 가고 밤에 가는 손님 어느 곳에 누구인지 알까. 마을 밖 청버드나무에 이름이나 써두고 가시지. 임이 오시려나 내가 가려나. 좁은 길목에 고운님 만나 되돌아서도 남 못살아. 길주명천 곤룡포 장수 닭이 운다고 길 나서지 말라. 한밤중의

우는 닭은 닭 아닌 사람 닭소리니 밤에 떠나지랴 달과 같이 밝은 임아 누룩처럼 속 썩이지 마셔요."

소나이^{광사나이}와 밤나무 가진 펭관^{평판} 좋으믄 살질^{살길} 웃나
원님의 은덕도 싫다 판관님의 우세위세도 싫다
함박눈이 퍼붓는 말에 낭지게^{나무지게}에 부림패 걸엉걸어 섭낭지양 오는님 봅다

밤의 가곡가고 밤의 간 손님 어느 곳듸^{곳에} 누겐 중누구인 줄 알리
무바깟듸^{바깥에} 청버드낭에 이름 생명^{성명} 써둼^{써두고} 가라
임이 오려고 설심이든가 내가 가려고 설심이든가
좁은 질목에^{길목에} 고운님 만낭^{만나} 뒈돌아서도^{되돌아서도} 남 못살앙

질주멩^{천명}지 곤룡포^{장시장수} 독이^{닭이} 운댕운다고 질길^행을 말라
한밤중의 우는 독은 독이 아닌 인독의 소리 밤이 새경 떠나지라
돌과 같이 밝은 님아 누룩과 같이 쎄기지나^{썩이지나} 맙서마세요

예전 제주에는 축첩蓄妾제도가 있었다. 지금의 법적, 도덕적 잣대로 당시 상황을 설명하려 들지 말아야 한다. 특히 제주의 축첩제와 논농사 지역의 지주 혹은 양반들의 축첩제와 동일시하는 오류를 저지르지 말아야 한다. 한 가지 확실한 사실은 본처本妻는 본처대로 아픔이 있고, 첩妾은 첩대로 구구절절 사연이 끝없다. 본처는 첩과 '한집에서 살기 싫고 같은 길을 가기도 싫다'고 하소연 한다. 나중 들어온 후처 역시 서러움이 가득하다.

"겉보리 껍질만 먹는다 해도 시앗이랑 한 집에 살랴. 물이 없어 나쁜

물 먹는다고 해도 시앗이랑 같은 길을 가기 싫다. 길을 다시 뺄 거면 시앗이 다닐 길은 따로 빼 줘라. 갓 스물 나이에 여든 난 남편을 맞이하니 두 번 세 번 물 덜은 밥 씹어 달라고 엄살이더라. 호강하려고 남의 첩 들었는데 어디 간들 놀 수 있을까."

것보리를 거죽차껍질채 먹은덜먹은들 시왓이사시앗이야 혼집의한집에 살랴
물이 엇엉없어 궂인나쁜 물 먹은덜 시왕광시앗과 고든질같은길로 가랴
질도길도 다시 새로나 빼믄빼면 시왓질은시앗의 길은 또로나따로 빼라
전처 소박 시첩혼한 놈아 소나이광사나이과 돌진달진 밤새라 대천바당 돌
　　진 밤새라

신 엇임도없음도 하도나하도 섥롼서러워 갓 쓰물스물에 여든님 드난드니
두 번 싀번세번 물 덜은 밥을 씹어 도랜달라 앙업엄살이더라
호강 호젠하려 놈의남의 첩 드난드니 어디 간간간히 놀아 졈시니지더냐
지네 어멍광어머니와 오름엣오름에 돌은 둥글어 댕기당도다니다가도 살을매살
　　길 난다.

2

우럭삼춘 볼락누이 : 생선노래

　　오래전 일이다. 제주바다에 살던 우럭조카가 꿈을 꾸었다. 그 꿈이
하도 요상하여 이웃집 볼락삼춘에게 기억나는 내용을 상세히 얘기했다.
이를 다 듣고 난 볼락삼춘은 '조심해라. 특히 내일 사, 오시에는 절대
밖에 나가지 말라'라며 우럭조카에게 단단히 '답도리'^{잡도리}했다. 어차피
그리될 운명이었나. '어따 무신 일 싯수광'이라며 설렁 설렁 대답하고는,
다음날 시간 맞춰 마실 나간 우럭조카의 시야에 들어온 죽음의 유혹은
'혼들 혼들' 새우였다. 볼락삼춘의 신신당부를 까맣게 잊은 우럭조카는
'에따' 새우를 먹었고 그 순간 '그만' 이었다. 제주민요 '생선노래'의 기둥
줄거리이다. 이어 말미에 맛이 좋은 옥돔, 맛이 좋은 미역, 잘 잡히는
생전복, 거름에 좋은 '듬북', 비늘 없는 갈치 등 당시 제주바다를 주름잡
았던 해산물들의 무용담을 우화^{寓話}하고 있다.

　　볼락삼춘 들어 봅서 우럭조캐^{조카}가 무승것고^{무엇}?
　　간밤의 꿈을 보난 홍낚시에 걸려져 베곡^{뵈고}
　　대구덕에 앚아앉아 베곡 더운 불로 초아쯔아 베곡

단 불로 초아쩌아 베곡 용상도 타 베곡
굽은 절로 마타받아 벱디다보입디다

우럭삼춘 들어 보게 볼락누이 들어 보게 코생이조케조카 들어 보게
지난밤의 홍낚시에도 은단칼로 맞아 베곡
백모칼로 허터훑어 베곡 벡탄칼로 초아 베곡 절 삼 베도배도 마타 베어라

간밤의 꿈을 보난보니 벡백 발 술에 올라 베고
은낚시에 걸려 베고 대구덕에바구니에 들어 베고
돔베도마 모를 테워 베고 은장도를 쿰어품어 베고
백모살을 허터 베고 은대양에 누워 베고
노픈높은상에 올라 베고 절 삼 베도 마타 베고

생성생선삼춘 들어봅서 엇치냑에엇저녁에 꿈을 보난
쒜쇠 공쟁이갈고리 물러 베고백 발 술로 차 베고
대구덕에 담아 베고 은단칼을 쿰어 베고
돔베도마 우의위에 올라 베고 백모살을 허터 베고
벡탄백탄불을 초아 베고 늬발상네발상을 받아 베고
절 삼베도 마타 베고 술 석 잔도 받아 베고

아이고 게민그러면 조심호라해라
닐내일 사 오시 뒈거들랑되거들랑 이레이리 저레저리 나가도나가지 말라
어따 무신무슨 일 싯수강있습니까
사 오시 뒈연되어 나간나가 보난보니 세위세우놈이 혼들 혼들
에따 요거 먹어 보라 먹으난에먹으니 그만이여

저 바당바다의 우럭선성선생 굴레입안 커신크신 우럭선성
맛이 좋은 올톰옥돔 선성 맛이 좋은 메역미역선성

잘 부뜨는붙는 셍복생복선성 거름 좋은 듬북선성
곳된 오민오면 고생이선성 비늘 웃인없는 갈치선성
고메기 축에 소두리선성 쫌뿍 부뜬붙은 오본작오본작선성

* 세위 = 새우, 고생이 = 용치, ᄀ메기 = 쨈물우렁, 소두리 = 두드럭고동, 오본작
  = 오븐작, 떡조개, 듬북 = 둠북 = 모자반

얼마 전까지만 해도 제주바다는 '물 반, 고기 반'이었다. 보리가 다
익을 무렵이면 바다는 알 밴 보리자리와 '보리멜'멸치 차지여서 바다에는
송곳 꽂을 틈새조차 없었다. 어쩌다 불쑥 빈 막대 하나 바다물속에 들여
놓을라 치면 그 나무막대 부여잡고 앞 다투며 올라오는 바다의 '소영웅'
들을 맞이해야 했다.

병문천 하류에서의 멸치잡이
〈사진 : 제주특별자치도〉

굳이 배를 타고 먼 바다로 나가지 않고 해안가에 낚싯대를 던져 놓아도 크고 작은 물고기들이 우르르 딸려 나왔다. 얼마 전 평생 거짓말을 해본 적이 없는 친구가 해준 말이다. '초등학교 때 바닷가에 있었던 자기 집 마루에 앉아서 대나무 낚싯대로 엄청 많은 바다고기를 잡았노라.' 그 친구 추억담이 거짓이 아니라는 걸 믿어 의심하지 않는다. 그 시절 바닷물에 발을 담그면 수많은 물고기들이 내 발 주위로 몰려들었다. 물론 그 물고기들은 내 발보다 각질이 많은 아버지 발을 더 선호했다. 나중 알고 보니 그들이 바로 '닥터 피시'였다.

대략 100년 전쯤 제주바다에는 멸치, 고등어, 저립, 자리, 돔, 옥돔, 벳돔, 감성돔, 볼락, 갈치, 복어, 바다장어, 넙치, 숭어, 은어, 상어, 오징어 등이 우굴 우굴 했다. 한라산 남쪽에서는 '옥돔' 만을 생선이라 했다. 한라산 북쪽에서는 이를 '솔라니'라고 부른다는 걸 고등학교 때 제주시 와서 처음 알았다.

현재 제주 대표 특산물인 고등어, 갈치는 50년 전만 해도 생선 축에 끼지를 못했다. 고등어 알레르기가 있는 사람이 꽤 있었다. 그 '맛있다'는 갈치 호박국을 안 좋아하는 사람도 많다. 고등어는 지금도 멸치 떼에 섞여 제주바다를 찾아온다. 예전엔 멸치와 함께 어획해서 말린 다음 비료로 쓸 정도로 풍족했다. 갈치 역시 제주도의 풍성한 어류 중 하나로 염장鹽藏하여 내다 팔거나 간혹 어비魚肥로 쓰일 정도였다.

멸치는 원담石堤을 쌓아 당망攩網으로 잡았다. 이를 '멸치 후린다'라고 한다. 이에 관한 민요도 많다. 한편 1930년대 전 세계가 경제 대공황大恐慌의 소용돌이 속에서 허우적거렸지만 제주도 어느 한 마을은 멸치풍년으로 인해 호경기를 누렸다.

"경제공황으로 방방곡곡에서 별별 참극이 연출되는 이때에 구좌면 월정리月汀里에는 멸치鰯이 풍산豐産으로 외지로부터 약 삼만 원의 돈이 들어와서 전무후무한 호경기를 이루었다"(동아일보, 1932년 11월 11일 기사).

물 빠진 원담(사진 : 네이버)

예나 지금이나 제주특산물인 자리는 24년 전까지만 해도 바닷물 보다 더 많았다. 그런데 어느 날 바닷물 수온상승으로 인해 독도 앞바다로 올라가 버렸다. '그 많던 자리가 다 어디 갔을까' 하며 '자리젓에 콩잎 몇 장'이면 세상 부럽지 않던 제주사람들은 상심에 빠져있다. 한때 본의 아니게 제주관광의 이미지를 흐려놓았던 옥돔 역시 제주도에 가장 흔하게 퍼져 있는 어류로 연중어획이 가능했다. 당일바리 옥돔에 미역이나 무를 넣은 '옥돔국'은 저승에서도 자주 찾는 제주의 맛이다.

이 뿐이 아니다. 얕은 해안의 해조군락이 있는 암초대에 무리를 지어 사는 토착어종인 '볼락'보들락은 '고망낚시'로도 충분히 잡을 수 있었다.

우럭 역시 해안바위 사이에서 무리지어 서식하기 때문에 오죽했으면 '우럭 하나쯤이야' 할 정도로 마음만 먹으면 쉽게 잡을 수 있었다. 이외에도 오징어, 저립, 복어, 은어, 장어, 모도리큰상어귀상어, 흉상어, 굉이상어, 수염상어 등 다양한 어류가 풍성했다.

제주민요 '우럭삼춘'은 제주바다에서 흔히 잡히는 물고기인 우럭을 의인화擬人化하여 어느 며느리의 시집살이를 풍자한 노래이다. 시집살이 떠나는 딸에게 친정어머니는 '말 않고 3년, 귀 막고 3년, 눈 감고 3년, 도합 9년만 참고 살라'고 당부했다. 그래서 시집온 며느리는 누가 뭐라 해도 아무 말하지 않았다. 그랬더니 시어머니가 오히려 답답하다면서 남편에게 친정에 데려가 버리라고 야단쳤다. 그렇게 소박맞고 친정 가는 길에 마주친 꿩에게 며느리는 '꿩꿩 장서방 어떵 어떵 살암디'라며 말문을 열었다. 그리고 나서 어찌 어찌 그 꿩을 잡아다 삶아서 부리는 시누이, 날개는 시어머니, 살찐 뒷다리는 시아버지 드리고 정작 부부는 썩을 대로 썩은 가슴을 먹었더니 이제는 잘살게 되었다는 시집살이 사연이다. 시집살이에 관한 제주민요는 세분화되어 있다. 시집으로 가는 길, 시집가족시아버지, 시어머니, 시누이에 대한 원망, 시집관觀 등

우럭삼춘 멩심멩심 협서하세요 지난밤에 꿈을 보난
쒜바농도쇠바늘도 입에 물어 벱디다 홀쳐도 벱데다보입디다
대구덕에 좀도잠도 자 벱디다 장도칼도 옆의 차 벱데다
좋은 쌀도 맞아 벱데다 혼불도 좋아 벱데다
절도 삼 베 맡아 벱데다 술도 삼 잔 맡아 벱데다

빚나름도 촘아헌게 홀쳐도 가는고 홀쳐도 가는고
옛날 옛날 씨녁살이시집살이 호젠하려고 호난하니 친정 어멍이 호는 말씀이

씨집이 가민가면 말 몰랑몰라 삼년 귀 막앙막아 삼년 눈 어두겅어두워 삼년
아홉 헤해 구년만 살암시민살다보면 살아진덴살아진다고 호난하니
벨거옌별걸 골아도말해도 속솜묵묵 헤연하게 살아가난살아가니
씨어머니가 호는하는 말씀 답답 헤연해서 못살켄못살겠다
아들고란아들에게 친정에 돌아가 불렌버려라 헤여해 간다
친정더레친정으로 에어 돌아 가노렌가노라 호난하니

꿩은 아잣단앉았다가 꿩꿩 호멍하며 담우터레담위로 올라아지난올라앉으니
그 메누리가며느리가 말 골아가는고해가는 데 말 골아가는고
꿩꿩 장서방 어떵어떵 살암디살고 있냐
쫑쫑 부리를 씨누이나 주고 덕덕 놀개를날개를 씨어멍이나 주고
솔진살찐 뒷다리를 씨아방시아버지이나 드리고
간장 썩고 속 썩은 가심이를가슴을 님광님과 내나 먹젠먹으려 호난하니
남편님은 돌안데려 돌아오란와서 잘 살아가는구나 잘 살아가는구나

3

매자 매자 검질 매자 : 검질매는 노래

 다 아시다겠지만, 잡초는 뽑고 또 뽑아도 금세 다시 생겨난다. 잡초 다 뽑고 난 뒤 흐뭇한 마음으로 뒤 돌아 보면, 이내 파릇파릇한 잡초 새싹이 왕성하게 고개를 내민다. 오죽했으면 '검질 다 매영 돌아사 보민 또 북삭헌 검질이여'하며 한탄했을까. 이는 잡초를 뽑아 본 사람이면 누구나 다 아는 사실로 과학적 근거가 있다. 요즘이야 제초제가 있어 잡초와의 일전一戰을 용기 내 볼 수 있지만 예전에는 감히 잡초에게 도전장을 내밀 수 없었다. 거슬리면 안 된다. 채취 저항성

 잡초 씨앗은 햇빛을 받으면 발아가 시작되는 '광발아성光發芽性' 성질이 있다. 때문에 사람들이 잡초를 뽑으면 아래 있는 잡초 씨앗에 광光이 닿아 잠자고 있던 잡초 씨앗의 발아가 유도誘導된다. 고대하던 제초작업 덕분으로 경쟁식물이 사라져, 다음차례가 된 잡초 씨앗들이 쏟아져 들어오는 햇빛을 신호로 일제히 싹 틔운다.

농사도 마찬가지다. 밭의 '검질'을 매주면 주변 '검질'이 없어져 땅에 햇빛이 잘 든다. 게다가 뿌리 끝까지 뽑아 흙을 뒤집어 놓으면 흙 속까지 햇빛이 들어간다. 그렇게 되면 그때까지 때를 기다리던 '검질' 씨앗들이 이를 신호로 일제히 발아를 시작한다.

검질잡초 매게 굴 너른넓은 밧듸밭에 임을 돌앙데려 메여 가게
실픈싫은 일랑 그만두게 요 농국農穀, 농사을 지여다근
늬영너랑 나영 고찌같이 먹게 저디저기 가는 저 선비야
검질 매영 살아 보게 메와모여 들멍들어 나여 메게
고찌같이 메는 우리 임은 어느제어느때 간덜간들 빈호리까변하리까

검질 짓곡 굴 너른 밧듸 사데사더로나 우경牛耕 메게
앞 멍에랑 들어오곡들어오고 뒷 멍에랑 믈러사라 사데 불렁불러 검질 메게
검질 짓곳 굴 너른 밧듸 조라움이졸림이 네 벗이로고나
검질 짓곳 굴 너른 밧듸 사디 불렁불러 요 검질 메자
비온 날에 웨상제외상제 울 듯 소리로나 여헤여 간다

낮 요기호믄요기하면 담벳불이랑 부찌기도붙이기 말아근에말고
어서 재게빨리 들어나 사라 저 헤해 지기 전에 재게어서 틀게
너른 밧듸밭에 좀씨 뿌련뿌려 붕에붕어 눈을 부릅뜨멍뜨며
삼각수를 거두우멍거두며 앞 멍에로 혼저어서 가자

넙이넓이 넙곱넓고 고지이랑 질곡길고 밋밑 검질도 짓인짙은 밧듸밭에
흔한 골 메고 돌아 보난보니 점심때가 넘어 감져간다
두 골 메고 돌아 보난 담베담배 참이 다 비엇고나비었구나
싀세 골 메고 돌아 보난보니 다름다른 징심점심 다 나와도
요내 징심 안 나왐져나온다

노픈높은 산에 눈 놀리듯 야픈낮은 산에 재 놀리듯
약수장마 비보롬비바람 치듯 대천바당 물절물결 놀 듯 혼저 혼저 메여 가게
다몰고찌 도다모여 들엉 너른넓은 목에 펀깨번깨치듯
좁은 목에 베락치듯 화닥화닥 메여 보게

* 굴 = 동산이 아닌 얕고 펑퍼짐한 땅, 사디 = 김매는 노래, 후렴 '여기요랑 사디
  야'에서 나온 말, 다몰고찌 = 거침없이 앞으로 다가 모양이나 불평 없이 순종
  하는 모양

    금비金肥 보급 이전 전통사회의 제주농사는 '잡초와의 전쟁' 이라 해
도 과언이 아니었다. 제주도의 전통농업은 낮은 토지생산성을 노동생
산성특히 여성노동의 강화으로 보충하는 조방적 농업방식이다. 화학비료와
제초제가 나오기 전 제주지역 농지 대부분은 토질이 안 좋고 '검질'이
많아 농사는 그야 말로 '검질과의 목숨을 건 투쟁'이었다. 실제로 더운
여름 '조 검질' 매다가 통풍이 안 되는 밭에서 질식해 죽는 경우도 있었
다고 한다. 오죽했으면 며느리에게는 잡초가 많은 '진밭'을 주고 딸에게
는 잡초가 덜한 '뜬밭'을 준다 했을까.

    제주지역의 주요 재배작물로는 조, 보리, 육도, 메밀, 피 등과 같은
전작물이 대부분이다. 이러한 전작 즉, 밭은 논水田에 비해 잡초가 많다.
이러한 제초는 여성노동의 몫인 경우가 많았으므로 필연적으로 제주여
성의 노동력이 강화되는 결과를 낳게 되었다. 제주농업에서 여성노동
비율은 57.5%이다. 이처럼 여성노동 투입비율이 높았던 이유는 제주농
업이 비료사용이 적은 전작중심이었다는 데 있다.

검질 매기〈사진 : 제주특별자치도〉

씨집간 되지 사흘만의 검질 메레매러 가랜가라 호난하니
검은 가죽신 신단 발에 집세기가짚신이 무신무슨 말고
은가락지 찌단끼던 손에 골갱이제주호미 초록자루 무신 말고

아침 사디사대 베고픈배고픈 사디 징심점심 사디 조라움졸린 사디
조냑저녁 사디 님 그린그리는 사디 사디 사디 제절로 남져
아침 사딘 늦어도 좋곡 남낮 사딘 방울방울 조냑 사딘 조직조직

앞 멍에랑 들어나 오라 뒷 멍에랑 멀어나 지라 앞윈에는 보난 태산이여
뒤엔 보난 멘산이여 뒤에서 또른건다른 거 보난보니
혹너월광너울과 청너월 새에 흘르는흐르는 건 눈물이어라

앞 멍에엔 곤고운 각시 앚안았아 혼저어서 오랜 손만 친다
손치는 딘덴 낮이나 가곡가고 눈치는 딘 밤이나 간다
앞 발로랑 허위치멍허위치며 뒷 발로랑 거둬 차멍차며
혼소리엔 두 줌 반썩반씩 두 소리엔 석 줌 반썩 혼저 혼저 메여나 보게
앞윈앞은 보난 태산이곡이고 뒤엔 보난 펭지평지로고나

뒷 멍에랑 무너나곡물러서고 앞 멍에랑 들어오라
구리쒜구리쇠 고뜬같은 주먹으로 노각鹿角 고뜬 어께 드난드니
태산 고찌같이 메여 진다

어떤 년은 팔제팔자가 좋앙좋아 고대광실 노픈높은 집의 와랑과랑 살건마는
우리 고뜬 설룬서러운 인싱밧인생밭이렁이랑 세는 게 무신무슨말고말이고

제주지역 농촌에서 남자들은 기경起耕, 진압鎭壓2) 등과 부역, 토역,
건축, 어업, 기타 힘으로 하는 일을 한다. 여성들이 하는 일은 맷돌, 절
구, 잠수업, 기타 망건, 탕건, 갓 등을 짜는 것, 물 긷기, 세탁, 재봉,
요리 등이다. 남녀공동으로 제초, 수확, 비료운반, 가사경영 등을 한다.
산촌여성은 밭갈이 뒤의 흙 부수기, 파종, 흙 밟기, 제초, 탈곡, 풍선風
選3), 맷돌, 절구, 양돈, 양계, 물 긷기, 취사, 부역 등과 같은 육체적 노동
과 이외에 정신적 노동으로 육아, 부조, 친족교제, 금전출납, 조상제祖上
祭 등을 같이 한다.

제주지역에서 음력 2~3월경이 되면 보리 '검질' 맨다. 보리는 보통
1회 정도 제초작업 한다. 예전에는 보리보다 '검질'이 더 빨리, 왕성하게
자라났다. 조 농사는 보리농사와 달리 3~4회 정도 김매기 하였다. 조는
파종 후 일주일이면 '검질이 북삭 날' 정도로 잡초가 많았다. 따라서 파

---

2) 진압농업鎭壓農法 : 뜬 땅에서 파종된 씨앗이 발아하기 전에 '남태'와 '돌태' 등
을 이용하거나 말을 이용하여 잘 밟아주면 지 않으면 곧 건조해져 토양은 부
석거리면서 바람에 날리기 시작한다. 따라서 밭을 밟게 되면 모세관 현상이
촉진되고 토양의 바람 날림을 막을 수 있게 된다.
3) 바람을 일으켜 가볍고 질이 나쁜 종자는 날려 버리고 실한 종자만 골라내는
방법

종 후 25일 전후 '초벌 검질', '초벌 검질' 후 15일 후 '두불 검질', 그 후 15일 '세벌 검질' 맨다. 조는 간격이 15cm 정도가 되어야 '고그리'가 충실하다.

조는 1차 김매기 때 솎음질이 제일 중요하다. 씨가 뿌려지지 않았거나 뿌렸어도 발아 안 됐거나, 흙이 많이 덮이거나, 발아했다가 죽은 조를 솎음질하고 이식 해준다. 3차 김매기 때 이삭 팬 후, 질 나빠진 '고라조'를 뽑아 준다.

콩 농사 김매기는 2회 정도이다. 6월 25일~7월 5일 경 1차, 7월 15일~25일 경 두벌 '검질' 매주면 된다. 메밀은 한번 정도 제초하거나 때로는 안하고 넘어간다. '산듸'밭벼는 4회 정도 제초한다.

산듸밭

제주지역에서 김매는 작업은 대개 여성위주의 집단적 야외노동으로 '골갱이'를 사용하여 이루어졌다. 제주도에서 '검질 매는' 연장은 호미다. 제주도 호미는 '골갱이'또는 주골갱이라 한다와 '삽골갱이' 두 가지가 있다. '골갱이'의 형태는 '슴베'와 날이 거의 직각을 이루고 있으며 '슴베'와 날이 너비와 같다. 따라서 호미의 날이라고 할 만한 부분이 따로 없어 일종의 '꼬챙이'라고 볼 수 있는 정도이다. 또 '슴베'는 날이나 자루의 길이에 비하여 긴 편이다. '삽골갱이'는 '골갱이'에 비하여 날의 등이 뾰족하게 솟아 날은 반달모양이나 세모꼴을 이룬다. '골갱이'는 수분이 잦아들어 흙이 부드러운 논이나 밭의 풀을 뽑아낼 때 쓰며 '살골갱이'는 가물어 땅이 단단하게 다져졌을 때, 잡초를 땅 위로 긁어내어 풀의 모가지를 자를 때 쓴다.

4

아방 혼적 어멍 혼적 : 옛날 뒷날, 꿩놀레

옛날 뒷날 환상 보리 흔 뒈한 되 타단 앙작 고레고래에 벌작 놀레노래에
돌음달음 돈는뛰는 족박에 빌보는별보는 집에 박박 골안갈아 밥은 호난했는데
　　조그난적으니
아방아버지 혼적한적 어멍어머니 혼적 아덜아들 혼적 메누리며느리 혼적
아방은 족으난적으니 어멍을 또리난때리니 어멍은 용심나난화나니 아덜을
　　또리난
아덜은 용심 나난 지각씰자기각시 또리난 지각씬 용심 나난 갤개를 또리난
갠 용심 나난 고냥일고양이를 무난무니 고냥인 용심 나난 중일쥐를 무난
중인 용심 나난 조쿠덕을조구덕을 쏠아쏟아 부난버리니
독배닭의 배 소구베속에 독배 소구베 경호드라그렇게 했더라 홉니다합니다

| 옛날 뒷날, 꿩노래 |

* 용심 = 남을 미워하고 시기하는 심술궂은 마음

연유는 이렇다. 옛날 뒷날 궁핍했던 시절, 달리는 '족박'쪽박에 별 보이

는 집에 겨우 겨우 보리쌀 한 됫박 얻어다가 '고래'맷돌에 박박 갈아 밥을 했다. 그런데 밥이 너무 적었다. 아버지 한 숟갈, 어머니 한 숟갈, 아들 한 숟갈, 며느리 한 숟갈 먹다보니 아버지가 화가 났다. 밥이 너무 적었던 탓이다. 요즘말로 '가폭' 즉, 가정폭력 사태가 발생했다. 이 '가폭'은 권력 서열대로 동거하는 반려동물에게까지 연달아 이어졌다. 결과는 참혹했지만 그 과정은 단순 명료했다. 먼저 화가 난 이 집안 가장 '아방'이 안주인인 '어멍'을 때렸다. 어느 정도로, 어떻게 때렸는지 모르지만 맞은 어머니는 화가 나 옆에 있는 장가 간 아들을 때렸다. 그렇게 맞은 아들 역시 자기 각시인 며느리를 때렸다.

이때부터 큰 사단이 났다. 화가 난 며느리는 반려견을 때렸고 며느리에게 맞아 '용심' 난 개는 고양이를 때렸다. 고양이가 이를 참을 리 없다. 참지 못한 고양이가 쥐를 물었고, 궁지에 몰리면 호랑이에게도 대든다는 쥐는 좁쌀이 든 '구덕'바구니을 뒤집어엎어 좁쌀을 쏟아 버렸다. 그 덕분에 닭들만 맛있는 좁쌀로 배 속을 채웠다는 줄거리다. 닭은 이빨이 없다. 씹지 않고 부리로 곡식을 주어먹고 모래주머니에서 소화한다. 그래서 닭에게 모래를 먹인다.

제주민요의 별미라 할 수 있는 '꿩 노래'를 듣다보면 떠오르는 궁금함이 있다. 제주에서 하루 세 끼 다 챙겨 먹으며 지낸지가 언제 부터인지, 매일 하루 세 끼 '곤밥'흰쌀밥 먹기 시작한 때가 언제 부터인지.

제주도에서 매일 하루 세 번 밥을 먹은 지가 언제 부터일까? 내 생각으로는 그리 오래되지 않았다. 예전 제주도에서는 조와 보리를 주식으로 하고 돼지고기 같은 육류는 제사나 잔칫날 같은 특별한 날만 먹었다. 물론 지역에 따라 다소 차이가 있다. 목축을 근간으로 한 중산간 마을은 그나마 경제적으로 양호한 편이었으나 산촌이나 화전마을 사정은 많이 안 좋았다. 계절별로 겨울이 가장 곤궁한 시기였다. 이때는 식사회수가 2회로 줄고 밥 대신 피죽을 먹었다. 부식은 주로 소채류였다. 식사회수가 2회로 줄어든 건 산간마을 뿐 아니라 중산간 마을이나 해안마을도 마찬가지였다.

제주도 전통밥상〈사진 : 제주특별자치도〉

제주지역 전통음식을 연구하신 분들은 더 정확히 잘 알고 계시겠지만, 제주 전통음식에는 구황救荒음식, 즉 흉년이 들어 식량이 모자라거나 없을 때 먹는 음식이 많다. 못 먹는 거 빼고 다 먹었다. '범벅'과 '개역'은 그나마 다행이고 초근목피草根木皮, 심지어 '먹을 수 있는 흙'이 있었다고 한다. 그렇다고 먹을 수 있는 흙이 우리나라에만 있지는 않았다. 전에 독일에 가보니 그들도 흉년이 들어 먹을 게 없으면 먹을 수 있는 흙을 먹으며 연명했다는 기록이 있다고 했다.

가끔 평소보다 잘 먹는 날도 있다. 농번기 때 공동노동한 날 저녁에 '산듸'陸稻, 밭벼와 육고기, 생선류를 섭취했다. 마을행사나 잔치 같은 경조사 때 기르던 돼지를 추렴해 먹기도 했다. 산촌은 한 달에 한 번, 중산간 양촌良村마을은 5일에 한 번, 해촌은 20일에 한번 평소보다 잘 먹었다고 한다.

그럼 제주도에서 하루 세끼 매번 '곤밥'을 먹으며, 심지어 도시락에 하얀 쌀밥을 싸고 다니기 시작한 때가 언제부터 일까? 가정형편에 따라 다양하겠지만 그리 오래전은 아닐 듯하다. 초등학교 때다. 내가 '혼분식 장려' 글짓기에 나가 입상했던 적이 있다. 별거 아니었다. 자식들 키크라고 밀가루 음식을 많이 만들어 주시던 어머니 얘기, 양은 도시락에 조밥보다 고구마가 더 많이 들어 있는 '열리' 친구 얘기, 가운데 까만 줄이 선명한 보리밥을 반찬 없이도 맛있게 먹었던 '모록밭' 살던 친구애기를 가감 없이 썼을 뿐이다. 도시락 검사도 있었다. 모두 도시락을 책상위에 올려놓게 하고 선생님이 혼분식混粉食 검사를 했다. 여느 검사 때와 달리 대부분의 반 아이들은 혼분식 검사만큼은 자신만만해 했다. 몸이 아파 이리에서 전학 온 재현이만 까만 보리밥을 얻어 자기 도시락 위에 살살 도포했다.

자료에 의하면 1935년에 가야 제주지역 쌀 소비량이 전국수준에 미친다. 이전에는 보리와 조를 주로 먹었고 백미白米는 아주 가끔 먹었다. 쌀은 '나록'논벼보다는 '산듸'밭벼를 가끔 먹었다. 연중 가장 충분히 영양을 섭취했던 시기는 9, 10, 11월이다. 보리쌀이 확보되었던 시기였다. 백미 소비는 1, 2월과 6, 7월에 집중되었다. 이 시기에 특별한 날인 잔치나 명절, 농번기가 들어있다. 고구마는 지표면을 따라 자라는 줄기식물이다. 태풍 같은 자연재해 때 타 전작곡물에 비해 피해가 적다. 때문에 비교적 수확량이 안정적인 구황救荒작물이다. 고구마절간고구마 포함는 1, 2, 3, 4, 5, 12월에 주로 소비된다. 1, 2, 3, 4월은 먹을 게 모자란 시기였다. 이 시기 고구마는 든든한 보충 겸 대체식량이었다. 고구마를 삶아 먹기도 했지만 생고구마를 얇게 썰어 건조시킨 '감저 빼대기'절간고구마도 많이 삶아 먹었다.

절간고구마 말리기(사진 : 제주특별자치도)

요즘 꿩은 게으르다. 웬만하면 날지 않는다. 고작해야 조금 빠른 걸음으로 뛰어가는 정도다. 그래서인지 지금도 인근에서 꿩을 어렵지 않게 볼 수 있다. '꿩 놀레'는 우리에게 친근한 동물인 꿩을 의인화한 노래이다. 꿩을 통해 제주여성들의 '기개와 근성'을 보여준다고 하면 과장이려나. 골자는 이렇다. 이러 저런 사건으로 세 번이나 서방을 잃고 상심하여 산 속 깊이 들어가 혼자 사는 장서방에게 솔개, 까마귀, 매가 동거하자는 제안이 들어왔다. 하지만 피부색, 외모, 직업, 성격, 과거사 등을 이유로 셋 다 거절하고 독수공방하고 있었다. 얼마 후 기다린 보람이 있었는지 첫 번째 서방보다 훨씬 더 잘 생기고 스타일리시한 새 남편 'ᄀᆞ슴'깍이 나타나 그와 함께 남은여생 잘 살았다. 어려운 환경에서도 소신을 가지고 참고 기다리면 좋은 날이 온다. 나아가야 할 때, 멈춰야 할 때, 물러서야 할 때를 정확히 알고 행해야 한다는 의미이다. 제주에 전해지는 '꿩 노래'는 고대 소설 '장끼전'과 유사하다. 노래 속에서 인간의 삶을 동물들의 생태를 빌어 우화寓話적으로 묘사하고 있다.

꿩꿩 장서방 뭣을무얼 먹고 사느니 아로롱이 바지에 아로롱이 저고리에
백멩지명주로 동전 돌고 조지멩지 곰에 차고
활짝 곧은 긴장위에 꺽걱 주워주어먹자 꺽걱 주워먹자
삼년 묵은 풋팥그르에 오년 묵은 콩그르에
둥실 둥실 주워 먹더니 난 디에 없는 박포수가 나타나서
혼착한쪽 귀랑 자울리곡기울이고 혼착 눈을 지스리곡
우당탕 호던하던 소리가 나던 데마는 오꼿그만 첫째 서방은 쏘아 가불더
　　구나
둘째 서방은 얼으난얻으니 산장이는사냥꾼은 사냥개 돌고
오란와서 그만 사냥개 입에 물어가더구나
셋째 서방을 얼으난 살통에 기어들언 죽더구나 아고지고 내 팔제팔자야
내 사주야 아고 이젠 심심 산전山田에 올라간
나 혼자 그럭저럭 혼자 살당 말젠살다 말려고
호루는하루는 소로기솔개놈이 오란 느 혼자만 살지 말앙
오라 나영이 살아보게 난 너는 털복숭이라서 너 호고는하고는 못 살겠다
이젠 심심 산중에 올라간 그럭저럭 주워 먹고 살았더니
다음은 가마귀놈이 오란 오라 나영이나와함께 살아보게
난 너는 몸뗑이가몸뚱이가 검서방이라서 너하고도 못 살겠다
다음에는 매놈이 오란 좀 오라 나영이나 살아보게 호난

너는 매하고 비둘기 호곡하고 포수질 영 잡아먹는 놈하고도 안 살겠다
   호연

다음엔 그럭저럭 호연 살았더니 호를은하루은 난데 업는없는 귀에 익은
꿩꿩 호근하는 소리가 난

아고 옛날 우리 남편이나 살아 오라신가왔을려나호연

담 위에 올라산 깩깩깩 신호를 호여 주엇더니

그 남편은 온 건 보니 옛날 우리 남편보다 얼굴도 더 잘 생기고

의복도 잘 초려차려 입고 그런 남편을 맞아가지고 혼한 생전 잘 살았다
   홉니다

| 꿩놀레, 꿩노래 |

* 그르 = 농사지었던 자리, 오곳 = 가만이 있다가 선뜻 일어서는 모양, 전부, 그
  만, 완전히

"꿩꿩 장서방 뭣을 먹고 사느니/ 아로롱이 바지에 아로롱이 저고리에
백명주로 동전 달고 조지명주 고름에 차고 활짝 곧은 긴장위에 꺽꺽
주어먹자 꺽꺽 주어먹자/ 삼년 묵은 팥 심었던 밭에 오년 묵은 콩 심었
던 자리에 둥실 둥실 주어먹더니/ 난 데 없이 박포수가 나타나 한쪽
귀는 기우리고 한쪽 눈을 '지스리'며 우당탕 소리 나더니 '오꼿'그만 첫
번째 서방을 총으로 쏘고 가져가 버렸다/ 두 번째 서방을 얻었으나 '산
장이'사냥꾼가 데리고 온 사냥개가 입으로 물고 가버렸다/ 세 번째 서방
을 얻었으나 '살통'에 들어가 죽고 말았다/ 아이고 내 팔자야 내 사주야/
아고 이제는 깊고 깊은 산전山田에 올라가 나 혼자 그럭저럭 혼자 살려
고 작정했다/ 하루는 솔개 놈이 와서 너 혼자 살지 말고 나랑 같이 살아
보자/ 털 복숭이 너 하고는 못 살겠다/ 이젠 더 깊고 깊은 산중에 올라
가 그럭저럭 주어먹고 살고 있더니/ 다음은 까마귀 놈이 와서 나랑 살
아보게/ 몸뚱이가 검은 너하고도 못 살겠다/ 다음에는 매 놈이 와서

나랑 살아보자 하니/ 매하고 비둘기하고 포수질하며 잡아먹는 놈하고는 안 살겠다 했다/ 그 후 그럭저럭 살고 있었는데 하루는 난데없이 귀에 익은 꿩꿩 하는 소리가 났다/ 아고, 예전 우리 남편이 살아 오셨나 하며 돌담위에 올라가 깩깩 신호를 보냈다/ 온 걸 보니 예전 남편보다 얼굴도 더 잘 생기고 의복도 잘 차려 입었다/ 그 남편을 맞아 남은 여생 잘 살았다."

1937년 제주를 방문한 당시 보성전문학교 법학부 최용달崔容達교수는 제주인의 배타적 근성은 "우월감을 가진 외래자에 대한 자위적 방어적 감정으로 제주인 누구나 외인外人에 대해 가지는 것"이라고 했다. 요즘 말로 하면, '자기혹은 자아 방어기제' 쯤으로 이해된다. 당시에는 그렇게 보았나 보다.

5

졸앙 졸앙 모자 졸아사 : 양태노래

졸앙 졸앙 모자 졸아사 우리 집의 식구덜은식구들은 한한 허곡많고
애기덜이영아이들이랑 멕영먹여 살리젠살리려고 허난하니
눈이 빠지게 허당하다 보아도 살 길은 막연 흐고하고
졸앙 졸앙 모자 졸앙 흔저 졸아사 우리 집 식구덜식구들
술 먹는 서방도 술값도 주곡주고 허여사해야 헐로구나하겠구나
아기덜도아기들도 저레저기 고만이가만히 앉아시라 흔코한코나 걸려사 모자
　　졸앙 생활 허느네하느네
졸앙 졸앙 흔저 졸앙 요 모재모자 아사 우리집 살 길이 솟아난다
어느 제랑때랑 우리도 부재로부자로 살앙 요놈이 모자 아니 졸아도 살아질
　　것고
모자 졸앙 졸앙 어서 준자 골막골막 골막골막 모자 존는 소린 골막골막
아이고 요 모자야 흔저얼른 넙으라 넙지도 아니 허곡하고 붓지도 아니 허곡
언제 나민나면 요 모재 졸앙 우리집 생활이 넉넉 흐리하리

| 양태노래 |

'빛과 바람이 통과하는 신기한 모자', 외국 사람들은 우리나라 '갓'을 이렇게 부른다고 한다.某감독님은 '오마이 갓'이라 했다. 양태涼太는 갓의 둘레로 둥글고 넙적한 부분을 말한다. 죽사竹絲를 사용하여 만들며 갓의 종류와 시대에 따라 양태 크기가 다르다. '입첨'이라고 한다. 양태노래는 대나무를 이용하여 갓 테두리인 양태를 겯으며 부르던 노래다. 이 노래는 관망수공예 작업하며 부르는 관망요冠網謠로 분류된다.

"식구가 많아 자식들 먹여 살리려 눈이 빠지게 일해 봐도 살 길은 막막하고, 빨리 양태 겯어 우리 집 식구들과 술 먹는 서방 술값 줘야 할 텐데.
아이들아 저기 가만히 앉아 있어라 모자를 겯어야 생활할 수 있단다.
어서 어서 겯어야 우리 집이 살아날 방도가 생겨난다.
어느 때면 우리도 부자가 되어 이놈이 모자 안 겯어도 살아갈 수 있으려나.
언제면 이 모자 겯어 우리 집 생활이 넉넉해질까"

일반적으로 가내수공업은 대부분 여성의 계절노동을 중심으로 생산되었으며 농업과 어업, 축산업, 임업 등 1차 산물을 가공과 밀접한 관계가 있다. 제주지역 역시 제주여성의 노동력과 손기술 그리고 제주산 말총을 결합해 경쟁력 있는 관모수공업으로 성장했다. 다산 정약용의 『탐진어가耽津漁歌』에 아래 대목이 있다.

추자도 배 고달도에 머무는 데 탐라 죽모첨이 한배에 가득이라,
비록 많은 돈 되니 좋은 장사라 하겠지만
고래 같은 파도 어디서 일지 모르니 마음 어찌 편할까.

죽모첨竹帽簷, 갓의 양은 제주에서 나는 말총으로 만든 갓을 말한다. 제주에서 생산되는 갓을 '마미립'馬尾笠이라 했다. 이 갓은 강진과 해남으로 운반되어 전국으로 퍼졌다. '많은 돈이 된다'는 제주에서 나오는 갓을 싣고 육지에 나와 팔면 많은 이윤이 발생한다는 의미이다. 다산이 『탐진어가』를 쓴 1800년대 초반은 전국적으로 상품거래가 활발하던 시기이다. 이 시기 시전市廛상인인 송상松商들이 제주에서 올라온 갓 재료인 양태를 사려고 강진康津과 해남海南까지 내려왔다.

고정종高禎鍾의 『제주도편람濟州島便覽』을 보면 "제주도의 수공업은 유치한 수준 단계로 제주도의 자원, 즉 자연환경을 이용한 약간의 자원을 가공하는 수공업제품 예를 들면, 죽제품, 조선모자, 탕건, 양태 등이 주를 이루었고 이외에 주로 자급적 성격을 지닌 약간의 면직물 제품이 존재했었다"고 한다. 구한말 제주사회는 농업과 수산업, 임업과 축산업 등을 주산업으로 하면서 제주지역 자연환경에서 생산되는 자원, 예를 들면 말총 등을 가공하는 수공업제품들 즉, 죽제품, 조선모자, 탕건, 망건, 양태 등과 같은 관모공예가 여성노동력 위주의 생산 활동으로 광범위하게 존재했다.

고분양태, 제주도 무형문화재 제12호(사진 : 제주특별자치도)

망건, 탕건, 갓으로 대표되는 조선관모는 말총과 대나무로 제작했다. 제주도가 관모를 제작하는 데 필수적인 말총과 대나무 재료의 특산지이다. 그러나 양태를 제작하는 양죽은 일부분만 제주에서 생산되었기 때문에 나머지는 담양이나 진주, 하동에서 나는 '분죽'粉竹을 장삿배로 들여왔다.

"한라산에는 전부터 분죽이 숲을 이루었는데, 잎은 크고 줄기는 뾰족하여 노죽蘆竹이라 이름 하였다. 옛 부터 씨를 맺지 않는데, 4월 이후로 온 산의 대나무가 갑자기 다 열매를 맺어 모양이 구맥과 같았다. 이때 제주도의 세 고을이 몹시 가물어 보리농사가 흉작이었으므로 백성들이 바야흐로 굶주림에 시달리고 있었다. 이때에 이르러 이것을 따서 전죽饘粥[4]을 만들어 먹고 살아난 자가 많았는데, 도신이 장문한 것이다 濟州生竹實 漢拏山 舊有粉竹成藪 葉大莖尖 名曰蘆竹 自古無結子 四月以後 遍山之竹 忽皆結實 狀如瞿麥 時本島三邑亢旱 來牟失稔 民方阻飢 至是摘取 作饘粥 食而賴活者多 道臣以聞" [경종실록 권제13, 1장 뒤쪽, 경종 3년 7월 4일(신사)](네이버 지식백과, 한국고전용어사전, 세종대왕기념사업회).

양태는 주로 삼양, 화북, 신촌, 와흘 등지에서 만들어졌다. 이곳은 제주의 관문인 화북포조천포, 별도포와 제주항산저포, 건입포, 산지항과 인접했기 때문에 양태재료인 분죽솜대을 들여오고 완성된 관모제품을 육지로 내다 파는 데 수월했다.

우리나라의 갓은 주로 제주도와 통영, 거제도에서 걸어왔다. 통영이나 거제도에서는 남성들이 갓 양태나 갓 모자 겯기를 주로 담당했다.

---

4) 된 죽과 묽은 죽이라는 뜻으로 죽을 총칭함

제주도의 갓 겯기는 모두 여성 몫이다. 갓 일은 제주사회의 중요한 현금 소득원이었다.

"어서 어서 양태 많이 만들어 시장에 팔아야 큰 집도 사고, 늙은 부모 공양하고, 어린동생 부양하고, 일가친척 '고적'부조떡하고, 이웃사촌 부조 하고, 쌀 받아다 밥 해 먹고, 고기 사다 반찬도 해 먹을 수 있다."

각단 밧듸밭에 불 부떠붙어 가듯 요 양태야 못아나겯어나 지라
걸려 지라 걸려 지라 흔 코한 코 두 코 신랑 코여
요놈의 양태 걸려 지라 흔 코 두 코 구믈 코여
닐내일 모리모레 장날이여 쉬지 말앙 흔저어서 흐라해라
흔 코여 두 코여 흔 코여 두 코여

나 동침아 돌아가라 서월서울 사름사람 술잔 돌 듯
어서 재게빨리 돌아가라 이 양태로 큰 집 사곡사고
늙은 부모 공양흐곡공양하고 어린 동싱동생 부양흐곡
일가 방상 고적흐곡고적하고 이웃 소춘사촌 부조흐게부조하게

요 양테야 돌아나 가라 흔 돌 육 장 시백인 양태
흔저 흔저 돌아나 가라 요 양태를 흔저어서 흐여사해야
쑬도쌀도 나곡나오고 밥도 나킬나올걸 인정 읏인없는 요 양태야
소정사정 읏인 요 양태야 웨우왼편팽팽 느다오른편팽팽 돌아가라 돌아나
　가라

요 양태야 못아나 지라 요 양텔 흐여사해야
쑬도 받앙받아 밥 흐여서 먹곡먹고 쾌기고기도 사당사다가 반찬도 흐곡
팽팽팽팽 돌아나 가라 요 양태야 돌아나 가라　　　　| 양태노래 |

"각단 밭에 불붙어 가듯 요 양태야 못아나^{결여나}지라/ 겯어져라 겯어져라 한 코 두 코 신랑 코여/ 요놈의 양태 겯어져라 한 코 두 코 그물코여/ 내일 모레 장날이여 쉬지 말고 서둘러라/ 나 동침아 돌아가라 서울 사람 술잔 돌 듯 어서 빨리 돌아가라/ 이 양태로 큰 집 사고 늙은 부모 공양하고 어린동생 부양하고 일가친척 부조떡하고 이웃사촌 부조하게/ 요 양태야 돌아가라 한 둘 육 장 때 정한 양태/ 어서 어서 돌아가라 요 양태를 빨리 해야 쌀도 나고 밥도 난다 인정 없는 요 양태야 사정없는 요 양태야/ 오른쪽으로 팽팽, 왼쪽으로 팽팽 돌아가라/ 요 양태야 못아나 지라 요 양태를 해야 쌀 받아다가 밥 해먹고 고기 사다가 반찬도 하고/ 팽팽팽팽 돌아가라 요 양태야 돌아가라"

양태는 대나무 중에서도 솜대^{참대}로 만든다. 대나무를 머리카락과 같이 가늘게 쪼개어 겯는데 결을 때는 지름이 양태만한 둥근 양태 판을 써서 결으며 그 중심에 총모자만한 원을 비워둔다. '양태 판이'는 벚나무나 느티나무의 널빤지로 만들어진 직경 28cm쯤의 정단형이다. '텅에⁵⁾ 위에 얹어 갓양태를 겯는다. 갓양태 제작은 먼저 실처럼 가느다란 대오리를 만들고 그 다음 그 대오리로 갓양태를 겯는다. 대오리를 만들려면 우선 대마디와 마디 사이를 톱으로 동강치고 두어 차례 쪼개고

---

5) 대로 결은 양태 판이를 받치는 바구니

나서 불필요한 속 부분은 떼어 낸다. 겉껍질만 솥에 넣고 재에 섞어 아홉 시간 삶는다. 삶은 '속튼대'를 도화지 두께 정도로 얄팍하게 훑어 다듬고, 0.5mm 정도 간격으로 칼금 내어 한 가닥씩 잡아당기면 실오라 기처럼 가느다랗게 쪼개어 진다. 그 다음 '쌀'이라는 '날대'를 실로 엮기, 나선형으로 걷기, '빗대'를 비스듬히 꽂기 등을 거쳐 갓 양태를 겯는다.

양태는 머리카락보다 가는 대나무실을 옷감 짜듯이 엮어서 만드는데, 적어도 24단계의 공정을 거치며, 제대로 된 명품을 만들려면 꼬박 한 달은 걸린다. 더하여 대나무를 깎고 다루어서 명주실 같은 섬유질 실을 뽑아내는 공정은 매우 숙련된 기술이 필요하다. 씨실에 날실을 엮어나 가는 단순반복 작업이기에, 엄청난 인내와 집중력이 요구되는 작업이 다. 또한 아주 촘촘하게 죽사竹絲를 짜나가는 미세작업이기에 눈이 혹 사될 수밖에 없는 고된 작업이었다.

탕건 겯기(사진 : 연합뉴스)

"늴 모리 장날이여 쉬지 말앙 흔저 ᄒ라." 이렇게 만든 양태는 오일장에 내다 팔았다. 제주도 오일장은 면面이나 읍내邑內의 중심이 되는 마을, 주로 면사무소나 읍사무소 소재지 마을에서 정기적으로 개장開場했다. 오일장을 통하여 농산물, 해산물 등을 생산한 농어민들과 그 가족이 거래에 직접 참가하여 생산물을 판매하고 생필품을 구매했다. 1 · 6일, 2 · 7일, 3 · 8일, 4 · 9일, 5 · 10일 중 어느 한 날에 개장하여 인근지역 간에 중복되지 않도록 장이 서는 일자를 조정했다. 장날이면 주변마을에서 각종 생산물들을 짊어지고 사람들이 아침부터 장터로 모여들었는데 시장손님 대부분이 여성이었다. 제주 농어가에서 생산되는 모든 생산물, 잉여농수산물들이 장터로 몰려들었다. 시장에서는 마을에서 구입할 수 없던 생활필수품인 고무신, 의복, 옷감, 농기구, 소금 등을 구입했다.

1920년대까지만 해도 제주도내 13,700호가 양태 겯기에 종사했다. 이들은 1년에 1,350,000개를 생산했고 약 405,000원의 소득을 얻었다. 그러나 갓일은 갑오경장을 고비로 단발령 이후 소비가 줄어 점차 사양길로 접어들었다. 이와 다른 주장도 있다. 1895년 단발령 이후 이전까지 양반과 선비들의 전용물이던 말총공예품들을 일반서민들도 착용하게 되면서 소비가 늘어나 오히려 제작이 활발하였다(정경희, 2006)는 주장이다. 충분히 설득력 있어 보인다.

2009년 제주특별자치도는 조선시대 갓 공예의 중심지였던 이미지를 부각시켜 문화관광자원으로 활용하고 무형문화재의 맥이 끊이지 않도록 보호 · 전승하기 위해 제주시 조천읍 교래리 4거리 인근에 갓 전시관을 개관했다. 중요무형문화재 갓일 제4호인 제주의 장순자 장인이 위탁받아 관리하고 있다. 장순자 장인의 어머니 고정생 장인은 1964년 중요무형문화재 제4호 '제1대 양태장'으로 지정을 받았다. 장순자 장인의 외할머니^{강군일}는 당시 제주 갓일^{양태}의 손꼽히는 명인이었고 어머니^{고정생} 역시 6살 때부터 갓일을 배웠다. "죽더라도 손은 두고 가라" 어머니가 돌아가실 때 나온 말이라고 한다. 누구도 대신할 수 없는 사람, 달성하기 아주 어려운 명인의 결정체^{結晶體}다.

장인의 기술은 3대가 아니라 누대^{累代}의 가업을 이은 전통^{傳統}이자, 우리나라를 대표하는 정통^{正統}이라 할 수 있다. 한편 장정순 장인은 전통 기법에 자신의 새로운 기법, 이른바 '다이아몬드식' 직조방법을 창안해 내었다. 이 방식으로 만들어진 양태는 흔들림과 뒤틀림이 없으며 겉과 안쪽이 모두 매끄러워 곱게 보이고 짜임새가 고르고 견고하다. 또한 다이아몬드 무늬로 직조되어 아름답게 보이며 탄탄하다. '장정순식 양태기법'이라 특허를 낼 수 있는 이 기법은 엄청난 자부심을 가질 만하다. 새로운 전통은 한 세대를 시간단위로 해서 생겨난다. 맞는 말이다.

6

요놈의 물덜아 혼저 불르라 :
밭 밟는 소리, 밧 볼리는 소리, 조팟 볼리는 소리

제주민요 '밭 밟는 소리'는 보리나 조의 씨앗을 뿌린 후 그 씨앗이
바람에 날라 가지 않도록 땅 밟는 작업을 할 때, 소나 말을 밭에 몰아
놓고 그 땅을 밟도록 채찍질하며 부르는 밭일 노래다.

이 산중에 놀던 물아 저 산중에 놀던 물아말아
고비 고비 돌아 나오라 이소장에 놀던 물아 이소장으로 들여보내라
저 산 앞에 안개 끼면 장남 두 일뤠이레, 7일 논다 흐는구나하는구나
영주산 꼭대기에 구름이 끼면 당일에 비가 온다 흐는구나
토산 냇바르바다에 절소리가물결소리가 일면 세 시간 내에 비가 온다 흐는
    구나
산방산 꼭대기에 번들구름이 솟아오르면 장마가 걷어온다 흐는구나
사라봉 꼭대기에 아침부터 해가 나면 중의 대가리가 벗어진다 흐는구나

곱이곱이굽이굽이 돌아오라 유월철이 당 흐엿고나하였구나
간들간들한들한들 부는 보름에바람에 귀 쥬울이멍기울이며 걸어 보게

느 구실이 무신무슨 구실 멍에 씨민있으면 밧 갈곡밭갈고 멍에 벗이민벗으면
　밧밭 블린다밟는다
노픈높은 되랄데랑 뒤뎡뒤에 가고 흔저어서 뽈리빨리 나가게
조랑 나경 대죽낭수숫대고찌처럼 요물랑 뒈경 구실고찌

| 밧 밟는 소리 |

돌랑돌랑 걸으라 밧도밭도 물 밧고 일기도 좋구나
이런 날에 요런 일 홈이사함이야 놀기보단 좋고나
일 년 열두 돌열두 달 종소흔종사한 이 농소를농사를 무싱걸무엇을흔코할까
요물여물 먹곡먹고 뒤치 먹는 늬영너와 나로구나
마당고찌같이 밧이랑 블랑밭아 구룸고찌구름같이 종지랑 세왕세워
낭기줄기라근 흔 자한 자 뒈게되게 고고리도 흔 자 뒈게
무쉐무쇠 요름열매 올려열려줍서

산천초목 싹 텀고나트는구나 신주님아 잘 뒈게되게 흡서합서
풍년이여 풍년이여 올히는올해는 풍년이로 구나
곡석나경곡식나면 수국수국 검질이랑김이랑 짓지 말게 숭웃이 블려주게밟아
　주게
지시님이 처분흔영처분하여 낭그랑 구릿대 요름이랑 무쉐 요름 지켜주게
　흐여 줍서

| 밧 밟는 노래 |

* 뒤치 = 열매를 빼 버리고 난 곡식의 줄기나 깍지 따위

　제주지역 토양은 대부분 현무암질 풍화물과 화산회토로 이루어진 화
산토이다. 화산토는 형성시기에 따라 고화산토와 이보다 2~3배 이상
척박한 화산회토로 구분한다. 화산회토는 일단 물을 머금으면 재灰처럼
큰 공극률로 인해 쉽게 투수되어 함수량이 낮아진다. 화산회토는 낮은

보수력을 가지므로 타 지역과 비교했을 때 훨씬 낮은 약 10% 정도의
낮은 함수량을 가진다.

> 유월 마가지밧마가지밭 볼리젱밟으려고 ᄒ민하면 쒜쇠고지 몽둥이 지퍼짚어
>   보멍보며
> 높은 디는데는 볼라밟아 가멍가며 놋은낮은 디는 메꽈메꿔 가멍가며
> 골로로골고루 잘 볼라사밟아야 씨도 골로로 잘 살고
> 낭은나무는 나민나면 구리대여 잎은 나민 어렁주여 고고리는 당마께 허영
>   하여
> ᄀ슬가을 요름 젱궁 제깍 제겨쌓아주는구나
> 제석할마님아 요 농시랑농사랑 지거 들렁 보등지게 허지 맙서마세요 구석
>   지게 허지 맙서
> 곳간 창고 ᄀ득가득 ᄀ득 천석 나게 허여하여 줍서주세요
> 만석 나게 허여 줍서 밥그릇도 ᄀ득 ᄀ득 시겨줍서
> 잠깐 전이 몬모두 볼라지는구나 시드락 보드락 허지 말앙 돌랑돌랑 잘
>   덜잘들 볼리고밟고
> 모쉬덜도마소들도 고르잡앙잡아 잘 덜잘들 몰아사몰아야 요 밧밭 못 볼릴 거로
>   구나
> 요 밧 몬모두 볼려사 물도 먹곡먹고 출도꼴도 먹곡 헐 거 아니가
>
> | 밧 볼리는 소리 |

* 마가지마-걷이 = 장마가 끝난 뒤에 파종하는 조 농사 등을 말함. 구리대 = 구렁
  -대, 수리-대, 제석 할마님 = 풍신風神

제주 남동부를 중심으로 제주도 면적의 83%를 차지하는 화산회토지
대는 산성酸性이며 잡초가 무성해 기장과 조 같은 서속류黍粟類를 주로
재배한다. 입경入境 크기에서 미사식양통微砂埴壤土로 분류되는 화산회

토로 '뜬 땅'은 투수성과 관련된 공극률이 70%를 넘는다. 빗방울 충격이 있을 경우 표면공극을 메워 많은 수량, 다량의 토양성분, 가용성 염류, 토양유기물과 함께 바다로 유실된다. 제주에는 화산회토가 변질된 '된 땅' 이라 한다.

앞멍에랑앞멍에는 거꾸로 메여 오늘날로 모시레모시러 가자
산천초목이 어드러어디로 가느냐 어러러 오늘은 산천이요
내일은 강물인데 처마 끝으로 넘어나 가자

나 혼자 말을 ᄒ면하면 말 모른못하는 짐승들은 어디로 뛰는지
목이 아파서 목메어가는구나 어렁렁 얼럴럴 걸어보자
어헤 산이로고나 물이로고나 재게얼른 밧을밭 볼라밟아 두엉두고
가서 물을 먹던가 밥을 먹던가 재게재게어서서 오몽움직임 ᄒ라하라
어허렁 거리고 잘도 걸어 간다
나 역시 부모님 버리고 농사를 짓자 ᄒ니하니
이놈의 짐승들은 나 속이 궤롭고괴롭고 캄캄하고
농사짓고 어서 활발하게 뛰어보자 어러 | 밭 볼는 소리 |

뜬 땅에서는 파종된 씨앗이 발아하기 전에 남태와 돌태, 소나 말로 밟아주지 않으면 토양이 건조해져 부석거리며 바람에 날린다. 밭을 밟으면 모세관현상이 촉진되고 토양의 바람 날림을 막을 수 있다. 씨앗을 땅 속 깊이 파종한 후 그 위에 흙을 덮고 단단히 다져 줌으로써 씨앗 주변의 토양 수분증발을 최소화하기 위한 답압踏壓이 이루어진다.

요놈의 몽셍이덜망아지들 배고파 가난가니 춤이 절로 나는구나
삼복 때만 오몽ᄒ민움직이면 저 산중에 죽장항상 놀멍놀며 먹을 거 아니냐

한라산에 산목 쫄르민짧으면 사흘 안네안에 비가 온뎅온다 헌다
오늘 좋은 날에 구경 헤염시메하고 있으니 제석 할마님아
요 조랑 불리거들랑밟거들랑 고고리랑 덩드렁마께만썩덩드렁마께만썩 낳게
　　헤여나 줍서해 주세요
해는 보난보니 서해 가고 오늘 일도 ᄒ루하루가 가는구나
어서 혼저어서 불라밟아 두엉두고 동산에 나강나가 출도출도 틀곡뜯고 물도
　　먹곡먹고 씨원히시원하게 나가게
요 산중에 놀던 모쉬덜마소들 노픈높은 동산만 불라밟아 도라다오
산천초목은 변호건만변하건만 우리 인생은 혼 번한 번 가면 다시 못 온다
술칩이술집에 갈 적은 친구도 많더니만 공동묘지 갈 적에는 친구가 없다
조랑나건조가 나면 구리대여 요 섶이랑잎이랑 어령주여 요름열매이랑 쒜요
　　름쉬열매 정궁 재깍 재겨줍서쌓아주세요
요 모쉬덜아 역주ᄒ며역주하며 돌아서지 말고 돌랑돌랑 걸어도라

| 밭 밟는 노래 |

* 덩드렁마께 = 거친 짚을 빻아 부드럽게 만드는 나무 방망이

　보리는 양력 10월 중하순, 입동 전후 15일 사이 조 수확이 끝난 밭의
밭갈이부터 시작된다. 그 다음 '돗거름'을 마당에 내어놓고 거기에 보리
씨앗을 뿌리고 소나 말로 잘 밟은 후 한 곳에 모아 둔다. 모아 둔 '돗거
름'을 밭으로 옮겨 이를 손으로 조금씩 자르며 밭 전체에 고루 뿌린 후
소를 이용하여 '잠대질' 해 씨를 묻는다. 잘 묻히지 않는 씨앗을 손으로
덮는 '산파식', 거름과 씨앗 섞인 걸 고랑 쳐 거기에 조금씩 잘게 끊으며
넣고 소로 갈아엎는 '골파식', 거름을 먼저 뿌려놓은 후 그 위에 보리씨
뿌려 소로 갈아엎는 '조파식' 등의 보리갈이가 있다.
　보리 씨앗은 두 번 뿌린다. 거름과 함께 씨앗을 뿌린 후 밭갈이를

63

하고 다시 보리 씨앗두불 씨, 놀 씨을 뿌
린다. 그 후 '섬피' 혹은 인력으로 밭
전체를 평평하게 고른다. 보리농사는
대개 남자가 파종하고 여자는 씨를 덮
는다. 12월, 1월경이 되면 서리가 내려
땅이 부풀어 오르게 되는 데 이때 보
리밭을 밟아 준다. 보리밟기를 하고
나면 보리의 어린잎에 상처를 주어 겨
울이 오기 전에 지상으로 싹이 자라는
것을 억제할 수 있고, 상처로 수분증산

밭 볼리기(사진 : 제주특별자치도)

이 많아지기 때문에 세포액 농도가 높아져 생리적으로 내한성耐寒性이
높아진다. 또한 뿌리발달이 촉진되어 뿌리가 땅 속 깊게 파고 들 수 있어
겨울철 동상해凍霜害에 대한 저항성이 높아진다.

무영지물 국화꼿국화꽃은 봄나비도 싫어해 구시월 춤서리참서리에 너만 홀
　　로 숨어 피라
농부들아 혼탄을한탄을 말자 오뉴월에 흘린 똠은땀은 구시월 요름열매이
　　된다
요 물 덜아말 들아 살랑살랑 걸어나 보라 일 년 열두 돌열두 달 먹고 살을
　　군량미軍糧米로구나
이놈의 몽셍이들망아지들 어멍엄마 따라가라
요 조 불려근밟아서 님도 먹고 나도 먹고 홀 거로구나할 거로구나
멩경장판명경장판 너른넓은 물은 아산 절로나 돌아 나든다
해 다지고 저문 날엔 골목마다 연기가 나는 구나

요 산중에 놀던 ᄆ쉬덜마소들 노픈높은 동산만 블라도라밟아주라

산천초목은 변호건만변하거만 우리 인생은 흔 번한 번 가면 다시 못 온다
조랑 나건나면 구리대여 섶잎이랑 어령주여
요름열매이랑 쒜요름쇠열매 정궁 재깍 재겨줍서쌓아주세요

| 조팟 볼리는 소리 |

섬피 끌기(사진 : 제주특별자치도)

조 농사는 보리수확 후 보리 뒷그루로 했다. 6월 절 전 3일 후 3일7월
20일경 사이6) 파종한다. 해안마을에 있는 밭은 6월 절 전 3일, 후 3일
사이에 파종하고 '웃드르' 밭은 10~15일 전 파종했다. 좁씨는 1마지기
에 1되 정도를 뿌린다. 좁씨를 재灰와 오줌에 버물려 수제비만큼 뜯어내
어 밭에 뿌렸다. 조는 바람에 날아가거나 토양에 수분 보존률이 떨어져
발아發芽 안 되는 경우가 많아 좁씨 뿌린 후 반드시 진압鎭壓을 해 주어
야 한다. 소나 말 2마리에 나뭇가지로 만든 '섬피'를 매달고 파종 후
조밭을 밟아줬다. 사람이 직접 '섬피'를 끌며 밟아주기도 했다.

---

6) 고구마, 유채, 콩 등은 유월절 이전

어서 정신 출령차려 돌랑돌랑 요 물덜아말들아 요 모시덜아마소들아
풀풀 감아지멍감아가며 어서나 돌아가라
오놀은오늘은 밧밭 볼령밟고 쿰임금 받앙받아 집읫집에 할망 풀 フ심감이나
　　나커냐나겠나
할망할머니 집의 강가서 머드레 고져가져 오심오세요 에염데레옆에 족족 놓앗
　　당 아이고
저 하르방광할아버지와 살아가젱살아가려 흐민하면 이것저것 흐랜하라고 흐는
　　하는 것에 성훼성화대여지는 고나 요 내 적군 버려 사자
이 물 저 물 막아 들멍 돌아오멍돌아오며 나아가멍나가며 이 농사를 지어다
　　간 우리 성군 살리시카살릴 수 있을까

요 놈의 물 덜아 흔저서 뽈리빨리 볼르라밟아라
밧이랑밭이랑 볼리경밟으면 석 섬 닷 말지기 산이랑 넘거근넘거든 태백산이
　　나 넘으라
헨해는 서산으로 져 가곡가고 밧은 이 모양이로구나
요 놈의 물덜아 헤해 지는 중은 알암고나아는구나
요 물덜아 어디레어디를 밤시니보고있니 정신 출령차려 볼려밟아ᄃ라다오
볼려난 듸밟았던 데 볼려밟아 가멍가며 간듸간데 가곡가고 온듸온데 오멍오며

우리 모쉬 조 잘 볼리곡밟고 저 산에 흔저서 가라
올히랑올해랑 큰아기 밧 볼리곡 새헤랑새해랑 족은작은 아기 밧 볼리라
올히랑 씨줍씨 그르치지실수하지 말게 정신 들영차려 잘 볼리라
큰아기랑 닷 섬 주곡주고 족은작은 아기랑 석 섬 주게
　　　　　　　　　　　　　　　　　　　　　　| 밭 밟는 노래 |

　　소 두 마리, 말 한 마리의 경우 가장 큰 소를 선두로 다음 다른 소,
맨 뒤 말을 세워 밧줄로 세 마리를 연결한다. 소와 소, 소와 말 간격은

대략 한 척으로 잡고 선두 소 양쪽 뿔에 다른 밧줄을 걸어 고삐로 삼았다. 사람은 소와 말 중간보다 조금 뒤 말머리 곁에서 '밭 밟기 노래'를 부르며 채찍으로 우마를 몰았다. 말들을 다독이며 친구와 대화하듯 얘기하는 노래다. "어차피 네가 밟아야 하는 일이니 신경질내지 말고 골고루 잘 밟아 주라", "피할 수 없으면 즐겨라" 힘들어도 힘들다고 말하지 못하는 소나 말들에게 인생은 결국 크고 작은 오르내림의 연속이라고 다독이고 있다. 그래봐야 '소귀에 경 읽기'지만

7

멜 풍년 돈 풍년 :
멸치 후리는 노래, 멜 후리는 서우제소리, 멜 그물질 소리

'멸치 후리는 노래'는 멸치 그물 후리는 작업을 하며 부르던 어업노동
요다. '멜 후림 소리'라고도 한다. 제주에서는 멸치잡이를 '후린다'고 한
다. 요즘 제주에서 가장 핫 하다는 월정, 행원, 함덕, 곽지, 협재, 화순,
표선, 신양, 이호, 삼양 멸치잡이가 유명했다. '멜 그물질 소리'는 먼 바
다에서 그물로 멸치 떼를 에워 쌓은 후 모래 깔린 해안가로 마을사람들
이 일제히 끌어당기는 작업할 때 여럿이 호흡 맞추며 부르는 노래다.
한사람이 선소리를 하면 그물 당기는 사람들이 동작을 맞추며 후렴구를
부른다.

멸치라고 다 같은 멸치가 아니다. 제주바다에서 나오는 멸치는 정어
리, 샛줄멸, 눈퉁멸 등이다. 고맙게도 멸치는 매년 무리 지어 제주도
동쪽으로 들어온다. 이때 고등어도 같이 들어온다. 여기서 다시 두 갈래
로 나뉘어 하나는 북쪽 해안으로 가고 다른 하나는 남쪽 해안을 따라
서쪽으로 내려간다. 샛줄멸은 4, 5월에 눈퉁멸은 6, 7, 8월에 정어리는

8, 9, 10월경에 잡힌다. 제주에서는 보리수확기에 잡히는 보리멜 즉, 샛줄멜이 가장 유명하다.

놀당놀다 죽은 염송아지나 일호당일하다 죽은 밧갈쉐밧가는소나 죽어지믄지 면 그 뿐이여

대천바당에 멜멸치 오라오듯 요디야여기야 닷 올라온다

사농공상 직업 중에 우리네 어장漁場이 긔일제일이여

이 서낭이 어디서 놀단 서낭이냐 어게선 비게선 당돌이 감동선에 놀단 서낭

모다들민모아들면 일곱 동서 갈라 사민서면 호나하나이라

큰바닥 셋바닥 모슬여서 놀단놀던 서낭 무성기알에서 놀단 서낭

망만 부는 헌 페리에 짓만깃만 부뜬붙은 헌 도폭에도복에

목만 부뜬 헌 절목에 뒤축만 부뜬붙은 헌낡은 신착에신발에

흔 뽐한뽐 못흔못한 조댈 물곡물고 천 고리여 만 고리여 이여싸 소리에 닷 올라온다

청천 하늘엔 벨도별도 떳져 우리네 구물그물 속엔 멜도멸치도 들엇져

* 대천바당 = 넓디넓은 바다, 서낭 = 무속에서 온갖 배의 운수運數, 어업, 해녀 작업 등 해상의 모든 일을 관장한다는 신神, 감동선 = 여러 가지 배의 이름, 모슬여 = 조천읍 함덕에 바닷가에 있는 여, 페리 = 상제喪制가 쓰는 댓개비로 결어 만든 갓笠, 고리 = 멸치 등 바닷고기를 넣어 운반하는 데 쓰이는 바구니, 어획량의 단위로 쓰임.

19세기 이전 제주에서는 연안에 '원담'石堤을 쌓아 밀물 때 바닷물과 함께 들어왔다가 썰물 때 미처 빠져나가지 못해 '원담' 안에 남아 있던 멸치를 '족바지'뜰채 혹은 '당망'攩網으로 건져 올리는 방식으로 멸치를

잡았다. 멸치가 올라 올만한 곳에 높이 5~6척尺, 1척은 33.33cm, 너비 2~3척, 직경直徑 1척 가량 돌을 올려 쌓아 담으로 둘러싼다. '원담' 안에 멸치 들었을 때 마을 남녀노소 모두 구물그물을 어깨에 지고 '원담' 안에 들어가 직경 1장丈, 10자, 약 3m 2척, 깊이 5~6척, 자루길이 2장 2척 가량의 '당망'7)으로 멸치를 건져 올렸다.

제주 원담(사진 : 다음)

'원담'개은 개인이 쌓는 경우도 있었으나 대개 3~4명이 공동으로 쌓고 공동으로 소유했다. '원담'에 고기가 많이 들었을 때 주인 혼자서 이를 전부 가져가지만 평상시에는 누구나 자유롭게 잡게 하고 그 대신 잡은 물고기의 1/3만 주인이 가져갔다. 요즘 같지 않은 먼 옛날 얘기다. '원담' 한쪽에 작은 입구를 트거나 암석이 돌출하여 작은 만小灣을 이루고 있는 곳에 멸치가 들어올 때를 노려 그 입구를 구물로 막고 '당망'으로 잡았다. 구물그물은 면사綿絲로 만들고 너비 5~6심尋8), 길이는 장소에 따라 일정하지 않다.

---

7) 그물 양쪽에서 여러 사람이 끌줄을 잡아당겨 물고기 잡는 큰 그물
8) 1심은 여덟 자

1907년 이후 점차 '원담' 내 어획에서 벗어나 예망曳網, 지예망地曳網, 휘라망揮羅網, 방진망防陳網, 장망帳網등을 이용하여 더 많은 멸치를 어획하기 시작했다. 멸치가 많이 잡혀 돈 풍년 왔지만 큰 딸은 비양도로, 가운데 딸은 가파도, 작은 딸은 법환리 시집보내고 이제 두 늙은이만 남아 이 많은 멸치를 어찌 처리해야 할지 걱정이다. 아버지 어머니도 결국 늙는다. 시집간 딸들이 이를 모를 일 없다. '땅 부자 일 부자'라고 '멜 풍년 일 풍년'이던 시절 노래다. 그래도 빈 둥지에 남겨진 노부부는 "우리 옛 조상들이 하던 일을 잊어버리지 말고 되살려보자"며 그 버거운 짐을 고스란히 감당하고 있다.

　　　　동깨코라근 은구문여로 서깨코는 서여콧들로
　　　　당선에서 멜발멸치발을 보고 망선에서 후림을 노라
　　　　닷배에서 진을 줴왕쳐서 추조안골 사서안골 궤기고기
　　　　농켕이 와당에 다 몰려 놓고 앞궤기고기라근 선진을 놓고
　　　　뒷궤기랑 후진을 노라 베 테위에테우에 놈덜아놈들아
　　　　웃베리를 솔짝살짝 들르라들어라 흔불로한불로 멜멸치 나간다
　　　　그물코가 삼천코라도 베릿베가벼리가 주장으뜸이로다
　　　　망선에 당선에 봉기를 꼽아 공원제장 도임덜은도임들은
　　　　밥주걱 심어근잡고 춤을 춘다
　　　　우리 옛 조상덜조상들 흐던하던 일을 잊어 불지버리지 말앙근말고 되살려보자
　　　　멜은 날마다 하영많이 거려다잡아다 놓고 큰 딸은큰 딸은 비양도로 씨집 가곡가고
　　　　셋둘째 딸은 가파도 씨집 가곡 족은작은 딸은 법환리 씨집 보내 뒨두고
　　　　우리 두 늙은이만 이 멜 어떵어떻게 처단ᄒ리처리하리
　　　　풍년 왓구나 풍년 왓구나 농켕이 와당에 돈 풍년 왓구나
　　　　산엔 가난가녀 산신대왕 물엔 가난 용궁에 서낭
　　　　이물에라근 이사공아 고물에랑 고사공이여

허릿대 밋디밑에 화장아야 물 때 점점 늦어나간다

* 당선 = 어장의 어황과 그 날의 미세기 등을 확인하기 위해 맨 먼저 나서는 배, 망선 = 멸치잡이를 할 그물을 싣고 다니는 배, 닷배 = 멸치를 잡을 때 그물을 둥글게 흘려 쳐 놓고 그 그물에 멸치가 잡히도록 조종하는 배, 베릿배 = 벼리, 그물의 위쪽 코를 꿰어 잡아당기게 된 밧줄

휘라망揮羅網은 주머니가 없는 지예망地曳網으로 20심尋, 8척에서 100심, 너비는 양끝 1심, 중앙 약 5심, 길이 150심의 예승曳繩을 양쪽 끝에 달아 어군을 둘러싸 해안가로 멸치를 끌어들였다. 제주도 어장 대부분은 모래사장이며 너비가 좁다. 5~6정보町步, 3,000평이내이며 10정보 넘는 곳이 드물다. 좁은 어장은 한 조가 일개소를 독점하거나 여러 조합組合이 공유하기도 한다. 다만 동시에 다수 구물을 사용할 수 없어 미리 협의하여 순서를 정하여 작업했다.

멸치잡이는 구접40명, 신접38명, 해방 후 신설망으로 조직되었다. 보통 그물배 2척, 당선 2척, '태우' 6척이 바다에 나가 방진망을 펴 잡았다. 방진망防陳網은 그 구조가 휘망과 다르지 않다. 연안에 바위가 많아 휘망을 사용할 수 없는 곳에 쓴다. 고기떼를 확인한 다음 구물을 던져 물속에 원형을 만들어 이를 둘러싼 다음 서서히 조이며 멸치를 걷어올린다. 풍어기 때 구물 안쪽을 풀어 멸치 떼를 나누어 싸고 서서히 바닷가로 끌어 올려 잡았다.

장망帳網은 일종의 부망敷網으로 깊이 15심, 너비 10심의 장방형 구물 네 귀에 길이 10심 예승을 붙인다. 보통 4~5인승 어선 4척이 어장에

이르러 투망하는 데 그 상단은 항시 수면에 떠 있으며 하단은 물에 가라
앉혀 고기떼를 쫓아 구물을 조정하고 때를 봐서 구물 한쪽 끝을 들어
올린다.

우리 배에 서낭님은 영급 좋고 수덕도 조앙좋아
혼물거리에 수 천 냥 씩 혼물한물거리에 수 만 냥 씩
선소리랑 구지나 망정 홋소릴랑 잘 맞춰 줍써주세요
동캐코랑 동착동쪽 더레로으로 서개코랑 서착서쪽 더레로
당선에서 멜발멸치발로 보고 모살밧모래밭디선에선 후림후럼을 논다
동쪽 테우 서쪽 테우 베줄이영 가정덜갑써가져가세요
동쪽 접원 서쪽 접원 흔저어서 흔조어서 뱃줄덜뱃줄들 잡앙잡아
자빠지멍넘어지며 땡겨들당겨 보게 엎어지멍엎어지며 땡겨들 보게
닷배들이 진을 재왕재워 웃베릴랑 들러들어 가멍가며
동쪽 베리 죄와들조여들 가멍가며 서쪽 베리 죄와들조여 가멍
알베리랑 볼보하가멍가며 웃베리도 죄와들쪼여 가곡가고
그물코가 삼천코라도 베릿배가 주장이여
풍년이 왔져 돈풍년 왔져 흐루해하루해전 퍼 날르라날라라

* 테우 = 육지와 가까운 바다에서 자리돔을 잡거나 낚시질, 해초 채취 등을 할
  때 사용했던 통나무배

휘망이나 방진망은 개인이 사용하지 않고 수십 명으로 구성된 조합
에서 한다. 조합원은 평상시 어업에 종사하는 것이 아니라 멸치잡이
때만 참여한다. 어획물은 '조장'도가라고 불림의 지시에 따라 조합원에게
분배하거나 또는 건조한 후 상인에게 팔아 그 소득을 조합원에게 균등
하게 나눈다. 도가와 '소임'부조장은 조합원 몫의 소득과 한사람 반의 몫
을 더 얻는다.

한 명 또는 두 명이 소유하는 구물은 망자網子9)를 쓴다. 망자들 가운데 조장을 두고 그 지휘 하에 작업한다. 그런데 망주網主는 단지 어획물을 판매하는 일에만 관여한다. 분배는 망주와 망자 간에 반으로 나누고 망자들은 조합의 경우와 같다. 멸치 망대網代10)는 마을 어장으로 10명 혹은 20명으로 이루어진 조직이다. 예전 제주군의 자포위미, 곽지포, 금성포, 귀덕포, 협재포, 배령포금릉, 별방포, 무주포월정리, 김녕포, 함덕포, 대정군의 모슬포, 정의군의 표선포 등은 한 어기 때 20만근 이상의 수확지로 유명했다.

원담 축제(사진 : 네이버)

---

9) 구물 계원
10) 망주에게 배당되는 수익금

노자놀자 좋다 젊어 놀아 늙어 지면은 못 노나니
젊어 청춘에 놀아보세 놀아본들 요 때로구나
쉬어나 마음도 요때 일세 꼿은꽃은 피어 떨어지면
때가 되 면은 피건마는 흔 번한 번 가신 우리 부친
언제 다시나 만날거나 만나기는 영 틀렸네
우리 고향을 어서 가세 다 왓구나 다 왓구나 우리 고향을 다 왓구나
새벽서리 찬 브름에바람에 울고 가는 저 기럭아기러기야
울고 가면 너 울고 갓지자거 줌든잠든 나를 깨고 가냐
어라 내도 임을 잃고 수심 강단을 진밤긴밤 샌다세운다

| 상사소리, 멸치 싣고 오는 소리 |

멸치잡이는 5월에 이루어 졌다. 잡은 멸치는 젓갈로 자가 소비하거나 상인에게 판매했다. 나머지는 건조시켜 거름으로 사용했다. 어비魚肥는 주로 멸치이며 간혹 복어, 고등어, 각재기, 갈치 등을 건조시켜 건조한 해조류와 함께 쌓아두었다가 사용한다. 멸치가 많이 나는 월정리, 하도리, 행원리는 음력 5월부터 멸치를 어획하여 이를 말린 후 대맥大麥을 파종할 때 시비施肥한다. 이렇게 거름을 주면 수확량이 30~40% 정도 많았다. 열심히 하면 누구나 부농富農이 될 수 있어 좋았다. 장마가 계속되어 어획한 멸치가 마르지 않을 때 이를 재灰속에 묻어두었다가 재와 혼합하여 시비하는 경우도 있다. 예전 무주포월정리에서는 많이 잡을 때 180고리 정도 잡았다. 한 고리는 보통 40말 기준이다. 한 고리면 삼백 평 밭에 거름 줄 수 있다.

멸치가 아주 많이 잡혔다 해서 멸치를 보리농사 거름으로만 사용하지는 않았다. 멸치도 어엿한 생선이다. 제주에서는 멸치와 얼갈이배추 등을 넣고 끓인 '멜국'을 많이 먹는다. 생멸치가 많이 날 때 냉동멸치가

아닌 싱싱한 멸치로 국을 끓이면 해장에도 좋고 칼슘의 공급원으로도 좋으며 담백한 맛이 일품이다. 갈치 호박국, 각재기국, 멜국 모두 제주의 맛을 정확히 각인시켜 준다. 개인적으로 '멜국' 보다 '멜 튀김'과 '멜 조림'을 좋아한다.

8

우리 어멍 망근 폴안 : 망건노래

'갓 사러 갔다가 망건 산다'는 말이 있다. 갓 사러 갔는데 갓이 없어 대신 망건을 샀거나, 아니면 가는 도중에 마음이 바뀌어 갓 대신 망건 샀거나, 뭘 사러 갔는지 깜박하고 비슷한 거 샀거나, 그도 저도 아니면 주머니 사정에 맞춰 망건을 샀거나. 나이, 성별, 지역에 따라 다르다.

조선시대 선비들은 잠잘 때를 제외하고 일상생활에서 늘 망건網巾을 착용했다. 잠자리 들 때서야 상투를 풀고 망건을 벗어 두었다가 아침에 세수 한 후 다시 동여맸다. 이처럼 몸 가까이 두는 망건을 귀하게 여겼다. 사용하지 않을 땐 둘둘 말아 망건통에 넣어 보관하였다. 망건통 역시 소중하게 여겨 최대한 좋은 재료로 제작하였다. 이때 신분이 높고 낮음이나 부富의 정도에 따라 망건통을 나무로 만들거나 그 위에 상어 껍질을 비롯한 고급재료로 장식했다(한국민속대백과사전).

망건과 탕건은 조선시대 선비들이 착용하던 관모冠帽이다. 그 당시 관모공예품 대부분은 제주여성들의 땀과 손기술로 만들어졌다. 망건은 갓을 쓰기 위해 상투 틀 때 머리털을 위로 걷어 올리려고 이마에 두르는 띠를 말한다. 처음 명주실을 엮어 만들었으나 나중에 말총馬尾을 곱게 엮거나 곱소리코끼리 꼬리털나 머리카락으로 만들었다. 보통 말총을 직사각형으로 엮어 만들었다.

갓(흑립)   갓(주립)   탕건

갓(백립)

망건 완성품

갓 공예(사진 : 네이비)

망건 짜는 일은 제주시 동쪽지역인 함덕, 조천 등지에서 많이 이루어졌다. 그래서 망건을 짜며 부르던 민요는 함덕, 조천, 신촌, 와흘, 북촌 등 조천읍지역에서 주로 전승되고 있다. 이 민요는 다른 노동요와 달리 창唱민요적인 흥겨움을 가지고 있다. 망건노래는 말총을 이용하여 망건을 결으면서 부르는 노래로 여성들의 섬세한 정서가 잘 표출되고 있다. 5일에 한 번, 한 달이면 여섯 번장, 오일장이 서는 날마다시백 그동안 결은 망건을 내다 팔아 집도 사고 옷도 사고 식량을 샀다.

"갈매기 물 먹어 가듯 갈맥 갈맥 걸려나 져라/ 미역일랑 잎 넓어 가듯 미적미적 잎 넓어 가듯/ 한 달 육장六市場때 정한 망건 모레 장에 장보러 가자/ 어느 굽이 내 아니 울리 어느 마디 내 아니 울리/ 젊은 부모 명 짧은 몸에 내야 아니 낳았으면 할 걸/ 요 망건아 내 망건아 한 간에는 집 믿는 망간/ 정의 좁쌀 내 믿는 망건/ 일천 시름 내 믿는 망건/ 요 망건아 결어나지라 한 달 육 장 때 정한 망건/ 장 또 장에 때 정한 망건/ 저 산으로 가니 더욱 높은 당산堂山메더라/ 콩, 팥에도 눈이나 있다 눈 없는 건 좀머귀나무더라"

<blockquote>

고마기랑갈매기랑 물 먹어 가듯 골막골막 걸려나 지라
메역이랑미역이랑 입 넘어 가듯 혼 돌 육장여섯장 시백인 맹긴망건
모리모레 장에 장오일장 보레보러 가게

어느 곱이굽이 나 아니 울리 어느 모디마디 나 아니 울리
설룬 부뮈부모 멩수명 쪼른짧은몸에 내사 아니 낳데민 호컬할걸
요 망긴아망건아 나 망긴아 혼 간에는 옷 믿은 망긴
정의旌義좁쏠좁쌀 나 믿은 망긴 함덕咸德집석 나 믿은 망긴
일천 시름 나 믿은 망긴

요 맹긴아 못아나결어나 지라 혼 돌한 달 육 장 시백인 맹긴
장 또 장의 시백때를 정한인 맹긴
이 메산 노판높아 저 메로 가난 더구 노픈높은 당산堂山메라라
콩 폿에도팥에도 눈이나 싯나있나 눈 웃인건없는건 논둑좀머귀나무이어라

</blockquote>

* 시백시벡 = 일을 정해진 날짜에 맞추어 맞물리다.

망건은 갓을 쓸 때 머리털이 흐트러지지 않도록 이마로부터 뒷머리 쪽으로 둘러치는 띠다. 너비 7cm쯤 되는 너부죽한 머리띠 모양이다.

이마와 머리 뒤로 두르고 끄나풀로 졸라맸다. 우선 망건을 두르고 나서 탕건과 갓을 쓴다. 따라서 망건은 관모라기보다 머리장식의 하나로 볼 수 있다(제주특별자치도, 멀티미디어 제주민속관광대사전).

「오주연문장전산교五洲衍文長箋散橋」에 의하면, 망건을 쓰는 제도가 명나라 태조 때 비롯되었으며 도사道士가 명주실로 망건을 결었다고 한다. 『지봉유설』에는 중국, 한국, 유구琉球사람만 망건을 썼다고 적혀 있다.

우리나라 망건은 명나라에서 전래되었다. 『세종실록』 2년 경자조에 말총으로 결은 망건을 명나라 사신에게 선물했다는 기록이 전해진다. 그러나 이후 재료나 용도 및 형태가 서로 달라졌다. 망건에는 관자貫子를 다는데 관자는 신분을 나타낸다. 벼슬에 따라 구분이 엄격했다.

망건의 윗부분을 망건당11), 아랫부분을 망건편자12)라 한다. 망건에 달아 상투에 동여매는 줄이 망건당줄이다. 편자不帶의 귀 뒤에 관자貫子를 달고, 좌우 당줄을 맞바꾸어 관자에 꿰어 뒤로 가져다 엇걸어 매고, 두 끝을 앞으로 가져와 동여맨다. 관자는 관품官品에 따라 재료 및 새김 장식이 다르다. 정 1품은 조각이 없으나 질 좋은 작은 옥관자도리옥, 정 2품은 소형 금관자도리령, 종 2품은 조각한 대형 금관자, 정 3품은 대형 옥관자를 쓴다. 이외에 대모, 마노, 호박, 골骨, 각角 등으로 만든다.

망건은 맨 위에 갓이나 관을 쓰며, 관자 재료로 품계를 구별한다. 후대에 와서 전면 중앙에 풍잠風簪을 부착하여 장식했다. 풍잠은 바람이

---

11) 말총으로 고를 맺어 두름
12) 망건을 졸라매기 위해 말총으로 띠처럼 굵게 짬

불어도 갓이 뒤로 넘어가지 않게 하는 구실을 한다. 상류층은 그 재료로 대모玳瑁, 마노瑪瑙, 호박琥珀 등을 사용했고 일반인들은 골, 각을 사용했다.

망건의 재료는 말총이다. 말총으로 겯는 방법은 우리나라에서 창안되어 역으로 중국에 수출되었다. 본래 명주실로 겯던 망건이 우리나라에 들어와 토착화되면서 16세기 후반 무렵 말총으로 만든 제품을 생산하기 시작했다. 이처럼 망건은 중국에서 유래했으나 한국에서 말총으로 만든 망건으로 더욱 세련되게 업그레이드되어 중국으로 역수출되었다. 단순히 망건의 재료인 말총이 제주에 많아 그랬을까? 그 보다는 명주실을 말총으로 대체해 업그레이드된 망건을 제작한 제주여성들의 창의적 발상이 새삼 경이롭다.

그 와중에 조선시대 '허생'은 제주도 말총을 사재기매점매석하여 망건 값을 열 배 치솟게 한 후, 비싸게 되팔아 많은 이윤을 남겼다. 박지원朴趾源의 '허생전許生傳' 속 일화다. 박지원의 허생전에는 제주도가 경유지에 불과하다. 다른 허구의 무인도에 이상국理想國을 건설한다. 하지만 채만식의 리메이크 작作에서는 제주도에 이상국을 세운다.

망건을 겯을 때 나무로 된 망건골에 걸어 작업한다. 제품은 끓는 물에 삶아 헝클어지지 않게 고정시킨다. 망건 역시 갓양태, 갓모자, 탕건과 더불어 제주여성들의 소중한 소득원이었다. "친정어머니가 망건을 팔아 시집올 때 해 준 한산모시 열두 폭 치마를 부엌 찬장에 걸어 두기만 하고, 정작 입어 보지는 못한 채 오가며 시집살이 설운 눈물 닦느라 귀한 한산모시 치마 다 없앤다. 그런데도 문어 같은 서방은 나를 보기만 하면 껴안으려 달려들기만 하더라."

탕건청(사진 : 제주특별자치도)

　"얼굴 박박 얽은 놈아 밥상 받고 불평마라/ 너 네 각시 애기 업고 큰길 쪽으로 달리더라/ 성님 성님 사촌성님 시집살이 어떤 가요/ 아이고 야야 말도 말고 무슨 말을 하고 있니/ 이아고 야야 요 망건이냐 고추당초 맵다 한들 시집살이보다 더 매울 소냐/ 장 닭 같은 시아버지에 암탉 같은 시어머니에 문어 같은 서방님에 '코생이' 같은 시누이에 못 살겠다 못 살겠다/ 나 요 시집 못 살겠다 우리 어머니 망건 팔아 시집가라 차려 주니/ 한산 모시 열두 폭 치마 살레^{부엌찬장} 아래 걸어두고 비단 치마 오며 가며 눈물 닦으며 다 닳더라"

　　이년이년 이여동호라 이년 망건 못아나결여나지라
　　이년이년 이여동호라 이년 망건 못아나지라
　　혼 돌한달 죽장내내 시벅시백인 맹긴망건 돌막 돌막 돌아나지라
　　양지얼굴 박박 얽은 놈아 밥상 받앙받고 타령 마라
　　이년이년 이여동 호라 망건 혼재나어서나 혼못아나 간다
　　느네 각시 애기 업언업고서 혼질레레한길쪽으로 돌암서라달리고 있더라

성님형님 성님 소춘사춘성님 씨녁살이시집살이 어떱데가
아이고 야야 말도 말고 미신말을무슨말을 호염시니하고 있니
이아고 야야 요 망건이냐 고초고추 당초 맵다 헌들한들 씨녁살이시집살이보
　다 더 매울소냐
장독장닭끝은같은 시아방에 암톡암닭 끝은 시어멍에
물꾸럭문어끝은 서방님에 고셍이코셍이 끝은 시누이에
못 살커라못 살겠다 못 살커라 나 요 씨집 못 살커라
우리 어멍 망근망건 폴안팔아 씨집 가렌가라고 졸려주난차려주니
한산 모시 열두 폭 치마 살레찬장 아래 걸어둠서걸어두고
허여준해준 치마 오멍 가멍오며 가멍 눈물 씰멍닦으며 다 썩없더라썩고 있더라

| 망건노래 |

* 고셍이 = 제주어로 코셍이, 표준어로 용치 놀래기

　구한말 제주여성들은 망건을 결어 얻은 소득으로 집이나 옷, 식량, 기타 일상용품 등을 구입했다. 단순히 소소한 현금수입에 그치지 않고 집이나 밭 등 집안 재산을 증식시킬 만큼 상당한 소득을 얻었다. 1920년대 812호가 망건제작에 종사했으며, 연간 59,000개 정도 생산했다. 이처럼 말총공예는 제주해녀 출가물질로 큰 수입을 벌어들이기 전까지 제주경제와 제주농촌의 주축으로 큰 역할을 했다.

　18세기 이후 양반의 수가 늘고 신분제도가 해이해짐에 따라 한동안 망건수요가 많아져 민간에서 수공업으로 대량 제작되었다. 게다가 18세기 말 금난전권禁難廛權이 폐지되자 망건과 관자를 전문적으로 유통하는 망건전網巾廛이 비약적으로 늘어났다. 하지만 1895년 단발령斷髮令 이후 더 이상 망건을 쓸 수 없게 되었다. 이후 일제 강점기를 거치며

83

망건 제작이 급속도로 감소하자 망건 제작기술이 사라질 위기에 처하였다. 이에 1980년 '망건장'13)을 국가무형문화재 제 66호로 지정하였다. 처음 임덕수를 보유자로 인정하여 명맥을 잇게 하였다. 그의 사후인 1987년 제주도 이수여를 보유자로 인정하였다. 그가 연로하자 2009년에 그의 딸인 강전향을 보유자로 인정하여 그 기술을 전승하고 있다(한국민속대백과사전).

---

13) 망건을 만드는 기술이나 그 기술을 보유하고 있는 사람

9

자랑 자랑 웡이 자랑 :
자장가, 웡이자랑, 애기구덕 흥그는 소리

제주사람들은 머리가 좋다. 어릴 적 '애기구덕14)'에서 자랐기 때문이라고 한다. 아무리 그래도 이 주장은 애향심의 발로로 보인다. 근거가약해 보인다. 그래도 '두상頭像은 이쁘다' 라면 얼추 끼워 맞출 수 있다.제주에서는 아이를 키울 때 두상 예뻐지라고 '구덕'에 돌려가며 눕히곤한다. '구덕'을 흔들면 아직 굳지 않은 아기 머리가 자연스레 둥글게 된다. 그런데 '구덕'에 아기를 눕혀 흔들면 아기들이 잠이 드는 이유는 뭘까. 미국까지 '구덕'을 공수空輸해 가서 딸 둘을 키운 동생의 말처럼, 어지럽고 멀미나 억지로 자는 건 아닌지 모르겠다. 온실 속 화초가 아닌

---

14) 제주지역의 전통 요람搖籃인 애기구덕은 대나무를 얇게 쪼개 직사각형으로 엮어 만든 것으로 보통 아이가 태어난 삼일 후부터 눕히기 시작해 3세까지 키운다. 밑바닥은 삼동나무로 둥그스름하게 만들고 애기구덕에 눕힌 아기를 손으로 흔들어 재우는 형식이다. 내부는 높이 중간 정도에 질긴 끈을 그물처럼 엮어놓고 그 위에 보릿대와 요를 깔아 아기를 눕힌다. 이동할 때는 아기를 구덕에 눕힌 채 짊어지고 다녔다. 통풍이 잘 될 뿐 아니라, 오줌을 싸도 아래로 흘러내리도록 만든 게 특징이다(천지일보 http://www.newscj.com).

야생화처럼 아이를 키워야 한다. 제주어로 '몽글리멍15)' 키워야 한다. 흙도 '줍아'집어 먹어 가면서. 그렇게 '구덕'에 눕혀 익스트림 생존력을 높였나 보다.

애기구덕(사진 : 제주특별자치도)

'구덕'에 눕혀 흔든다고 애기들이 다 자는 건 아니다. 일부 '시무쟁이' 심술 궂은 애들은 '구덕 흥글'흔들 때만 잠시 자는 척 하다 멈추면 바로 눈 뜬다. '구덕'을 흔드는 속도나 리듬이 일정치 않기 때문이다. 간혹 누워 발로 흔들다가 '구덕'이 뒤집어지는 참사(?)가 발생하기도 한다. '구덕'은 원래 수요자의 입장, 즉 아기의 라이프 스타일과 욕구를 전혀 고려하지 않은 채 공급자의 일방적 다그침에 의해 잠을 강요당하는 공간이다. 그런데도 잘 자는 아기는 참 무던하기도 하다. 내가 그랬다고 한다. 제주사람들이 경험하는 '사회화 과정'의 하나라고 하면 억지이려나.

---

15) 몽글리다 = 몽그리다 = 여러 번 괴로운 일을 당하게 하여 경험을 얻게 하다.
"어떠흐든 사름은 몽그려사 흔다"

다들 처음엔 추켜 주고 구슬리며 분위기 좋게 시작한다.

자랑 자랑 웡이 자랑 자랑 어서 자랑 어서 자랑 어서 자랑
은을 준덜준들 너를 사리살까 금을 준덜 너를 사리 옥을 준덜 너를 사리
부모에게 효심둥아 일가방상 화목둥아 동네에 나서는 인심둥아

제비새ᄀ튼같은 나 애기야 가메기까마귀 저 늘게날개ᄀ튼 나 애기야
금을 준덜 바꽈주랴바꿔주랴 은을 준덜 바꽈주랴
생멩지로명주로 업어주랴 물멩지로 업어주랴
돈아오는 ᄇ름보름 돌달ᄀ튼같은 나 애기야 샛별ᄀ튼 나 애기야

수덕좋은 할마님도 곤밥쌀밥멕영먹여 돈줌단잠자게 ᄒ여줍서해주세요
저레저리가는 검둥개야 이레이리오는 검둥개야 우리애기 재와도라재워주라
나라에는 충성둥아 부모님전 효자둥아 동네방네 귀염둥아
보물주면 너를 사랴 보물주면 너를 사랴
구들방에서 낳은 아기 삼방마루에서 자랑ᄒ게자랑하게
남전 북답 장만ᄒ덜장만한들 이보단 더 더 지쁘멍기쁘며
산호 준지진주 봉가신덜주웠던들 이보단 더 홀소냐할소냐

덕이 좋고 수덕좋은 할마님 ᄌ손자손 그눌롸보살피다 줍서주세요
아기머리에 불둥ᄀ찌불등까지 곱앙숨어 상서서 그눌놔그늘놓아 줍서
나도 눈을 ᄀ으키여감으켜 늬도너도 흔저서 눈을 ᄀ앙감아 흔저 흔저 지랑
    ᄒ게자랑하게
우리아기 잘도 잔다 검둥개야 울지 말라
암특암닭이랑 울지 말라 우리 아기 잘도 잔다
뒷칩뒷집 아긴아기는 고치고추먹언 멩멩멩멩 잘도 운다
우리 아긴 곤떡흰떡 먹언먹어 꿈나라로 잘도 간다

우리 애긴아기는 옥강생이강아지 우리 애긴 말 잘든곤잘 듣고
밥주리잠자리도 제워 주곡주고 송애기도송아지도 재워 주곡
뭉생이도망아지도 재워 주곡 우리 애긴 줌잠 잘잔다
놈의남의 애긴 쿠스쿠세, 버릇버리 밥주리도잠자리도 도망가곡가고
송애기도송아지도 도망가곡 뭉생이도망아지도 도망가곡 자랑자랑 우리 애기

우리 천지 빗낼 놈 우리 문중 울릴 놈
조선ᄀ찌조선같이 너른디넓은데 디 하늘ᄀ찌 노픈디높은데
갓 맹긴망건 짜리사 못뒘으로못되지만 태극기 짜리사자리야 못 뒈리야될까

우기 애기 예쁜 애기 놈의 아이는 미운아기
우리 아기 자는 소린 유기鍮器 제물 제운 소리 가지 전답田畓 제운 소리
놈의 아기 자는 소린 환상還上 비체부채, 負債 제운겨운 소리
우리 아기 착흔착한 아기 오뉴월 진 장마에
물웨물외 크듯 키와 줍서 넓는넓은 물말 키우듯
동지호박 키우듯 어린 할마님 손지손자 키와키워 줍서

우리 애기 웡이자랑 본멩뒤로 웡이자랑 삼멩뒤도 웡이자랑 잘 커가라
    웡이자랑
우리 애기 웡이자랑 별로진도별도진도 톨국톳국자랑
우리 애기 웡이자랑 명월진은 보리 자랑
차귀진은 자굴자귀풀 자랑 서귀진은 조팝조밥자랑

* 환상還上 = 환곡還穀, 환자還子 = 조선시대 양정糧政의 하나, 흉년 또는 춘궁기
에 곡식을 빈민에게 대여하고 추수기에 갚게 하는 구호救護제도, 본멩뒤 = 무
속 설화 '초공 본풀이'에서 무속신 삼형제 중 맏이 이름, '초공'이라고도 함.
삼멩뒤 = 무속신 삼형제 중 막내이름, '삼공'이라고도 함. 진陣 = 왜구를 막기
위해 쌓아올렸던 성城이 있는 군사 요새

이처럼 좋게 말할 때 잠들었으면 온 고을이 편안 했을 텐데, 아무리 달래 봐도 아기가 안자면 슬슬 부화 나는 건 인지상정이다. 이때부터 자장가 사이사이 하소연 겸 협조 부탁 겸 위협이 들어간다. 아무 상관없는 다른 사람을 끌어들여 험한 분위기 조성부터 한다. 누구인지 모르지만 만일 우리 아기를 안 재워주면[16] 신설란으로 만든 질긴 밧줄로 모가지를 걸려다가, 물통에 집어넣어 이리 저리 끌고 다니다, 궁극은 바다에 유기하겠다는 살생협박 경고를 흘린다. 느닷없이, 아기가 자고 안 자고에 한 생명이 걸려있는 형국이 되 버렸다.

> 우리 애기 아니 재와재워 주민주면
> 질긴 질긴 신사라신설란 베로밧줄로 목아마지목아지 걸려다가
> 안다롱물에 흔통한통에다 들이쳐서 이리끄석이리끌고 저리끄석저리끌고 ㅎ
> 다근에하다가에
> 잘락ㅎ게하게 내여불민내불면 바당드레바다로 ㄴ려간다내려간다

* 잘락자락 = 갑자기 힘주어 미는 모양

자장가 사이사이 이러 저런 사정을 하거나 공동 육아 책임이 있는 '아방'아빠을 불러 오라 소리치거나, 가끔 누구에겐가 욕도 한다. 할 일도 많아 죽겠는데, 난이도 낮은 이 단계에서 태클이 걸리면 어쩌라는 건지. 가득이나 할 일 많아 "죽젠해도죽으려 죽을 저를여유 웃신디없는데", 아기마저 잠을 안자니 얼마나 얄미웠을까.

눈치도 보인다. 며느리인 아기엄마는 구덕 흔들 여유조차 없다. "나

---

16) 상대가 그럴 의무나 책임이 있는지 확인도 안 된 상태에서

도 눈을 곰으키여 늬도 혼저 눈을 금앙 혼저 혼저 지랑ᄒ게." 아기 재울 요량으로 같이 눈을 감은 피곤한 며느리는 아기보다 먼저 존다. 그런 며느리가 얄미운 시어머니, "자인며느린, 구덕 받아 앚앙앉아 줌쫌만 잠저. 애긴 안자고" 불호령이 떨어진다. 얼마 전 오일장에 가 보니, 모터를 달아 자동으로 흔들어 주는 '흔들 요람'이 있었다. 좀 더 일찍 나왔으면 그런 고부갈등은 없었을 텐데.

아구 애기 잠저잔다 느네네 아방아버지 한티에게 이~ 왕와서 애기 보렌ᄒ라
　보라고 해라 이~나 요 우영텃밧 팟듸밭에 강이네가서 검질 혼줄한줄 그거
　메불어사메어야 허느냐게한다

혼저어서 자라, 요놈의 아기야
오늘 해 받아 앚앙앉아 느만너만 홍글엄시민흔들다보면 살아지느냐
혼저 크라커라, 이놈이 아기야, 무사왜 말 안들언 영 움만울기만 햄시니하고
　있니 잠지착을볼기를 착 두드리려, 자지 안ᄒ영않고 그네

혼저 넝자불라누워자라 빨레빨래도 담고 구둘목도 짓고
저녁도 ᄒ고하고 헐할 거 아니가
혼저 누웡 자불라자버려라 혼저 감저甘藷, 고구마도 씻어다 부치고
요 아야 비 오람직 헌디올거 같은데 서답도세탁물도 들이곡
어멍이영 아방이영 오민오면 밥도 헹해서 안네드려야 살거
아구 요놈아 혼저 자라게 물에물질하러 들어 가사가야 홀거할 거 아니가

혼저 자라 이 놈의 애기야 혼저 크라 이놈의 애기야.
무사 말 안들엉 영 눈만 경그렇게 햄시니하고 있니 잠치덜볼기 착 두들리랴
　자지 안행그네안하고 예 니가네가 자야 검질검매고 일 헐할 거 아니냐

예나 지금이나 여성들이 하는 일은 아주 많다[17]. 방애, 절구, 물질, 검질 매기, 망건, 탕건, 갓 등을 짜는 갓 공예, 물 길어오기, 세탁, 재봉, 육아, 취사 등. 그뿐인가 경조사 돌보기, 부조, 친족 교제, 금전 출납, 조상 제사 등도 겸했다. 게다가 남녀공동으로 제초, 수확, 비료 운반, 가사경영 등이 있다. 남자들은 주로 기경起耕, 진압鎭壓, 부역, 토역, 건축, 어로漁撈작업 등 힘쓰는 일을 주로 했다.

애기구덕(사진 : 제주특별자치도)

그러나 농사짓던 시절, 밭에서 일하고 돌아온 남자는 그때부터 휴식 겸 재충전 시간이다. 하지만 여자는 그때부터 하루 동안 쌓인 집안일 시작이다. 지금으로 보면, 맞벌이 부부가 각자 직장에서 일하고 퇴근해서 남편은 소파에 누워 TV 보거나 이른 초저녁잠을 자지만, 아내는 낮동안 밀린 집안일을 재개再改한다. 다음날 출근 전까지 밤 새워 가며 아이들 공부도 봐줘야 한다. 차라리 직장에 나가는 게 쉬는 거다. '불턱'

---

17) 그렇다고 남자는 놀고먹었다는 의미는 결코 아니다.

이 '줌녀'해녀들의 유일한 해방구였다는 주장이 설득력을 지닌다. 누구에게나 도망치는 하루, 탈출구가 필요한 법이다.

그렇다고 어르고 겁주기만 하지는 않았다. 재산상속, 물질로도 회유한다. 전답田畓, 가마솥, 유기재물, '방애귓'절굿공이, '살레'찬장, '물황'물독 등. 나중 뒷감당을 어찌했는지 모르지만, 책임질 수 없을 정도로 아낌없이 모두 준다 했다. '구덕'을 '흥근'흔드는 엄마나 할머니가 행사할 수 있는 재산권은 친정으로부터 물려받은 금득전衿得田이나 금득답畓이다. 금득은 이두吏讀어다. 제주에서는 '깃득'이라고 읽었다. 아무리 부부사이어도 재산문제에서는 구별하여 소유권을 행사했다.

우리 애긴 잘도 잔다 부모에도 소ᄌ효자동아
일가에도 화목동아 동네 어룬 인심동아
나라에는 충성동아 비ᄌ낭비자나무에 비ᄌ비자동아
옥ᄌ낭옥자나무엔 옥ᄌ옥자동아 천지건곤 일월동아
앞임댕이앞이마 혜해 그린듯 뒷임댕이뒷이마 둘달 그린듯
물 아레아래에 옥돌 닮고 가마귀에 ᄌ잔 늘개날개여 제비생이 알라구리

넓은 전답 물려 주마 벨진밧별진밭도 너 물리마물려주마
유기 재물 너 물리마 방애귓도 너 물리마 앗진앉힌 솟도솥도 너 물리마
싱근 살레찬장 너 물리마물려주마 싱근심은 물황물항아리 너 물리마

* 옥자나무 = 비자나무위 대구對句로 지은 말, 벨진밧 = '별이 떨어진 밭'이란 뜻으로 넓고 기름진 밭

17세기 중반까지 제주에서 재산상속은 아들, 딸 구별 없이 균등하게

분배되었다. 이후 점차 장자우대, 남녀차별의 차등분배로 바뀌었다. 주자가례朱子家禮 보급과 장려로 조상제사를 받들기 위한 봉사조奉祀條가 강조된다. 물론 지역과 가문에 따라 다르다. 18세기 제주지역 분재문서를 보면, 소조로 전체 5%를 우선 배당하고 장자 30%, 차자 29%, 장녀 14%, 차녀 13%, 상손上孫에게 9%를 별급했다.

　분재기分財記는 재주財主 생전에 조업祖業, 즉 조상으로부터 전래된 재산과 재주 당대에 새로 취득한 재산을 분급分給하는 문기文記이다. 재산은 '평균 분금', 똑같이 몫을 나눈다고 했지만 실제 차등을 보인다. 재주의 결정에 따라 분배 비율에 차이가 있다. 분배된 재산으로는 전답 외에 소나 말, 가마솥, 가사家舍, 장자鑞子, 쟁기 등 연장 갖춘 농우農牛, 자우雌牛, 자마雌馬 등이다. 분재문서에 분할되는 토지소재지와 면적, 재배작물 종류, 취득경위 등도 소상히 밝히고 있다.

　화회和會문은 부모 사후死後에 자식들이 합의하여 재산분할하고 선대 제조와 함께 각자 몫을 기재한 분재문서이다. 부모생전에 분재 지정이 없던 경우 사후, 자식들 합의에 의해 유산을 서로 분재하고 그 증거 문서를 작성하였다. 화회는 화목하게 만나 상의한다는 의미다. 화회에 의한 분재는 장자의 의견을 존중한다. 분재하는 때는 해당 재산을 남긴 어버이 3년 상을 마친 뒤였다. 복중服中에 재산을 나누어 갖는 경우는 있을 수 없었다.

　제조祭條는 조상에 대한 제사祭祀와 선묘 소분掃墳이다. 후대로 갈수록 제조를 둘러싸고 자손 간 분쟁이 많았다. 제조로 재산 일부를 먼저 떼어놓고 있다. 제조는 봉사조奉祀條, 승중조承重條로 불렀다. 제주지역에서는 소분조掃墳條라 했다. 제월밧祭位田은 조상 제사를 지낼 몫으로 대대로 대불림하여 경작하는 밭을 말한다. 제사 비용을 마련하기 위해 자산을 생전에 따로 마련해 뒀다는 의미이다. 이는 관례상 장자간혹 장손 몫이다. 경국대전經國大典 예전禮典 봉사조奉祀條에는 상속되는 몫의 20%로 규정되어 있으나 후대로 갈수록 이를 상회했다. 후기로 가면 자녀에게 분급되는 재산보다 소제조로 배정되는 몫이 더 많아졌다. 재주 생전에 미리 별급된 토지는 따로 거론하지 않았다.

　서자庶子도 재산 일부를 분할 받았지만 화회에는 참석하지 못했다. 경국대전에 의하면 만일 적장자嫡長子 아들이 없으면 중자衆子, 중자衆子 아들이 없으면 서자가 제사를 모셨다. 방친傍親 가운데 뒤 이을 자손이 없으면 선조 사당祠堂에 합쳐 제사 지낸다. 17세기 초반 장자봉사奉祀와 아울러 출가한 딸들이 돌아가며 친정부모 제사를 모시는 관습이 있었다. 그러나 17세기 후반 적장자 우위상속제가 확립되면서 딸들은 친정 부모 제사를 반들지 못하게 되어 아들만 돌아가며 봉행했다. 그러다 18세기 적장자 봉제에 따라 적장자 제외한 중자들은 부모 제사를 모시지 못했다. 이처럼 장자만 제사 모시려니 제월이 필요한 건 당연지사 였다.

　'흥부와 놀부'처럼 논농사지역은 부富의 분산을 막고 장자에게 집중시 켜야 가문의 위세를 지속할 수 있었다. 하지만 토지생산성이 낮은 제주 지역은 토지집중보다 분산이 생존과 종족확대에 더 유리했다. 이런 원 칙도 18세기 이후 유풍儒風으로 많이 변했다. 요즘은 집안마다, 사람마 다, 상황마다 다 다르다고 보는 게 맞다. 하지만 분재 불만으로 인한 형제간 불목不睦은 예나 지금이나 잦다. 물론 물려받을 게 있는 집안의 경우다.

10

조근 조근 골로로 잘 볼르라 :
돗거름 볼리는 노래, 거름볿는 소리, 거름 볼리는 소리

'돗거름'을 '돗걸름'으로 발음하
는 분들이라면 안다. 세월이 많이
흘렀구나. 옛날 말 하는 거 보니
나도 늙긴 늙었구나. 어쩌다 거울
을 보고 '큼착'[18]했던 기억이 다들
있다. 거기에 돌아가신 아버지가
날 쳐다보고 계셨기 때문이다. '돗
거름'은 예전 제주에서 '통시'나
'돗통'에서 만들었던 퇴비堆肥다.
'통시'는 변소 겸 돼지우리로 몽고
와 동남아시아에서 유래했다는
설이 있다. '돗통'은 '돗', 뒷간 돼

돗거름 내기(사진 : 제주특별자치도)

18) 깜짝 놀랐던

95

지 통, 돼지우리豚舍다. 우리는 '통시'보다 '돗통'이 더 친숙하다. '돗통'에 반드시 긴 막대기가 놓여 있었던 걸 기억하는 분들은 더욱 그렇다. '통시'에서 '돗거름'을 꺼내 마당에 쌓으면 밑에서 새어 나오던 황토색 물과 그 냄새, '난 촌에 안살아 봔 그런 거 몰라게' 하는 분이야 당연히 모르시겠지만. 어림잡아 50~60년 전 생활사生活史다.

'돗거름 불리는 노래'는 '통시'에서 꺼낸 '돗거름'을 씨앗과 함께 밭에 뿌린 다음 밟으며 부르던 농업노동요다. 보리씨앗을 '돗거름'에 섞고 밭에 뿌린 뒤 날아가지 않고 잘 발아하도록 소나 말을 이용해 밟고 뒤집기를 반복했다. 화학비료가 나오기 전 제주지역 전통농업에서 사용했던 비료로 '돗거름', '쇠거름', 녹비綠肥, 인뇨人尿, 재灰, 어비魚肥[19] 해조류[20] 모래객토용, 우마분牛馬糞 등이 있다. '돗거름'은 보리농사 같은 밭농사에 주로 사용했다.

저 구석에 히뜩히뜩희뜩 보리씨가 보아 졌구나지는구나
흔저덜어서들 들어상들어서서 주근자근 주근 굴로로골고루 볼르라밟아라
씨난디씨난데 굴로로골고루 볼라지게밟아지도록
주근 주근 어염옆, 틈 웃이없이 돌아상돌아서서 잘 덜잘 들볼르라

입동 시월절이 지나고 소설 시월중이 들어서난에들어서니
보리 갈 때가 뒈엇구나되었구나
큰 통시에 거름이랑 내여당내어다가 벨진밧디별진밭에 가져가고
족은작은 통시 거름이랑 씨 묻엉묻어 돌진달진 밧데레밭으로 실어갈 걸로
ᄒ리하라

---

19) 멜, 각재기, 고등어, 갈치 등
20) 둠북, 감태, 몰망 등

보리농사도 절기 앙 제 시기에 갈아사갈아야
보리 섬 수도 하영많이난뎅난다고 흥는하는구나 | 둣거름 불리는 소리 |

* 벨진밧 = '별이 떨어진 밭'이란 뜻으로 넓고 기름진 밭

'통시'에서 꺼낸 '둣거름'은 마당에 쌓아놓고 보리씨앗을 뿌린 후 소나 말로 잘 밟아 한군데 모아 둔다. 이 '둣거름'을 밭에 옮겨 골고루 뿌린 후 소나 말로 '잠대질'하여 씨를 묻었다.

요 물들아말들아 제기빨리 걸으라 흔저어서 불려뒹밟고 쉬어살쉬어야 거 아니
   냐 에헤~에~ 일락서산 해 저물어 가는구나
흔저 오늘 불려사밟아야 내일은 거름 밧디밭에 싱거실어 가살가야 거 아니냐
   큰 년아 저 보리씨 이레이쪽앗으라옮겨라
이거 초불초불 불려져 시난있으니 씨 이레 뿌려 사켜야겠다
씨 뿌려놔그네뿌려놓고 흔저 불령밟아 또 뒈쌍뒤집어 또 씨 뿌리고 해살거해
   야될 거 아냐
씨 흔한 닷다섯말만 이레이리로 아져가져오라
이거 초불초벌불려 졋저 이 쉐들쇠들 저 물이영말과 저레저리로 앗당으네끌고
   가서 메라묶어라 메엿당으네묶어놓고 흔저 씨 뿌려낭뿌려놓고
또 불령 또 뒈쓰고뒤집고 뒈쌍 또 씨뿌리곡 헤살거해야할거 아니냐
우리농사를 지어놓건 대랑 나건 구렁대로 고고리랑 막개베기, 부시리 만
   씩 내와 주소서
대랑 나건 구리대요 고고리는 마깨망치만썩만큼
눌 나건나면 와가瓦家레 눌노젓가리로 눌게 내와 줍소서 에헤~
일고일곱 여덜여덟식구가 먹고 실쩡살려면 흥민하면
많이 내와 주어사주어야 먹고 살 거 아니우꽈아닙니까
                              | 거름 불리는 소리 |

조 씨앗 파종 때 재와 오줌에 버물린 '좁씨'를 수제비만큼 뜯어 밭에 뿌렸다. 보리농사는 '돗거름'을 사용했지만 조 농사는 재거름만 사용했다. '조 농사는 거저 짓는다' 보리에 비해 조 농사가 쉽다는 의미이다. 조 농사는 거름을 따로 하지 않고 보리 파종 때 뿌린 거름으로 그냥 짓는다. 하지만 조 껍질 매다가 '질식사할 뻔했다'고 할 만큼 제초작업만 생각하면 조 농사가 보리농사에 비해 훨씬 힘들었다고 할 수 있다.

저 구석에 히뜩히뜩 보리씨덜보리씨들 봢져구나보이는 구나
혼저들어서들 혼저들 들어상들어서서 즈근 즈근자근 자근 볼라밟아보라
씨나 골로로골고루 잘 볼라지게밟아지게
즈근 즈근 어염옆, 틈웃이없이 다 돌아가멍돌아가며 잘 볼라사밟아야
씨도 골로로 잘 섞어지고 거름도 잘 볼라지는밟아지는 구나
입동 시월절이 지나고 소설 시월 중이 들어시난들어서니 보리 갈 때가 뒈
　　엿구나되었구나
큰 통시에 거름이랑 내여근에내어서 벌진밧디별진밭에 싣거실어가고
족은작은 통시에 거름이랑 내여근에 보리씨 묻어근에묻어서 빌진밧디 싣
　　거갈 거로구나실고갈 거로구나

'돗거름' 내는 일은 쉽지 않다. 그래서 다른 일에 비해 '돗거름' 내는 작업 일당이 세다. 그뿐인가 담배, 술, 간식 제공 등 소홀함이 없다. '돗거름'은 잡초, 감태, 농작물 부산물인 짚을 마당에 깔고 어느 정도 썩힌 후 '통시'에 담아 돼지오줌과 변, 사람오줌과 변을 섞어 만든다. 재거름은 뜬 밭과 같은 산성 토양에 필수적이라 '정지'부엌나 '굴묵'에서 많이 만들어졌다. 일부러 산에 가서 고사리를 태워 '불치'재를 만들어 사용하기도 했다. '쇠거름', '돗거름', '멜'멸치 등은 보리농사에 많이 쓰였고 재는 메밀농사에 적합했다. 특히 유채씨혹은 메밀 파종 때는 씨앗을

재에 버물려 '수제비 뜨듯' 손으로 떠 파종했다.

　요 쉐야소야 저 쉐야 이레 저레 히여뜩허게어질어질하게 가지 말앙말아라
　굴로로골고루 잘 블라사넓어야 보리씨도 굴로로 잘 묻어지는 구나
　요 놈으 쉐덜아소들아 즈근 즈근자근 자근 굴로로 잘 블르라
　요 쉐야 저 쉐야 뒤터레뒤로 물러사지물러서지 말앙말고
　앞더레앞으로 나사멍나서며 굴르로 블라사 보리씨도 잘 묻어지는 구나
　스소장에서사소장에서 놀던 쉐야 오소장에서 놀던 쉐야
　들근잘근 들근 블라사 요 보리 호민하면 저실겨울 들엉들어 바싹 언 때
　보리체보리겨 죽이라도 얻어먹을 거 아니가

* 4소장은 제주시 한천에서 외도천 사이, 5소장은 외도천에서 금성천 사이 지경임.

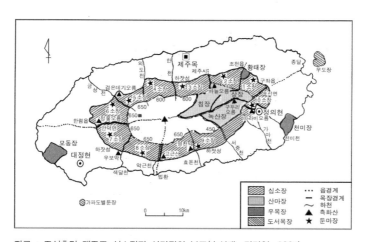

자료 : 조선후기 제주도 십소장과 산마장의 분포(송성대 · 강만익, 2001)

요 놈의 쉐야소야 해는 서산더레으로 가는디 자게자게빨리빨리 걸어근에걸어서
즈근 즈근자근 자근 흔저서 블라뱗아 보라 요 놈으 쉐덜아 부지런히 걸으라
하늘엔 먹구름이 번득번득 노려내려 왔저오고있다 블랑 블랑 걸어보라

쉐로 사름사름으로 모다모여들언 볼르단 보난밟다보니

보리씨도 글로로골로루 잘 묻어지고 거름도 문딱모두허게 볼라졋구나밟아
지는구나

거름착덜거름착들 준비허영하여 거름신거실고 갈 준비덜준비들 허여보라해보라

아어어허허허 아허 어량 하아량 거름덜거름들 잘 볼라 졋저밟아졌다

밧더레밭으로 시꺼실어글라가라 요 놈이 쉐야 혼저어서글라가자

죽으나 사나 너 등땡이등허고하고 나 등땡이로 이 거름을 밧더레밭으로 다
신거사실고가야 ᄒᆞ는구나하는구나 | 거름 볿는 소리 |

* 거름착 = 걸름착 = 거름을 담아 나르는 멱둥구미

전통 제주농사는 거름 '쓰고, 안 쓰고' 따라 수확량이 30~40% 차이난
다. 때문에 거름될 만한 각종재료[21]를 구하려 애썼다. 밭 빌려줄 때도
거름할지, 안할지에 따라 빌려주거나 안 빌려 줬다 한다. 그렇다고 승자
독식 사회의 냉혹함을 말하고 있지는 않다.

〈표 3〉 비료의 성분 및 작물(남석진, 1987)

종류	비료성분	시비작물
녹비	대두(大豆), 잡초, 옥게기	대맥(大麥), 조
돗거름	우마(牛馬)사료와 배설물	대맥, 조, 참외
쇠거름	우마사료와 배설물	대맥, 조
뇨(尿)	인뇨(人尿), 인뇨와 바닷물 혼합	대맥, 면화, 참외, 배추, 기타
재(灰)	땔감 부산물, 우마분(牛馬糞) 태운 재	교맥, 면화, 육도, 조, 기타
	초목재	조, 피(稗), 소두
종자	대두, 소두	대맥, 조
어비(魚肥)	멸치, 둠북, 감태	대맥과 모든 작물
기타	우마분과 뇨(尿), 모래, 산듸(육도, 陸稻) 짚	대맥, 조

---

21) 심지어 고린 된장, 팽나무 잎 등

* 옥게기 = 베치ベッチ의 일종으로 녹비綠肥

녹비인 대두大豆는 우등전優等田인 질왓진밭에 사용했다. 5월이나 6월
초 파종하여 8월에 베어서 깔아두었다가 9월에 밭을 갈고 흙을 덮어
부식시킨다. 잡초는 휴한 시 1~3회 밭갈이를 통해 지력 회복, 잡초 구
제, 시비효과 등을 기대한다. 어비魚肥는 주로 멜멸치이다. 이외 복어,
고등어, 각재기, 갈치 등을 '듬북'이나 '물망', 감태같은 해조류와 함께
'눌'노적가리로 쌓아두었다 사용했다.

요 물말더라 저 물더라 구석구석마다 씨난디씨난데 어시없이
고비창창 돌돌돌 돌아지멍 맨짝허게평평하게 볼라도라밟아달라 흐느하는구나

수산봉에 뜬구름은 비가 올 먹구름이 아니더냐
산꼬지꼭대기에 두른 해는 마장마가 가두와거두어 가는 근본이더라
재석 할머님아 요 조랑 볼리건밟거든 남뎅이대랑 두자 두치
고고리이삭랑 낳건 덩드렁 마께방망이 만씩만큼 나게 협써해주세요
저 산 아래 안개가 끼면 장남 두 일뢰7일 열나흘 논다 흐느하는구나
사라봉 꼭대기에 벳햇빛이 나면 중의 머리가 벗어진다 흐는구나
물미오름 뜬 구름은 날씨가 좋아가는 구름이 아니더냐

큰 녀아 족은작은 녀아 박달곰베곰뱅메 메어들엉
큰벙에방댕이영 족은 벙에영 복삭복삭 뽀스멍부수며 나글라나가라
요 물더라 저 물더라 물장오리에서 놀던 물덜아말들아
암무리아무리 해여도 니가네가 허고아하고야 말 일
높은디높은곳 얕은디낮은데디 씨난디씨난데 어시없이 고비창창 돌돌돌 돌아
　　지멍돌아지며
맨짝허게평평하게 볼랑밟아 밧밭 베끼띠밖으로 나가는 게 너의 구실이다

일수장일소장에서 놀든놀던 물덜아
이수장이소장으로 나강나가서 물도 먹고 촐꼴도 먹엉먹고 놀자 ㅎ는구나

* 1소장 구좌읍, 2소장 조천읍

멸치가 많이 나는 월정리, 하도리, 행원리 등은 음력 5월부터 어획한 멸치를 말린 후 대맥大麥 파종 때 밭에 뿌린다. 그 시비효과가 탁월해 이 지역은 다른 지역보다 30~40% 정도 수확량이 많았다. 장마로 어획한 멸치가 마르지 않으면, 재灰 속에 묻어두었다 함께 뿌렸다. 해안마을에서 사용되고 남은 어비魚肥는 중산간 마을로 팔려갔다.

멸치와 함께 유용한 거름으로 '둠북'이 있다. 둠북은 해안지역에 파도에 밀려 올라오는 해초다. 이를 건져내 '눌'노젓가리을 눌었다가 대맥 파종할 때 고랑에 시비한다. '둠북'은 특정 개체를 지칭하는 명칭이기보다 바닷바람에 밀려 갯가로 나오는 풍조風操 전체를 이른다. '둠북'은 '몸' 비슷하며 주로 거름으로 사용했다. 구좌에서 채취하는 '둠북'은 주로 '나베기듬북'알송이모자반이다. 모자라는 거름을 보충하기 위해 제주에서 오래 전부터 '둠북'을 이용해왔다(네이버 지식백과, 한국세시풍속사전).

'물망'은 먹는 '물망'몸, 모자반과 거름으로 이용되는 '물망'이 있다. 크게 파도가 치고 나면 해안으로 '물망'이 많이 떠내려 온다. 해녀들이 바다로 들어가 긴 낫으로 줄기를 자르면 배 위에 있던 남자들이 그걸 끌어올려 해안가로 가져왔다. 이렇게 장만한 '물망'은 선착순으로 가져올 수 있었다. 장만해 두었다가 입찰을 통해 판매하였다. 감태甘苔 역시 비슷했다.

제주의 해안마을은 비교적 거름이 다양하고 풍부했다. 반면 산간마을일수록 거름 구하기 힘들었다. 산간지역은 '산듸' 짚을 대나무에 깔아 시비한다. 혹은 휴한하는 '작지왓'^{자갈밭}과 '마른밭'²²⁾에 우마를 방목하여 그 분뇨糞尿로 시비하는 경우도 있었다. 이외에 '고린장'醬이나 부패한 '멜젓'멸치젓을 거름 대용으로 사용했다.

22) 큰비가 와도 물이 고이지 않는 밭

11

강남 바당에 노올던 갈치 :
갈치 나끄는 소리, 갈치 낚는 노래

    어느 순간 갈치가 비싸졌다. 은갈치, 먹갈치, 흑갈치, 산갈치, 갈치회, 통갈치 구이, 갈치조림, 갈치속젓. 그래봐야 갈치다. 개인적으로 각재기 국은 어찌 어찌 먹겠는데 갈치국은 도저히 못 먹겠다. 갈치국에 들어가는 '늙은 호박'은 더 하다. 갈치는 굽거나 튀겨 먹어야 제 맛이다. 이보다 더 맛있게 먹는 방법은 갈치 가운데를 횡으로 갈라 넓게 편 다음 말려서 구워 먹는 거다. 이러면 뼈까지 통째로 씹어 먹을 수 있다. 은어銀魚도 그렇다. 천제연과 '베릿내' 은어를 몇 십년간 독식하셨던 외할아버지 비법이다. 그러나 '베릿내' 포구 축항 이후 그 은어는 모두 사라졌다.

    분당에서의 신혼시절 얘기다. 장손 얼굴 보러 제주에서 올라온 어머니는 산후 부기浮氣있는 임산부에 좋다며 갈치 호박국을 특별식으로 끓이셨다. 어릴 적부터 호박을 안 먹던 내가 은비늘 둥둥 뜬 갈치 호박국을 먹을 리 없었다. 그런데 육지 사람인 아내는 맛있다며 그 갈치 호박국을 다 먹었다. 갈치 호박국 먹을 줄 알면 그걸로 제주 '사름'사람 다된 거다. 이에 더하여 자리젓도 주저하지 않고 대가리부터 먹는다면 필시 전생前生에 제주바다에서 나고 자란 섬사람이다. 그게 초심을 반복해야 하는 이유이다.

갈치 호박국(사진 : 한국향토문화전자대전)

지금은 명품 갈치 아니어도 갈치 한 상자에 몇 십만 원이 넘기도 하며, 국내산 갈치가 모자라면 파키스탄, 세네갈, 인도, 중국 등 외국산 갈치를 수입하기도 하지만, 갈치는 원래 서민반찬이다. 어쩌다 식구 많은 집에서 갈치 한 마리를 구우면 한 토막씩 나눠 먹을 수 있어 좋았다. 늦게 들어오시는 아버지는 살점 많은 가운데 토막을 드셨고 어머니는 먹어 볼 나위 없는 대가리나 바싹 마른 꼬리를 드시곤 했다. 그나마 갈치 살 돈 조차 부족했던 어머니는 어물전 가서 사지는 못하고 주물럭 거리기만 하다 돌아오셨다. 집에 돌아와 갈치 비린내 듬뿍 담긴 손을 씻어 그 물로 국을 끓여 저녁상에 올리셨다. 소설 속 얘기다. 예전에는 다른 생선을 사면 덤으로 갈치 몇 마리를 얹어 주기도 했다. 1960년대 이전 제주 해안마을에서는 멸치, 고등어, 각재기 등과 함께 갈치를 거름魚肥으로 활용했다는 기록이 있다.

'갈치 나끄는 소리'갈치 낚는 노래는 '테우'를 타고 바다에 나가 갈치를 낚으며 부르던 노래다.

> 강남 바당바다에 노올던놀던 갈치야 가다나 집의끗 오다나 제인 걸어 나
> 　가지라
> 나 낚신 두 나 에잇 멩게낭청미래덩굴순이 뒈여되여 가지고
> 나 술은 두나 에잇 썩은 칙줄칡줄이로구나 형이야
> 어딜 갓든갔든 서낭님은 으웃 갈치 싹 노는 곳으로 뱃머리를 돌려나 줍서
> 팔만 갈비잇 성산 부틀동붙을 듯 말똥말 듯 허민하면
> 이 가는 게 에잇 갈치바당 정통으로 뒈어진다되어진다
> 동서들아 메 올리고 닷줄을 서비 뽕돌봉돌 디리쳐서드리워서 수심이나 재
> 　어보게
> 서른 닷다섯발 フ리에서즈음에서 서비 뽕돌봉돌 허리밑창에 닿는 フ나
> 한 발 올력올려 두 발도 올력 갈치 싹 노는 フ리나 찾아들 보자
> 열닷 발 フ리에서 으웃 찡긋하고 혹 물어 뗑기는구나당기는 구나
> 배쌈에 으지직 으지직 멍정갈치 쌍끌이가 틀림이 없구나 이양
> 한 밤에 꿈을 볼 적 동해 용궁 웨똘애기와둘딸아기 공주가 나타나서
> 큰상 옥상 양손에 들렀으니 얼굴 좋고 처지 좋고 맵시고운 공주로구나
>
> 옛 늘근이늙은이 하시는 말씀이잇 야밤중에 공주꿈을 꾸게 뒈면되면
> 이 사흘 안에 연화대 올라 앚아웃앉아 만민의 덕을 얻어 호걸이 뒌다더니
> 　된다더니
> 오늘 멍정갈치 쌍끌이 꿈이 틀림없이도 들어 맞암구나맞는구나 이양
> 강남 바당에 노올던 강 갈치야 하아 가다나 집의 끗 오다나

집의 걸으멍 서끗 나가지라
들볼 타서 동 밖으로 베질을 흔한 적 소섬우도 서머리바당에 들어가젓구나
물속 깊이 놀던 갈치 잇달려잇달아 들라 다 살생 헤보자해보자
멍정갈치 배쌈 ᄀ득가득 채웟으니 이만 허민하면 만선이라도 불릴만 허구
　나하구나

한라산 중턱을 바라본즉 고등 하늬ᄇ름바람 첫이 둥둥 떠올랏구나
동서들아 저걸 보라 이제저제 고등 허민하면 큰ᄇ름큰바람이 터질로구나
서들부라서둘러라 서들부라이잇 서비 뽕돌봉돌 뽓밧줄도 빠올리자
허기여차 소리치믄소리치면 젖 먹은 기운 애끼지아끼지 말앙말고 젓어 나가자
강남 바당에잇 노올던 갈치야 가다나 집이끗 오다나 제인끗 걸어나지라

* 서비 뽕돌 = 낚시를 물속에 드리우기 위해서 납으로 만든 작은 추, 멍정 갈치
　= 아주 크기가 크고 씨알이 굵은 갈치, 연화대 = 부처님이 앉는 자리

갈치는 농어목 갈치과 바닷물고기로 깊은 바다에 산다. 길쭉하고 번
쩍거리는 외모 때문에 칼刀과 관련된 이름, 갈치 혹은 칼치, 조선시대에
는 도어刀魚로 불렀다. 제주에서는 은갈치가 유명하다. 목포는 먹갈치
다. 은갈치와 먹갈치는 서로 다른 종이 아니라 어획방식의 차이에서
생겨난 이름이다. 은갈치는 낚시 바늘 또는 연승으로 낚기 때문에 은빛
비늘이 그대로 유지된 갈치다. 반면 먹갈치는 안강망 같은 저인망 그물
을 깔아 잡기 때문에 육지로 가져오면 거무튀튀해 먹갈치로 불린다.

갈치는 장어처럼 꾸물거리며 헤엄치는 게 아니라 물구나무 선 상태
에서 지느러미를 움직여 헤엄친다. 갈치는 성질이 급해 물 밖으로 나오
면 곧바로 죽기 때문에 살아있는 갈치를 보기 어렵다. 그래도 제주지역

어시장에서 은비늘 창창한 갈치를 쉽게 볼 수 있다. 화는 그때그때 풀어야 한다. 은갈치는 이를 살면서 실천하고 있다.

갈치 낚는 일은 대부분 밤에 이루어진다. 요즘도 밤바다를 보면 집어등 환하게 밝히고 갈치나 한치를 잡으러 나간 배들을 볼 수 있다. 여전히 볼만한 야경이다. 영주십경瀛州十景 중 산포조어山浦釣魚. 갈치 낚싯줄을 들어 올릴 때는 한꺼번에 힘을 집중해야 한다. 그래서 노래는 낚시드리우는 시간에 이루어진다. 갈치 잡으러 가서 어로작업 고충을 노래하거나 일상생활에서 일어나는 담담한 심정을 풀어헤친다. 주거니 받거니 하는 대화체를 이용하여 갈치가 잡히기를 바라는 마음을 표출했다.

> 강남 바다에 강갈치야 물고 가라 물고 가라
> 산전山田밭에 씨 부려 두난두니 씨가 드무난듬성듬성
> 고고리도이삭도 흙는다굵다더라 "아 이거 봐 톡톡 채갔다"
> 청천 하늘엔 별도 많고 이 바다에는 갈치도 많구나
> 들물에 안무는 고기 썰물에도 물어가 간다마는
> 너도 바짝 나두나도 바짝 물엉물고가라 에헤 물엉가라
>
> "자네는 몇 발 주어 나끄는가낚는가 난 열 닷 발 주어 나끈다낚는다
> 난 열 닷 발을 주어도 영 삭시가싹수가 없는데..."
> "아이쿠 난 물었다. 당겨 물어당겨. 몇 발에 물어시니? 열 두발에 물었다.
> 당겨라 당겨 나도 물었다." 물었구나 올라온다. "에이 거 크다 이거. 대가리
> 그 칼치 먼저 머리를 딱 씹어서 머리부터 머리 씹어야 거 죽음네다 죽어."
>
> 동해바다 다 낚아먹고 서해바다로 낚으러 가자 당겨라 당겨 당겨 더
>   당겨라.
> 지금 막 물어 올라왐저올라오고 있다 한참 물때여 지금도 에 이 톡톡 허멍

음력 3월부터 5월 사이 낚는 갈치를 '봄 갈치', 음력 7월부터 10월 상강 사이 낚는 갈치를 'ᄀ실가을 갈치'라 한다. 봄 갈치는 아침 일찍 먼 바다로 나가 해 질 때까지 낚고 가을에 낚는 'ᄀ실 갈치'는 주로 밤에 낚는다. '갈치술'은 갈치를 낚는 줄낚시 어구漁具다. 제주전통 손줄 낚시에 사용되었다. 갈치낚시는 두 가지 방법이 있다. 배를 고정시켜 길이 200m 정도 되는 '묻음 갈치술' 펼쳐 놓고 낚는 방법과 낚싯줄 감아두는 얼레인 '차세'에 길이 8m 정도 '흘림 갈치술' 매달고 어스름 저녁 무렵이나 달밤에 돛 포 펼쳐놓고 배 흘려가며 낚는 방법이다(네이버 지식백과, 한국향토문화전자대전).

제주연안에서 집어등 켜고 갈치 낚는 배(사진 : 뉴시스)

'홀치기'는 우도에서 전승되는 갈치낚시다. '끄슬퀴'라고도 한다. 줄에 자잘한 봉돌 대신 '고지돌'이라는 긴 봉돌이 쏠려 있다. 어기漁期는 8월 추석 전후부터 상강까지나 때를 가린다. 일출, 일몰 전후 약 2시간 반 동안 달 밝은 날 밤에 낚는다. 전자를 '해차구'또는 '해거름', 후자를 '차구'또는 '지기'라 한다. 물때를 가리지 않는 갈치 '끌 낚기'는 물살방향보다 그 반대 또는 조류방향을 가로지르며 지그재그로 항진航進한다. 항진속도는 보통 2노트 내외다. 낚싯줄이 15도 각도로 비스듬히 들어가도록 유지하며 속도를 조절해야 한다(네이버 지식백과, 한국향토문화전자대전).

> 강남의 강갈치야 나 술낚싯줄은 썩은 삼帆술이여
> 흔 번 한 번 물어 찡긋이 땡겨나당겨나 보라
> 초거리로 열 닷발 거리요 중거리로 스무 닷발 장거리로 마흔 닷발
> 짚이깊이가면 짚도뱅이 얕이얕은데가면 얕도뱅이
> 던덜문이나 대동치어 앞장 놀레기라도 오라
> 과작한곧곧한 주제가 오랑 이술저술에 물엉가라물고기라
> 그만 허난 죽어지는 요 년의 멜치
>
> 아실아실 브라네 너 그작곧작 나도 그작 얼마나 기분좋노
> 어쳐냑은어제 저녁은 꿈을 ㅂ되꾸니 홍낙시에도 걸려베고보이고
> 은단 칼도 맞아베고맞은 듯 하고
> 백물래도백몰래도 곫아곫아베고 은단불도 쪼아베고
> 큰 상 우이도위에도 올라베고 절 삼배三拜도 맡아베고
> 후삼배도 맡아보고 잘도 잘도 물엉가라물고기라 요런 기회가 올거여

* 발 = 두 팔을 활짝 벌린 길이

물 밖으로 나오면 금방 죽는 갈치 습성 때문에 요즘에야 제주에서 갈치를 회로 먹는다. 부산이나 여수 등 남해안에서도 회를 쳐 먹는다고 한다. 맛이나 질감이 오징어와 비슷하다. 그러나 사람에 따라 고등어회나 갈치회를 먹고 탈이 나는 경우가 간혹 있어 보통은 구워 먹거나 조림으로 요리한다.

앞서 개인취향이라 소개하였지만, 제주에서는 예전부터 갈치를 국 끓여 먹었다. 갈치 호박국은 'ㄱ슬 갈치'[23)]에 'ㄱ실 호박'[24)]을 최고로 친다. 갈치를 중간크기로 잘라 넣고 잘 익은 늙은 호박을 적당한 크기로 썰어 넣는다. 금방 끓여야 제 맛이 난다. 호박 대신 어린배추를 넣기도 한다. 간은 국 간장으로 하고 풋고추를 넣어 미각을 돋운다. 비린내가 나지만 신선한 갈치는 풍부한 단백질과 적당량의 지방, 소량의 당질이 들어있어 단맛을 낸다. 때문에 철이 되면 갈치 호박국으로 유명한 향토 식당을 찾는 분들이 여전히 많다.

이와 함께 제주를 좀 더 속내 깊이 아는 사람들은 '갈치속젓'을 좋아 한다. 아직 '멜젓'멸치젓이나 '자리젓' 보다 '갈치속젓'이 덜 알려지긴 했지 만 요즘 식당에서 자주 볼 수 있다. 육안으로 보면 '멜젓'과 구분하기 쉽지 않다. '갈치속젓'은 갈치내장을 따로 모아 담근다. 식성에 따라 김 가루나 참깨를 뿌리고 얇게 채 썬 상추를 넣기도 한다. 요즘 제주도내 흑돼지식당에 가면 '갈치속젓'을 볼 수 있다. 친절하게 쌈장 대신 고기 와 함께 먹으라는 설명도 더 붙여 준다. 나이 들수록 내려놓을 줄 알아 야 한다고 한다. 설명 차분히 듣고 맛있게 먹으면 될 일이다.

> 세월에 가기는 흐르는 물이요 사랑에혜 느끼는 홍잇 바람결도 갔구나
> 엉이야
> 오늘이나 소식이 올까 내일이나 허으 소식이 올까
> 불타는 이내 가슴 어느 누가 풀어나 주리 이 몸이 늙어지면 오던 님도
> 되돌아가네

---

23) 가을철 나는 갈치
24) 가을철 늙은 호박

젊아 청춘 벳기지빼기지 말고 ᄆ음마음 실피실컷놀아보소

"오늘이나 소식 올까 내일이나 소식 올까. 불타는 이내 가슴 어느 누가 풀어나 주리. 이 몸이 늙어지면 오던 님도 되돌아가네. 젊어 청춘 빼기지 말고 마음 편히 놀아보소." 늙은 나무엔 늘 오던 새도 이젠 오지 않는다. 나이 탓만은 아니다. 사람 사는 게 다 그렇다. 달 밝은 밤, 바다에 낚시 줄 드리우면 갈치는 안 잡히고 서러운 생각만 든다.

12

앞발로랑 허우치멍 뒷발로랑 거두잡아 :
테우 젓는 소리, 테우 만드는 노래

'테우'는 연안에서 자리와 갈치를 낚거나 해초를 채취할 때 사용했던 통나무배다. 여러 개 통나무를 엮어 만든 뗏목배로 '떼배', '터위', '테' 등으로 불렸다. 원래 '테우'는 부력이 뛰어난 구상나무로 만들었기 때문에 제주연안 암반지대에서 비교적 이용이 수월했다. 낚시나 해조류 채취뿐 아니라 가까운 바다로 물질 가는 해녀들의 이동수단으로 사용했다. 80~90년 전 한라산에 구상나무가 많았던 때에는 해안마을 집집마다

'테우'를 만들어 이를 미역, '둠 북' 등 해초를 걷어 옮기는데 이 용하거나 자리돔을 잡을 때 이 용했다. 지금은 '테우 축제' 같이 전통 어로활동 재현이나 관광객 체험용으로 거듭나고 있는 실정 이다. 예를 들면, 이호 테우 해 변, 쇠소깍 테우 체험 등

쇠소깍 테우 체험(사진 : 네이버)

'테우 젓는 노래'는 '홍생이 소리'로 선유가船遊歌다. 어부들이 자리돔이나 갈치 잡을 때, 해녀 물질 갈 때 노를 저으며 부르던 민요다. '테우'는 보통 세 사람이 노를 젓는다. 가창 형식은 선후창으로 부르거나 독창으로 부른다. 노랫말에 순풍에 돛 달아 노 젓는 사연 많은 뱃사공 심정이 잘 나타나 있다.

우리 어멍어머니 날 낳을 적에는 금의환향도 베렷건마는바랐지만
해고 청산 불보제기 신세가 웬일인고오
이물船首에는 이사공 놀곡 고불船尾에는 고사공 놀곡놀고
허릿간에 화장허영 물때 점점 늦어나 진다 아

세월에 가기는 흐르는 물이요 사랑에헤 느끼는 흥잇 바람결도 갔구나
　　엉이야 하
어제 갔던 서낭님아 궤기고기 노는 헌 골수로 허잇 뱃머리를 인도나 헙서
칠성같이도 허터진흩어진 갈치 다 믈갈치물갈치도 허으 모여들랑 흐잇
소원대로 멍정갈치 나까나낚아 보게 헤에

오행으로 맺은 연분 오동추에 어흐하 달 밝은데 흐잇
날아가는 저 그려기러기 소식이나 전해다오 호
오늘이나 소식이 올까 내일이나 허으 소식이 올까
불타는 이내 가슴 어느 누가 풀어나 주리

사생동거 우리의 낭군님 혼자건 돌아와서 흐잇
심정 소원 들어가며 사이좋게 살아나 보코볼까
사랑 사랑 내 사랑아 연평바당에 에헤 구물코그물코 같이 잇
코코마다 맺어진 사랑이로구나 하아

구곡 한 장 썩은 눈물은 구년 짓으멍지으며 대워지고데워지고 이잇

이 눈에서 흐르는 물은 한강수가 뭬엇드라되었더라

젊아 청춘 벳기지빼기지 말고 ᄆ음마음 실피실컷놀아보소 흐~잇

이 몸이 늙어지면 오던 님도 되돌아가네

* 불보제기불보재기 = 어업에 전념하는 남자 어부, 스스로를 자조하는 말, 허릿간
  = 배의 고물 쪽에 있는 칸, 유의어 = 고물간間, 선미창船尾艙

자리는 작아도 돔이다. 자리돔은 제주도와 다도해, 울릉도 등에 서식하며 일본 중부이남, 동중국해 등지에 분포한다. 제주에서는 '자리', '제리', '자돔'으로 부르고 통영은 '생이리'라 부른다. 보통 바탕이 황갈색이지만 황토색, 암갈색 등으로 변화가 심하며 몸통에 특별한 무늬가 없다. 가슴지느러미에 진한 흑청색 반점이 있다. 꼬리자루 등 쪽에 흰색 반점이 나타나지만 물 밖으로 나오면 바로 죽어 곧 사라진다. 배지느러미 제외한 모든 지느러미는 회흑색이다.

보통 수심 2~30m 산호초나 암초 많은 얕은 바다에 무리지어 생활한다. 주로 동물 플랑크톤을 먹는다. 산란기는 6~7월이다. 수컷 한 마리가 여러 마리 암컷을 산란소로 유인하여 산란하며 수컷이 알을 보호하는 습성이 있다. 보통 다 자란 자리 성체 크기는 14~18㎝이다.

자리돔은 아열대성으로 따뜻한 물을 좋아해 멀리 이동하지 않고 한 자리장소에서 일생을 보낸다. 자리돔 이름 유래 역시 평생 한 '자리곳'에 머물며 산다 해서 붙여졌다고 한다. 여태까지는 제주연안에만 볼 수 있어 제주도 특산으로 여겨왔다. 그러나 최근 들어 울릉도, 독도 해역에

도 흔히 나타나고 있다. 아마 우리나라 동해안 수온이 자리돔이 정착할 수 있을 정도로 상승했기 때문으로 보인다.

　자리돔은 수평으로 설치한 긴 줄에 낚시 달린 줄을 일정한 간격으로 설치하여 한 번에 여러 마리 낚아 올린다. 또는 수심 50m 이하 얕은 곳에 일정기간 그물을 설치하였다가 잡아들인다. 옆으로 긴 사각형 그물을 고기떼가 지나가는 길목에 수직으로 펼쳐 고기가 그물코에 꽂히게 하여 잡기도 한다.

테우와 사둘(사진 : 네이버)

　제주어민들은 '테우'를 타고 바다에 나가 둥근 나무 테를 그물로 둘러싼 국자 모양의 '사둘'로 자리를 잡았다. 그물을 바다 깊숙한 곳으로 던져 끌어당기는 것이 아니라 바다표면에서 그물에 걸린 자리를 '떠내는' 방식이다. 그래서 자리돔 잡이를 '자리 뜬다'고 한다. 지금도 '뜨는 방식'

의 자리돔 조업형태는 크게 변하지 않았다. 다만 '테우'가 어선으로 바뀌었으며, 어선 2척이 동원돼 바다 속에 그물을 투망하고, 자리돔이 모여들기를 기다렸다가 일제히 들어 올려 잡는 '들망' 방식이 주를 이루고 있다. '자리 알 잘 밴 해 보리 풍년 든다'라는 제주속담이 있다. 보리 이삭 팰 무렵 그물로 떠올린 자리의 알 밴 정도를 보고 그 해 보리결실이 좋을지 나쁠지를 예측했다는 의미이다. 보리와 알 밴 자리 모두 당시에는 귀한 먹거리였다.

> 한라산 동령동쪽 고개하에 백년 묵은 구상나무 베여다가 떼배를 무어놓고
> 존날좋은 날 존택일좋은 택일 받아근에받아서 넓은 바당 한가운데 신구선 떼배
>   나 띄워놓고
> 동해 바당에 요왕님전 이내 소원 들어 줍서주세요 석 달 열흘 백일정성
>   들였쑤다들였습니다
>
> 이물에는 이사공아 고물에는 고사공아 허릿간에 화장아야 물 때 점점
>   늦어나진다
> 춘풍추우 가는 세월은 어언 삼년이 지나쳤건만
> 황천가신 우리 아내 언제나 소식오리
> 호강에 재와서겨워서 내 여기 왔나 돈이나 금전이 원수가 되는구나
>
> 우리 부모님 날 날적낳을 적에는 부귀영화를 누리시라고 했건만는
> 해구청산 불보재기 신세가 웬말이냐 | 테우 젓는 소리 |

* 화장아 = 밥을 짓거나, 해녀들이 배에 올라와서 추웠을 때 불을 담당하는 심부름꾼

자리돔은 맛이 좋다. 자리돔은 물회, 젓갈, 구이, 회 등 다양한 방식으

로 먹을 수 있지만 그중에서도 단연 으뜸은 물회다. 다만 먹이나 해류, 유속 등 바다 환경의 차이 때문에 지역에 따라 맛이 조금씩 다르다. "보목리 사람들은 모슬포 가서 자리물회 자랑 질 말라." 다들 자기네 마을에서 나는 자리돔 맛에 자부심을 가지고 있다는 의미를 가진 제주 속담이다. 남이 인정해주거나 말거나 막무가내로 제주사람들이 가지고 있는 애향심 겸 자부심 두 가지, 우리 동네에서 보이는 한라산이 가장 멋있다. 우리 동네 자리가 가장 맛있다. 다들 아시다시피, 할 일 없어 아주 심심할 때나 아니면 굳이 순위나 서열 따지려고 핏대 세울 필요 없다. 이제는 착한 사람, 훌륭한 사람, 애향심 출중한 사람 콤플렉스에서 벗어나야 한다.

보릿고개를 넘어야 하는 춘궁기, 연안에 몰려든 자리돔은 도민들 허기를 달래주며 단백질과 칼슘 공급원 역할을 했다. 다들 공감하다시피 자리돔을 이용한 가장 내표 요리는 '자리물회'다. 자리돔 비늘을 벗겨내고 머리와 지느러미, 내장을 제거한 후 뼈 체 잘게 썰어 넣고 된장[25]과 미나리, 부추, 마늘을 넣어 먹는다. 우리 아버지는 자리회를 드실 때마다 마당에 있는 톡 쏘는 맛이 나는 초피나무 잎을 넣었다. 제주에서는 이 초피를 '제피'라고 부른다. 그래서인지 지금도 자리회 식당에 가면 테이블 한 쪽에 '제피가루'나 '제피 잎'이 놓여있다. 옛날에는 이 '자리물회'에 식초 대신 '쉰다리'를 넣었다고 한다. 이외에 싱싱한 자리를 날로 썰어 초고추장에 찍어 먹는 자리강회나 구이, 무침, 젓갈 등으로 먹는다. 씨알이 굵어 뼈가 다소 억센 자리, 특히 모슬포 자리는 구이용으로 제격이다.

---

25) 식당에서는 초고추장을 쓰기도 한다.

자리젓은 제주 근해에서 많이 잡히는 6~12㎝ 정도 크기 자리돔으로 만든 젓갈이다. 5~6월 자리돔이 많이 잡힐 때 중간 크기 자리에 소금을 넣고 자리젓 담갔다가 가을부터 먹기 시작해서 겨울철에 가장 많이 먹는다. 자리돔을 소금물에 씻어 소금을 뿌려 숙성시킨 뒤 먹을 때는 식성에 따라 다진 풋고추와 식초를 넣어 무쳐 먹기도 한다. 이 자리젓은 기호에 맞게 통째로 또는 다져서 먹을 수 있다. 밥에다 자리젓을 올린 뒤 콩 잎에 싸서 먹는다면 촌村에 말로 '자리젯' 먹을 줄 아는 거다.

이같이 제주지역에 젓갈류가 많았던 이유는 아마도 산간마을까지 유통할 수 있고 오래 보존이 가능했기 때문으로 보인다. 대개는 자리젓의 짠 맛을 중화시키기 위해 콩잎과 함께 먹었다. 얼른 밥상 차려놓고 '우영밧'에서 어린 콩잎 따다가 자리젓과 같이 먹으면 그만이다. '자리젓에 콩잎'만 있으면 세상 부럽지 않던 시절 '라떼'다. 자리회엔 '제피', 자리젓엔 콩잎, 아무리 흘러도 변치 않을 제주사람들의 먹거리 공식이다. 나이 들수록 삶의 탈출구가 있어야 한다. 이런 경험과 추억들이 우리네 삶의 탈출구가 되었으면 좋겠다.

> 이여싸나 이여싸나 우리 배는 촘낭참나무으로 지은 배라
> 촘매참매새끼 놀듯이 잘도나 간다 우리 테우에 눈이 묽은묽은 서낭님아
> 앞발로랑 허우치멍 뒷발로랑 거두잡아거두어 잡아
> 구쟁기소라 전복 한딜로많은 곳으로 우리 테우 가게 허여나 쭙써
> 이여싸나 져라 져 | 해녀 노젓는 소리 |

'테우'는 통나무를 나란히 엮어 놓아 만들었다. 제작과정이 단순하다. 선체가 수면에 밀착되기 때문에 어지간한 풍파에도 전복되지 않아 안전

한 편이다. 아울러 건져낸 해초를 바로 적재하기 편리하며 파선될 우려가 적다. 그러나 '테우'는 돛을 설치하여 풍력을 이용하였지만 주로 어부들이 노 젓는 힘으로 움직인다. 때문에 갑자기 바다 환경이 악화되었을 때 발동선처럼 서둘러 빨리 대피하기 어렵다는 단점이 있다.

본래 '테우'는 한라산 구상나무로 만들었다. 80~90년 전부터 구상나무가 귀해진 이후 '숙대낭'삼나무으로 만들었다. '테우'는 길이 약 5m, 너비 2m 가량이다. 10여 개 나무토막을 평탄하게 놓아 기다란 목전을 가지고 앞 뒤 두 자리에 꿰뚫어 결착하는 구조다. '테우' 한 척을 만들기 위해 보통 7~10개 정도의 통나무가 필요하다. 선미 쪽 통나무 직경은 20~40㎝ 정도, 선수 쪽 통나무 직경은 15~20㎝ 정도다. 이 통나무는 장쇠 끼우기, 멍에 세우기, 펑게 틀목 설치, 상자리 세우기 과정 등을 거쳐 돛대구멍을 설치하고 부분 부분에 새역을 박아 마무리한다. 선미고물쪽 폭은 170~240㎝, 선수이물쪽 폭은 140~180㎝ 정노이며 전체길이는 400~550㎝ 정도이다(네이버 지식백과).

'테우'를 이용한 어로작업은 보통 3월에서 10월 사이 행해졌다. 사용하지 않는 겨울철은 '테우'를 해체하여 잘 보관해 두었다가 어로기가 되면 재조립하여 사용했다. 어로작업에 활용하기 위해 어음, 불돌, 앞돌, 그물, 버릿줄, 용도, 귀도래기, 버릿줄 윗목, 부표망둥이, 돛대 등을 설치했다. 어로구로 족바지, 자리족바지, 물안경, 국자사둘, 줄아시, 갈치술, 공젱이, 듬북낫 등이 쓰였다. '테우'의 부분 명칭으로는 장쇠궁기이물장쇠, 사각참나무, 고물장쇠, 멍에틀이물멍에, 고물멍에, 덧방고지, 강다리, 주지, 뇌좃, 상자리, 노, 터윗뇌, 태윗뇌, 둘름뇌 등이 있다(한국학중앙연구원, 향토문화전자대전).

'테우 만드는 노래'테우 만드는 소리는 한라산에서 나무를 베어다가 '테우'를 만들며 부르던 민요이다. 1964년 한라산을 비롯한 도내 주요 난대림을 천연기념물로 지정하여 보호하기 시작했다. 1968년 한라산 대부분을 국립공원으로 지정하여 보호 개발하고 있다. 지금 이 순간이 소중한 이유다.

오그라진휘어진 낭은나무는 쉐질멧갈마 고슴감 에 헤야 에 헤야
조른 낭은짧은 나무는 옆지와 가명가며 좆인작은 낭이랑 얽어매라
썩은 석은 얽어매라 샛 보름절에 띠와띄워 보게
당케바당에唐浦바다에 용왕님아 세자리서 발만 올려 줍서
곧은 낭이랑 이물船首에 쓰곡 곧은 낭이랑 고물에 쓰곡

엉또코지에 물들어서라 냇 보름절에 발은 걸엉
샛 보름절에 젓엉가라저어가라 대천바당에 네젓언 보난
제주 삼읍 물 막은 섬아 옻아진 여에 자리 떠서라
이물에 가면 고물船尾이 휘청 삼영망이 네 헤내 해로구나
들어마 호건하거든 고는 낭가는 나무놓고 에허마 호건하거든 진 낭긴 나무 놓
        으라

솔 썩은 석은고뼈는 얽어 매영매어 자리 혼 한한 말령 쏠을쌀을 사민사면
서낭님도 먹엉먹고 갑서가세요 용왕님도 먹엉 갑서
물 막은 섬아 물 막은 섬아 테우낭 아래 물들어서라
솔진낭살찐나무이랑 이물에 쓰곡쓰고 고는낭가는나무이랑 고물에 쓰멍쓰며
섞은 석은 얽어매라 대천바당 네 젓엉저어가민
삼신산이 내 헤로구나 제주 삼읍이 내 헤로구나

| 테우 만드는소리 |

"춘풍추우 가는 세월은 어언 삼년이 지나쳤건만, 황천 가신 우리아내 언제나 소식이 오리", 3년 전 먼저 가신 아내 분 환생소식 올까 노심초사 기다리는 걸까? 무엇보다 내가 행복해야 한다. 걱정은 우리를 힘들게만 할 뿐 우리를 어디에도 데려다 주지 못한다. '테우' 타고 대천바다로 노를 저어 가면 꿈에 본 삼신산과 그 넓은 제주 삼읍이 모두 다 내차지다. 무소식이 희소식

13

부제는 부지런이로다 : 근면가

제주사회는 전통적으로 삼무三無사회였다. 거지 없고乞無 도둑 없고 盜無 대문이 없었다大門無. 이에 대한 해석은 두 갈래다. 이를 미풍양속 으로 보면, 서로 믿고 존중하며 다 아는 동네라서 도둑이 없었다. 그래 서 굳이 대문이 필요 없었다. 다만 가축 출입을 통제하고 집주인의 출타 상황 알림 기능을 하는 '정낭'만 있으면 된다. 이를 불편한 진실로 보면, 다들 물질적 삶이 궁핍하여 가져갈 재물과 나눠줄 식량이 없어 도둑과 거지가 없었다. 그래서 대문이 없다. 이 해석은 한때 삼무정신을 계승가 치이념로 삼아 교육했던 입장에서는 받아들이기 힘들 수 있다. 그러나 이를 경제사관점에서 보면 잉여surplus의 부족으로 설명할 수 있다. 예전 제주사회는 저생산 사회였기 때문에 축적할 만한 잉여剩餘가 부족했다. 곳간에서 인심난다고 했다. 그러면 빈 곳간에서는? 지역마다, 시대마다 빈곤가난에 대한 대처가 다르다.

나라야마 부시코1983 제작, 1999 개봉라는 일본영화가 있다. 윤리, 도덕, 제 도 발생 이전, 본능 특히 성욕과 종족 보존, 야만성만이 존재하던 사회

영화 나라야마 부시꼬의 한 장면
(사진 : 네이버)

다. 이곳 사는 사람들은 자급자족 생활을 한다. 결혼은 장남만 할 수 있다. 아들을 낳으면 밭에 버리고 딸을 낳으면 소금장수에게 팔았다. 다른 집 식량을 훔치는 행위는 중죄다. 다른 사람이 목숨을 빼앗는 행위와 같기 때문이다. 70세 넘은 노인은 의식에 따라 '나라야마' 山에 버려야 한다[26]. 이 사회 역시 열악한 저생산 구조여서 잉여나 축적이 절대적으로 부족했다. 숙명적 절대 빈곤뿐. 이 사회의 종족 보존 방식은 '입 하나 덜기' 즉, 고려장高麗葬이었다.

또 있다. 다들 실제 본문을 읽어 봤다고 착각하는 이솝우화 '개미와 베짱이'원작에는 매미다. 잉여나 자본축적이 존재하지 않는 '2차적 집단 secondary group'에서의 사회적 분업分業은 매우 위험하다. 여기서 말하는 사회적 분업은 노동분업, 성별분업, 정치적 분업, 직업적 분업을 말한다. 아담스미스는 최초로 노동분업으로 인한 생산성 향상을 강조했다. 경제사에서 보면, 잉여가 창출되어야 자본축적資本蓄積이 이루어지고 이를 기반으로 계급이 발생한다.

기본적인 생산 활동에 종사하지 않고 창작과 예술에 전념하는 아티

---

26) 판별 기준은 치아 상태

스트에게 돌아오는 건 아사餓死다. 아무리 개미가 모질다 해도 하나밖에 없는 친구인 매미를 정신 차리라는 교훈적 차원에서 차마 굶어 죽게 놔뒀을까? 그게 아니다. 무엇보다 나눠 줄게 없었다. 일 년 내내 죽도록 일하고도 자기네 먹기 빠듯할 정도뿐. 개미가 매미에게 식량을 나눠주게 되면 그만큼 자기네의 생존권을 포기하는 셈이 된다. 다 같이 굶어 죽자는 말이다. 그렇게 되면 다음해 봄 재생산활동이 불가능해 지기 때문이다.

> 천하 부젠부자 하늘이 주곡주고중 부제는 부지런이로다
> 안직아직 삶은 양부뮈양부모 덕이곡덕이고 나중 걱정 문제로 고나
> 큰 부젠 하늘엣 부제 족은작은 부젠 오곰오금에 부제 오곰엣 특틱 오곰에
> 특
>
> 낭도나무도 물도 웃인없는 섬이라냐섬이더냐
> 나도 가민가면 물지여 온다 나도 가민 낭지여 온다
> 강진베康津배에 귀 막은 사공 ㄴ려내려사멍서며 귀엣말귀속말 흔다흔다
> 족은작은베에 짐 하영많이시껀실어 선게船價, 운임받을 셍각생각이 웃나없나
> 모관濟州牧이방吏房 영리방營吏房 각시 무싱것이무엇이 상덕上德이라니
> 서늘곳듸서늘곳에 도아낭도실낭, 복숭아나무 마깨막개, 방망이 손에 퀭이굳은살가
> 상덕이라라

* 상덕 = 웃어른에게서 받은 은혜와 덕, 서늘곳 = 조천읍 선흘리 있는 곶자왈

이처럼 제주선민先民들은 '입 하나 덜기'보다 근면勤勉을 생존전략으로 택했다. 저생산, 비잉여, 무축적 사회에서의 유일한 혁신활동이다. 제주사회 모든 구성원들을 부양하기 위해 모두 산, 오름, 바당, 산전, '드르팟' 등을 누비고 다녔다. '오몽'움직임할 수 없을 때까지 일했다. 주

로 농사나 어업, 목축업을 하면서 부업으로 할 수 있는 게 무지 많았다. 다들 그렇게 바쁘게 살다 보니, 도둑질, '동녕질'구걸 할 '저를'겨를이 없었다. 다들 그렇게 열심히 사는 데 사지 멀쩡한 그 누가 양상군자 노릇을 자임 할 수 있었겠는가?

30여 년 전 실화다. 이른 아침 '안커리' 살던 큰아버지가 "밧이 가게 마씸" 하며 '밧거리' 방문을 열었는데, 할머닌 편안히 누워 주무시던 채로 생을 마감하셨다. 할머닌 돌아가시기 전날에도 조 밧 '검질'잡초 메러 다녀오셨다. 다들 호상이라고 했다. 할머니는 평소 "산이나 바당이나 드르, 어디나 간들 이녁만 열심 허면 먹을 거사 어시 크냐" 하셨다. 그 시절엔 앞 바다에 가서 돌만 하나 '대싸도'뒤집어도 칼슘과 단백질, 미네랄을 얼마든지 섭취할 수 있었다. 그래서 할머닌 돌아가시기 전날까지 '검질' 메고 조 솎음질하시다, 할아버지 가시고 일 년 후 평생의 노동을 내려 놓으셨다. 제주에서는 별 특별하지 않은 집안일이다. 지금도 조 '고고리'를 보면 패랭이에 수건 두른 할머니 모습이 떠오른다. 말씀이 고우셨다.

교장선생 부인인 어머니는 연 140일 정도 '늠남의 미깡감귤 타러따러' 다닌다. 몇 년 전 교통사고로 다리와 허리를 다치기 전까진 그랬다. 고사리 철엔 연 80일 정도 고사리 '꺽으래' 간다. 지금도 촌에서 고사리 꺽기는 거의 전투 수준이다. 아무리 부자라도 농번기 철에 집에 있으면 남들이 뭐라 한다. 이유는 두 가지다. 감귤 수확 철이면 친구 분들이 다 감귤 따러 가기 때문에 친구를 만나려면 어쩔 수 없이 과수원에 가야 한다. 그보다 내가 남의 과수원 감귤 따 줘야 그 '쿰'일당으로 우리 감귤 따줄 '놉'인력을 구할 수 있다. 교장선생 각시 정도는 군계 중 그냥 일계鷄

다. 어머니와 같이 '미깡 타러' 다니는 멤버(?)인 판사 어멍, 전 지서장 각시, 전 우체국장 각시, 동물병원 원장 각시, 전 도의원 어멍, 전 도지사 처제, 심지어 대형 횟집 여사장님 등이 밭주인보다 더 '멩심'명심 히 귤을 딴다. 자존심은 버리고 자존감은 높여야 한다.

방에 짖듯짖듯 그레고래, 맷돌 굴 둧갈 둧 흥민하면
세간살림 못 살 사름사람이셔냐
나룩쌀볍쌀이 낭 지레지러 가멍가면서 산뒷쌀밭벼이 물지레물길러 가랴
그 밥 흔 술한 술 날 주어시민 낭글나무를 지나 물지나 흥컬할걸

벨진밧별진밭도 버치는뒤버거운데 둘진밧이사달진밭이야 내 어떻흐리어떻하리
불칸불탄 밧디밭에 쉐쇠 닮은 년아 무신무슨 벌이로 역귀여품팔아 먹으리
모진 벌이로 역귀여 먹나
아방아버지 싱근심은 정즈낭정자나무그늘 어멍어머니 싱근 펭제낭팽나무그늘
그늘이사그늘이야 좋아라 마는 이내 몸은 장즈장자를 지난
앞앙앉아 놀을놀 즈를겨를이 읏다없다

서늘곳디선흘곳에 낭 지레나무 지러 가난가니 짐패질빵 쫄란짧아 못 지엄지고서라
실프댕도싫다고도 나 말앙말아 간들간들 기립댕도그립다고도 뉘누가 흐여하여 주
리
실픈 일을 기리왕하고파 흥민하면 성이 언매나얼매, 얼마나 가실것가

아기아길러라 아기러라 우뉴월 마당질을 숨 쉬우는 아기러라
보리곱곡굽고 삼 거린듸갈렸는데 아기 우희위에 날 즙아집어노라

　단연코 지금은 안 그렇다. 예전 제주에서는 육지사위는 선호했지만 육지며느리는 싫어했다. 육지사위는 투박한 섬놈들에 비해 상냥하고

고분하며 '즌셈'^{잔정}도 좋다. 그러나 육지며느린 남편만 부려먹고 '까다'
^{치장}만 부리며 일은 안한다는 편견이 있었다. 이 역시 실화다. 작은아버
지가 마산에서 교편생활 할 때 할아버지와 어머니가 배타고 올라가서,
작은아버지를 제주로 강제 소환했던 적이 있다. 이럴 거면 당장 '선생
질 설러 불라'^{그만 두라} 하시면서. 그 이유는 당시 작은아버지가 그곳 여
선생님과 연애했기 때문이다. 유리창이 '벌러지고'^{깨지고} 난리가 충분히
난 후 작은아버지는 지금 작은어머니랑 이곳에서 결혼했다.

둠북(모자반)(사진 : 네이버)

"새벽이 둠북 ᄒ 짐 안 ᄒ여 온 메누리 조반 안 준다." 새벽에 '둠북'
한 짐 안 해 온 며느리 아침밥 안 준다. 제주어촌, 특히 구좌읍 일대에
통용되고 있는 제주속담이다. 새벽 일찍 바다에 가서 '둠북' 한 짐 가득
해 오지 않는 며느리는 아침밥을 못 얻어먹었다. 부지런하고 생활력이
강해야 시집살이를 제대로 할 수 있었다는 의미이다. 당연히 힘들다.
그러니 어느 누가 '땅 부제 일 부제" 인 제주에 시집오려 했겠나. 내

아내는 육지며느리다. 그래도 제주 고, '고망'구멍 고高씨다. 극히 개인적
이고 주관적인 소견으로 보면, 제주여자들은 '굴툭'심술이 심하다. 결혼
하기 전까진 그렇게 확신했다. 그러나 지금은 지역적 특성이 아니라
사람별 개성이라고 생각한다.

본디 즈냑저녁 어둑는어둡는 집의 오늘이영오늘이라고 붉은밝은 때 ᄒ라
어둑경은어둡거든 밤이엥밤이라 말라 밤도 아니 어두워러라
본디본래 즈냑 어둑는 집의 메일매일 장상長常, 항상
오늘이믄오늘이면 성도 언매나얼매, 얼마나 가실 것가
이어 방에 고들베고들배, 연거푸 짖영찧어 즈냑이나 붉은 때 ᄒ져

본디 즈냑 어둑는 집의 오늘이영 붉은밝을 때 ᄒ라하랴
동지 섯둘섣달 지나진기나긴 밤의 삼은 삼麻이 발 가슴가옷이여
발로 발안밟아 가슴이라냐 자로 재연재어 가슴이라냐
줌도잠도 자경자거든 느리줌늦잠 자랴
무신무슨 줌을 날 새는 중 몰르게모르게도 잠시니
줌도 자경자려면 여시줌여원잠 자라

아방아버지 놀단놀던 동소낭소나무 그늘 어멍어머니 놀단 서소낭 그늘
그늘이사그늘이야 좋아라마는 앚아놀앉아서 놀 저시여유격이 웃다없다
줌 안 자멍잠 안 자며 석 세 베布ᄒ영하여 설룬섧은 아기 질루랭기르려 ᄒ난
ᄇ딧바디 늘에날에 씰실 들어가듯 멩만명만 잇엉이어 넘어나 가민가면

오월 장마 지여지어 불라벼려라 석 들석달 열흘 지여 불라
ᄒᆞᆫ 들을랑한달이랑 누웡누워 자곡자고 ᄒᆞᆫ 들을랑 머리 빗곳빗고
대죽낭귀수닷대나무 곳가귀수풀까귀도 타 들려사달려야 타먹어진다따먹어진다

"아버지 놀던 동쪽 소나무 그늘, 어머니 놀던 서쪽 소나무 그늘, 그늘
이야 좋더라마는 앉아서 놀 여유가 없다." 나도 안다, 그늘 좋은 거,
다만 먹고 살려고 일만 하다 보니 겨를이 없을 뿐

"오월 장마 지어 버려라 석 달 열흘 지어 버려라. 한 달은 누워 자고
한 달은 머리 빗게" 그나마 음력 오월^{양력으로는 6월} 장마 들어 비가 오면
밧에 일하러 갈 수 없다. 혹여 석 달 열흘, 즉 100일간 장마가 들면 한
달은 밀린 잠자고 빈둥빈둥 누워 놀다가, 다른 한 달은 머리 빗고 치장
하며 '탱자 탱자' 편히 지내고 싶다는 이루어 질 수 없는 허언^{虛言}이다.
이상기후 운운하는 작년 장마가 아무리 길었어도 49일이었다. 30년간
^{1990~2019} 장마철 기간은 평균 31일로 이 중 16.6일 동안 비가 왔다.

제주에선 거지를 '동녕바치', '동냥아치'라 한다. '게와시', '거러지', '걸
바치', '걸바시', '동냥바치', '걸바지', '걸렁바쉬' 등도 같은 말이다. 구걸
행위는 '동녕^{洞糧}질'이라 했다. 제주사회에서는 거지를 동정의 대상으로
보거나 혹은 반대로 혐오의 대상으로 본다. 전자는 거지를 가엾고 불쌍
한 존재로 인식하는 경우이고 후자는 나태하고 게으른 존재로 보는 경
우다. 전자는 주로 개인적 결함이 아닌 자연재해로 인한 빈민인 경우이
며 후자는 무능력, 나태, 게으름과 같은 개인의 도덕적 해이^{Moral hazard}에
기인하여 거지가 된 경우이다.

빈곤에 대한 대책 역시 빈곤의 원인이 자연재해냐 혹은 개인적 결함이냐에 따라 다르다. 전 근대 사회의 빈곤은 대부분 자연재해에 기인한다. 제주사회 역시 이상기후로 인한 자연재해인 삼재三災, 즉, 풍재風災, 수재水災, 한재旱災발생이 빈곤의 주요한 원인이다. 이러한 자연재해는 농경본위本位사회에서 농가소득에 직접적인 피해를 주었으며 대부분 흉황凶荒과 기근饑饉으로 이어졌다.

서양에서는 찰스 부스의 빈곤조사, 라운트리의 빈곤조사, 마르크스 자본론 이전에는 개인주의적 빈곤관이 주를 이뤘다. 주홍 글씨, 개별구제 금지, 허가받은 거지, 지능 지수 등. 근대적 사회복지 이후 적극적 국가개입 빈곤관, 복지 국가적 빈곤관으로 전환했다. 핵심은 빈곤의 원인이다. 개인적 일탈이냐 경제 구조적 문제냐에 따라 빈곤과 거지에 대한 사회적 인식이 달라졌다.

일찍부터 제주사회에서 구빈대상은 주로 자연재해로 인한 빈곤과 기민饑民이라 할 수 있다. 개인의 나태로 인한 빈곤은 사회적으로 죄악시되어 거지를 혐오했다. '엘리자베스 빈민법' 이후 제도적 구빈활동은 노동력 유무에 따라 달라진다. 예를 들면 조건부 수급자활 참여제도다. 예전엔 동네에 '동녕바치'가 나타나면 도와주지는 못할망정 돌멩이나 연탄재를 '맞치곤'맞히곤, 던지곤 했다. 지금 돌이켜보면 사지 멀쩡하고 일할 능력 있어 보이는 '동녕바치'에게만 그랬던 거 같다.

14

총각 차라 물에 들게 : 해녀노래

"어떤 사람은 복도 좋아 앉아 살리. 우리네는 바람이랑 밥으로 먹고 구름으로 똥을 싸고 물결을 집안 삼아, 부모 동생 떼어놓고 오늘도 바다에 든다.", "요 물질하여 소를 살까, 밭을 살까. 한 손에 빗장, 다른 한 손에 호미 들고 미역, 생전복 따다가 어린 자식 공부시켜 판사 만들려고 힘들어도 바다 위에서 시달리는 불쌍한 이내 몸아. 어느 때면 이내 몸도 좋은 세상 만나서 남들처럼 잘 살 수 있으려나"

힘든 바다물질해서 벌어들인 소득으로 소나 밭을 사서 생활이 나아지거나, 자식을 교육시켜 판사判事 만들어서 신분이 상승하기를 바라는 염원을 담은 '해녀노래'다. 노를 저어 차귀도나 비양도 등 주변 섬으로 물질작업 가거나 육지로 출가물질 가며 불렀다. '테왁' 짚고 물에 뛰어들어 '갓 물질' 작업 때 헤엄치며 불렀다고 한다.

어떤 사름사람 복도 좋앙좋아 앚이앉아 살리
우리네는 브름바람이랑 밥으로 먹곡 구룸구름으로 똥을 싸곡싸고
물절물결이랑 집안 삼앙삼아 부모 동싱동생 떼여 두곡두고
오늘오늘날도 물에 든다
물절또랑물결 따라 베질ㅎ기배질하기 선주 사공 놀음이곡
밧데밭에 들렁들어 밧 잘 갈기 농부 아비 놀음이곡놀음이고
붓데붓에 들렁 글 잘 쓰기 선부의선비의 놀음이여

낭도나무도 늙엉늙어 고목 뒈민되면 놀단 생이새도 아니 오곡오고
물이라도 묽아지민맑아지면 놀단 궤기고기 아니 놀곡날고
이내 몸도 늙어지민늙어지면 물질ㅎ기물질하기 어렵고나
우리가 이영저영이리저리 ㅎ당하다 흔번한번 어차 실수 뒈민되면
우알위아래등을 무꺼묶어놓고 소방산小方산천 쳇대쳇다리우회위에
둥시렁둥그렇ㅎ게하게 올려 놓곡 공동묘지 갈 적의는적에는
어느야 님이 날 막아 주멍주며 어느 부모가 날 막아 주리
어떵 ㅎ영 살아 가코갈고 요 물질로 ㅎ여근에하여서
우리 집의 쉘소를 사카살까 드로겡작은 밭일 사보카사볼까
어떵 ㅎ민하면 잘 살아 보코볼까

새끼섬 우의는위는 올렝이오리 노는디 시퍼렁흔시퍼런 바당 우읜 요 내 몸
　　이 떳고나
흔 손한 손에다 빗장 쉐곡줘고 흔 손에다 호미 쉐영줘어
메역미역 셍복 또다근따다가 어린ᄌ식어린자식 공부ㅎ영공부시켜
즤주제주 판ᄉ판사 시길랴고시킬려고 바당우의바다위에 시달리는
불쌍흔불쌍한 이내 몸아 어느 제믄어느 때면 이내 몸도 좀 싀상세상 만나근에
　　만나서 놈광남과 ᄀ찌같이 산단 말고
누게를누구를 살류우젱살리려고 악담부담 애를 쓰나
목심 바청바쳐 버실어야벌어야 제 살곡살고 제 먹엄져

* 새끼섬 = 성산포 앞바다에 있는 섬, 소방상小方狀 = 관을 안치하는 공간, 왕이
나 왕비의 시신을 넣은 재궁梓宮을 싣기 위한 가마로 사용

"우리가 물질하다 아차 한번 실수해서 위아래 등을 묶어놓고 소방산
小方狀천 쳇다리 위에 둥그렇게 올려놓고 공동묘지 갈 적에는 어느 님
날 막아 주며 어느 부모가 날 막아 주리." 우리 인생도 살다가 한 번의
실수가 또 다른 실수를 낳고, 갈수록 더 깊은 수렁으로 빠져드는 악순환
을 반복한다. "탕 댕기는 칠성판아 이엉 사는 멩정포銘旌布야." 물질하다 아
차 한 번 실수는 바로 죽음으로 연결될 수 있다. 아무도 그 죽음을 막아
주지 못한다. 그만큼 해녀들의 물질작업은 매 순간이 위험하다.

범섬 앞 해녀 공동물질 작업사진 : 제주특별자치도

"물질 잘 ᄒᆞ는 줌수도 죽엉 보난 단속곳이 ᄒᆞ나이다." 물질 잘하는
잠수는 평소 수입이 많아 삶이 유족할 거 같았지만 실제로는 곤궁했다

는 제주속담이다. 값나가는 해산물은 관가에 바쳐야 했고 나머지도 판로가 원활하지 못해 생각만큼 많이 벌지 못했다는 말이다. 이와 유사한 속담으로, "물질 잘 ㅎ는 여즌 물 속옷이 ㅎ나이곡 물질 못 ㅎ는 박만옥 각씬 바농질만 잘 ㅎ연 서방 호수만 시킨다 물질 잘 하는 여자는 물 속옷이 하나이고 물질 못 하는 박만옥 각시는 바느질만 잘 해서 서방 호강 시킨다", "질쏨밧 늙으난 죽엉 보난 미녕 소중의²⁷⁾가 아옵이곡 줌녀 늙으난 죽엉 보난 일곱 애비 아돌이 들르는 도곰수견이 ㅎ나인다길쏨 밭 늙어서 죽고 보니 무명 물옷이 아홉이고 해녀 늙어서 죽고 보니 일곱 애비 아들이 들르는 도곰수견이 하나이다", "질쏨 ㅎ는 할망은 죽엉보난 천이 닷 필이곡 물질 ㅎ는 할망은 죽엉 보난 단속곳이 ㅎ나이다길쏨하는 할머니는 죽고 보니 천이 다섯 필이고 물질하는 할머니는 죽고 보니 단속옷이 하나다 등이 있다.

조선시대 제주해녀의 채취물인 전복, 소라, 해삼, 미역 등은 대부분 진상품이었다. 당시 해녀물질은 부역과 다를 바 없었다. 1900년대부터 부산과 목포를 근거지로 하는 일본상인의 등장으로 해조류, 조개류 수요가 급속히 증가하였다. 이에 따라 그 시장 가치가 높아져 최상품으로 인정받게 되어 많은 소득을 벌어들이게 되었다. 이때부터 "똘 싯이민 혼 해에 밧 혼파니썩 산다."는 제주속담이 등장했다. 딸 셋이면 한해에 밭을 한판 씩 산다. 예나 지금이나 부동산 구입이 쉽지 않은 일이었지만 그럼에도 불구하고 제주여성들은 도내·외로 물질 나가 돈 벌어 와서 혼수를 마련하고 밭을 살 정도가 되었다는 내용이다.

---

27) 소중기는 잠수 할 때 입는 남색 무명의 수영복, 소중이, 수견, 도곰수견, 물옷 이란 말로도 부름.

뭄 짱으랑^{모자반으로} 집을 삼앙삼아 눗고개랑 어멍을^{어머니를} 삼아
요 바당에^{바다에} 날 살아 시민^{있으면} 어느 바당 걸릴 웨리 시라있으랴
요 바당에 날 살아 시민 요 뭄^{모자반} 야개모^{가지}
날 주어시민^{주었으면} 어느 바당 어듸라도^{어디라도} 걸릴 것 가

총각 차라^{쪽지라} 물에 들게^{들어가게} 양석^{양식} 싸라 섬에 가게
우리 선관 가는 듸랑^{데랑} 메역^{미역} 좋은 여 끗으로^{끝으로}
놈의 선관 가는 듸랑 감테^{감태} 좋은 홍동개로
요 벨배를 트고^{타고} 어딜 가코^{갈까} 진도바당 골로 간다

* 총각이멍거리 = 해녀작업에 편리하도록 예전에 부녀자가 머리털을 비녀 없이
  쪽찌고 이마 위로 두른 띠나비 5cm 쯤로 잡아 묶는 일, 선관 = 배를 탄 사람,
  혹은 배, 홍동개 = 바닷가에서 좀 나가서 움푹 파인 곳

제주에서는 여아가 8세가 되면 바닷물에 들어가는 연습을 시작하여
10세가 되면 어머니에게서 '태왁'을 받고, 14세 되면 '안경', '호미', '빗창'
을 얻어 본격적으로 물질한다. 16세가 되면 해녀조합의 정식회원이 되
며 이후 50세까지 계속 회원자격을 유지한다. 보통 16세부터 35~36세까
지가 전성기다.

"물 우이 삼년, 물 아래 삼년" 물 위에 삼년, 물 아래 삼년, 해녀들이
많은 시간을 바다에서 보낸다는 말이다. 눈이 오나 비가 오나 사시사철
물에 든다. 보름마다 되풀이 되는 '무수기'[28]에 따라 조금 전후한 엿새

---

28) 썰물 때와 밀물 때의 물 높이의 차

나 이레쯤 물질을 쉰다. 물속에 잠수해 있는 시간은 평균 1분 5초에서 1분 50초 정도이다. 최고 3분까지 가능하다. 20미터 물속까지 내려 갈 수 있지만 대부분 수중 5.5미터에서 작업한다. 이런 잠수를 30회 내지 70회 정도 반복하여 작업하고 난 후 뭍으로 올라온다. 그리고는 해변가 '불턱'에서 몸을 따뜻하게 한 다음 다시 작업하러 물속으로 들어간다. 몸이 튼튼한 해녀는 하루 3회 또는 4회 정도 반복할 수 있었다.

요디여기 넘으민넘으면 저디저기로구나
올히올해 ᄀᆞ뜬같은 메역이미역이 잘 나싱가났을까
테왁을 베로배로 삼곡삼고 이 바당을바다를 넘어가게

소섬우도으로 지둥삼곡기둥삼고 청산으랑 문을 둘곡달고
한 두 물에 물 밀어오듯 새끼청산 누울린다누르다
짐녕김녕뒷개 나가 온 섬이여 줌 자당도잠 자다가도 세 한숨 난다
차귀섬에 베가는 소리 타령조판 짚는짧는 소리 귀에 젱젱 열리엄서라들린다

요 네노 젓엉저어서 흔저어서 가게
우리 베는 잼도빠르기도 재곡빠르고 놈의 베는 뜸느리기도 뜨다늦다
수덕좋고 재수 좋은 우리 베야 흔저어서 가게 멩지바당명지바다 심브름신바람 불라
떳져 떳져 호매선 떳져 죄주제주 바당에 호매선 떳져
썰물은 나민나면 동헤동해 바당 들물은 나만 서헤서해 바당

쓸물에랑썰물에는 앞 개 가곡 들물에랑 뒷 개 가곡
흔한 물거리 젓엉가게저어가게 오롱내비나비 새 눌아가곡날아가고
요 네차락노, ᄂᆞᆯ 벗어지게 젓곡젓고 젓엉젓어 흔저 가게

물은 점점 들어가곡 흔저어서 뽈리뽈리 굿뒤가에 가게
숨이 쫄랑쫄아 호이치멍치며 흔저 뽈리 굿뒤 가게
늙은 중이 소금소금먹듯 늙은 영감 장게장가가듯 이 네 젓엉 굿듸꼿에 가게

* 멩지바당 = 명주처럼 잔잔한 바다, 네차락 = 노의 아래 쪽 넓은 부분

　제주지역 농촌에서는 농번기와 해산물 채취기가 겹칠 때가 많았다.
그래서 제주해녀들은 농사와 물질을 같이 해야만 했다. 해녀소득을 다
시 밭을 구입하는 데 투자했기 때문에 대부분 제주해녀들은 밭을 소유
하고 있었다.
　해녀의 연중작업은 해산물 채취기와 밀접히 관련되었다. 해삼은 1~4
월, 전복은 5~8월, 천초는 1~3월, 미역은 2~5월[29]로 연중 내내 작업했
다. 3월에서 9월까지 작업일수가 가장 많았다. 지역별로는 해안지역,
혹은 우도해녀의 작업일수가 가장 많았다.

1960년대 우도해녀(사진 : 제주특별자치도)

---

29) 마을규약에 따라 1~4월, 3월 중순~4월

서낭님아 서낭님아 궤기고기 얼케로 다울려몰아 줍서 고레고래사니 올라
   온다
너른 바당넓은 바다 앞을 재연재어서 흔 질한 길 두 질 들어가니
저승 질이길이 왓닥갓닥와다갔다

탕타 댕기는다니는 칠성판아 잉엉이어 사는 멩정포銘旌布야
못홀못할 일이 요 일이여 모진 광풍 불질불지 말라
유리잔유리 안경을 눈에다 부치곡붙이고 테왁을 가심가슴에 안곡안고
무쉐무쇠 빗창 손에 끼고 지픈깊은 물 속 들어 보난보니
수심 줌복전복 하서라마는많아라마는 내 숨 쫄란짧아 못 흐여라하여라

흔벡흔백 상지상자 등에다 지곡 가심 앞의 두렁박테왁 차곡차고
흔한 손에 호미를 쉐곡쥐고 흔 질 두 질 수지픈깊은 물 속 허위적 허위적
   들어간다
너른넓은 바당 앞을 재연재어 흔 질 두 질 들어가난들어가니
홍합 대합 비쭉비쭉 미역귀가 너훌너훌
미역에만 정신 들연팔려서 미역만 흐단 보난하다 보니 숨 막히는 중 몰람고
   나모르는구나

큰 여으로 들엉들어 가카갈까 족은 여으로 들엉 가카
에헤에야 가나 보게 큰 여으랑 가거들랑 큰 궤나 만나지민 족은 여으랑
   가거들랑
우둥퉁퉁 술찐살찐 줌북전복 어물어물 기엄시민기여가고 있으면
이 죽창을 쏘지 말곡 슬짝슬짝 줏엉주어 놓당 보경놓다 보면
망시리만망사리만 フ득가득 흐라가득하라
날도 좋다 날도 좋다 바당의서바다에서 씨원흐게시원하게

희염치멍헤엄치며 놀아보게 흐를헤원하루종일 이 바당에

큰 절이나 파도나 일지 말민말면 물 소곱에 속에 들멍들며 나멍나며
우리 애기 방뒤 노리개 주마
이 디여기로도 바당 고개 저 디저기로도 먹돌 고개 고우머근 거칠고나
이 엉장 월엉장에 기여들게 기여들건 금궤이나 혼자혼자 흥거한거 희염혜염
    시라

구젱기랑 소라를 잡거들랑 잡거든 닷 섬만 잡게 흐곡하고
전복이랑 잡거들랑 요든여든 섬만 잡게 흡서합서
못 사는 우리 팔즈팔자 흔 번 아주 고쳐 보게
전뿍전복 좋은 여 끗으로 미역 좋은 옹댁으로
감태감태 좋은 작지왓자갈밭으로 얼금설금 들어가난
홍합 대합 비쭉비쭉 케여서랑 가득해서라 맛을 보난 일천 간장 시르르혼다

* 서낭님 = 무속에서 온갖 배의 운수, 어업 및 해녀작업 등 해상의 모든 일을
  관장한다는 신, 얼케 = 울퉁불퉁 험하게 생긴 바위, 설드럭이라고 함. 궤 = 굴
  모양으로 아래가 움푹 들어간 바위, 망시리 = 해녀들이 채취한 해산물을 모아
  두는 기구, 테왁에 달려 있음. '망사리', '망아리', '홍사리', '홍아리'라고도 함.
  먹돌 = 단단하고 매끄러운 돌, 엉장 = 비탈지고 험한 바위, 옹댁 = 가운데가 움
  푹 팬 바닷가의 여, 엉장 = 바다 속 낭떠러지

제주해녀는 주로 15일에서 20일까지 물질한다. 또한 임신과 생리 때
를 가리지 않고 사시사철 조업했다. 또한 제주해녀의 물질은 농업과
관련이 많다. 제주해녀들은 해산물, 즉 해조류와 조개류 등의 채취뿐
아니라 비료로 활용할 수 있는 '둠북'도 채취했다. 화학비료가 나오기
전 전통 제주농업에서 비료로 쓸 수 있는 재료가 많이 부족했다. 이
상황에서 '둠북' 등 해초류 비료의 채취는 토지가 비옥하지 않았던 제주
농업에서 매우 소중한 일이었다.

산 뛰는 건 웅매雄馬로다 여 뛰는 건 베배로구나
요 바당에 은광 금이 번질번질 끌려서도깔려있어도
노끈 낭긔나무 욜매열매로다 망시리만 ᄀ득ᄒ라가득하라
날도 좋다 날도 좋다 바당의서바다에서 씨원ᄒ게시원하게
희염치멍헤염치며 놀아 보게 ᄒ를헤원하루종일 이 바당에
큰 절물결이나 일지 말민말면 물 소곱에속에 들멍 나멍들며 나며
고운 걸랑 주워 노왕놓아 우리 애기 방뒤장난감 주마
어디로도 바당 고개 저디저기로도 먹돌 고개
고우머근 거칠고나 이 엉장일엉장에를 기여 들게
기여 들건 금궤이나 흔자혼자 홍거한거 희염헤염시라

어느 제민어느 때면 열 다숫열 다섯 나겅나면
비양도섬의 짓짓 닙은넓은 메역가시미역가시 테로나때려나 웬기려 가코갈꼬
기차 마차 ᄌ동차자동차야 날 실렁실고 가거라
어디라도 나 몸 홀로 정처엇이정처없이 ᄯ라따라 가마
술 장실장사를 ᄒ랴하랴마는 젊은 년질 몬ᄒ는걸못하는 걸
ᄊᆞᆯ 장실쌀 장사를 ᄒ랴마는 뒈악쳐악질을 몬ᄒ는 걸
포목 장실 ᄒ랴마는 자 잴 충을줄을 모르는 걸
청춘이 아까와도 ᄒᆞᆫ 질한 길 두 질 지푼깊은 물에
메역 ᄯ곡따고 셍복 ᄯ곡 속 펜토록편하도록 죌제일 좋고나

ᄉᆞᆼ상세상 나겅나면 날ᄀ찌같이 ᄒ민하면
누게누구 ᄉᆞᆼ상세상 나저도낳았어도 ᄒ리하리
어떤 부몬부모 낳은 아긴 팔즈팔자 좋게 나궁은에낳아
남전북답 너른넓은 밧듸밭에 영이호걸營吏豪傑을 살건마는
우리네는 무신무슨 줴짓엉죄 지어서 주양장천 영만이렇게만 ᄒ는고하는고

"술장사 할까마는 젊은 년 행세를 못하는 걸, 쌀장사 할까마는 최악질

을 못하는 걸, 포목장사 하랴마는 자 잴 줄을 모르는 걸, 청춘이 아쉽긴 하지만 한 길 두 길 깊은 바닷물에서 미역 따고 생전복 따며 속 편한 게 제일 좋구나."

해녀를 하나의 직업으로 볼 때 해녀당사자들의 느끼는 직업만족도는 어떨까? 시대에 따라 다르고 개인차가 있지만, '몸은 힘들어도 마음은 편하다. 자부심도 크다. 바다가 황폐화되어 예전만 못하지만 벌이도 쏠 쏠하고' 정도로 요약할 수 있지 않을까. 물론 이에 대한 본격적 조사를 해야 정확한 사실을 알 수 있겠다.

15

불더위에 요 마당질 :
타작노래, 도리깨질 소리, 마당질 노래

타작打作은 곡식이삭을 떨어 낟알을 거두는 농사일이다. '바심', '풋바심'이라고 한다. 조+바심=조바심=조의 이삭을 떨어서 좁쌀을 만듦. 추수는 감사한 일이지만, 타작은 마음 졸이는 작업이다. 그러나 걱정은 우리를 힘들게만 할 뿐 어디에도 데려다 주지 못한다. 걱정을 해서 걱정이 없어지면 걱정 없겠네. 티베트 속담이다.

도리깨 타작(사진 : 제주특별자치도)

143

제주에서는 밭 구석이나 마당에서 도리깨를 이용하여 보리나 조, 콩 등 잡곡을 타작했다 도리깨로 타작하는 곡식이 주로 보리였기 때문에 '보리 타작소리'라고 했다. 또한 콩이나 팥도 도리깨로 타작하기 때문에 '타작노래'라고 부른다. 아울러 도리깨를 사용하는 일이므로 '도리깨질 소리', 주로 마당에서 타작이 이루어졌음으로 '마당질 노래'라고도 했다.

율로여기서 요레여기 누게나누가 앉고 허야도 홍아
설룬서러운 정례貞女 말이로구나 두드렴시민두드리다보면 부서나진다
흔한 번 뜨령때려 열 방울 썩썩 두 번 두드렴두드려 백 방울 썩
부서나지라 깨어나지라 두드렴시민 굴축난다일이 줄어든다

질굿집에길갓집에 도실낭복숭아나무 싱경심어 드냐다냐 쓰냐
맛 볼인 셔도있어도 내일 도월도울이 하나도 웃구나없구나
흔착 한쪽 가달한쪽다리 땅에 붙이곡붙이고 흔착 종에종아리 높이 들고
물착물착 두드려 보게

내 인심이 날만 흐면하면 오뉴월 보리마당 나 혼자 지리
놈이남의 첩광첩과 소낭기소나무 브름은바람은 살맛이 웃고없고
지세어멍광엄마와 오롬엣오름에 돌은 둥글당도뒹굴다가도 사를매살아날 일
        난다
간간간간히 놀젠놀려고 간섭에 가난가난 흐멍하며 이 눈물이라
생일에도 호사가 있다 먼딧면데 사름사람 보기나 좋게마당질소리

* 물착물착쌈빡쌈빡, 문덕문덕 = 잘 드는 칼에 쉽게 깊이 베어지는 모양

'도리깨'도깨는 수확한 곡식을 타작할 때 쓰는 농기구다. '도리깨'는 손 잡이, 타부打部, 연결부連結部로 이루어진다. 손잡이는 '어시', 타부를 '아

덜'아들, 연결부를 '틀레'틸래라 한다. 어시는 길이 2m 정도 막대기로 꼭대기에서 10㎝ 정도 내려온 지점에 직경 2㎝ 가량 구멍을 뚫어 연결부인 '틀레'를 끼운다. 끼워진 '틀레'에 다시 '아덜'을 끼워 맞추고 줄로 묶어 고정시킨다. 타부인 '아덜'은 직경 1㎝, 길이 1m 가량 되는 막대기 2~3개를 뭉쳐 한쪽 부분을 칡 또는 신설란으로 짠 새끼줄을 묶는다. '어시'는 때죽나무, '아덜'과 '틀레'는 단단한 윤노리나무로 만들었다. 손잡이 잡고 위에서 밑으로 휘두르면 타부인 '아덜'이 한 바퀴 회전하면서 곡식을 두드린다(네이버 지식백과, 한국향토문화전자대전).

타작하는 일을 '마당질'이라 했다. 수확할 때 마당에 멍석 15개 정도 깔고 동네사람들이 함께 모여 한쪽에 10명씩, 20명이 마주보며 '도깨질'했다. 곡식 훑는 사람, 타작하는 사람, 타작 마친 곡식을 나르는 사람이 각자 역할에 맞게 일하며 소리한다.

쌍일常日에도 호사가 이시랴있으라 흔착한쪽 가달다리
우터레위로 들르멍들며 두드렴시민 굴축난다
양끝 잡앙잡고 제친듯 흐라하라 우는 애기 젖을 준 들 어야도 홍아
쌍일에도 무릎마루이 잇저있다 좁은 목에 베락벼락 치듯
너른 목에 번개 치듯 요 동산을 때리고 나가자

나 놀레랑노래는 산 넘엉 가라 나 놀레랑 물 넘엉넘어 가라
물도 산도 난 아니 넘엉 요 짓 올래 지 넘엉 간다
저 하늘에 뜬 구름아 비 쌓였나 눈 쌓였나 비도 눈도 난 아니 쌓연
소리 멩창멍창만 들고나 갔저간다 어야홍아 어야도 홍

| 타작소리 |

'보리타작 소리'는 나란히 마주서서 일하는 사람들 가운데 한 사람이 앞소리 메기면 여러 사람이 후렴을 받는 선후창형식으로 부른다. '목도리깨꾼'은 앞소리 부르며 '종도리깨꾼'에게 타작할 보리를 젖혀 주고 노래사설로 두드릴 곳을 알려 주며 일을 지휘한다. '보리타작 소리' 사설은 일꾼들을 격려하는 내용이 주를 이룬다.

동산이여 굴렁구룽이여 또리라때려라 또 뜨리라 요놈의 동산 무너지라
동펜동편 동네 저 총각놈 붕에붕어 눈을 브릅뜨곡부릅뜨고
갈산절산이리저리 헤싸 감져헤쳐간다
뒷테레뒤로 물러사명물러서며 요 동산을 두드려 보자
요내 동산 버치고힘들고 가믄가면 넘어가는 사름도사람도 웃을서라

막집의도막집에도 모를마루이 싯나있나 살집의도살집에도 모를이 싯나있나
생이에도새도 모를이 싯나 모르무르 스구와속아 가멍가며
설른서러운 어멍엄마 무신무슨 날에 날 나근낳아에
요런 벳디볕에 요런 일 흐랜하라고 날 나싱가낳았나
이 보리를 두드리민두드리면 멧 헤몇 해나 살을 거냐
유월 염천炎天에 뚬 흘리멍땀 흘리며 이 마당질 흐민두어해두면
백 년이나 살을 거냐살거냐

설룬서러운 정네 앞을 두어 마쳐나 보게 뜨려나 보게
양 끗 잡앙양끝 잡아 제친 듯 흐게하게 어느 제랑어느 때랑 다 두둘코두드리고
수무나문스무남짓 설나문서른남짓 적원때는 입산낭입산나무도 무에레메러간다
    생설베기도 휘우레휘저으려간다
철석 ᄀ뜬같은 나 어께어깨 들영들어
요만이 정도 일을 버치고버겁고 가민가면 웃을 것은 놈이로 구나

심을힘을 내영내어 두드리자

올희올해 흥신하신 농亽는농사는 멧섬몇 섬이나 뒐건고될 건가

오늘도오늘도 이것 다 못 흐로구낭못하겠구나 흔저어서덜 흐라하라

나 가심에가슴에 화 드는 중 몰람시냐모르더냐

　제주에서는 보통 5월쯤 보리를 수확한다. 수확은 장만을 고려하여
2~3일 내 빨리 해치워야 한다. 늦장을 부리다가 장마가 겹쳐 버리면
수확할 때 애를 먹거나, 수확해도 건조할 때 어려움이 많다. 예전 제주
지역에는 각 학교마다 '보리방학'이 있었다. 보리방학은 '감저^{고구마}방학'
과 함께 농번기를 고려하여 생겨난 특별방학이다. 이는 '감귤방학'으로
이어졌다.

　보리 수확과정을 보면, 우선 다 자란 보리를 베어낸 후 말린다. 그 다음
탈곡기가 보편화되기 이전에는 '보리클'로 이삭을 훑어냈다. 훑어낸 이삭
을 마당에 10cm 두께로 깐 다음 '도깨'^{도리깨}로 타작한다[30]. 현대식 탈곡
기인 '맥타기麥打機'가 들어온 후[31] 도리깨에 의한 수확이 사라졌다.

　1938년 제주지역의 농업과 농민을 조사한 다카하시 노보루에 의하면,
음력 6월 20일 경 5인이 보리이삭을 훑어낸 다음 '도리깨'로 탈곡한다.
장남은 보리묶음을 운반하고 주인은 보리이삭을 훑어내며 며느리와 차
녀는 보리 짚에 달려있는 이삭을 떼어 낸다. '도리깨'는 5인이 함께 쓰며
말馬이 많은 집에서는 도리깨를 사용 않고 말로 하여금 밟게 한다(高橋
昇, 1939.)

---

30) '보리클'은 대략 1920년대 중반 제주도에 들어왔다고 추정된다.

31) 대략 1950년경으로 추정

보리수확 때는 간혹 'ᄀ스락'까끄라기을 불에 살짝 태운 다음 '태작'타작하는 경우도 있다. 이는 장마로 인해 보리가 충분히 건조하지 못할 때[32] 예외적으로 행해졌다. 보리농사가 활발하던 때 마당, 올레, 심지어 먼 도로까지 보리를 널 수 있는 곳이면 어디든 보리를 말리는 장면을 자주 볼 수 있었다.

마당질덜마당질들 헤여하여 봅주봅시다 허야도 홍아 요것도 셍곡셍곡 저것도
　　셍곡
요것도 뜨리곡때리고 저것도 뜨리곡 요것도 셍곡이여 저것도 셍곡이여
좁은 골목 번개치듯 너른넓은 골목 베락벼락치듯 셍곡만 뜨려보자 뜨리고
　　뜨려보다
춫아들멍찾아들며 뜨려보자 간세게으름 말앙말아 뜨려보자
물러 사멍물러 사며 뜨려보다 허야도 홍아
어시는 족낭때죽나무 어시 아덜은아들은 윷놀이낭윷노리나무
도깨는 슬피낭솔피나무 아덜은 좋음도 좋다

우리 어멍 날 낳을 적에 어떤 날에 낳던고 눈먼 날에 나도 낳고 눈먼
　　시에 낳건마는
어떤 사람 팔재팔자 좋앙 고대광실 높은 집에
팔재 좋게 잤저마는잠자지만 요네 팔재 험악허영험악해서
불더위에 요 마당질 허야도하여도 홍아
요 보리는 어딧어디 보리 별진밧별이 내린 밭 보리여
높은 산에 눈 날리듯 야튼낮은 산에 제재 날리듯
억수장마 빗발치듯 초양초양 뜨려때려보자
흔 가달랑한다리는 높이 들곡들고 흔 가달랑 느려내려 디뎡딛어

_____

32) 'ᄀ스락'이 긴 '질우리' 품종

무큰무큰 뜨려보자 동창으로 서창 끗ㄲ지끝까지 억만큼 시겨보자

| 도깨질소리 |

* 셍곡 = 타작할 때 알이 채 떨어지지 않은 곡식

조는 강한 서북풍에 알이 떨어지기 쉽다. 이 때문에 상강霜降, 양력 10월 23일 7~8일 전 'ㄱ그리'만 호미로 끊어 '가맹이'나 '멩탱이'에 담고 집에 와서 마당에 널어 2~3일 간 건조시킨다. 그렇게 말린 후 마당에서 '도깨'로 내리쳐 탈곡했다. 소나 말로 밟는 경우도 있었다[33]. 그 다음 멍석 위에서 '솔팍'에 담아 바람에 '불림질' 한다. 그리고 나서 다시 멍석 위에서 2, 3일 말린 후 항아리나 뒤주에 담아 저장한다. 수확량이 많은 '노린 조'모인 조를 가장 많이 생산했고 제사 때 쓸 떡 만들기 위해 '흐린 조'도 재배했다.

간들간들 강남 좋아 어려움은 서월이여서울이여 서우러득닭은 소리도 좋다
즤주제주 강남 소낭긔소나무 앗앙앉아 조선국을 지울럼고나
흥당 말민하다 말면 놈남나 웃나 모다들멍모여들어 두드리게
요 동산은 셍곡이여 모다들멍 두드리게

간지나다간사하다 초나다표나다 말라 즈른짧은적삼 진 치메긴 치마 입언입어
신작로 구듬먼지 씰린쓸린 베 웃다 누게신디누구에게 애기랑 베영임신하여
허리 치닥치레 베 치닥 말앙말고 굽엉굽어 일을 우겨 보게

ㄱ랑고랑빗발 쒜쇠빗발로 뚬땀 들이멍 숨 들이멍
조차좇아들멍 물러사멍물러서며 요 보릿뭇 뜨려 보자패려보자

---

33) 어릴 적 우리 할아버지도 그랬다

너른 목에 베락벼락치듯 좁은 목에 도새기돼지 물듯몰 듯 노픈높은 되랑데랑
  두드려 가멍가며
슬짝슬짝살짝살짝 들어사멍사며 앞읫앞에 사름사람 뒤로 가멍가며 뜨리라
너른넓은 목에 펀께번개치듯 좁은 목에 베락치듯 | 타작노래 |

* 셍곡 = 타작할 때 알이 채 떨어지지 않은 곡식

"콩 마당질 사돈칩 끄지 간
다." 타작한 콩이 튀어 사돈집
까지 간다. 콩을 타작할 때 콩
알이 멀리 튀겨나감을 실감나
게 표현하는 제주속담이다. 콩
수확도 상강霜降 무렵에 한다.
그런데 콩 그루는 굳어 마르면
베기 힘들다. 때문에 콩은 베기
보다는 호미를 대고 뒤로 제쳐
꺾는다. 그걸 마차나 지게에 져
집 마당으로 나른다. 그 다음
집 마당에서 도리깨로 타작한
다. 타작 후 멍석위에서 '불림
질' 한다. 그래서 바람이 세게

콩 불림질(사진 : 제주특별자치도)

부는 날을 '콩 불림 직 흔 날'이라 하였다.

요놈의 보리 방울덜방울들 아웃아래 밧데레밭으로 털어떨어진다
콩을 두드리민 사둔사돈 집꺼지집까지 튄댕튄다 흥여도해도
앞 밧ㄱ찌밭까지 바긔밖에 아니 감고나가는구나
요거여 저거여 흔번만한번만 앗아놔도앉아도 보리낭이 ㄱ를가루뒌다된다

요 농국을농곡, 농사를 지어다근 우리나라 바칠 농스농사 전베 독선 흥실하실
농스
요 동산은 누게누구 앞고 설룬서러운 정녜貞女 앞이로 고나
요 동산을 뜨리고때리고 가게 비사비가 올타올지 부름사바람이 불타불지 갈산
절산이리 저리 벌겨벌려 놓은디놓은데

요 동산을 뜨려 보게 요 지집계집아이야 요레이리 오라
허리 치닥치레 등 치닥 말알말아 소곡소곡 뜨려 보게
요 매만이 뜨리라때려라 요디여기 싯져있다 요디여기 왓져왔다
주레베똥배꼽 하늘 베우멍보이며 붕에붕어 눈을 부릅뜨곡

보리 눌노젓가리로 발 죽이랜 비룽비룽 흥엿고나하였구나
이 뭇을 놓곡 심을힘을 쓰곡 치고 보게 뜨리고때리고 보게
이 용시를農飮, 농사를 두리리영 흔한 섬 두 섬
궤팡에다고팡34)에 ᄎ근ᄎ근차근차근 놓앗다근 동지 설둘설달 진긴진 밤의 베
배 두드리멍두드리며 먹어보게

* 전베 독선 = 한 배에 그득 물건을 실음. 비룽비룽 = 구멍이 숭숭 나거나 틈이
벌어져 있는 모양

---

34) 고팡은 잡다한 살림살이나 곡식 등 온갖 물건을 넣어두는 공간으로 제주도의
전통 가옥이 가진 가장 큰 특징 중 하나다. 보통의 전통가옥에서 규모가 큰
집에서는 고방 대신 '광'이라 불리는 창고를 여러 곳에 배치하였으나, 규모가
작은 집에서는 안방과 부엌 가까이에 두고 채광과 환기가 잘 되도록 하였다.

'클'이 본격 보급되기 전 제주지역에는 '거상치기'라는 탈곡방법이 있었다. 예전 강정식 박사 처가인 상가리 마을조사 때 마을 어르신으로부터 처음 들었다. 정확한 기억인지 모르지만 예전 상가리에서는 바닥에 멍석을 깔고 벼나 보리묶음을 나무나 돌에 내리쳐 탈곡하는 방식을 사용했었다고 한다. 그 비슷한 사례를 1938년 제주지역의 농업과 농민을 조사한 '다카하시 노보루'의 연구노트에서 찾아 볼 수 있다.

"대지 안의 조제장에 덕석을 깔고 그 위에 둥근돌[35])을 놓아 새끼[36])로 벼 묶음을 감아 이삭을 돌에 때리면서 탈곡한다. 한 사람이 중앙에서 탈곡하는데 한 사람은 벼 묶음을 그에게 넘겨주고 다른 한 사람은 탈곡이 끝난 볏단을 받아 탈곡이 덜된 벼를 몽둥이로 때려 떨어뜨린다. 남자 둘호주, 장남 여자안주인 한사람이 하루 걸렸다"(高橋 昇, 1939).

　　　　이 짝으로이쪽으로 넘어간다 이 짝으로 두드리게
　　　　이 곡석곡식은 어떤 곡석고곡식이냐 씨를 뿌령뿌려 커 나가민나가면
　　　　검질검 메영매고 거름 주민주면 뺄리빨리 컹커
　　　　등에 지영져 거둬 오민오면 우리 밥뒈는밥되는 우리 귀흔귀한 곡식이여

　　　　직주제주산은 악산이여 보리밥을 밥이엥 먹엉먹어
　　　　직주 난 일이 칭원ᄒ다원통하다
　　　　칠성님께 빌어 두언두어 ᄒ여하여 놓은 요 곡석곡식 봅서
　　　　님광님과홈께함께 두드렴시난 금처록처럼 은처록 털어떨어점고나지는구나
　　　　저디저기 가는 저 어멍엄마 무시기영무슨 일로 웃엄수과웃고 있나

---

35) 높이 1척 내외
36) 직경 6푼, 길이 1발쯤

너른 마당 아니민아니면 좁은 마당 아니민 어떵 어떵 흅니까합니까

'거상치다'는 '개상질하다'의 제주방언이다. 따라서 이 '거상치기'는 육지부의 '개상질[37]'과 유사한 탈곡방식이라고 개인적으로 추측한다. 육지부에서 마당질은 벼나 보리를 떠는 '개상질'과 콩, 수수 등 잡곡을 떠는 '도리깨질'로 나누어진다. '개상'은 굵기가 10~15㎝ 되는 소나무 서너 개를 10여㎝ 간격으로 나란히 묶고, 바닥 네 귀에 50~60㎝ 높이 발을 붙인 기구다. 곡식묶음을 '태질'하여 알갱이 떨어낸다. 또한 '돌태'[38] 라 하여 나무 대신 돌을 비스듬히 세워 쓰며 절구를 가로로 뉘어 놓고 '개상'을 대신할 때도 많다. '개상질'할 때 곡식묶음을 단단하게 죄어 묶는 끈이 '탯자리개'다. 가운데는 새끼로 세 겹 드리며 양끝은 손에 쥐기 쉽도록 머리처럼 땋았다(네이버 지식백과, 한국민족문화대백과).

---

37) '개상질'이란 볏단이나 보릿단 따위를 개상에 메어쳐서 이삭을 떨어내는 일을 말함.
38) 여기서 말하는 '돌태'는 제주지역에서 흙덩이를 고르거나 바람에 날리지 않도록 땅을 다지는데 썼던 농기구인 '돌태'낭태와는 다른 용도의 농기구로 여겨짐. 태질=세게 메어치거나 내던지는 짓

16

불미나 불엉 담배나 먹자 :
디딤불미노래, 똑딱불미노래

제주지역의 전래 농기구는 농경과정에 따라 파종구播種具, 육성구育成具, 수확구收穫具, 운반구運搬具, 탈곡구脫穀具, 도정구搗精具, 저장구貯藏具, 기타 등으로 분류한다. 철재 농기구는 파종구나 육성구가 많다. 제주지역 토양은 자갈이 많고 토심土深이 얕다. 따라서 '보섭'보습이 넓으면 잘 긁어지지 않으므로 제주 농기구들은 대체로 뾰족하다. 이처럼 제주에서는 농토를 갈고 경작하는 데 효율적인 농기구로 뾰족하고 가는 연장이 발달하였다. 소를 이용하는 쟁기 역시 보습과 볏이 작아 돌 많은 땅을 일구기에 적합하도록 만들어졌다.

제주지역에는 김매고 작물을 솎아 주는 육성育成 농기구로 '글갱이'가 있다. '글갱이'는 자갈밭용과 점토질인 '질왓용' 두 종류가 있다. 자갈밭용은 끝이 가느다란 모양으로 돌 틈의 풀 뽑기에 편리하도록 되어 있다. 그리고 곡식이나 풀을 베고 나무를 치는 데 사용하였던 낫이 있다. 이를 제주에서는 '호미'라 부른다.

이와 함께 개간용구로 코끼리 이빨형의 '쌍따비'와 주걱형의 '웨외따비', 뾰족형의 '벤줄레'가 있다. 따비는 주로 황무지를 개간할 때 사용하던 농기구다. 자갈함량이 많은 한림, 애월지역은 '웨따비', 화산회토 뜬 땅인 구좌, 성읍지역은 '쌍따비'를 이용했다. '벤줄레'는 땅을 일굴 때 땅 속에 묻혀 있는 돌을 캘 때 주로 사용된다. 장지에서 '산담'에 쓰일 돌을 캘 때도 쓰인다. 이 외 '도치'도끼, '목괭이', '섭괭이', 쟁기의 '보섭'보습 등이 있다. '도치'는 나무를 찍어 베거나 쪼개는데 사용했다(네이버 지식백과, 한국향토문화전자대전).

외따비(사진 : 제주자연사박물관)

쌍따비(사진 : 제주자연사박물관)

불미풀무나 불엉불어서 담배나 먹자 아하에헤요 떳다 떳다 홍애산이 떳다
요 불미는 웬 불미요 이 불미랑 불어보소
서른 여덟 닛바디잇바디가 허우덩싹 떳다 떳다 홍애산이 떳다

엿날 엿적옛적 조상님네 요 일 흥명하며 살았던가
요 일 안해도 살건마는 힘을 내영내어 불어보소
요 놀레노래 들엉들어 줌을잠을 깨소 어야차 두야차 상사랑이로다

* 허우덩싹 = 입을 벌려서 웃는 모습, 닛바디 = 잇바디 = 이가 죽 박힌 열列의 생김새

육지와의 교역과 왕래가 쉽지 않았던 옛 제주에서는 달군 쇠를 두들겨 만든 간단한 농기구로 오랫동안 힘들게 땅을 일궈왔다. 녹인 쇳물로 쟁기를 만드는 불미공예는 약 300년 전 도입되었다고 추정된다(제주일보, 2014.10.06.). 제주일보 좌동철 기자의 조사에 의하면, "불미공예는 송세만1699~1791에 의해 한경면 조수리에서 덕수리로 전래됐다. 그는 도내 일원을 답사한 결과, 거푸집과 용광로를 만드는데 적합한 점토가 덕수리에 가장 많은 것을 알아냈다. 모래와 진흙이 골고루 섞인 덕수리의 '참흙'은 열을 가할수록 더욱 단단해지는 특성이 있다."

이처럼 제주에서 '불미공예'는 솥, 보습, 볏 등을 주조하는데 필요한 '뎅이'와 '둑'을 만들 수 있는 점 흙이 나오는 덕천리, 낙천리, 덕수리 등지에서 전승되어 왔다. 제주도는 예로부터 본토와의 교역이 불편했기 때문에 생활필수품이나 농기구의 대부분을 자급자족해 왔다. '덕수리 불미공예'가 대표적이다. 덕수리는 쟁기에 쓰이는 보습과 무쇠 솥 등 농기구와 생활용구를 만들어 제주도 전역에 유통시켰다.

덕수리가 지금까지 불미공예의 고장으로 명맥을 유지하게 된 이유는 덕수리 토질이 '불미공예'와 가장 적합했기 때문이다. 이 지역은 흙의 입자가 가늘어서 덕수리 진흙과 1,200℃ 쇳물이 만나 최상의 주물 작업이 가능했다. 예전에는 여기에서 만들어진 무쇠 솥이나 '보섭'이나 '볏' 등을 가지고 제주전역을 돌아다니며 팔았다. 혹은 덕수리에 농기구 사러오기도 했다고 한다.

제주에서는 '불미'를 '불마당질'이라고 했다. '불미'는 점토와 '보리까끄라기'보리수염를 반죽해 틀을 만들어 3일간 바싹 말린 후 1,000~1,200도 가마에서 5시간 구워내 거푸집을 만든다. 이어 숯을 피우고 바람을 불어넣어 용광로 온도를 1,500도까지 올리면 주철무쇠이 녹아 쇳물이 나오게 된다. 벌건 쇳물을 거푸집에 집어넣으면 비로소 무쇠 솥이 나온다. 쇳물이 골고루 들어가지 않으면 솥뚜껑에 구멍 나기 십상이어서 강도 높은 노동력과 정신집중이 필요하다(제주일보, 2014.10.06.).

낮에는 낭고지 가고 밤이 되면 요 솟솔 불 슴앙때어
독 안 앞으로 내리는 물은 무쉐무쇠 녹은 냇물이요
젯대장이 저 걸음보소 꼬박꼬박 졸지 말앙 요 놀레노래들엉들어 줌을잠을
　　깨소

여든 여덟 넛바디가 허우덩싹 대자 오치 불미 놀레
석자 오치 화시겟대자 두치 양짓머리 석자 오치 양짓무클보섭 어깨소리
　　울어 가면
새벽둘이새벽달이 떠오른다 불로 익은 요 내 몸이
날이 샌들샌다고 지칠 소냐 여야차 두야차 상사랑이로다

꼬박꼬박 졸지 말앙 목소리도 잘도 좋다 떳구나 떳구나 홍애산이 떳다
잘 뒈면은되면은 스망소망, 다행이여 아니 뒈면은 헛수고여
댕이뎅이보라 어떵 뒈염시니어떻게 되고 있느냐　　　| 디딤불미노래 |

* 낭고지 = 나무가 유난히 우거져 있는 숲, 낭고지가고 = 낮에는 나무하러 산에 가고, 요솟불슴앙 = 가마솥에 불을 때어, 젯대장 = 둑에서 녹인 쇳물을 뽑아다가 불미 마당 가득 즐비하게 늘어놓은 여러 댕이에 붓는 사람, 양지양주머리 = 쟁기따비의 손잡이, 내륙 지방과 달리 양손을 이용함. 그리고 소의 방향을 가늠하는 가린석으로 좌우 방향을 조종하도록 하였음. 댕이뎅이 = 미리 만들어 놓은 '뎅이'에 무쇠녹인 쇳물을 부어넣음. 벤줄래는 전체적으로 T자형이며 무클몽클과 양주짓머리, 발받침 등으로 구성됨.

제주의 불미공예는 괭이갈이에 알맞은 '똑딱불미' 형태의 불미공예가 가내수공업 형태로 전승되어 왔다. 쟁기갈이에 알맞은 보습이나 볏을 주조하기 위한 고도의 풀무형태인 '토불미'나 '청탁불미'는 훨씬 뒤에 이루어졌다. 풀무질이 잘 되어야만 쇳물의 질이 좋고 제품이 잘 만들어지기 때문에 '불미공예'라는 명칭이 붙여졌다.

제주도 '불미공예'는 손의 힘으로 바람을 일으켜 쇠를 녹이거나 달구는 손풀무와 땅바닥에 골을 파서 중간에 굴대를 박고 그 위에 널빤지를 걸쳐놓아 한쪽에 세 사람씩 서서 널빤지를 널뛰기하듯 디뎌가며 바람을 일으키는 골풀무가 있다. 손풀무는 다시 '똑딱불미'와 '토불미'로 구분한다. '똑딱불미'는 달군 쇠를 두들겨 주로 칼이나 호미 등을 만든다. '토불미'는 둑용광로에서 녹인 쇳물을 미리 만들어진 주물 틀에 부어넣어 주로 솥, 볏, 쟁기 날 등을 만든다. 골풀무를 '청탁불미'또는 디딤불미, 발판불미라 하는데 그 규모와 만들어지는 제품은 '토불미'와 같지만 바람을 일으키는 방법이 다르다.

'불미공예'로 만들어지는 철제품은 그 제작과정에서 두 가지로 분류된다. 하나는 주로 솥, 보습, 볏 등을 만들기 위해 미리 만들어 놓은 '뎅이'에 무쇠를 녹인 쇳물을 부어넣는 방법이다. 다른 하나는 달궈낸 쇠에 매질을 가하여 칼, 호미, 낫, 괭이 등을 만드는 방법이다. 전자의 방법은 거의 '청탁불미'와 '토불미'에서, 후자는 주로 '똑딱불미'에서 이루어진다. 그러나 보습은 전자의 방법으로 '똑딱불미'에서도 주조되었다.

'똑딱불미 노래'는 무쇠를 불에 달구기 위해 혼자 바람을 내어 불을 지피면서 부르는 노래이다. 어려서 부모를 잃고 오갈 데 없어 불미작업을 배웠다는 서러운 인생 스토리가 서사적으로 전개된다.

"한 살 적에 아버님 죽고 두 살적에 어머님 죽어 세 살적에 할아버님 죽고
네 살적엔 할머님 죽어 오갈 데 없어서 불미질이나 배웠습니다."

사연이 기구한 삶에 대한 신세한탄과 더불어 이를 해학적諧謔的으로 처리하는 서민들의 의식을 엿볼 수 있는 노래다. 원래 인생은 내리막길에서 훨씬 성숙해진다. 이 노래는 대정大靜기생 3명이 불미 작업하는 곳에 와서 노래를 부르거나, 춤추며 일하던 일군들에게 흥을 돋우었다고 한다.

흔 술한 살적에 아버님 죽언죽어 두 술두 살적에 어머님 죽언
푸르륵 탁탁 푸르륵 탁탁
세 술 적엔 할아버님 죽언 네 술 적엔 할머님 죽언
올 디 갈 디 엇언보난오갈 데 없어서 불미질이나 배왓수다배웠습니다

늦엇슬적늦어슬쩍 쉐만쇠만 골란골라 양단 어깨 수문장 뒈언되언
봉애무태장어 눈을 부릅뜨고 삼각쉐를삼각쇠를 오므리고
늦어 슬쩍 쉐만 골랑 느직나직 걸쳐 놓앙놓아
석자 오치 불미널에 두자 오치 사지게에
불미 불엉 조배낭긔조배나무 유년목을 벌려지카벌려질까
일월송송 흔밤중에한밤중에 밤중 새별 완연 ᄒ다하다

덕수리의 '골풀무' 작업 과정을 보면, 먼저 땅바닥에 장방형으로 골을

파서 중간에 굴대를 박고 그 위에 골에 맞는 널빤지를 걸쳐 놓아 한쪽에 세 사람씩 혹은 6인 1조가 되어 널빤지의 두 끝을 널뛰기 하듯 디뎌가며 바람을 일으킨다.

용광로에서 쇠를 녹이고 뜨거운 쇳물을 붓는 '불미'는 위험한 작업이라 철저히 분업화 됐다. 작업에 20여 명의 일꾼이 참여했다. 불미마당 주인인 '원대장', 일을 총괄하는 '알대장', 황토로 솥 틀을 만드는 '바슴대장', 용광로에서 쇠를 녹이는 '둑대장', 쇳물을 받아다가 구멍에 넣는 '젯대장', '보섭'쟁기틀을 만드는 '질먹대장', 허드렛일을 하는 일꾼 등으로 역할이 세분화됐다. 덕수리 불미공예 구성인원은 원대장 1명, 알대장 1명, 젯대장 3명, 둑대장 1명, 질먹대장 1명, 불미대장 6명, 일꾼 4명 등 24명이다.

덕수리 불미공예 축제(사진 : 제주도민일보)

저 동방에 술퍼보난살펴보니 동산새별 둥글둥글
남방국에 술퍼보난 북두칠성 국자로다
침밧놀이 불미놀레불미노래 우리 동창 벗님 약골

오롬오름 골라 느리는내리는 물에 골데 설쉐설쇠 썩은 물이여
독안 앞에 느리는 물은 무쉐무쇠 녹은 쉣물쇳물이여
요 내 위로 느리는 물은 오장육부 줏은좟은 물이여
올 디 갈 디오갈데 엇어부난없어서 불미질풀무질이나 배왓수다배웠습니다

| 똑딱불미노래 |

서귀포시 덕수리 '디딤불미'의 시작은 1945년 전후 이루어졌다. 당시 홍기화의 외삼촌 송영호는 부산에 가서 '디딤불미' 장비를 사왔으나 일제의 철 '공출'供出 정책 때문에 불미작업을 할 수 없었다. 해방이 되자 마을사람들이 덕수리 마을을 위해 이 작업이 반드시 필요하다고 여겨 장비를 사다 '불미작업'을 부흥시켰다고 한다.

우리나라를 일본의 식량조달기지로 삼으려던 일제는 그들의 목적달성을 위하여 일본 농기구 보급에 큰 관심을 기울였다. 1928년 제주도내 철물상은 3개소였다. 이곳에서 연간 6,100원 매상을 올렸다. 해방 후 9개소 농기구공장이 있었고 이곳에서 연 평균 20,000개의 농기구를 생산했다.

덕수리의 옛 명칭은 '새당'이다. 과거에 '새당솥' 또는 '새당보섭'이라 하면 제주에서는 모르는 사람이 없을 정도였다. 그래서 그런 건 아니었지만 아주 예전 아버지가 덕수국민학교에 근무 할 때 2년 정도 거기서 살았다. 그때 일화 하나, 기억은 안 나지만 수백 번 들은 얘기다. 아직 걷지를 못하고 겨우 기어 다니던 어릴 때다. 전해들은 바에 의하면, 어느 날 '물애기'였던 나는 마당에서 여물을 먹고 있던 쇠 '강알'사타구니 밑에 앉아 소들과 함께 말린 무 껍질, 썩은 고구마 등을 먹고 있었다.

아마 어머닌 다른 볼일을 보고 있었을 거고 누나 역시 아주 어렸을 때라 어린동생을 제지하지 못했던 거 같다.

그 걸 주인집 아주머니^{당시 교장선생님 사모님}가 발견했는데, 처음엔 너무 놀라 자리에 털썩 주저앉으셨다. 그런데 그 광경이 편안해 보였다고 한다. 어린 아기와 소, 송아지 모두. 갑자기 소리치면 소가 놀라 내가 다칠 가 싶어 그 사모님은 조용히 어머닐 부르셨고, 급히 온 어머닌 그 장면을 본 순간 기절하셨다고 한다. 그래도 그 사모님은 침착하게, 소가 놀라지 않도록 조심스레 아기에게 다가가 내 이름을 부르며 이리 오라 했더니, 내가 먹던 무 껍질을 양손에 쥔 채 엉금엉금 기어 나오더 란다.

그 사모님과 교장선생님은 돌아가시기 전까지 아버지나 어머니를 만 나면 꼭 내 생활을 묻고 용돈을 주시곤 하셨다. 그분들은 본래 내가 먹성이 아주 좋고 음식을 탐한다고 생각하셨던 건 아닌지 지금도 궁금 하다. 요새는 모르겠지만 예전 덕수리에는 이^李씨와 김^金씨가 많았다. 그 교장선생님은 그 근방^{사계나 모슬포}까지 이씨 집안 종손이었으며 당시 남군 교육계에서 가장 존경받으시던 분이셨다.

한창 때 덕수리에는 '불미마당'이 16곳 있었다. 육지 상인들은 사계포 구^{浦口}에 배를 대고 직접 사갈 정도로 내구성과 품질이 우수했다. 그러 나 1945년 전후 기계의 힘으로 바람을 일으키게 되면서 더 이상 설 자리 를 잃게 됐다. '불미공예'는 1986년 4월 제주특별자치도 무형문화재 제7 호로 지정되었다. 덕수리 '불미공예' 전수자들은 해마다 10월에 서귀포 시 안덕면 덕수리 제주조각공원에서 '불미질'을 재현하고 있다.

17

우리 어멍 속 섹인 저 늄의 탕건 :
탕건노래, 탕건 짜는 소리

'탕건노래'는 갓 쓰기에 앞서 머리를 감싸던 말총으로 만든 탕건을 걸으며 부르던 민요이다. 조선시대부터 근래까지 탕건 걸기가 가장 왕성했던 제주에서 전승되었다. 제주에서 화북禾北, 삼양三陽 등 제주시 일대와 신흥新興 등 조천읍지역에 분포되었던 탕건 걸기는 양태, 모자, 망건 걸기와 더불어 제주도 부녀자들의 주된 가내수공업이었다. 조천朝天은 과거에 조천관과 포구가 있어 내륙과의 문물교류가 왕성했고 원료와 완제품 이출입이 용이했다고 한다.

고정종高禎鍾의 『제주도편람濟州島便覽』에 의하면, "제주도의 공업은 유치한 수준 단계로 제주도의 자원, 즉 자연환경을 이용한 약간의 자원을 가공하는 수공업 제품들 예를 들면, 죽제품, 조선모자帽子, 탕건, 양태 등이 주를 이루었고 이외에 주로 자급적 성격을 지닌 약간의 면직물 제품이 존재했다"고 한다.

1929년 조사에 의하면, 제주도내 양태凉太 생산종사 호수 13,700호, 1개년 생산수량 1,350,000개, 생산액 405,000원, 탕건宕巾 생산종사 호수 128호, 1개년 생산 수량 9,300개, 생산액 15,810원, 망건網巾 생산종사 호수 812호, 1개년 생산수량 59,000개, 생산액 59,000원이다(조선총독부, 『생활상태 조사 2 제주도』, 1929.).

제주지역의 전승민요 '큰애기 타령'을 보면 "조천 근방 큰애기들은 망건 틀기, 신촌 근방 큰애기들은 양태 틀기, 별도화북 근방 큰애기들은 탕건 틀기, 도두 근방 큰애기들은 갓모자 틀기로 다 나간다."라고 나와 있다. 제주시 동부 지역인 화북禾北을 비롯해 조천읍 신흥리가 탕건을 만드는 중심마을이다. 육지부, 특히 통영에서는 남자들도 '갓일'을 했다. 그러나 제주에서 탕건 맺는 일은 주로 여성들에 의해 행해졌다.

탕건은 세공제작이기 때문에 작업규모가 작고 공구도 복잡하지 않다. 그러나 치밀하고 섬세한 기술이 필요하므로 오랜 시간에 걸친 숙련이 중요하다. 김혜정 2대 탕건장에 의하면, "집중력과 유연한 손놀림을 지닌 사람도 정자관 하나 완성하는 데 6개월 정도 걸린다."라고 한다. '탕건 짜는 소리'는 탕건청에서 밤낮 없이 이루어지는 작업 속에서 지루함과 고달픔을 달래는 내용으로 되어 있다.

탕건은 망건과 마찬가지로 복잡한 공정이 필요하지만 작업동작은 비교적 단순하다. 단지 섬세함과 끈기를 요구할 뿐이다. 사설 역시 고정적이라기보다 다양한데, 다른 노래의 사설을 빌려다 부른다. 주로 오일장에 내다 팔기 위해 탕건 짜는 작업 실태, 탕건 팔아 쌀을 사고 옷도 사고 싶다는 서민들의 개인적 소망을 노래하고 있다. 졸리거나 지루해

흥을 낼 필요가 있을 경우 '창부타령'과 같은 유흥요遊興謠를 불러 고단함을 달래기도 한다. 여성들이 부르는 노동요로 탕건청宕巾廳에서 함께 어울려 작업을 하지만 각자 나름대로 탕건 만드는 작업을 하는 만큼 노래는 주로 독창방식이다. 사설내용도 작업독려보다 개인적 소망이 주를 이루고 있다(한국학중앙연구원, 한국민족문화대백과).

제주산 말총을 재료로 하는 탕건 결기는 결고, 삶고, 정리하는 세 단계 공정工程을 거치는데 그 품질에 따라 여러 가지 종류로 구분된다. 탕건 결기는 손 놀리는 동작이 워낙 빠르기 때문에 원래부터 이에 관한 민요가 드물다. 그 가사歌辭는 주로 작업 실태에 대한 내용이다.

> 흔 코 두 코 걸럼시난 삼벡 예쉰 무치난 장을 보게 뒈엿고나
>
> | 탕건노래 |

"한 코 두 코 걸리고 있더니 삼백 예순 코를 마치니 장을 보게 되었구나." 1950년 이전에는 탕건 생산규모가 커서 제주시나 조천읍 일대 오일장에서 매매가 활발하였으며 전국은 물론 북간도北間島까지 팔려갔다고 한다.

> 흔 덜한달이면 육장여섯번 장이로구나 심벡허는경쟁하는 탕건이라
> 얼씨구나 절씨구나 아니 노지는놀지는 못흐리라못하리라
> 이내 탕건 못아결어그네 풀아그네팔아 쏠도쌀도 받아 먹곡먹고
> 곤고운옷도 해영지어입곡입고 헐꺼우다할겁니다 산지천물 돈 그뜨민같으면
> 우리 부모가 외로울소냐 저 바당바다이 소주 그뜨민같으면
> 우리 아바지가아버지가 무사왜 술 그리리좋아라 간다 간다 나는 간다
> 아침먹언먹어 오란와서 낮꼬지낮까지 흐젠하려고 흐난하니 손도라근 자기

165

몬모두 놀리키어 손이 떠부난늦어서 이젠두나 못 헐로구낭하겠구나이야

| 탕건노래 |

* 산지천 = 제주시 산지천山地川

탕건은 앞쪽은 낮고 뒤쪽이 높아 턱져 있다. 관직자만이 사용할 수 있으며 망건 위에 썼다. 탕건은 옛날의 건巾 또는 두건頭巾이 중국의 조모早帽, 복두幞頭, 사모紗帽 등의 영향을 받아 지금 형태로 완성되었다고 추측된다.

중국의 '당건唐巾'이 우리나라에 옮겨지면서 탕건이 되었다는 설도 있다. 중국에서는 마포麻布나 사絲로 하였으나, 우리나라 특히 제주에서는 말총으로 만들었다. 탕건은 원래 독립된 하나의 관모冠帽였으나 조선시대에 이르러 관직자들이 평상시에 관冠을 대신하여 썼다. 망건 덮개, 입모笠帽 받침으로 되어 있다.

조선후기 18세기말 영조 때『상방정례』에 보면 "왕과 세자가 착용着用할 제주의 탕건은 2~3건씩 왕실에 진상하도록 하였고 19세기에는 제주특산품으로 장시에서 널리 판매되는 상품 이었다"라고 하고

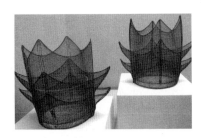

정자관(사진 : 네이버)

있다. 따라서 망건, 탕건 등과 같이 조선시대 선비들이 착용하던 각종 관모공예품 대부분은 제주여성들의 기술과 노력에 의해 완성되었다고 여겨진다(제주특별자치도, 멀티미디어 제주민속관광대사전).

탕건은 목침木枕에 서랍을 만들어 보관할 정도로 늘 몸 가까이에 두고 사용하였다. 탕건은 속칭 '감투'라고도 하여 벼슬에 오르면 '감투 쓴다'고 하였다. 하지만 감투는 턱이 없이 민틋하게 생겼으며 탕건과 그 형태가 다르다(한국학중앙연구원, 한국민족문화대백과).

이년 이년 이년이 탕건 흔 코한코 두 코 못나아나지라
요 탕건 못아근못아 장 보아그네빠서 우리집 온 식구 밥 먹고 살 탕건
탕건아 탕건아 나 탕건아 흔 코 두 코씩 다 못아지라

이년 이년 이년이 탕건 요 탕건 못아근 장 보아그네
나 씨집시집 갈 때믄때면 이불 흥영하고 갈 탕건 탕건아 탕건아 다 못아지라
이년 이년 이년이 탕건 요 탕건 못아근 장 보아그네
씨집이 갈 때믄 보선버선 주엉갈주어갈 탕건 흔 코 두 코씩 다 못아지라

요 탕건 못아근 장 보아그네 일 년 열두 둘달 밥 먹고 살 탕건
탕건아 탕건아 나 탕건아 요 탕건 못아근 밥 먹어 살 탕건
일년 열두 둘 먹고 살 탕건 탕건아 탕건아 나 탕건아
흔 코 두 코씩 못아나 지라 | 탕건노래 |

탕건을 만드는 작업은 고단한 일이었다. 웬만한 참을성과 집중력 없이는 불가능했다. 사람 머리카락보다 조금 굵은 말총을 작은 바늘귀에 꿰고 한 코 두 코 섬세하게 엮어 가며 만든 탕건은 탕건장의 땀방울과 끈기, 손끝 기술의 결정체였다. 이처럼 식구들 밥과 옷이 자신의 손끝에서 짜는 탕건에 의해 얻어짐을 알았던 제주여인들은 한평생을 밤낮 없이 탕건 짜는 일에 매달렸다. 그래서 "우리 어멍 속 썩인 저 눔의 탕건"이라는 소리가 나온 듯하다.

탕건재료는 말총이다. 쉽게 구겨지거나 부러지지 않고, 가볍고 땀을 잘 흡수할 뿐 아니라 더러움을 타지 않아 위생적이다. 제주도 조랑말의 말총이 가늘고 질기고 부드러워 최고로 꼽혔기 때문에 탕건은 제주도에서 많이 만들어졌다. 1895년 단발령 이후 일제의 감시 때문에 육지주로 통영에서 관모생산이 중단되자 제주도 탕건의 수요가 더욱 늘어났다(정경희, 2006).

요 탕건 뱁제근 인간을 가서 우리 어멍어머니 속색인속썩인 탕건이로다
탕건아 나 탕건아 흔 코 두코씩 다 못아지라
요 탕건 못아근 장 보아그네 씨집이시집 갈 때민때면 담배상담배사서 갈 탕건

탕건아 탕건아 나 탕건아 흔 코 두 코씩 다 못아지라
요 탕건 아근 못 씨집갈 탕건 요년이 탕건아 못아지라
요 탕건 이멍 못 장보아그네 흔 푼 두 푼 돈 모일 탕건

탕건아 탕건아 요 탕건아 일년은 열 두돌 못을 탕건
탕건아 탕건아 나 탕건아 흔 코 두 코씩 다 못아지라
요 탕건 못아근 죽주욱 채와그네채워서
조천장 가그네가서 돈 모일 탕건아
탕건아 탕건아 나 탕건아 흔 코 두 코 씩 자리 잘잘 못이라
동네에 요 친구랑 등피불에서도 요 탕건 못곡
가곡가고 오는 디데 몸 받은 탕건 일 년은 열두 돌열두 달에 시름진 탕건

제주탕건에는 홑탕건疎宕과 겹탕건密宕, 바둑탕건이 있다. 바둑탕건은 이중사망二重絲網, 삼중사망三重絲網, 오중사망五重絲網 기법으로 사각 무늬를 놓았다.

탕건 만들기는 말총 다듬는 일부터 시작한다. 씻어 말린 말총을 나무로 만든 탕건골로 받쳐 가느다란 바늘로 형태를 짠다. 홑으로 한번만 엮어나가면 홑탕건, 2중, 3중으로 엮어 나가면 겹탕건이 된다. 더 섬세한 작업으로 정교하게 사각무늬를 넣으면 바둑탕건이 된다. 외형을 견고하게 굳히기 위해 골에 끼운 채로 두 번 삶아내고 그늘에서 건조시킨 뒤 칼로 정리한다. 노란색 말총은 참먹을 진하게 갈아 바르고 햇볕에 말린다.

탕건을 겯는 데는 '쳇대기', '탕건골' 등 여러 가지 연장이 필요하다. 제작과정은 세 단계로 나누어진다. 우선 겯고 난 다음에 삶고 먹칠한다. 탕건은 밑으로부터 시작하여 위쪽으로 걸어 가는데 정상으로부터 밑으로 걸어 가는 갓모자 겯기와 대비된다. 겯는 일은 두 가지로 나누어진다. 아랫부분부터 시작하여 한 차례 걸어가는 과정과 날줄이 되는 말총 서너 가닥씩 지르며 감치는 일이다.

탕건 맨 밑 부분인 '술기'로부터 '탕건 바농'이라는 바늘에 말총 한 오리씩 꿰어서 걸어 간다. 턱진 데로부터 아랫부분인 '알통'을 모두 겯고 나면 윗부분인 '웃통'을 겯는다. 그 다음 감쳐 나가는 과정으로 들어 간다. 곧 날줄 각각에 밑 부분 '술기'로부터 윗부분 '상지'까지 세로로 감쳐 나간다. 이 겯은 탕건은 솥에 넣어 삶는다. 걸어 놓은 탕건을 '탕진골' 모습으로 고정시키려는 작업이다.

탕건이 '탕건골'에 끼워진 채 몇 개를 솥에 넣은 다음, 이 탕건들 위로 물이 오를 듯 말 듯 물을 붓고 물이 끓자마자 꺼낸다. 탕건을 사들인 갓 장수들은 말총으로 만든 '목솔'로 탕건마다 먹칠한 다음, 볕에 쬐어 말린다. 또한 턱진 부분이 펴지지 않도록 '자갑'紫甲으로 단단히 고정시킨다(제주특별자치도, 멀티미디어 제주민속관광 대사전).

제주도에서 행해지던 탕건 만드는 작업은 자기 집 방안에 탕건제작 도구를 놔두고 밭일이나 바깥일이 끝나고 여유 있을 때 일했다. 대개 2~3명 혹은 6~7명의 또래들이 혼자 사는 동네 여인의 집에 모여서 제작했다. 모여서 일하던 곳을 '일청' 혹은 '탕근청^{宕巾廳}'이라 불렀다. '탕건 청'에 비슷한 나이 동네 여성 10~20명이 모여 초저녁부터 11시경까지 작업하고 새벽에 일어나 집에 가서 밥 먹고 밭일 하러 나왔다. 이렇게 며칠이 걸려 완성시킨 탕건이 5개~10개가 되면, 제주시 관덕정이나 화북, 삼양, 조천일대 5일장이 서는 날 새벽에 내다 팔았다. 1986년 기준으로 15일에 한 개를 만드는 홑탕건과 겹탕건 한 개에 6만원, 바둑탕건은 한 개에 7만 원 정도 받았다고 한다.

제주도에서 탕건 짜는 기술은 주로 모녀간에 세습世襲되는 경우가 많았다. 제주도에서 태어난 여자어린이가 10여 세에 이르면 어머니 무릎 앞에 앉아 탕건 짜는 기술을 보고 익혀, 15세쯤 되면 한 사람 몫을 거뜬히 해냈다.

전통적인 탕건 제조기술을 가지고 있는 장인匠人을 '탕건장宕巾匠'이라 한다. 해방 후 제주도를 제외하고 탕건장들이 점차 사라져버렸다. 그러다 1980년 11월 제주여성 김공춘 장인을 중요무형문화재 제67호 탕건장 기능보유자로 인정했다. 이후 2009년 2월 명예보유자로 인정되었다. 1대 탕건자의 딸인 김혜정 장인이 국가무형문화재 제67호 2대 탕건장 기능보유자로 인정되었다. 이처럼 대를 이어 탕건제작의 맥을 잇고 있다.

2020년 10월 3일 국가무형문화재 제67호 '탕건장' 김공춘 명예보유자가 노환으로 별세했다. 1919년생인 고(故) 김공춘 명예보유자는 말총공예의 본고장인 제주에서 활동한 장인으로 1925년부터 고모 김수윤에게 탕건 짜는 기술을 배우기 시작해 평생을 작업해온 장인이다. 1980년 탕건장 보유자로 인정됐고, 2009년 명예보유자로 인정되기 전까지 탕건제작기법의 보존과 전승활동에 헌신했다(제이누리, 2020.10.08.).

1대 탕건장 김공춘(사진 : 네이버)

18

팔제 좋은 낭 요 산중에 태여나근 :
나무베는 노래, 낭오리는 소리, 낭끗어 내리는 소리

옛날 홀어머니를 모시고 살던 나무꾼이 사냥꾼에게 쫓기던 사슴 한 마리를 나뭇더미 속에 숨겨 구해 주었다. 그 보답으로 사슴은 나무꾼에게 하늘나라 선녀 전용專用 연못을 알려 주면서 멱 감는 틈을 타 날개옷을 감추라고 절도를 사주했다. 각본대로 나무꾼은 하늘로 올라가지 못한 선녀와 동거하며 애 둘 낳고 잘살았다. 지역마다 시대마다 변이變移되어 조금씩 다르긴 하지만 결말은 그리 좋지 않다. 당연한 처사다. 요즘 법으로 보면 업무방해, 사기, 절도, 편취騙取, 납치에 강제결혼까지. 무엇보다 하늘나라 법을 농락하였으니 목숨부지만 했어도 조상님 은덕恩德이다. 결국엔 닭이 되어 새벽부터 지붕에 올라가 하늘에 거주하는 사실혼 아내와 자식 둘을 애타게 그리워하며 '꼬끼오' 하는 계鷄 신세가 됐다.

예전 한라산엔 나무가 아주 많았다. 삼림령 이전에는 그 나무를 베어다 집 짓고 '덕판배' 만들고 '테우'를 이어 메우기도 했다. 그러려면 목재를 자르고 쪼개고 다듬고 소에 지워 내려와야 한다. 지금이야 좋은 장비들이 많지만 당시는 길도 험하고 도끼나 자귀, 톱, 축력과 인력뿐이었다. 게다가 과정마다 긴장되고 매우 위험한 작업이었다. 임업요林業謠는 제주에서 집을 짓거나 배덕판배, 테우 건조용 나무를 자를 때, 자른 나무를 마을로 내릴 때, 나무껍질 깎을 때, 나무 쪼갤 때 부르던 노래를 말한다. 모든 작업이 힘들어 흥겨운 노래라기보다 비장한 곡哭소리 느낌이 난다.

산 속에서 놀단 낭가나무가 오늘날은오늘날은 지와 간다
노픈높은 낭긔 앚인앉은 새는 ᄇᆞ룸바람 부카불까 탄식이여
야픔얕은 낭긔 앚인 새는 비가 오카올까 탄식이여

영주산에 ᄌᆞ랜자란 나무 오늘날은 지와 간다
금도치도끼 지와 간다 버국지저깨비이랑 늘고 가라
천리만리 늘고놀고 가라 함박만썩함박만씩 늘고 가라
물박만썩 늘고 가라 산도 물도 넘엉넘어 가라

요 낭 저 낭 팔제팔자 좋은 낭 요 산중에 태여 나근
풍우대작 적관ᄒᆞ난겪어보니 이내 어께어깨 맛을 보난
좋은 방안으로 만년 부귀 ᄒᆞ실하실이로구나
댁구당에 태여 나시민났으면 아방궁을 짓일지을적의때에 대둘포나대들보나
　　메어질컬메어질걸
ᄌᆡ주제주산에 낫기낳기따문때문 이내 어께 맛을 본다

| 나무 베는 노래 |

---

* 지와 = 베어서 넘어뜨려 간다. 영주산 = 한라산의 다른 이름, ᄌᆞ레래다=모자람이 없다. 넉넉하다. 자라다. 적관ᄒᆞ다 = 어떤 일을 겪어보다.

색달천 하류 천제연天帝淵은 옥황상제를 모시는 칠 선녀가 별빛 속삭이는 한밤중에 영롱한 자주색 구름다리 타고 옥피리 불며 내려와 맑은 물에 멱 감고 노닐다 올라갔다는 전설이 있다. 하늘임금天帝 소유 연못淵이다. 천제연 계곡에는 일곱 선녀상像을 조각한 '선임교' 다리가 있다. 이곳에서 매년 '칠 선녀 축제'를 한다. 이를 미루어 보면, '선녀와 나무꾼' 사건으로 사슴에게 하늘나라 전용연못이 노출되자, 그 대신 천제연을 택하여 이용해 왔다고 보아진다. 그래서인지 여기에서 나무꾼과 사슴혹은 노루이 등장하지 않는다.

대톱(사진 : 제주민속자연사박물관)

대톱을 이용하여 나무를 켜고 오릴 때 부르는 민요를 '대톱질 소리', '낭 싸는 소리', '낭 오리는 소리'라 했다. 길이 3미터 정도의 대톱잡고 나무 자르는 사람이 선소리를 하면 줄 당기는 사람이 후렴을 받는다.

요놈의 낭에나무에 흥 멧번몇 번이나 찍엄시면찍다보면 버국새가 일어날까
오늘 중에 요놈의 낭은 흐단하다 보난 버국새도 가스승까칠 일어난다
이번 참에 요 버국이 늘고 간다 흥찍다 보니 버국새는 늘고놀고 간다
또 다시 찍엄시면 버국새를 봉가보자주어보자
삼시번에세 번에 못 나올 거이냐 버국새가 나오라 간다
요 버국새야 내 도치에도끼에 늘아가라날아가라
흔한 두 번 찍고 봐도 아니뒈네안되네 오늘 중에 요 낭이야
내 손톱에 들엇저 이제부터 시작 흐여보자하여보자 허궁아기 떠럼마야

흔 번 찍고 보니 버국새 털도 일듯 말듯 흐는구나하는구나
또 흔 번 찍어보자 이번 소리에 버국이는 일어난다
세 삼번에 요 버국은 늘고가라 흥 그만 흐난하니 늘긴날기는 늘둬날지만 삼
  컹이가 걸렷구나
요 놈의 컹이도 내 도칫도끼밥에 녹아간다
이번 흔번에 이 나무가 쓰러지련 흥쉬 아고 놀래집니다

| 대톱질 소리 |

산범 긑은같은 요 톱으로 스르륵 스르륵 낭 끊는 소리여
요 산 중에 놀던 낭도 반대목은 상장목이여 중장목을 비고나 고나
하장목이 드러나고 동으로 벋은 가지에 어 어 서으로 벋은 가지라
스르룽 스르룽 다 쫄란쫄라 보난보니 일등가는 대들보 굽이로구나깜이로구나

어떤 사름사람 팔제팔자나 좋앙 부모덕에 고대광실 높은 집 짓엉짓어 살건
  마는
이내 팔제 기박허난기박하니 낭목쟁이 허멍하며 살단살다 보난보니 놈으남의
  집이 족은좋은 일만 허는구나
요런 팔제 기구한 것도 제 팔제 제 ᄉᆞ주사주인걸 어느 누구를 원망ᄒᆞ랴원
  망하랴
내두 남제남자나라 살암시민살고있으면 요런 일도 면홀 때면할 때 이시리니있
  으리니
좋은 집에 좋은 재목에 부모 은덕 받은 사름덜사람들
어느 누구 원망 말고 조상에다 효도 ᄒᆞ고하고 은덕으로 사는 줄 알어라

| 나무 끊는 소리 |

* 기박奇薄하다 = 팔자, 운수 따위가 사납고 복이 없다. 낭목쟁이 = 나무꾼

애월읍 명월明月리의 설촌設村 유래를 소개한다. 한 어른이 나무를 베

고 있었다. 이곳을 지나던 군위軍威 오吳씨가 이렇게 많은 나무를 베어
뭘 하겠냐 물었다. 집 지으려 한다. 노인이 대답했다. 나도 이곳에 살고
싶은데 그 나무를 나눠 줄 수 있겠느냐? 오씨가 부탁했다. 물 맑은 이
지경地境은 오씨가 차지해 살아 마땅한 땅이다. 서로 도우며 이웃해 살
자. 진秦씨 어른이 벤 나무를 나누어 주었다. 그 나무를 베던 이 진주晉
州진씨가 이미 터전을 마련한 곳이 하동, 군위오씨가 새로 마을을 마련
한 곳이 중동이다.

'나무 내리는 노래'낭 내리는 노래, 낭 내리는 소리, 낭 끗어 내리는 소리는 자른
나무를 산에서 끌고 내려오며 부르던 노래다. 나무 끌고 내려올 때 지나
치던 지형과 경계境界가 사실적으로 묘사되었다. 요즘같이 중장비가 없
던 시절에는 소와 사람이 호흡 맞춰 조심조심 쉬어가며 힘들게 내려왔다.

이 낭나무 끊어 놓은디놓은데 어떵 끗어끌고 느리와내려 보코볼까
쉐로쇠로 흥영해서 끗엉끌고 갑주게갑시다 어떵 흡니까합니까
우리 쉔 약허곡약하고 집다른 집 쉐나 메와보카메워볼까
저리 메와사메워야 끗읍니다게끌수 있습니다 낭이 커부난커서 마씀
아 경허주그럽시다 게민그러면 거 우리쉐가 부룽이부룩소난 게민
우리쉔 게민 뒷상 밖인 안 뒌건디안될건데 집의 쉐 선상머림허카?
게건 선상 흡주게합시다
요놈의 쉐가 암쉐암쇠 봐젼봐서 씽씽허곡씽씽하고 경 흐는하는 전례우다
숫쉔숫쇠 보민보면 아메나어떻게든 메와 보주 코삐 틀엇져틀었져
선상 쉐쇠 잘 심어 이 뒷상 쉐거 루밀리메밀리다
예 잘 심엇수다 식어식게 어찌 막 확확 줍아잡아 댕기지당기지 안ㅎ연안하고
   울럿아우두커니 산서서 뭐 다치지 말아 이 쉐가는 디데 다치민다치면 큰일
   나메이납니다

176 오달진 제주 민요로 흐르다

예 걱정맙서 흔저 쉐나 몰앙몰아 홍애기 흥멍하며 갑주기어야갑시다
이스렁 밧디서밭에서 거루밀젠밀치다 흐난 만세동산 더레쪽으로 구붓구붓
　느려내려간다 아~ 집으로 느려내려가는구나

만세동산꼬지까지오난오니 오광이도래질오광이도래길 잘 닿이민닿으면 쉐
　덜은소들은 곳 초들음달음 돈나뛴다
어뜩어뜩어득어득 흐단 보난하다보니 오광이도 오라시매왔으니 흐끔조금
　쉐 쉬왕쉬어가자
기영그렇게 흡주합시다 세왓당멈춰 섰다 갑주갑시다
쉐는 이젠 쉬와시니쉬었으니 걸음 일뢰일으켜 봅시다
걸음 일루난 천아오롬 노릇노릇흔노릇노릇한 드릇들판은 쉐덜 발다치카다
　같은 줄
쉐덜은 상고르난 잘도 걸어간다
오~어느 덧에란 짐시못꼬지짐시못까지 오랏구나왔구나 홍
등애비깨굴알로 가시낭무를나무마루꼬지까지 흔걸음에한걸음에 느려
　간다

가시낭무를 오라시니왔으니 쉐랑소는 흐끔조금 쉬우멍쉬며 똠들이멍똠들
　이며 가보자
쉬어시매쉬었으니 흐끔 이제랑 몰아보카몰가 이식저식흐여이때저때하며
　기여가난 쉐는 걸음일뢰일으켜 흔질한길 알러레아래로 불큰소 알러레
　느릇느릇노릇노릇 느려간다
왜완이멩이 얼트락덜트락흔디한데 오난오니 쉐덜은쇠들은 힘 아니 내어도
　작지신디자갈있는데 낭고져가져오란 점점 재게빨리 몰아몰고가는구나
　　　　　　　　　　　　　　　　　　　　| 낭 내리는 노래 |

* 부릉이 = 부룽이 = 부랭이 = 부룩소 = 숫소, 이승렁 밧디 = 애월읍 광령리 1100
고지 동북쪽에 있는 오름, 천아오름 = 애월읍 광령리 산 182-1에 위치한 소규
모 말굽형 화구 오름, 얼트락덜트락 = 울룩불룩한 모양

흔 두 번 찍어 봐도 펜지롱 펜지롱 제 자리 장목이 벵이벵이 나신가
질카는길가는 아주망덜아주머니들 조심이 갑서가세요
낭 주적에 맞앙맞아 다칩니다 끼익
벨별다른 낭나무이 어서없어 욜로여기로 그 술줄 잡아
흔면하면 나사시니낫으니 이젠 담배나 흔대한대 핍고피고
촘촘 질긴 낭이로고 이 낭 게메그러니까 보기에도 질겸직질길듯 허우다같다

거 어찌 오늘은 이 때도록 낭깎으레깎으러 댕겨도다녀도 이런 낭 처음봤네
　　이거
오늘은 손 붕물어야부르터야 홀로고할로고할 붕물므로 홀수 시어할수 있어
어떵어떵 두르뒈어도뒬되도 잘 뒌걸로된걸로 흐영많이 보내민보내면 뒈주되지

쿵이쾡이가 들엉들어 날 못살암시민못산다면 낭 꺾어짐밖에 더허랴더하랴
쿵이 쪽은 조그만 씩 도왁도왁와도 쿵이 냉겨남겨두고
쿵이가 냉겨시매 흔 번 기신에 주적새랑 날고 가랑 흥 착
그만 흐난 세면은 나삿구나나섰구나 요 술 그레그쪽으로심엉심어 예 호꼼조금
　　쉬영 흡주합주 붙은하던 참에 허여부러해라 요거 흔 번 흐민하면 말거
　　허여 뒹하여 두고 쉬주쉬자
장담 흐당하다가 버침사버겁다 홀티할지 모르긴 모르되 허여보쥐해보자
요거흐면하면 버청버거워서 쉬엿젱쉬었다고 흐민하면 놈이남이 웃을 거니
흔번 허여보자 흥! 거 쉬멍쉬며 홀걸할 걸 어려왐직어려울 거 허긴 허다하기는
　　하다
그러나 만정 흔한 번 소리치어 볼까 흥 흐염시민하고 있으면 이 낭 흐나하나
　　벰으로사베는 거야 흥

그만 허면하면 대낮부터 먹음은 부치럽지^{부끄럽지} 아니 헐로구나하겠구나

홍칙 | 나무오리는 노래 |

제주는 전통적으로 개방적이다. 관용적이고 수용적이다. 다들 열심히
만 하면 큰 부자로 살지 못해도 남들에게 아쉬운 소리 안하며 자기 '식
시'^목만큼 살아 갈 수 있다. 열심만 하면 박토^{薄土}일망정 누구나 토지를
가질 수 있다. 차이를 다름으로 인식할 줄 알고 본능적으로 차별을 용납
하지 않았다. 명월뿐 아니라 다른 마을 설촌 유래에서도 외부인을 두루
포용했던 사례가 많다. 명월천이 흐르는 명월에서 월계^{月溪} 진좌수^{秦國}
^泰집안 선인^{先人}이 실천하셨던 가치는 '너그러움'이다. 그래서 너그러울
관^寬으로 작명했노라고 아버지가 생전에 말씀해 주셨다. 내려놓아야 비
로소 보인다.

명월천(사진 : 네이버)

명월천에는 지금도 300~500년 된 '퐁낭'^{팽나무}이 64그루 있다. 설촌 이
래 농지 개간하고 집 지으며 많은 나무들을 벌채했지만 명월천 나무는
보호했다. 명월리 향약 중 팽나무 보호에 대한 규정에는 "건천^{乾川}에

나무가 없으면 한기旱氣가 살수로 되어 재해가 일어나고 건해乾害가 터지면 빈촌貧村이 된다. 일지일엽一枝一葉이라도 손상시킨 자 목면木綿 반필半 疋을 징수徵收한다." 고 하고 있으며 이를 위해 '종수감種樹監'이라는 직책을 두었다[39].

1943년 1월 조천읍 선흘리 웃동네 25가구가 뜻을 함께 하여 소나무를 심어 가꾸자는 식송계植松契 결성했다. 고달주 계원이 소나무를 심을 부지를 기부하고, 계원 1인당 2원씩 모아 선흘리 1413번지 외 2필지 5천여 평 매입했다. 여기에 소나무를 심어 숲松林을 조성했다. 애석하게도 이 송림은 '제주 4.3' 때 불에 타 사라졌다. 그로부터 70여 년 후, 그 후손들이 식송탑塔을 세워 그 뜻을 길이 전하고 있다. 지금이라도 찾아가 그 뜻을 되새겨 봄직하다.

> 할로산한라산 삼신산에 놀고 자던 나무로구나 이름이나 불러볼까
> 소리벌에 소리나무로구나 어허 두리두 방하기여
> 초사슬을 찍어놓고 어허 두리두 더럼마야
> 요 나무는 무슨 나무냐 가시나무 솔피낭쇠물푸레나무이로구나
> 울긋불긋 대죽피나무 어허 두리 방에기여 재사슬에 찧고 나니 어느 안
>   전에 바칠러냐
> 동해 용왕 나실러냐 삼주적을 찧고 보니
> 어허 불쌍 강태공의 나실러라 제사죽을 찧고 나니
>
> 어허 두리두 방하기여 아이고 굳어라 요놈의 팔제팔자
> 너 팔제나 내 팔제나 흔같은 팔제가 아닐러냐 어허 두리두 방하기여 요
>   놈의 귀자귀여

---

39) 2003 명월향토지 편찬위원장 오승용 전 교장선생님 증언

정의년이 궁둥이 만썩^{만썩} 대정년이 볼기짝 만썩 늙은 쉐이 도금착 만썩
요 놈이 나무야 서럽다고 울지마라 관가에 대들포가 되면
아고저라 고관대작 우이위에앉아 희롱도 흐고^{하고} 나고
팔제 궂엉^{궂어} 가난한 놈이 문에 가면 아무 맛이 없어지엉
내만연기^만마셔 향화로 받는다 어허두리 방하기여 요놈의 낭이어라

| 낭 깎는 소리 |

* 귀자귀 = 날이 있는 쪽이 넓적한 자귀, 도금착 = 소 등에 얹는 짚으로 짠 덮개,
  덕석, 향화^{香火} = 향을 태우는 불

'낭 깨는 소리'는 도끼로 나무를 쪼개며 부르는 노래다. 매우 위험한
작업이어서 노래라기보다 리듬을 타며 허리를 이용하여 적소^{適所}를 타
격할 때 입에서 나온 소리다. 원래 도끼질은 힘으로 하는 게 아니다.
유연하게, 도끼머리가 내려 올 때 오른 손 힘 빼고 앞으로 내 던지듯이
해야 한다. 그래야 안 다친다. 나이 들수록 힘을 빼야 한다. 나이 들수록
내려놓을 줄 알아야 한다. 도끼질도 그렇다. 괜히 아는 척 하는 게 아니
라, 어릴 적 할아버지가 도끼질 시범보이며 해 주신 말씀이다. '열리'^{㹠來}
에서. 할아버지 도끼질 수준은 요즘말로, 원 샷^{one shot} 원 킬^{one kill}이었다.

어두야 방아로다 요 산 중에 놀던 낭은^{나무는}
낭근^{나무는} 아니 물둠비순두부^{순두부}여 주적새랑 늘고놀고 가라
나 소리랑 산 넘어 가라 나 소리랑 물 넘어 가라
우리 벗님 어딜 가고 요거 끝이같이 서둘러 줍서
어기 여차 홍애로구나 어야 뒤야 방아로다

| 낭 깨는 소리 |

•~~↝⊱ 19 ⊰↝~~•

"말 물른 돈, 귀 막은 돈, 눈 어두근 돈이여" : 해녀 출가길의 뱃노래

말 모르는 돈, 귀 먹은 돈, 눈 어두운 돈. 제주해녀의 물질은 무엇보다 돈을 벌기 위한 일이다. 야속하게도 돈은 말할 줄 몰라서인지 불러도 아무 대답이 없고, 귀가 안 들리는지 오라고 해도 오지 않고 모른 척한다. 그런가 하면, 눈이 어두워서 찾아올 줄도 모른다. 이처럼 제주해녀들은 마음대로 돈이 '안 모아짐'을 한탄하고 있다.

> "물에 들 땐 지에집을 일럼직이 가곡, 돌아올 땐 똥막살이 풀암직이 온다"

물에 들 때에는 기와집을 이룰 듯 기세 좋게 들어갔으나, 돌아올 때에는 그나마 오막살이도 팔듯이 기운 없이 올라온다. 이처럼 살다보면 의욕만큼 성과를 이루지 못하는 경우가 있음을 말해주는 제주속담이다. 해녀들이 큰 전복을 캘 욕심으로 물속에 뛰어 들지만 결과는 신통치 못할 때가 있음을 자조하는 의미이다.

"물천은 공것공짜, 친정집보다 낫다"

해산물은 공짜다. 친정집보다 낫다. 해산물은 밭농사하고 다르다. 밭농사는 씨 뿌리고 김매고 거름하고 상당히 투자해야 거둬들일 수 있지만, 해산물은 자기 혼자 노력만으로 능히 채취할 수 있다. 한 두 번이 좋지 친정집 형편도 어려워 매번 도움을 기대하기는 어렵다. 제 힘으로 물질해 소득을 얻는 게 백번 낫다. 그래서 바다는 늘 고마운 곳이다.

출가出稼는 국내·외 다른 지역바다에 가서 물질 작업하여 소득을 벌어들이는 경제 활동을 말한다. 이런 해녀의 출가노동을 '바깥물질'이라 한다. 출가해녀들은 한반도 연안 곳곳과 일본, 중국, 러시아 등 동북아시아 일대 여러 지역에 가서 일정기간 물질하면서 느끼는 고독과 향수 등을 '출가 해녀의 노래'로 달랬다고 한다.

성산포야 잘이시라있어서라 멩년명년 이 철 춘삼월 나민나면
살아시민있으면 상봉이여 죽어지민죽으면 영 이벨이별이여
산지 바당의 베 띄여배 띄워 노난노니 소섬우도 목이 보염구나보이는 구나
선장님이 손을 치난 고동 소리 빵빵 남져나는 구나

성산 일출 브려버려 두곡두고 손안도로 가는 구나
완도지방 넘어가근넘어가서 신기 도영 넘어 가곡 금당아로 넘어가근 저
  큰 바당 다 지나곡지나가고
지누리대섬 넘어가근 나라도도 건당흔다 나라도를 넘어 가곡 뽕돌바당
  지난 본다

돌산을 넘어 가근 솔치40)바당 건너 가민 남헤로다 노양목 사랑도 바당
  넘어 간다

물파랑것도 지나가근 지제장심포 넘어 가곡
가닥동끗 지나가민 등바당을 넘어간다 다대끗다대포을 넘어가민넘어가면
　부산영도이로구나

준등알을허리아래를 놈을남을 준덜준들 요 네야노야 상책 놈을 주카줄까
베뚱배꼽 알을 놈을 준덜 요 네착사노야 놈을 주랴
젓이라저어라 젓이라 뒤엣뒤에 섬이랑 멀저멀어 지곡지고
앞읫앞에 섬이랑 브디여지라가까와지라

"허리 아래를 남에게 준들 요 노櫓야 어찌 남에게 줄 수 있겠는가."
배꼽아래를 남에게 내어 줄망정 이 노착만큼은 절대 남에게 내줄 수 없
다는 의미이다. 그만큼 출가길 노 젓기에 대한 강렬한 의지가 엿보인다.

독도에 출가한 제주해녀(사진 : 천지일보)

---

40) 제주쏠치=몸의 형태는 일지말락쏠치와 비슷하나, 등지느러미의 제1극조와 제2
극조의 길이가 비슷하고 서로 인접되어 있지 않아서 차이가 있다. 몸에 비늘
이 없고, 몸 색깔은 변화가 심하다. 각 지느러미에 무늬가 없으며, 가슴지느
러미와 배지느러미, 꼬리지느러미는 어두운 색을 띤다. 꼬리지느러미는 연한
색으로, 검은 점이 없어서 말락쏠치와 구분된다.

한반도 연안에서 일본인 출어를 공식적으로 인정한 근거는 1883년에 7월 25일에 조인된 '조선국에 있어서의 일본인민무역규칙' 제42조이다. 그러나 그 이전부터 일본인 잠수기업자의 밀어密漁가 있었다. 특히 제주도 주변에 일본 잠수기업자潛水器業者가 일찍부터 출어해 왔다. 일본인들이 제주바다에 출어하면서부터 제주어민과 충돌하게 되었다. 따라서 일본정부는 1884년 9월부터 1891년 11월에 걸쳐 제주도에 출어금지 조치를 취하였다. 그러나 이 금어禁漁기간 중에도 밀어가 계속되었기 때문에 이로 인해 제주 연안어장이 급속히 황폐해 졌다.

> 전복은 연해안에 생산되지 않은 곳이 없고 거의 무진장無盡藏이라고 할 만큼 풍부하였으나 일찍 일본 잠수기업자潛水器業者의 도래로 남획濫獲이 된 결과 지금은 크게 감소하였다. 예전에 토착 잠수부들이 이를 채취해 왔으나 지금에는 종일 조업해도 1~2개를 얻는 데 불과하다. 잠수기업자는 약간 깊은 곳에서 조업하기 때문에 다소의 어획이 가능하지만 예전과 같이 큰 이익을 얻기는 힘들다. 특히 본도산은 모양이 거대해서 유명하지만 오늘날에는 대체로 소형이 되었다(『한국수산지』3권, 1910).

이러한 제주바다의 황폐는 제주해녀의 출가에 직접적인 영향을 주었다. 또한 일본인 무역상의 등장으로 해산물의 경제적 가치가 상승하기 시작함에 따라 해녀들의 생산 욕구가 동반상승한 상황이 되었다. 이래저래 제주연안 황폐화로 새로운 생산지인 '바당밭'을 찾아 해녀들이 바깥물질 나가기 시작했다.

제주해녀의 출가는 '생산영역의 확장'을 의미한다. 제주해녀의 도외이동移動인 출가는 1895년 부산 앞 영도에서 최초로 그 모습을 볼 수 있었다. 그 후 해녀들은 한반도 전역과 일본의 태평양 연안, 대련大連,

청도淸島까지 출어出漁하였다. 1910년대 전반 출가자수는 25,000명, 1910년 말 부산, 울산지역에 출가한 해녀의 수는 4,000 정도였다

돈아 돈아 말 몰른말 모르는 돈아 돈의 전체굿 아니민아니면
육로 천리 수로 천리 만리 강산 어디엥어디라고 오리
돈아 돈아 말몰른 돈아 귀 막은 돈아 눈 어둔 돈아 부르겅은부르거든에
　돌아오라

요 벗들아 흔디같이 가게 자 굿디랑곳이랑 내 몬저먼저 강가서
메역미역이랑 내 몬저 흐져하게 울산 강 돈 벌어당벌어다가
가지 늦인 큰 집 사곡사고 멍에밧머리 느린 큰 밧큰 밭 사곡 제미나게재미있게
　살아 보게

진도바당 수지끈 물은 청룡 황룡 노는 듯 흔다한다
청룡 황룡 아니 논물엔 용인드까용인 듯이 간가서 굴라앗암서라갈라앉다

부산이라 정거장엔 앞으로 보민보면 오류도여
뒤로 보민 소낭밧소나무밭이여 어느제민때면 저디나저곳이나 가리
갈 딜갈 데를 보난보니 멀어 지고 어느제나때나 저딜저기를 가리

이야차 흐저어서가자 가민가면 가곡가고 말민말면 말쥐말지
경상도로 씨집을시집을 가랴 강원도 금강산 금인 중 알안에
우리 즤주제주 해녀덜이해녀들이 돌 끗마다끝마다 눈물점저짓는다

　1910년대 제주해녀의 출가를 형태별로 살펴보면, 먼저 객주客主모집에 의한 방법이 있다. 그들은 절영도絶影島에 정착하며 일본인 무역상 밑에 있으면서, 매년 음력 12월경 제주도 각지에서 해녀를 모집하여 전대금을 건네주고 계약한다. 해녀는 기선으로 가고, 뱃사공과 감독자

역역(役) 남자는 어선으로 본토에 도항渡航하여 부산에서 합류한 후 출가지 出稼地로 떠난다. 다음은 독립출가로 가는 방법이다. 해녀의 남편 2~3명 이 공동으로 어선을 매입하여 가족, 친척 등의 해녀를 승선乘船시켜 출 가지로 가는 방법이다. 전자와 후자 비율은 6대 4정도로 객주 모집에 의한 경우가 많았다. 해녀 10명에 시중드는 남자 5명일 때, 1어기漁期 수입은 대략 870원 정도이고 지출은 731원 50전이었다. 차액은 138원 50전이다. 이것을 균등 분할하면 1인 평균 9원 23전 정도다.

해녀를 모집하는 조선인 객주客主 뒤에는 일본인 무역상[41])이 있었고 그들의 중간착취는 가혹했다. 이에 대항하여 제주도 해녀어업조합이 탄생하였다. 이는 비참한 상황에 대한 해녀구제救濟와 공동판매[42])를 목 적으로 하였다.

1924년 일본과의 직항로直航路 개설로 농촌 노동력의 도일渡日 못지않 게 해녀들의 일본출가가 급증했다. 제주도 해녀는 기선에 의하여 출가 한다. 기선汽船에 의한 일본본토 출가는 쓰시마를 제외하고 모두 대판 을 경유하였다. 당시 대판오사카, 大阪과 제주도와 특별한 관계에 있었다. 조선우선朝鮮郵船 니기기선尼琦汽船, 녹아도상선鹿兒島商船 등이 경쟁적 으로 여객을 실어 날랐다. 이 기선들은 도중에 모지, 시모노세키 등지에 는 기항하지 않으면서 가장 값싼 운임으로 도판渡阪시켜줬다. 그 다음 목적지까지 해녀들은 기선편이나 철도로 이동시켰다.

---

41) 부산을 근거지로 하는 해조海藻상인
42) 객주의 중간착취를 배제하고 조합이 어획물을 수매해서 중매인을 경매하거나 어시장에 판매를 위탁하는 제도

돈아 돈아 말 모른 돈아 돈의 전체굿 아니민아니면
노국露國 두만강 어디라니 부량富亮 청진淸津 어디라니 부량 청진 오란 보
　　난와서 보니
이 나그네 늘래놀러 들어옵지기 제주 안간안가고 늘래 들어옵지기
우리나 고향은 제주야 성산폰디성산포인데 오사까大阪 동성국東成區 십이번
　　지에 사는 구나

바당바다 끗은끝은 금금흐고깜깜하고 고향 산천 뒤에 두엉두고
지픈깊은 바당 창창흔창창한 무르마루 설은서러운 낭군 냉겨남겨 두엉두고
얼음 フ뜬같은 물살에다 무신무슨 일로 이 모양인고
어린애기 떼여 두곡두고 늙은 부믜부모 떼여 두고
정든 낭군 떼여 두곡 돈 아니믄아니면 나 무사왜 오리
돈아 돈아 말 모른 돈아 귀 막은 돈아 눈 어둑은어두운 돈아
이처록이토록 물질흐멍물질하며 흔 푼 두 푼 버신번 돈은
무정흔무정한 정든 님이 술도 먹엉먹어 풍랠낭비래라
청로방靑樓房의 다 들어간다

쌀 물은 나민나면 동의 와당 들 물은 나민 서의 와당
놀지놀기 좋긴 목포 유달산 보긴 좋긴 강원도 금강산
살지 좋긴 공부자 냄펜남편네 몸 튼튼흐긴튼튼하긴 밧밭 가는 냄펜네

어느제어느때나 나민나면 두어 흔 둘한 달 죽장줄곧 시백인 물질
철창흐영철창하여 어정갖어 칠월 동동 팔월 돌아오민돌아오면 풋짐 설렁싸서
　　내 고장고향 가리

* 시백 = 일을 정해진 날에 맞춤.

188 오달진 제주 민요로 흐르다

"우리 고향은 제주 성산포지만, 지금은 오사까大阪 동성국東成區 12번지에 사는 구나", "어렵게 물질하며 한 푼 두 푼 모은 돈을 무정한 님이 술 마시며 낭비하네. 아까운 돈이 청로방青樓房, 요릿집으로 다 들어간다."

알려진 바로는, 최초로 김녕 사공 김병선이 해녀를 고용하여 동경 미야케지마 지역에 출가하여 조업하였다고 한다. 그 후 능력을 인정받아 1932년 현재 동경 미야케지마에서 240명 해녀가 고용되어 작업하였다. 이렇게 되자 점차 제주해녀 도외출가와 도내 잠수 활동으로 인한 소득이 제주농가에서 차지하는 비율이 점점 높아졌다. 특히 해안마을의 경우 해녀의 경제활동이 농가소득의 대부분을 차지했다.

한반도 출가해녀는 동해안 지역이 가장 조밀하며 북서부 해안지대, 남부해안지역, 북부해안지역 순서로 분포되어 있다. 해안지형 및 해저海底지형, 조류, 풍향 등의 영향을 받은 탓이다. 반면 일본출가 해녀분포를 보면 동해안지역은 거의 없고 태평양 연안에 편재偏在되어 있다.

토지가 척박하여 토지생산성이 낮고 농가부업이 활발하지 않았던 제주에서 해녀노동이야말로 현금화 비율이 가장 높은 부업임에 틀림없다. 기록에 의하면, 당시 해녀들이 많았던 정의면 온평리는, 해녀어업에서 얻어진 수입이 농가총수입의 절반에 이르고 있다. 게다가 생산물 전부가 판매되었기 때문에 현금화 비율이 높다. 따라서 당시 농촌에 필요한 현금 대부분이 여기에서 충당되었음을 알 수 있다. 이처럼 제주해녀 출가물질과 도내 잠수 활동으로 얻어진 현금소득은 제주 농가소득에서 차지하는 비율이 점점 높아져 갔다.

요 바당의 요 물 속은 지픔깊음 야픔얇음 다 알건만
흔 집한 집 살앙살아 임의 속 몰란몰라 간장 카는타는 내냄새로구나
어서 오랭오라 눈을 친다 어서 오랭오라며 손을 친다
눈치는 된데는 야밤의 가곡가고 손치는 된 헤낮대낮의 간다
놀지나 좋긴 살장구 복판 밥 먹지 좋긴 부산 여관
밤자리 좋긴 큰아기 복판 큰아기 얼골은얼굴은 붉어사붉어야 좋곡좋고
칠팔월 복성귄 벗어사벗어야 좋곡

군대환43)은 갈랴고갈려고 횡고동 트는디뜨는데
정든님 홀복 잡안잡고 낙루만눈물만 흐염구나흘리는 구나
군대환 떠나믄떠나면 연기만 남쥬만남지만 임 떠난 방안엔방안에는 사진만
    남암져남는다

열 두 살 뒈연되어에 술 장시장수 흐난에하니까
풍펜에평판에 나기는 기생이라 흐는디하는데
이내야 무심속마음속 벤흐지변하지 아니흔디아니한데
갈보라 흔 것은하는 것은 종즈가종자가 이싱가있는가
팔즈가팔자가 구박흐믄박하면 갈보가 뒈는 걸되는 걸

대천바당 눗 소리는 산지축항만 울리는디

---

43) 군대환君が代丸 기미가요마루은 제주도와 일본 오사카大阪를 연결시킨 직행노선
의 객선이다. 1922년 제1 군대환이 제주도와 오사카 항로에 취항했다. 제1 군
대환은 1925년 9월 제주도 동남부 즉 서귀포와 표선 사이를 항해 하던 중 태
풍을 만나, 항해 불가능이라고 판단한 선장이 인명구조를 위하여 뭍으로 배
를 돌려 좌초시킨다. 이래서 구입한 새로운 선박이 제주도 사람들이 군대환
이라고 부르는 제2 군대환이다. 제2 군대환은 1945년 4월 중순 오사카의 安
治川의 千船橋 부근에서 미군의 폭격으로 격침될 때까지, 20여 년 간을 제주
도 사람들을 오사카大阪와 제주도로 실어 날랐다.

공동묘지 가신 부모 말소린 산에 산천만 울렴구나울리는 구나

일본 동경 가신 님은 돈만 벌레벌러 갓건마는갔건마는

공동묘지 가신 님은 죄ᄉ제사 때만 돌아온다

밥을 먹당먹다 남은 것은 개 도새기돼지 줘 버리곡버리고

옷을 입당입다 남은 것은 내불어놔두면 두건마는되지만

본 가장家長 실픈싫은 것은 백년이 원수로구나

보리떡 ᄀᆞ뜬같은 년은 일부 종ᄉ를종사를 ᄒᆞ는디하는데

공산空山멩월明月 날 ᄀᆞ뜬나 같은 년은 일부 종ᄉ도 못ᄒᆞ곡못하고

헤천대낮영업이 무신무슨 일고 헤천영업 내온 놈아 천년만년 원수여

"열 두 살 되어 술장사 하니 소문에 나기를 기생이라고 하는데 이내 마음속은 변하지 안했다. 갈보가 원래부터 종자種子가 있는가, 팔자가 안 좋으면 갈보가 되는 걸", "먹다 남은 밥은 개나 돼지 줘 버리고, 입다 남은 옷은 놔두면 되지만 본 가장家長 싫으면 버리지도 못한 채 백 년이나 원수로구나"

제주해녀가 육지나 타 지역으로 출가하려면 관계당국 허가를 받고 출가증出嫁證을 얻어야 했다[44]. 이를 위해 1인당 3원씩을 납부했다. 1937년 〈제주도세요람濟州島勢要覽〉에 의하면, 일본 출가해녀는 1,601명이다. 지역별로는 대마도對馬島 700명, 정강靜岡 265명, 동경東京 215명, 고지高知 135명, 장기長崎 65명, 녹아도鹿兒島 55명, 천엽千葉 51명, 덕도德島 10명, 도근島根 10명 등이다. 이들 중에는 출가 후 당지當地에 정착하는 경

---

44) 이는 도민들도 마찬가지였다.

우도 있다. 이외에도 블라디보스톡에 물질하러 갔고 칭다오靑島에도 80여명 제주해녀가 물질 갔다. 이들은 5월에 칭다오로 가서 8월 추석 전에 고향에 돌아왔다. 평균 300원 정도의 수입을 올렸다고 한다[45].

1929년 당시 제주 도내 해녀 7,300명이 도내 연안에서 채취활동으로 약 25만원을 벌어들인 데 비해, 일본에 출가물질 갔던 해녀 3,500명이 40만원을 고향에 송금送金해왔다고 한다. 그만큼 일본으로 출가한 제주 해녀들의 소득이 매우 높았다.

우리 도항은 우리 배로, 동아통항조선 교룡환 출항(동아일보, 1930.11.7.)

그럼에도 불구하고 출가물질 노래를 듣다보면, 제주해녀들의 이런 노고와 성과를 아무도 안 알아주고, 심지어 무시한다며 신세 한탄하는 내용이 많다. 제주해녀 출가물질에 대한 자부심이나 성취감에 대한 언급은 거의 없다. 아무리 생각해도 출가해녀의 소득이 당시 제주경제에 미친 물질적 기여와 현재까지 내려오는 제주해녀의 여성성에 대한 순기능을 고려했을 때 납득하기 어렵다. 향후 이 부분에 대해 대중적 관점을 가지고 더 살펴볼 필요가 있다. 무엇보다 제주해녀의 '역사성'과 '제주 근대경제에의 기여도'에 대한 사회적 공감대 마련이 시급하다고 본다.

---

45) 당시 소학교 교사 봉급 40원

20

산범 곧은 요 따비야 :
따비질 노래, 따비질 소리, 새왓 이기는 소리

'따비'는 돌이 많은 화산섬인 제주지역 특징을 가장 잘 나타내는 농기구로 주로 황무지를 개간할 때 사용했다. 보통 두 세 사람이 횡橫을 맞추면서, 손잡이를 잡고 발판을 밟아 삽질하듯 손잡이를 뒤로 눌러 떠엎거나 손잡이를 옆으로 비틀어 땅을 일구었다. 이를 '따비갈이' 라고 했다[46]. 따비를 들어 올린 후 내리찍고 좌우로 힘차게 흔들어 땅을 일구면서 노래를 했는데 이를 '따비질 노래소리'라고 한다. 이 소리는 작업하는 사람의 힘을 한 곳에 집중시키는 구호口號기능을 했다.

농경문화 발생 이전 수렵 채집인이 사용했던 굴봉掘棒이 발달해 따비가 나타났다. 제주도에서 '극젱이'로 갈고 남은 구석진 땅이나 돌밭을 가는 데 사용되었다. 선사시대 땅 속을 뒤져 먹을 수 있는 알뿌리식물을 파내는 데 쓰였던 '뒤지개'가 발전한 농기구가 '벤줄레'이다. '벤줄레'는 땅을 일굴 때 땅 속에 묻혀 있는 돌을 캘 때 주로 사용했다. 혹은 장지葬

---

46) 띠밭을 제주에서는 '떼왓'이라고 한다.

193

地에서 '산담' 쌓을 때 쓸 돌을 캘 때도 쓰였다.

어기두리 더럼마 힛 일어나라 일어나라
따비 아닌 산범이어 자단자던 아기 일어나듯
어기두리 더럼마 힛 우글우글 일어나라
도금안장 착 만썩만썩 문칠문칠 일어나소서
주문가문 밧디밭에 물비 오듯 어서어서 일어나라
심을 씨고 흐여하여 보자 히 어기야두리 덜럼마야

어 허야 ~ 일어나랑 요놈이 잔디는 어디 갈거냐
누운 아기 일어나듯 영장밧디영장밭에 봉분 쌓을걸로쌓을걸로
심을힘을 무쳐맞춰 요 일 흐여하여보자 어서어서 일어나라
족댕작다 말앙말고 흐염시라하고있어라 오늘날랑 협력덜 흐영해서
천추만년 살을 땅은 어서어서 일어나라

오늘날은 우긋우긋우꾼우꾼 일어난다 히 일어나니 떡먹기여
일어나니 누워둬서 죽 먹듯이 어기여차 홍애로구나
잘도 일어난다 문칠문칠 | 따비질 소리 |

* 문칠문칠 = 바닥이 반드러워서 거침없이 자꾸 나가는 모양

'쌍따비'와 '웨따비'는 벤줄레에 손잡이를 붙인 형태다. 축력畜力을 이
용할 수 있도록 성에를 붙여 만든 게 쟁기이다. 제주지역에는 코끼리
이빨형의 '쌍따비'와 주걱형의 '웨외따비', 뾰족형송곳형의 '벤줄레'가 있
다. 자갈함량이 많은 한림, 애월지역은 '웨따비', 화산회토火山灰土 뜬 땅
인 구좌, 성읍지역은 '쌍따비'를 이용했다(네이버 지식백과, 한국민족문
화대백과).

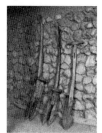

외따비, 쌍따비(사진 : 제주민속자연사박물관)　　　　벤줄레

　'쌍따비'는 8~9㎏ 정도 무게에 'ᄌᆞ록쉇', '발디딤버덕', '설칫', '탕게무클가
달', '따비쉐요라'로 이루어져 있다. 전체적으로 포크나 코끼리이빨처럼 생
겼다 해서 포크형 또는 코끼리 이빨형으로 구분한다. 4~5㎏ 정도 무게의
'웨따비'는 '양주머리', '무클몽클', '발받침', '따비쉐'가 T자형을 이루고 있
다. '따비쉐'는 주걱처럼 생겼다고 해서 주걱형으로 구분되기도 한다. 따
비에서 가장 중요한 '따비쉐'는 쇠를 두드려 뿔 같이 만들고, 목재로 '무
클'과 '발판'을 붙여 만들었다(네이버 지식백과, 한국민족문화대백과).

　　자 작업을 해봅시다~ 산범 ᄀᆞ튼ᄀᆞ튼 요 따비야 갈겨나 들엉 갈겨든다
　　자던 아기 일어나듯 오골오골 일어난다
　　흔소리로한소리로 요 일 ᄒᆞ자 흔소리로 정신 ᄎᆞ령차려
　　지첫구나 잦혓구나 놀레나노래나 불렁불러 날을 샌다
　　득은닭은 울면 날을 새고 우리 ᄀᆞ튼ᄀᆞ튼 인생들은 요 일을 하여야 하니
　　　　힘이 든다

　　내일 장상長常 오늘이여 일락서산 돋는 해는
　　서구 서산 가시는 곳 오늘 날랑 요 일 ᄒᆞ면하면
　　어느 제랑때랑 좀을잠을 들고 매일 일을 ᄒᆞ다하다 보니
　　몸이 언제나 고달파 먹고 살려고 ᄒᆞ니하니 요 일 이로구나

나도 흥곡하고 너도 흥영해서 청춘 세월 가지를 말앙말아
젊어 청춘 늙어 백발 늙어지니 허사 흥곡하고
요 놀레노래 불렁불러 시간 푼다판다 어느 날은 세일소냐
젊어 청춘 오던 풀도 연도가 뒈면되면 떨어진다
산하조종은 곤륜산아 수지조종은 황해수여
그리 저리 흥염시민하다보면 날도 가곡 물도말도 간다

| 따비질 소리 |

'따비질 노래'따비질 소리, 새왓 이기는 소리는 '따비'를 이용하여 척박한 땅
을 일구고 해발 4~5백m 고지대에 올라가 목장이나 난전 또는 화전火田
에서 피나 조, 메밀, '산듸'밭벼 등의 농사를 지으며 부르던 농업노동요다.

제주도는 식생과 토지이용, 지리적·환경적 조건에 따라 해안가에서
한라산으로 올라가며 해안지대, 중간지대, 산간지대, 삼림지대로 나누
어진다. 1940년 까지만 해도 산간지대를 중심으로 화전농사가 행해지
고 있었다.

중간지대는 산간지대와 해안지대의 중간지역으로 한라산록에 있는
폭 1~2리 지대다. 경지면적 약 2만 7천 정보, 총경지의 28.3%를 차지하
고 있다. 토지이용은 상당히 진행되었으나 전경지의 5할 이상이 방목
또는 모초茅草채취로 이용되었다. 기타 경지는 5년 2~3경耕 정도다. 이
지대의 경지는 돌이 많고 땅이 박하기 때문에 이용가치가 적다. 주요
재배작물은 피, 교맥蕎麥, 조, 대두, 밭벼陸稻 등이다. 비료가 만드시 있
어야 경작이 가능한 보리재배麥作는 힘들다. 이 지대는 구 목장지대에
해당하여 돌담을 쌓아 소나 말의 도망을 막던 지역이다. 상부는 예전
화전지대에 접하는 쪽 돌담을 상잣성上場城, 하부 돌담을 하잣성下場城,

이 중간에 중잣성中場城이라 했다. 하부를 경작할 때는 우마를 상부에, 상부를 경작할 때는 하부에 방목했다.

중산간 지대는 비교적 토심이 깊고 '띠'새가 잘 자라 '새밭'이라 불렀다. 해발 200m~400m 지역을 개간하여 농사를 짓는 '새밭농사'와 잡초와 관목灌木이 자라는 목장 밭해발 400~800m 사이 지역을 개간하여 농사짓는 '목장 밭농사'로 구분된다. 토지저항이 무척 강하였기 때문에 개간이 어려워 힘세고 순한 소 2마리를 종렬縱列로 연결하여 개간하였다. 만일 소가 부족하면 개간을 원하는 주민들끼리 '수눌음'으로 소를 교환하며 축력을 이용하였다. 소 2마리로 6회 정도 갈면 약 70㎝ 정도 이랑이 만들어진다. 이랑과 이랑 사이를 남겨두었다가 소 1마리로 다시 간다. 땅을 간 다음 흙덩이는 풀뿌리와 얽혀있기 때문에 '도치'도끼를 사용하여 숙치熟治작업을 한다.

1년 1작식式 작부체계를 취하던 '띠밭'은 순환식 이동농경이 특징이다. 일단 1회의 작부가 끝나면 좌골을 재배하거나 '새'를 들인다. 좌골은 종자를 파종하였으나 새는 밭을 방치해 두면 저절로 난다. 좌골은 사료飼料작물이며 두류荳작물로 지력 회복에 효과가 있다. '새'는 지붕을 이는 중요한 생활 작물이다. 지력소모를 하지 않으면서 휴한효과가 있다. 좌골은 3년, 띠는 10년 정도 수확하고 다시 개간 한다.

해발 400m~800m 지대 '목장 밭'은 토질이 척박하고 마을과 먼 거리에 있어 농사짓기 어려웠다. 새밭처럼 좌골을 재배하거나 '새' 수확이 불리할 경우 장기간 방치하거나 방목지로 사용된다. 숙지작업이 종료된 이후 육도陸稻, 조, 피의 재배는 파종 때 진압鎭壓작업, 제한적 제초, 수확을 위한 노동 외에는 노동투입이 거의 없다. 중산간 지대의 총 경지면적은 1만 6천 정보町步로 제주도 전 경지면적의 16.9%에 해당한다. 그 중 50% 정도는 산간에 위치한다. 이곳은 원시적 농경상태이며 방목을 주로 한다. 주요 재배작물인 피, 대두, 조, 교맥蕎麥은 10년 3경, 나머지는 10년 2경 정도이다. 토지이용은 조방적이며 동계에는 대부분 휴한한다.

오골오골 일어나라 오골오골 일어나라
산범 궅은같은 요 따비야 날고들랑 날고나 들라
요 산중에 놀던 따비 저 산중에 놀던 따비
오늘 날은 쓸모가 잇구나있구나 요 물통을 파는 구나

날고들랑 날고나 들라 자던 아기 일어나듯
오골오골 일어 난다 천년만년 묵은 돌도
천년만년 썩어진 흑돌흑돌 오늘날은 일어난다
한라산서 느리는내리는 물은 낭썹나뭇잎이나 썩은 물이어
이내 몸에 느리는 물은 애간장이 좃아진잦아진 물이여
우리 부모 날 날 적엔 어떤 날에 나를 낳아서
요 고생을 시켬시켜 신고 물통 파렌파라고 날 낳아신가

날고 들랑 날고나 들라 발좃궅은같은 요 따비로
다물다몰긑이같이 다모다다 모아 들언들어 멧날몇 날 메틀며칠 파단 보난파다
보니 오늘날은 다 파접저파진다 오골오골 일어나라

| 따비질 소리 |

* 오골오골 = 가볍게 일어나거나 솟아오르는 모양

산간지대는 삼림지대 하부에 있고 중간지대까지 약 2~3리 폭으로 둘

러싸인 지대로 예전 화전농사지역이다. 방목, 또는 모초茅草채취에 이용되며, 경작가능면적은 근소하다. 작물은 주로 대두大豆, 조, 보리 등이다. 이용이 가장 많은 곳이 10년 3경, 적은 곳은 10년 1경, 보통 10년 2경 정도이다.

해발 200~600m 지대의 경사도 15도 이상 지역은 삼림지대인데, 해발 200m~800m 지역을 다시 구분한다. 해발 200m~400m 지대는 비교적 토질이 양호하여 새가 잘 자라는 토양이 널리 분포한다. 이 지대는 전통적으로 '새밭'을 개간해서 3~4년 동안 식량작물을 재배했다. 식량작물재배 후 3~4년 동안 좌골차풀을 재배하거나 10여 년 동안 '새'를 채취한 다음, 다시 개간하여 식량작물을 재차 재배하는 방식에 의해 농경이 이루어졌다.

해발 400m~800m 지대는 잡초와 관목이 많은 방목지이다. 이 지대는 개간하여 3~4년 동안 작물을 재배한 다음 다시 방목지로 돌아간다. 이 지대는 나무를 불태워 만든 재灰를 거름으로 사용한다. 제초할 필요는 없다. 또한 축력 및 농기구 사용이 전무하며 조방적이며 일종의 약탈식掠奪式 농경방법이다. 제주에서는 이를 '친밭 농사'라고 불렀다.

어허야 놀래노래로다 어여야뒤야 놀래로다
찬분긑은 요 똘이야딸야 에헤헤야 놀래로다
굴게골겡이나들엉 굴겨앞질러들라 흔소리로한소리로 요 일을 허자하자
지쳣구나 잦혔구나 아헤 흔소리로 정신출령정신차려 어헹

제삿집이 아기로나듯 어허 오골오골 일어나라 아헤
매일 장사가 너이들ㅎ영너희들하여 어허 먹고 살자니 힘이 든다 어헤

어느 제랑때랑 요일을 허영하여 어느 제랑 줌이나잠이나 들코들고 헤

득은닭은 울면 날이나 새고 우리 긑은같은 인생들은
요일을 허영 먹고살자 허니 힘이 들고 고달프구나 아헤
에헤야 뒤야 놀래로다 일락서산 지는 해는
서부서산으로 돌아를 간다 어여야뒤야 놀래로다
녹음방초 우거진 풀도 어헤 떨어지니 헛수고로구나

| 새왓 이기는 소리 |

화전농업 또는 이동식농업shifting field agriculture은 경작기간이 짧고[1~3년]
휴경기간이 길며[47] 벌채伐採하여 불 지를 뿐 아니라, 경작지를 윤작하
고 굴봉掘棒이나 괭이를 사용하는 특징이 있다. 화전농업은 장소선정-
삼림제거-화입-재배-휴경의 다섯 단계를 거친다. 경지는 우선적으로 토
양조건을 고려하여 정한다. 토양조건이나 식생 이외에 거리를 고려한
다. 경지선택 시 마을과 가까운 곳을 선호 한다[48]. 제주지역 화전인

제주지역 화전마을 솔도(사진 : 제이누리)

---

47) 길게 20년 이상, 짧게 6~8년
48) 주로 편도 한 시간 정도를 가장 선호하며, 그 이상의 거리에 개척지가 있을

경우 토양조건 보다 식생상태, 토양피복 상태 등을 고려했지만 장소선정은 비교적 자유로웠다.

일단 경지가 선택되면 건기가 시작될 무렵 벌목한다. 제주지역 화전은 노동력과 깊은 관련이 있다. 즉 노동력 여유 있을 때 계절을 가리지 않고 벌채 했다. 벌채 다음은 화입burning이다. 화입장소는 대부분 조성지가 비교적 완사면을 고르지만 특별히 정해지지 않았다. 대부분 화경농업 사회에서는 벌목과 함께 화입을 건기 말에 행한다. 제주지역에서 화입은 처음 해 피를 재배할 경우 늦가을이나 혹은 이른 봄에 한다. 이에 앞서 조성해야 할 경지 주위 흙을 제외하고 폭 1m 정도 방화선을 설치한다. 조성된 경지는 우마 출입을 막기 위해 나무 울타리를 주위에 쳤다.

파종planting은 강우량이 많은 시기에 행한다. 아울러 재배작물주로 피의 생육단계에 맞췄다. 자연조건을 최대한으로 이용하여 여러 작물을 동시에 결합하여 파종한다. 제주지역 화전의 파종 역시 자연조건과 토양, 지력상태를 고려했다. 이들 작물은 각각 생태학적 처소niche를 달리하므로 동일한 장소에서 재배된다. 이러한 파종방식은 토지생산성을 높이고 위험을 분산시킨다는 장점이 있다. 경작단계에서 작물결합이 생태학적 균형 상태를 보존할 수 있도록 했다. 몇 년간 계속 경작할 경우 비옥도가 감소하므로 토지를 묵히거나 때로는 수목작물을 심어

경우에는 농사철에 그 근처에 농막을 짓고 임시 거주하며 화전농사를 짓다가 추수가 끝나면 내려왔다. 이 경우는 완전화전민이라기 보다는 반화전민 성격이 짙다.

식생회복을 기다린다.

제주지역에서 초년도 작물인 피는 음력 6월 20일에서 24일까지 파종하고 음력 10월 10일 전후로 수확한다. 이 피밭의 윤작체계는 처음 해 피稗를 재배한 후에 팥, 이어 3년째는 배추나 팥을 재배하여 4년째부터 경작을 포기한다. 이후 휴한하여 잡초가 자라는 데로 방치하거나 소나 말을 방목한다. 가끔 '새'를 재배하기도 한다. 이처럼 화전농사는 엄청 힘들었다. 그나마도 상업적 농업과 감귤단작單作농업이 보편화되면서 이러한 경험들은 기록되지 못한 채 모두 화석화 되었다.

클리포드 기어츠Clifford Geertz라는 미국의 인류학자는 1960년대 말, 인도네시아 자바섬에서 그 지역주민들의 농경생활 속으로 깊숙이 들어가 집단문화를 연구했다. 그 결과, 현지인들이 1,100년 동안 줄곧 화전을 경작耕作하는 원시농업형태를 유지하고 있음을 발견했다. 생활방식과 세계관 역시 1,100년 전 상태와 비슷하게 유지되고 있었다. 그들은 해가 거듭되는 동안 반복적인 상태에 머물며 진보된 순환상태를 겪지 않았다. 기어츠는 이러한 현상을 '퇴행involution'이라고 명명했다. 비록 1,100년 전 생산방식을 선택했어도 자바섬 토지는 비옥했고 농산물은 풍부했다. 따라서 현지인들은 자신의 생활을 굳이 바꾸려는 욕심이 없었다. 먼 나라 옛 얘기다.

21

고라불켜, 밤중 들언 몰방애 강 놀암서랜 :
방앗돌 끌어 내리는 노래, 방앗돌 내리는 소리,
방앗돌 굴리는 소리

예전 한국영화에서는 방앗간이 남녀가 밀회를 즐기는 장소로 자주 등장했다. 방앗간은 어둡고 사람이 상주하지 않아 들키고 싶지 않은 밀회현장을 들킬 염려가 적었기 때문이다. 제주에서는 '몰방에집'이 그 대신을 했다. 그러다보니 "고라불켜, 작산 비바리가 밤중 들언 몰방애 강 놀암서랜"소문내야지, 다 큰 처녀가 밤중에 연자매에 가서 놀고 있더라고 이라는 협박 아닌 협박이 여간 아니었다.

연자매인 '몰방에'는 '몰ᄀ랑', '몰ᄀ레', '몰구레', '몰방아', '몰방애', '몰방이'라고도 불렸다. 소를 이용하면 '쉐방에'라 한다. '몰방에'는 탈곡한 보리나 조 등을 도정搗精할 때 쓰였다. 마을마다 4~5개씩, 2~30호에 1개 정도 있었으며 접을 맺고 접원의 행동규범을 마련했다. 주로 마을 안 사거리에 설치했다.

제주에서는 '몰방에'를 설치할 당시 구성된 '몰방에 접' 구성원들이 차례를 정해 '물방에'를 사용했다. '방에왕'물방에집 지붕일기나 보수도 접 구성원들이 공동으로 했다. 성산읍 신풍리에는 방앗돌 제작과 관리에 대한 접원들의 규약이라 할 수 있는 「마확접입록馬確接入錄」1870년 2월 12 일 설립이 남아있다. 접원 모두가 쌀 2말과 포布 2자씩을 내어 '물ㄱ레'를 만들 자본으로 삼았다. 이에 공인工人을 모아 돌을 다듬고 접원은 출역 하여 'ㄱ레왕'물ㄱ레집 2칸을 짓고 '물ㄱ레' 1기를 설치하여 자손대대로 전하여 사용하기로 하였다.

몰방에(사진 : 제주특별자치도)

마을 내에서도 '동가름', '서커름', '웃카름', '알카름' 등으로 나누어 적 게는 10호 이내 많게는 2~30호를 '접원'으로 구성하였다. 많은 곳은 '쌍 방아'를 설치했다. 가끔 만 평 이상 농사를 짓는 부잣집에서는 '독방아' 를 만들어 사용했다.

'물방에'는 '윗돌'맷돌, '아랫돌'창돌, '고줏대'선쟁이, '방틀'틀목, '뺑이'장귀 등으로 이루어진다. 현무암 검은 돌을 이용하여 돌 다듬는 속공을 빌어

서 '윗돌'과 '알돌'을 만들면 마을주민들이 다 같이 힘을 합쳐 끌어온다. 이렇게 마을마다 '물방잇간이', '물 フ레왕이'에 '물방에'를 설치하여 조나 보리, 잡곡의 껍질을 벗기는 작업을 했다. 방앗돌이 굴러가면서 곡식 알갱이가 떨어지고 찧어지며 빻아지게 된다.

'물방에'는 맷돌보다 수십 배나 크고 사람 대신 말이 돌려 능률이 그만큼 높았다. 맷돌은 위짝과 아래짝이 맞닿게 기둥을 의지하여 위짝을 세워 돌리는 구조이다. 소나 말이 귀한 곳에서는 '물방에'를 사람이 돌렸다. 특히 현무암으로 만든 '윗돌'은 비교적 가벼워 사람이 돌리는 경우도 있었다. 제주지역에서는 보통 현무암으로 '윗돌'을 만들었다. 현무암은 화강암에 비해 가볍고 크기가 작아, 마소가 귀한 곳에서는 서너 사람이 끌 수가 있어 곡식을 찧거나 빻는 일이 가능했다. 그러나 다른 지역은 '윗돌' 자체가 너무 커서 소나 말이 없으면 사용할 수 없었다.

제주에서는 디딜방아나 물레방아를 쓰지 않았던 만큼 마을마다 연자매를 공동으로 세웠다. 대체로 혈연중심이었기 때문에 아버지가 쓰던 방아를 아들이 쓰는 경우가 많았다. 제주지역 '물방에'는 그 구조가 탄탄하며 조밀하게 분포한다. 제주도 농촌에서 평균 20가구 당 '물방애'가 하나씩 설치되었다. 제주도는 계 조직에 의하여 '물방에'가 설치, 운용되었다. 제주도 '물방에집'은 지역고유의 초가집으로 꾸며졌다. 제주도 애월읍 하귀리와 신엄리에 있는 방아는 중요민속자료 제32호로 지정되었다. 이러한 '물방에'는 『북학의北學議』[49]에 '연마'連磨 라고 기록되어

---

49) 1778년 조선후기 실학자 박제가가 청나라의 풍속과 제도를 시찰하고 돌아와 간행한 견문록

있는 점으로 보아 1778년 이전부터 사용되었다고 여겨진다.

'방앗돌 끌어 내리는 노래'는 산이나 들에서 방앗돌을 제작하고 마을
로 끌어내리며 부르던 노래이다. '방앗돌 내리는 소리' 혹은 '방앗돌 굴
리는 소리'라고 한다.

> 허 어 어허 어 굴려가는 소리 어기영차 꼬불 꼬불 어허 어 깊은 골짝
> 길을 닦아근 어허 언 기밋 경기가 금일로구나
> 앞엔 보난보니 어 어허 어 험헌험한 동산이 있구나
> 이 동산을 어허 얼 어떻게 넘을꼬넘을고 이 동산을 올려봅시다
>
> 야~ 영차 영차 역군님네 힘을 내어 이 동산을 올려 보자
> 허 어 어허 어 역군님네 건실도 하구나
> 어기영차 천년만년 어허 언 자던 돌도 오늘날은 어허 언 실 곳이 잇구나
> 허 어 어허 어 흔 치한치 두 치 내사 가는고 흔 치 두 치 내 사단 보난
> 허어 언 오늘 하룬하루는 목적지까지 다 들어 가는고
> 허 어 어허 어 친구 벗님네 다 모다모여 둡시다
> 칠성같이 어허 어 벌어진 친구 벗님네 다ㄱ치다같이 어허 얼 다 모다 둡시다
> 허 어 어허 어 뱃뱅이 돌도 다 들어 갔구나
> 천년만년 허 어허 언 자던 돌도 오늘날은 흐 어허 언 쓸모가 있구나
> 일락서산에는 어허 언 해는 다 저물어 가는고
> 우리의 갈 길은 어허 언 얼마나 남았는고
>
> 할ㄹ산산한라산으로 히 어허 어 느리는내리는 물은
> 낭썹 썩은나뭇잎 썩은 허 어허 어 느리는 물이로나
> 요 내 몸으로 허 어허 어 느리는 물은 오장육부 어허 어 썩어 내리는
>   물이로구나

허 허 어허 어 웃뱅이 돌도 다 들어가는고 자 웃뱅이 돌 올려 놉시다
　　야 영차 영차
산판에서 놀던 돌도 오늘날은 올라간다 자 다 올라 왔구나

어허 어 적군님네 건실도 허구나 어기영차 요 뱅이방아도 다 되어 가는고
요 뱅이방아를 만들어근만들어서 어허 언 자순자손 열례^{年例} 물려 줍시다

* 일락서산 = 해가 서쪽에 있는 산으로 짐. 산판 = 나무나 풀을 함부로 베지 못하
게 하여 가꾸는 산

　예전 남원읍 하효리 마을조사 때 마을 어르신들께 여쭈어 보았더니,
'ᄀ매곳'^{磊埋} 지경의 현무암을 이용하여 '멧돌'^{웃돌}, '창돌'^{알돌}, '팡돌', '천
돌' 등을 마련했다고 한다. 'ᄀ매곳'은 지반이 분화용출로 3백만 평의
넓은 면적에 크고 작은 분석^{噴石}이 쌓여있는 특수한 지대로 굴무기나무
자생지다. 그래서 이곳에서 나는 굴무기나무로 이용하여 '물방에'를 만
들었다고 한다.
　먼저 석수기술을 가진 전문 석수장이가 'ᄀ매골' 현무암바위를 이용
하여 '방에돌'을 제작하면 마을사람이 전부 나가서 하루 혹은 이틀에
걸쳐 '낭구루마'^{나무마차}로 운반했다. 이때 운반에 동원된 사람들에게 품
삯은 없고 점심반주 ^{포함}만 제공했다.

　'물방에'는 개인소유도 있었지만 주로 '물방에' 계^契를 조직하여 만들
었다. 예전 서귀포시 하효리에서는 구두계약에 의해 계가 이루어 졌다
고 한다. '물방에계'에 가입하고 싶은 사람은 '채경', '솔박', 기타 자신을
나타낼 수 있는 물건을 순서대로 놓아두면 선착순 20~30세대를 정하여

207

'물방에계'가 이루어진다. '물방에계' 책임자는 '계모'다. 계원이 한번 씩 돌아가며 1~2년씩 맡아 '물방에', '물방에집' 수리, 보수를 책임지고 관장했다. '물방에' 사용료는 없다. '물방에'나 '물방에' 수리, 보수에 필요한 인원이나 장비는 공동 부담했다. '물벵이집' 지붕보수는 2년에 한번, 중수리 교체 및 맷돌매기는 3년에 한번, '틀목' 교체는 10년에 한번 했다.

이야호 어서 어서 모여덜모여들 듭서 이야호 에 에 야 일심동력 흐여그네
　하여서
수 만석도 모여 들면 가볍습니다 흔 적한 적 두 적 얼른얼른 넘어 간다
산 넘어 산이요 물 넘어 물인데 역군님네 모여 들어
고개 넘고 재 넘어근넘어서 소곡소곡 잘도 나간다
힘을 내면 고개 너머 막걸리 사발이 기다렸고나기다리는구나

| 방앗돌 내리는 소리 |

남원읍 하효리 몰방에

제주지역 '물방에'는 '위쫙'과 '아래쫙'으로 이루어진다. '위쫙'은 '아래쫙'에 세워놓은 '중수리'라는 기둥에 의지하여 돈다. '물방에'를 돌릴 때 올려놓은 곡물은 '중수리' 쪽으로 쏠린다. 그 곡물을 한가운데로 쓸어내야 한다. 그 일을 두고 '혹 낸다'고 한다. 말을 매어 앞에서 천천히 끌어당겨 돌기 시작하면 '윗돌'이 움직인다. '아랫돌'은 땅위에 고정시켜져 있다. '윗돌'과 '아랫돌'이 맞물려 돌아가고 곡물을 '아랫돌'에 놓으면 '윗돌'이 돌아가면서 껍질을 벗겨준다.

'물방아틀'은 '물방에 윗돌'과 '아랫돌'을 연결시켜 원심력으로 돌릴 수 있도록 역할을 한다. '장틀목'이라 한다. '틀'은 누구나 만들 수 있는 게 아니라 대목수만 만들었다. 볼록하게 다듬어진 아랫돌 가운데 구멍을 내고 원기둥 모양으로 나무를 둥글게 다듬어 박아 고정시킨다. 이를 '중수리'라고 한다. '중수리'의 재료는 아주 중요하다. 주로 질기고 습기에 강한 솔피나무 같은 고급 수종나무로 만들었다. 그러나 '물방에틀'은 구하기 쉽고 가공하기 쉬운 소나무로 만들었다.

'물방에집'은 '물방에'가 설치되어 있는 곳이다. '물방에'를 비, 바람, 눈에서 보호하여 오래 사용하려고 지은 초가집이다. '물방에집' 건축과 유지보수는 동네에서 10~20여 가구가 재정적으로 부담했다. 지붕은 초가지붕과 같은 형태는 방형方形이다. 초가를 받치는 네 귀에 굵은 나무 기둥을 세우고 벽은 '외담'으로 쌓았다. 벽의 포와 벽담 위쪽에 작은 창을 내어 빛이 들어 올 수 있게 하였다. 안쪽은 흙과 짚을 넣어 만든 반죽으로 벽을 발랐다. 안쪽 벽에 벽장 시설을 하여 곡물이나 그릇을 넣을 수 있게 했다. 간혹 중간 벽에 등잔을 올려놓을 수 있도록 조그맣게 흙 선반을 만들었다. '물방애집', '물방이왕', '물방애왕', '물ᄀᆞ래왕',

'ᄆᆞᆯ ᄀᆞ래집'으로 불려진다.

　'ᄆᆞᆯ방에' 1회 작업량은 다양하다. 소를 이용할 경우 2시간 정도이고 평소에는 붐빌 만큼 복잡하지 않았다. 명절같이 붐빌 때는 '채경', '솔박' 등을 온 순서대로 차례로 놓아두고 자기차례가 되면 'ᄆᆞᆯ방에'를 이용했다. 'ᄆᆞᆯ방에집' 주변은 동네사람 집합소였다. 어른들이 작업하는 동안 아이들은 그 주변에서 놀고 동네어른들도 'ᄆᆞᆯ방에집' 주변에 모여 담소하며 놀이도 즐겼다.

> 자~ 멧날몃날 메틀며칠 걸련걸려 이 방앗돌을 맨들아 놔시난만들어 놓았으
> 　니 우리 마을로 굴려 옵시다
> 넘어가는 소리로구나 어기영차 요 돌을 호오 무거운 돌이로구나 역군님
> 　네 오호
> 다 모다들엇고나모여들었구나 요 돌은 호오 오호
> 좋은 돌이로고나 호오 오호 넘어가는 소리로구나
>
> 앞을 보라 호오 오호 험흔험한 동산이 잇고나있구나
> 팔등굴이팔등같이 굽어진 길로 호오 오호 활대같이 늘아날아든다 호오
> 　오호
> 넘어가는 소리로구나 칠성같이 벌어진 궨당님네덜권당님네들
> 다 ᄆᆞᆯ같이말같이 호오 오호 모다듭시다모여듭시다
> 자 흔 번한 번 요 산을 올려 봅시다
>
> 요 동산을 영차 모다들엉모여들어 영차 올려봅시다 자 다 올라왓구나
> 험흔험한 동산도 다 올라왓구나 요 돌을 호오 오호
> 어디서 ᄂᆞ려오는내려오는 돌인고 논오롬논오름 굽에서밑에서 어흐 호오
> ᄂᆞ려오는 돌이로구나 ᄂᆞ려오단 보난내려오다 보니

목적지도 다 들어와 가는 구나

천 년 만 년 자던 돌도 이제야 다 들어 왔구나

| 방앗돌 굴리는 소리 |

    안덕면 덕수리 지역에서 방앗돌 제작은 지금부터 200년 전 부터 이루어 졌다고 한다. 1960년대까지만 해도 덕수리에 '물방에집'이 10개 정도 있었다. '방앗돌 끗어 내리는 소리'의 맥을 이어가고 있는 덕수리에 사는 어르신은 7살적부터 직접 말을 몰며 일했고 30세까지 보리, 조, '산듸'밭벼 등의 곡물껍질을 벗길 때 '물방에'를 이용했다고 한다.

    엥허야 도요 어기여~고레고래~사대로다

    엥허야 도요 간다 간다 내 돌아간다 이물거리 내 돌아간다

    님 좋고 낭허당나무하다가 무엇을 허랴 저 바당에바다에 폭 빠정도라빠져달라

    님아~님아~정든 님아~ 아들 떨고~어데를어디를 갈까

    날 도려가소데려가소 날 도려가소 저 동서가 날 도려가소

    등장50)가세 등장가세 하느님전 등장가세

    '물ᄀ렛 소리'는 말을 이용하여 곡식을 도정하며 불렀던 노동요다. 사람의 힘으로 돌릴 경우 '이여싸나 이여싸나', '엉허야~' 소리를 내고, 마소를 이용할 경우는 '어러러', '어러렁떠리렁' 반복하여 후렴한다.

---

50) 등장=백성들이 지방 수령이나 국가권력에 어떠한 사실에 대해 호소하기 위해 청원서를 제출하는데, 그것을 소지所志라고 했다. 청원서는 소지 외에 의송議送, 단자單子, 원정冤情, 등장等狀, 발괄白活 등 여러 종류가 있다. 등장은 지역 사회의 유림이나 친족 집단 또는 마을구성원 등 다수의 사람이 집단적으로 어떠한 사실에 대해 청원請願할 때 쓰였다. 등장문서는 조선후기에 많이 나타난다.

허야두리 산이로구나 그렌고래보난 지남석자석이여
초불 두불 다 골아가도갈아도 쓸쌀이쳐도 안 나는 구나
앞체 중체 다 들어도 조반朝飯 고슴도량 안 나는 구나

22

ᄒᆞ를 밤이 밀 닷 말 ᄀᆞ난 :
맷돌노래, 맷돌 가는 노래, ᄀᆞ레 ᄀᆞ는 소리

제주여성들의 대표노동요인 맷돌노래는 '맷돌 가는 노래', 'ᄀᆞ레 ᄀᆞ는 소리'라 한다. 맷돌노래는 보리나 조 등 곡물을 갈기 위해 맷돌을 돌리며 부르는 제분노동요다. 곡식을 빻거나 가루로 만드는 일을 할 때 부르던 노래라서 '제분요'製粉謠라고 한다. 힘이 적게 들고 긴 시간동안 적은 인원에 의해 이루어지므로 개인적인 감정과 정서를 풀어헤친 문학성 뛰어난 사설이 전개되며 그 종류가 많다.

마당에서 맷돌 가는 모습(사진 : 제주특별자치도)

이를 제주민요 연구 1세대인 故 김영돈 교수님은 자립과 근면의 노래, 팔자와 한탄의 노래, 사랑과 원한의 노래, 시집살이 노래, 집안노래, 경세警世의 노래, 꿈의 노래, 신앙과 풍토의 노래로 구분지어 정리하였다. 이에 따라 이 글에서는 우선 전체 가사를 음미하고 나서 자립과 근면, 팔자와 한탄, 사랑과 원한, 시집살이, 집안, 경세, 꿈, 신앙과 풍토 순으로 작성하려 한다. 먼저 사설 중심으로 풀어갈 예정이다.

일단 가사를 여러 번 음미해봐야 한다. 그러다 보면 지난한 삶의 질곡은 물론 해학諧謔과 풍자諷刺가 심사深思를 붙잡는다. 페이소스pathos 까지, 그 상상과 창작의 무한함이란. 전체를 다 해석하지는 못하고, 중간 중간 강렬한 부분만 발췌하여 풀어보았다.

"팔자 나빠 구월에 나니 국화꽃을 내 벗을 삼아 우는 이 눈물이로구나. 밤에 와 밤에 가는 손님 어느 마을 누군 줄 알리. 올레 밖 청버드나무에 이름이나 쓰고 가소"

이여 フ레맷돌 フ들베고들빼굴앙갈아 즈녁저녁이나 붉은밝은때 ㅎ라하라
우리 어멍엄마 날 낳을 적인 전싱전생 궂게나쁘게 날 낳은 어멍
팔재팔자 궂언나빠 구월에 나난낳으니
국화꼿도국화꽃도 나 벗을 삼앙삼아 우는 것은 눈물이로 고나
밤이 오랑와서 밤이 가는 소님손님 어느 フ실마을 누겐누군줄 알리
올래 배꼇디밖에 청버드남나무에 이름 셍멩성명이나 씨고쓰고 가소

나주 원님은 나주 자랑ㅎ네하네 호조 판순판사는 호조 자랑이여
지주 원님은 선새 자랑ㅎ네 벨도진은별도진은 돈지 자랑 조천진은 국매 자랑ㅎ네

벨방진은별방진은 소섬우도 자랑이여 수산진은 청산 자랑
서귀진은 소남 자랑이여 대정원은 가파도 자랑 멩월진은명월진은 대 자랑
　이여

이엿이여도말은 말고나 가게 이엿말 ᄒ민하면 나 눈물 난다
ᄉ랑사랑 ᄉ랑 나 놀던 ᄉ랑 간간 놀 젠놀려고 놈이남의 첩 드난드니
어디 간간 나 놀아서니 놈이 첩광첩과 소낭잇사나이
ᄇ름바람 소린소리는 나도 살을메살길 웃네없네
지서멍광 오롬엣오름에 돌은 둥글다도뒹굴다가도 살을메살 방도 난다

ᄒ릇하루 저녁 밀 닷다섯 말 ᄀᆯ안갈아 주역 삼 메 다섯을 ᄒ난하니
씨아바님시어버님 두 개를 디리곡드리고 씨어머님 두 갤두개를 디리곡
ᄒ나하나 남은 건 임 반착반쪽 나 반착

전처 소박 양첩ᄒ양첩한 임아 대천바당 흔가운디한가운데 들엉들어
ᄀᆯ를가루일엉 들진달진밤 새게 ᄀ레고래ᄒ영하여서 날 보내어 두엉두어서
올만네경을 만큼 여기서, 오리라 여겨서 지드리더라기다리더라 임도 나를 생각ᄒ
　는지하는지 내 혼자 짝ᄉ랑짝사랑이냐

"하루 저녁 손님이 다녀간 후 아이를 임신하여 낳고 보니 아들이로구
나. 그 아기 점점 자라 물 아래 옥돌 같고 제비 아래턱 같고 옥고름
밑에 민화소요 댕기 밑에 풍기소로구나"

"어머님아 어머님아 남의 집 아이들은 아버지가 있는데 나는 왜 아버
지가 없어요? 어머님 하시는 말씀 홍洪가라 하더라마는 아버지는 안 오
신다."
"동이바다 암전복 따고 서이바다 숫전복 따다 부모님께 미음 끓여

낭푼양푼 가득 가져가니 며늘아가 아들애기는 어쩌면 좋을까, 어머님아
그 말씀 마세요. 나도 그 생각을 하면 대천바다 한이 없습니다"
　"옷고름 없는 저고리입어 서울이라 들어가니 '〼지고름'은 시원한 바
람 맞고 있더라"

흐릇 〼녁저녁 시손님이 오란 가고 난에 아기를 배연왔다 가고 나서 아기를
　　임신해 낳고 보난보니 아덜아들이로고나
아방아버지 〼지차지 못흐엿고나못하는구나
어떤 학재학자 넘어 가단가다 새시세 사름이사람이 뎅겨시문다녔으면
삼수벤이삼수변에 흔가지한가지 공흐니공하니 넙을넓을 홍재홍자 분멩도분명 흐
　　다하다
그 아기가 점점 〼라나난자라나 물 아래에 옥돌도 긑으곡같아 보이고
제비생이제비 알특도알턱도 긑으곡
옥곰옥고름 밋디밑에 민화소요 댕기 밋디 풍기소로고나

어머님아 어미님아 놈이 집 아이덜은아이들은 아바지가아버지가 잇는디있는데
나는 무사왜 아바지가 엇어없어
어머님이 흐시는하시는 말씀 홍가라고 흐거든마는하더라마는 아바지가 아
　　니 춫아온다찾아온다

동이와당 암춤북암전복 떼곡떼고 서이와당 수춤북 떼언떼어
부모님게 미음을 끌언끌여 낭푼양푼 〼득가득 〼져가져 가난가니
아가 아가 메눌머눌아가 아들아들 아긴아기는 어떵 흐민어떻 하면 좋고
어머님아 그 말씸말씀 맙서마세요 나도 나도 생각을 흐민하면
대천 바당 흔이나한이 엇수다없다

가시오롬 강당장 칩의집의 시콜벵이 새글럼서라띠 풀고 있더라

먼첨나고먼저고 말쩨난나중에 난 동싱동생
우알을위아래를 못춪안못찾안 헤매없더라헤매고 있더라
흔숨산에한숨산에 남을나무를 비언베어 수심산에 집을 짓언지어
흔숨 수심으로 앙토를 싸고 눈물로랑 베겔베게 싸고
이벨이별이란 말이 웬 말인가
흔 술한살 두 술두살 철을 몰란몰라서 부모 은혜 못 가팟더니갚았더니
이삼십이 건당흥난건강하니 태산굍은태산같은 벵이병이 들언
춪는찾는 것은 냉수로고나 부르는 건 어멍어머니이여
밀쓸밀쌀로랑 저고릴 흥연만들어 좁쌀로랑 동전을 돌인달라
곰이옷고름이 웃인없는 저고릴 입언입고 서울이옌서울이라고 들어를 가난가니
  즛지고름은 건불렴시원한 바람 맞다서라

울멍울며 밥을 손으로 먹언 무정흥난무정하니 성 아니진다
우리 어멍 무덤인무덤에 가난가니 당배추가 어랑어랑흥네어랑어랑하네
다십어멍새엄마 무덤인 가난 쏜 ㄴ물나물이 개똥을 칠흥연칠하여서
이엿 말랑말라 말아근가라말아라 어떤 어멍 낳은 아긴아기는 팔제팔자 좋안
  잘도 나사는고나서는고
우리 부몬부모는 날 무사왜 나근낳아서 밤낫밤낮으로 눈물이 난다

　"소라 같은 시아버지에 전복 같은 시어머니에 두드럭고둥 같은 시동생에 용치놀레기 같은 시누이에 문어 같은 남편에 어찌하면 나 살아갈고. 시누이야 거드름피지 말아 너도 언젠가는 시집간다."
　"약탕관에 불 걸어두고 새벽달 찬바람에 도망가네. 대전통편大典通編 목 베일 년아 병든 가장 생각 말고 어린자식 생각하면 찬바람에 도망갈 수 있나"

　구젱기굍은소라같은 씨아방에시아버지에 전복굍은 씨어멍에시어머니에

메홍이두드럭고둥곹은 씨동싱에시동생에 코생이용차놀레기곹은 씨누이에
뭉게문어곹은 남편네에 어떵ᄒᆞ민어떻하면 나 살아지코살아갈고
씨누이야시누이야 씨가렁거드름말아 느도너도 가민가면 씨집을 간다

대한민국 오대산은 두만강과 할로산이한라산이 지리산을 놓안놓아서 오대
　산이여
두만강광두만강과 낙동강물이 대동강광대동강과 한강이로고나
진주도사 남강을 놓앙놓아 오대강이라고 ᄒᆞ옵니다하옵니다
지주섬은제주섬은 탐라국이여 할로산이 생겨나서
이 언덕 저 언덕 이 굼부리 저 굼부리
아흔아홉 굼부리 뒈기됐기 때문에 범도 왕도 못 낫수다나왔습니다

잇날옛날 잇적옛적 목ᄉᆞ님네목사님네 때에 영천이 목ᄉᆞ님51)이 들어오션
해주실 적이것이 뭐이냐고 물언물어 짐녕ᄉᆞ굴김녕사굴에 구렝이구렁이십니다
해해마다 처녀 ᄒᆞ나썩하나씩 먹읍니다
영천이 목ᄉᆞ ᄒᆞ시는하시는 말씀 나졸 군술군솔 다 거느려다
총광총과 활을 다 준비ᄒᆞ연준비하여 짐녕ᄉᆞ굴에 등대를 ᄒᆞ니허니
무당 불런불러 처녀를 놓안놓아 처녀 주마 ᄒᆞ저서 나오라
구렝이가 웃하늘에웟하늘에 세붙이고혀붙이고 알특아래턱은 땅에나 대언대어
처녈처녀를 먹젠먹으려 ᄒᆞ고나하고 잇네있네 영천이 목ᄉᆞ ᄒᆞ시는하시는 말씀
성방 이방 나졸님덜나졸님들 총활을 쏘게 총광총과 활을 쏘앗더니

---

51) 1513년, 이곳에 부임한 판관 서린徐憐이 주민을 괴롭혀온 구렁이를 용감하게
　　없애버렸다고 한다. 동굴 입구에는 판관 서린의 추모비가 있다. 김녕굴과 만
　　장굴은 하나의 화산 동굴계에 속하고 있었으나 후에 동굴 천장이 함몰되어
　　두 개의 동굴로 구분된 것으로, 거문오름 용암동굴계에 해당한다. 동굴들의
　　총 연장은 15.798m이고, 김녕굴의 총길이는 705m이다. 1962년 12월 3일에
　　1,086,157㎡ 면적의 '제주도 김녕굴 및 만장굴'이 천연기념물 제98호로 지정되
　　었다. 2007년에는 유네스코 세계자연유산으로 등재되었다.

무신영이란 아니나 죽으리 죽고 나니 나졸 군속 들어온다

ᄀ으니 ᄆ를고으니 마루 동산에 오건 뒤ᄒᆞᆯ뒤를보지 말라 ᄒᆞ엿더니하였더니

성방 혼분한 분이 뒤돌아 보안 관대섭에관대깃에 피가 붙엇구나붙었구나 아

　덜님이아들님이 죽엇구나

그 뒤ᄒᆞ론뒤로는 지주가제주가 펜ᄒᆞ연편하여 잘도 살아가십니다

정의멘정의면 열루니열온, 열운란 바당의

　궤짝이 바당에 떠오란떠올라

건전 보난건져 보니 처네처녀 총각이 들엇

　구나

열루니온평리 웃ᄆᆞ실윗마을에 논이 잇언

　있어서 그 논 밋디간밑에가

씨집시집 장갤장가 보내언보내어서 그 논

　이름을 혼인지52)이라 ᄒᆞ옵니다하옵

　니다

할로산은한라산은 멩산이명산이 뒈연되어

　이 굼부리 저 굼부리

이 언덕 저 언덕 다 굽어봐도 멩산이로고나

관광객덜이관광객들이 오문오면 할로산 출입 성산일출 ᄃᆞᆯ귀경달구경 가곡가고

열루니에 혼인지 귀경구경 짐녕ᄉᆞ굴에김녕사굴에 귀경을 갑니다

판관 서린 사적비
(사진 : 한국관광공사)

---

52) 제주특별자치도 서귀포시 성산읍 혼인지, 아득한 옛날 세 신인은 황량한 들판
에서 사냥을 하여 가죽옷을 입고 고기를 먹으며 살았는데, 하루는 자줏빛 흙
으로 봉하여진 나무함이 동쪽 바닷가에 떠밀려와 이를 열어보니 그 안에는
돌함이 들어 있었다. 돌함을 열었더니 푸른 옷을 입은 세 처녀와 송아지·망
아지와 오곡 씨앗이 들어 있었다. 이 세 여인은 벽랑국의 공주들로, 세 신인
은 나이에 따라 세 공주를 맞아 혼인지에서 목욕하고 혼례식을 올렸다고 전
해진다. 그 때 나무함이 발견된 곳은 온평리 바닷가 '쾌성개', 이것이 떠오른
곳을 '황루알'이라고 함.

가문가면 가곡가고 말며는말면 말지 초신 신고서 씨집을시집을 가나
부모 읍는없는 즈식이자식이 돼난되니 가련ᄒ고가련하고 적막도 ᄒ네하네
남선비도 제옥 은깐에약은 깐에 아덜아들 일곱 성제형제애 내엄서라

가긴 ᄒ문하면 만나건 마는 나 즈유자유 읏인없는 때문에
눈에 솜솜 어리는 어머님 언제나 만낭만나서 실토정ᄒ리투정하리
질초 멩천명천 곤룡포 장시장사 곤룡포 폴레팔러 나오란 보나나와 보니
도둑놈이 엿 보암엿보고 서라있더라 득이닭이 울거든 득이엥닭이라 말라
득은 보난 인득사람닭이라라 이녁너네 부모가 잘살아시문잘 살고 있으면 이여
　　도ᄒ라

어린 즈식자식 떼여나 놓곡놓고 빙든병든 가장 살릴 적이때에
약탕관에 불 걸어두고 새벅둘새벽달 춘ᄇ름찬바람에 도망을 가네
대전통펜대전통편 목빌목베일년아 빙든 가장 생각을 말고
어린 즈식 생각을 ᄒ문하면 춘ᄇ름에 도망질 가나
질곳길가 집의 도실낭복숭아나무 싱건심어
씨냐쓰냐 드냐다냐 맛볼 인 셔도있어도 지녕 살인 ᄒ나도하나도 읏네없네 먹어
　　보라
대접엣 물가 먹어 보라 시접엣 물가 서울 물은 흔같은 맛이라라
간댕간다 ᄒ문하면 내 어딜어디를 가리 이엿 말에 나 눈물 난다
우리부모 이여도 섬이 살안살아서 죽언보난죽어보니 이여도 생각

| 맷돌노래 제주시 삼도동 |

날랑은나를 낳은 어머니 날랑은 날 무시왜 낳안고낳았을고
가난ᄒ고가난하고 서난흔서난한 집의 씨녁을시집을 들어완 보난들어와 보니
흐를하루 밤이 밀 닷 말 フ난가니 주역 삼메를 다섯을 받안받아
씨아바님 둘 드려두고 씨어머님 둘 드려두고 님과 나는 반착반쪽이로
　　고나

씨동생은 아니 주어부난주니까 눈 벨르고발리고 입 삐쭉 흔다한다

| 맷돌노래 제주시 삼도동 |

"씨앗이라 싸우러 가서 보니 갈은 밭에 메꽃 같이 희번득이 앉았더라. 내가 봐도 요만큼 고운데 임은 얼마나 좋을까", "앞문으로 받은 편지를 뒷문 열어 보니, 씨앗 잡년이 죽었다는 편지, 쇠고기 반찬에도 못 먹던 밥이 소금만으로도 잘 넘어 가더라"

간간간간이 놀 젠놀려고 놈의남의 첩 들언 어디 간간 놀아니 흔다한다
놈의 첩광첩과 소낭기소나무 브름은바람은 소린소리는나도 살을메살길 읏나없나
전처 소박 양첩흔양첩한놈은 대천바당바다 가운디가운데들엉 들 진달진밤을
    새는구나

벵든병든 낭군 눅져눕혀 두곡두고 약탕관에 불 걸어 두곡
어린 즈식자식 줌들롸잠들여 두엉 새벽둘새벽달보멍보며 줄도망 가는 년
대전통편 내여노앙내여놓고 목 벨 년이 뒈는되는 구나

이여 방에랑방아랑 ᄀᆞ들베고들베 굴앙갈아 즈녁저녁이나 붉은밝은 제흔다때
    한다
본데 즈녁저녁 어둑은 집에 오늘이영오늘이라고 붉은밝은 제 흐리때 하리
ᄀᆞ랑가라 좁쑬좁쌀 니엇이없이 먹으멍 놈이 어멍어머니 말읏이없이 살라

씨앗이옌시앗이라고 튿으렌싸우러 가난가니
갈은 밧디밭에 메마꼿메꽃 굳이같이 희번듯이 나앚아서라앉았더라
나여히에나에게도 요만이이만큼 고우난고운데 임여히엔임에게는 얼메나얼마나
    좋으카좋을까

앞문으로 받은 펜지를편지를 뒷문으로 열려열어 보난보니

씨왓 잡년이 죽엇다고 펜지를 받으난받으니 씨왓 잡년이 죽엇젠 펜지 받
　　으난

쉐궤기쇠고기 반찬에도 못 먹던 밥이 잘 넘어 가더라

무신어떤 벵에나병에 죽엇더냐 나력벵에도나병에 죽엇더라

이여도ᄒᆞ라 그년 저년 잘 죽엇더라 이여이여

이여도ᄒᆞ라 못 ᄒᆞ겟네못하겠네 못 ᄒᆞ겟네 주색잡기는 못 홀려라

ᄒᆞ를하루 밤을 건나건너 보난보니 내 돈 천 냥이 간 디간데도 없더라

요 물 아렌아래는 은광금이 끌 렸건마는깔렸건만 은광금은

소용이 웃어지언없어지네 ᄌᆞ석자식 벳긴빼긴 보배가 웃다없다

울동 불동 저기 천왕사 보아라 우리도 죽으민죽으면 저기 저 모냥양 저
　　꼴이 됀다된다

대천 바당의 치웃인키없는 배를 노난 풍파는 만나지난 이것저것도

못등 기언못당기어 이연중감중 나무아미타불 이여이여

어멍어머니 신디있는 라근에곳에는 날 가렌가라ᄒᆞ난 청대섶잎에랑 춘이실지
　　언찬이슬지어 늘개가날개가 젖언젖어서 못 늘더라못날더라

다심어멍계모 개년의 ᄯᆞᆯ년딸년 검은 공ᄌᆞ공조, 눈자위는 개 주에 두언주어 두고
　　흰 공ᄌᆞ흰자위로 날 베리더라버리더라

궂인 궂인 나 어멍 신 후젠후에 곤곤 놈이 어멍 웃어도없어도 산다

멩사십리명사십리 해당화야 꼿이꽃이 진다고 서러움을 말아

오는 멩년명년 요 때만 오민오면

멩사십리 해당화는 흔 번한 번 다시나 오건마는

우리 인생은 흔 번 가민가면 다시 돌아 못 올 우리 인생이여

무사 못 오던고 이여이여 물이 짚언깊어 못 오던가

산이나 높안높아 못 오던가 걷지걷기 싫어서 못 오던가
물이 짚어서깊어서 못 오시거든 연락선 타곡타고 건너나 오심

가시 오롬 강당장 칩이집에 숭시흉사재훼를 디리젠ㅎ난들려하니
시콜방에도 새글럿더라 튼은뜯은 득도닭도 삼십릴 가고
벳긴벗긴 개도 옹공공이 주끄더라죽더라 이여도ㅎ라

| 맷돌노래 제주시 삼도동 |

"이 년아 저 년아 요 잡년아 볶아 버릴까, 지져 버릴까, 방아혹에 빻아
    허풍바람에 불려 버릴까"

질긋길가 집의 도실낭복숭아나무 싱건심어 씨냐시냐 드냐다냐 이여도ㅎ라
맛 볼 인 하서라많더라 마는 물을말을 타고 꼿밧디꽃밭에 드난드니
물말 발마다 상내가향내가 난다

진진긴긴 담배통 즈른즈른짧은 담배통 물어나 앚앙앉아 소리나 ㅎ라
빙든병든 낭군 눅저나눕혀 두엉 약탕관에 불때여 두곡
우는 아길 떼여 놓곡 빌레너럭바위53)에 쉐도쇠도 매어 두엉
이 년아 저 년아 요 잡년아 볶아나 불카 지저나 불카볶을까
방앳 혹에나 뺏 아근빻아 허풍 브름에나바람에나 불려 불카

밀 닷다섯 말을 굴안갈아 주역 삼메 맹글안만들어 씨어머님 두 개 씨아바지
    두 개
먹다도 안네단드리다가 남은 건 우리 두갓이부부 ㅎ나하나 시난있어

---

53) '빌레'는 제주말로 '너럭바위'를 뜻한다. '넙은빌레', '빌레못', '답단빌레' 등은 여
기에서 유래한다. '빌레'의 표준형은 '별내'로 비탈을 뜻하는 '별'에 '장소' 또는
'물'을 뜻하는 '내'가 합쳐 된 말이다.

반드기반듯이 벌런나눠 먹엇고나　　　　　　 | 맷돌노래 제주시 삼도동 |

이여 ᄀᆞ레맷돌 ᄀᆞ들베 굴앙갈아 마의 정당 쒜정당 줄에
ᄌᆞ녁이나저녁이나 붉은밝은 제ᄒᆞ라패하라 발을 걸련에걸려서 유울엄서라올고
　　있더라
ᄒᆞ를하루 ᄎᆞ녁저녁 밀 닷 말 굴안 ᄀᆞ레ᄀᆞ레도사 지남석자석 ᄀᆞ레
시아바지 둘 드리고 ᄀᆞᆯ아가도 지남석자석이여 시어머니 둘 드리고
질ᄀᆞᆺ집의길갓집에 도실桃實낭복숭아나무 싱건심어 임광임과 나는 ᄒᆞᆫ한 착 썩씩
　　이여
ᄒᆞᆫ 일한 일이나 도웰도울 인 읏다없다
　　　　　　　　　　　　　　　　　　　 | 맷돌노래 구좌읍 동김녕리 |

나 놀레노래랑 물 넘엉넘어 가라 이연이연이연 이여도ᄒᆞ라
산넘은딘산넘은데 아방이 산다 나 놀레랑 산이나 넘엉가라 물 넘은딘 어
　　멍이 산다
둑은닭은 울민울면 날이나 샌다 요둠비두부도 굴앙도 아들아들 폴젠팔려고
　　ᄒᆞ난하니
나 놀레랑 놀레노래 불렁불러 요 ᄀᆞ레고래 ᄀᆞᆯ자갈자

아이고 ᄀᆞ레도 싀상세상에도 ᄀᆞ뭇금 틀아지멍틀어지며 게 먹없고나먹고 있구나
요 ᄀᆞ레 ᄀᆞᆯ아그네갈아서 동네 근방 상방에 지젠 어느 무슨 소상에 떡 ᄒᆞ렌
　　하랜 ᄒᆞ여시라하였어라 정도그렇게도 못 ᄌᆞᆫ디게견디게 ᄒᆞ렌도하라고 ᄒᆞ여시
　　라
잇날옛날 식式은 무사 벗어나지 못ᄒᆞ연못하여 요 노릇 ᄒᆞ렌도하라고
누게가누가 ᄒᆞ여신고하였는가 ᄌᆞ청ᄒᆞ영조청하여 제관 앞이앞에 들어간 무시왜
　　아념서도안했어도 이여도 ᄒᆞ라
　　　　　　　　　　　　　　　　　　　 | 맷돌노래 애월읍 광령3리 |

"이여도 소리 하지마라 나 눈물 난다. 대로大路 한길 노래로 가라.
노래 모르는 애기들아 아어 어어 애기들아. 나에게 배우러 오라"

이여이여도 소리 나 눈물 난다 눈물이 난다
대로 흔질한길 아어어어 놀레노래로 가라
놀레 모른 애기네 덜아 아어 애기네 덜아 나신더레나에게 배우레배우러 오
　라

배옥선관 마이관 소낭나무 아어어 마이관 소남
지언지어 보난보니 아니 오더라 아니 오더라 아니 오난오니
새골른 방에방아영 어어어 지언 보난 아니 오더라
자리알로 절 오람서라 아어어 절 오람서라오고 있더라
절이노라 삼성제 절은 아어 울러오난 무서웁더라
무쉐무쇠 간경 녹아가리여 아니 녹안녹아서 전이 말이여
전이 만썩만썩 날만썩 삶이사삶이야 여느 여이랑 둥기영당기어 사는니

| ᄀ레ᄀ는 소리, 서귀포시 상효동 |

23

요 쉐 저 쉐 놀던 쉐야 혼저 걸라 :
밭가는 노래, 밧가는 소리

 어느 TV 자연 다큐멘터리에서 보니, 가위개미는 무려 5,500만년 동안 이나 농사를 지어왔다고 한다. 중남미 열대에서 아래턱뼈를 가위처럼 사용하여 식물 잎을 뜯어다 버섯에게 먹이며 버섯을 길렀다. 이에 비해 인류가 농경을 하며 산 기간은 고작해야 1만여 년에 지나지 않는다.

 현생인류는 크게 농사 지어본 사람과 안 지어본 사람으로 나누어진 다. 농사 지어본 사람은 다시 밭 갈아본 사람과 안 갈아본 사람으로 나누어진다. 그 중 단 한 번도 밭은 안 갈아 봤지만 한번이라도 농사를 지어본 사람은 밭갈이 중요성을 누구보다 잘 안다. 그런 분이 가장 두려 워하는 사람이 바로 밭은 갈아 봤지만 씨는 안 뿌려본 사람이다.

 우리 아버지는 일곱 형제 중 셋째이며 아들형제 중 둘째다. 중학교 졸업 이후 공부하러 집을 떠나 타지를 전전하셨다. 이후 군 생활, 교직 생활 하시느라 다른 삼촌들에 비해 집안 농사일이 서툴고 적성에도 안

맞으셨던 거 같다. 그래서인지 할머니가 생전 하신 말씀이 "느네 아방이 제일 밭 못 갈아 낫저. 밭에 금만 긋으멍 쇠만 얼 메이고" 밭에 금 긋는 정도로 밭을 깊게 갈지 않았다는 말씀이다. 덕분에 밭가는 소만 엄청 고생했고. 할머니와 두 분 고모는 아버지가 허술하게 밭 갈은 덕분에 뒤 쫓아 가며 '골갱이'로 다시 밭을 일구느라 두 배로 고생하셨다고 한다. 그래도 아버지가 돌아가셨을 때 두 분 고모님이 누구보다 슬퍼하셨다. 단순히 형제라서가 아니라 공유한 경험치가 흙냄새 나서 그랬던 거 같다.

일반적으로 농학에서는 밭 갈기가 중요하다. 살아 있는 흙이 식물을 살리며 흙은 기상공기, 고상무기물, 액상물이 같이 공존한다. 우리나라 흙은 산성인 데다가 유기물이 적고 양분 저장량이 적으며, 흙이 거칠어 비료손실이 많다. 산성흙은 규산이 많이 들어 있어 농사가 잘 되지 않는다.

흙 알갱이들이 똘똘 뭉치면 식물이 잘 자란다. 잘 뭉쳐진 사이사이 큰 틈이 생겨 그 틈새로 공기가 통하고 물이 간직되어 뿌리가 뻗는다. 겉흙이 딱딱하면 물과 공기가 흙 속으로 잘 들어가지 못한다. 속흙이 딱딱하면 뿌리가 잘 내리지 않는다. 그래서 밭을 갈아주어야 한다. 또한 쟁기가 단단해진 땅을 갈아 엎어주면 흙덩어리가 생긴다. 이 덩어리를 잘게 갈아 가루로 만들어주는 작업이 로터리 치는 일이다.

'띠밭'을 일굴 때 따비를 이용하여 띠를 일구거나 혹은 황소 두 마리를 하나의 쟁기에 종, 횡으로 메우고 '저리왓 갈이'저릿쉐' 밭갈이를 한다. 땅이 띠의 뿌리로 얽혀 탄탄하게 굳혀져 있어 소 한 마리로는 힘에 부치기 때문에 소 두 마리를 이용해 밭을 간다.

밭가는 소(사진 : 제주도민일보)

'밭가는 노래'(밭가는 소리)는 쟁기를 가지고 소나 말을 이용하여 밭을 갈
때 부르던 노래이다. 노래보다 인간과 동물 사이의 교감신호라 할 수
있다. 사람과 우마와의 대화가 사설조로 나타난다.

이 쉐야쉐야 돌아사라돌아서라 어허허 어허어~
앞짝을 노앙놓고 뒤짝을 기여 여허 요 일을 ᄒᆞ고하고 가자
곧은 질로길로 고붓고붓 둥이멍당기며 어허아
중심 내여 하고 다 가는고 간곡 간세게으름랑 절로 두곡그대로 두고
요 일을 ᄒᆞᆫ는하는도다 아이고 밧도밭도 몰라말라 어찌 ᄒᆞ여하여 갈소냐
간곡 간세랑 절로두나 요일을 ᄒᆞ여나하여 보자 말을 들어사들어야 ᄒᆞ느니라

이쉐 저쉐야 졋눈으로곁눈으로 실긋실긋흘깃흘깃 ᄒᆞ 지마랑하지말고
고불고불 ᄒᆞ라해라 어허여라
어느 날랑 요 일 ᄒᆞ곡어느 날에 이 일을 하고 날인 날 요일을 홀디할래
성이 얼만얼마나 가실소냐 너는 간세를 안ᄒᆞ연안하여
일을 잘ᄒᆞ여야잘해야 먹고 생활을 ᄒᆞ느니라하느니라

살자 ᄒ니하니 고생이오 죽자 ᄒ면하면 청풍이 되느니라
춘하추동 사시절은 해년마다 오련마는 도
요 일을 ᄒ실라면하실려면 놀레노래 불렁불러 날을 새여 가는구나
그리저리 ᄒ염시난하다보니 작업도 ᄒ여하여지는구나

| 밧 가는 소리, 안덕면 덕수리 |

* 고븟고븟 = 걸음걸이가 정확하고 빠르게 가는 모양

"살자 하면 고생이오 죽자 하면 청풍이 되느니라", '생즉필사生則必死 사즉필생死則必生'과 비슷한 대구對句이다. '생즉사 사즉생', 1597년 이순 신장군이 명량대전 하루 전 군사들에게 당부한 말이다. 세상사 마음먹 기 달렸으니, 전쟁이든 농사든 모든 일에 죽기 살기로 열심히 해야 한다 정도로 이해하면 될 듯하다. 한편 평생 교직에 계셨던 우리 아버지가 정하신 우리 집 가훈은 "운동 삼아 일하고..." 이었다.

'밭가는 소리'는 '밭가는 흥애기 소리'라고도 한다. 소에 쟁기를 매고 밭을 갈 때 부르는 민요이다. 제주도 밭은 일반적으로 중산간 지역부터 해안가까지 이어지고 있다. 중산간은 '띠밭'이라 농사짓기 어렵다. 해안 가에 인접한 지역에서는 주로 밭농사가 이루어졌다.

제주도 밭에는 돌이 상당히 많다. 그래서 쟁기로 밭을 가는 작업은 상당히 힘든 노동이었다. 따라서 밭가는 소리는 그 어려운 노동을 노래 로 승화시키려고 나온 민요라 하겠다. 이 민요는 가락적인 흐름이 분명 한 노래라기보다 리듬성격이 강한 노래라 할 수 있다. 밭에 돌이 많기 때문에 밭가는 사람이 긴장하게 되고, 소를 부리기 위해 고함치게 된다. 그 과정에서 부르는 민요가 선율적으로 유연하게 불려질리 만무하다.

그리고 혼자서 밭 갈기 때문에 사실상 이 민요는 혼자 불렀다고 여겨진다. 따라서 즉흥성이 강한 자유리듬이 나타난다.

> 머식게 앞선 요녀리쉐요 녀석 쇠 바로 상서서 등기라당겨라
> 욮 댕옆댕머리 맞기 전에 올라상올라서 등겨 보라
> 이식게 앞 선 옷 요럿쉐 어섯 웬쪽더레왼쪽으로 돌아상돌아서 등기라
> 문닥 문닥 괄괄 잘도 등긴다
> 서바당이 와왁캄캄허여네 눈주제가 오람직올거 흐고나같구나
> 머식게 앞 선 요럿쉐 어섯 요 쉐 저 쉐 놀던 쉐야 흔저서 걸라
> 요렇게 갈기 좋은 밧밭 값이사가는거야 무슨 힘이 드느니
> 쟁기 좋고 벳보섭도 좋아 벙에가덩어리가 요 코지레 번들번들 넘어가게
> 중긋중긋 중긋 등겨 보라 욧 요럿쉐 앞 선 욧석 머식게
>
> 요 밧은 작지도자갈도 지깍허고가득하고 알밧은 밧임에
> 소리에 맞추왕맞춰 중긋 중긋 등겨 보라
> 재게빨리 가젱가려고 무둑질 흐민하면 쟁기도 들러퀴곡날뛰고
> 장남소 모는 남자도 얼먹는구나고생한다
> 요놈의 쉐야, 재게빨리 가젱가려고 허지 말앙하지 말고 끄덕끄덕 등겨 보라
>   머식게 앞선 욧 요럿쉐
>
> 요 놈의 쉐 끈끈 등겨 보라 쟁기 좋고 벳도볏도 좋곡좋고 흐니
> 흑밧흙밭이 미끈미끈 넘어가게 중긋 중긋 등겨 보라 이식게 앞선 요 쉐
> 글라가자 글라 흔저 글라 요 녀석아 벳볏 그뭇금이 번득번득허게 쑥쑥 등
>   기라
> 동서러레동서로 갓다 왔다갔다 왔다 허단하다 보난보니
> 밧도 다 갈아 겼구나지는구나 밧 다 갈아겼 저갈아진다

| 밧 가는 소리, 애월읍 유수암리 |

* 머식게머식 = 소 모는 소리, 이식게이식 = 소 모는 소리

제주에서 소를 부릴 때 '왕~'이라는 말을 사용한다. 소를 멈추게 하고 빨리 가라고 할 때 '서시계', '어려려려' 등의 소리를 한다. 이러한 언어사용이 밭가는 노동의 연행連行상황과 연결되면서 점차 노래로 변모했다고 할 수 있다. 이 민요사설에 밭가는 사람이 소를 부릴 때 사용하는 말들이 자주 나타난다. 그 밖의 사설들은 소에게 이야기하듯 '일 잘해달라'며 달래는 내용이 많다. 그러나 일반적으로 밭가는 소리 사설은 풍부하지 못하며 즉흥적으로 처리되고 있어 내용연결이 애매하다. 또한 밭가는 내용과 관련된 노랫말이 대부분을 이루고 있지만, 소에게 말하듯 하는 대화체 사설이 자주 나타난다. 사설연결이 즉흥적이라 앞뒤가 잘 연결되지 않는 경우도 있다.

이 민요는 혼자서 선소리격인 즉흥가락을 먼저 부르고 나서 '어려려려' 같은 여음餘音가락을 뒤에 붙인다. 한 개의 짧은 프레이즈를 즉흥적으로 변형시켜 나가는 형태의 민요라 할 수 있다. 그 길이는 매우 유동적이고 즉흥적이어서 서로 다른 선율구조로 나타나기도 한다. 이 민요는 우선 자유리듬으로 가창된다. 불규칙한 노동 양태와 개인요謠 성격이 강하기 때문이다. 따라서 박절拍節적인 규칙감은 거의 나타나지 않는다. 다만 소가 아무 말썽 없이 밭을 갈 경우 비교적 규칙적인 리듬이 형성되기도 한다. 속도는 대체로 보통 걸음걸이 보다 느린 속도로 나타나는데 밭가는 노동의 걸음걸이와 유사하다. 음역音域은 비교적 넓은 편이다. 감정호소 성격이 강하기 때문에 높은 음부터 낮은 음까지 사용된다.

일락서산에 해는 떨어지고 어어어허
월출동경에 달 솟아 오는 줄 모르는 이 송아기야송아지야 어헝 어어
어이고 날도 무사왜 영도이렇게 더우니 어어어허
건들건들 동남풍이 불어오는 구나 어헝 어허 돌아오라 요 송아지야 어
　　어어허
일락서산에 해 떨어지는 줄 모르는 요 송아지야 어헝 어어
어이 씩 이러 저러 돌아서라 어어어허
오늘 해는 낮아시네 깜짝깜짝 내려간다 어허 시께
이러 허어 요 송아지 저 송아지 돌아가라 어어허
어드레어디로 가느냐 질길 바르게 가야 한다. 어헝 씨
돌아가자 졸바르게똑바로 걸어가라 이 송아기 저 송아기야 어어헝 어허

아이고 오널도오늘도 어어 허어 허 이놈의 송아지야 돌아로라 오 헝 어잇
이식게 이식 쩟쩟쩟쩟 뭐싯게 이놈의 쇳 쩟쩟쩟쩟쩟 왕 왕
이러저러 가는쉐야 잘 멍에질 해야 가건 잘 돌아오라 어 어어허
요쉐저쉐 돌아오라 어어 헝 어어
이식게 이식 쩟쩟쩟쩟 뭐싯게 이놈의 쇳 쩟쩟쩟쩟쩟 왕 왕
이리저리 요쉐 밧도 잘 동긴다당긴다 어 어어허
멍에질 해 가난가니 돌아오는 구나 어허헝 어어

요쉐저쉐 가는쉐가 설랑설랑 재게도빨리도 걸어가는 구나 어 어어허
어허 이놈의 쉐야 확확 재기동경빨리 당겨 올라사라 어어헝 어어
이리저러 가는 쉐가 어어허 설랑설랑 요쉐 밧도 잘 동긴다 어허헝 어어
요놈의 멍에질에 가난 쉐도 잘 돌아 오는구나 어 어어허
이리저리 요쉐 저쉐 잘 돌아 오는구나 어어헝 어허
어허 요쉐 저쉐 잘 걸엄구낭걷는구나아 어어허
설랑설랑 걸엄구나 어어헝 허잇　　　|남제주군 우리고장 전래민요|

1601년 김상헌金尚憲의『남사록南槎錄』을 보면, "내가 밭가는 자를 보니 농기農器가 매우 좁고 작아 어린 애 장난감 같다. 물어보니 말하기를 '흙 두어 치 속에 들어가면 다 바위와 돌이므로 이 때문에 깊이 갈 수 없다'고 하였다"라고 기록되어 있다. 예전부터 제주지역에서는 주로 자갈이 많은 밭을 경작했다고 보아진다.

그래서 제주지역은 농토를 갈고 경작하는 데 효율적인 농기구로 특히 밭가는 연장이 발달하였다. 소를 이용하는 쟁기는 돌 많은 땅을 일구기에 편리하도록 만들어졌다. 손잡이는 내륙지방과 달리 양손을 이용하는 양지머리를 두었다. 그리고 소의 방향을 가름 하는 '가린석'으로 좌우방향을 조종하도록 하였다.

제주에서는 야산에 놓아먹이던 '드릇쉐'야우, 野牛를 몰아다 길들여 밭갈이나 짐 싣기 등을 익숙하게 하려는 풍속을 '쉐 ᄀ르치기'라고 한다. '부림쉐'는 '농번기에 일을 부리는 소'라는 뜻이다. 이에 반해 '드릇쉐'는 길들이지 않아 야생으로 자랐다. 때문에 일을 부릴 수 없다. 추운 겨울에는 쉐 막외양간에서 기르던 소들을 봄이 되면 야산이나 목장으로 올려 보내 풀 뜯어 먹으며 살게 한다. 대개 '다간'2살 난 소이 되면 엉덩이에 낙인烙印을 찍고 귀에 표식表式하여 산으로 올려 보낸다.

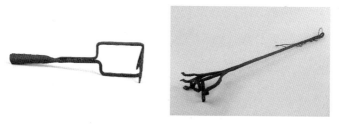

낙인찍는 도구(사진 : 제주민속자연사박물관)

송아지가 어느 정도 크게 되면 길들이기 위해 '총배'말총으로 꼰 밧줄로 잡아와서 먼저 날뛰는 소를 제압할 수 있도록 '꼬뚜레'를 끼워 고삐를 맨다. 그 다음에 한쪽 귀퉁이에 구멍 낸 넓적하고 무거운 돌을 밧줄로 묶어 소가 끌도록 한다. 처음엔 날뛰며 벗어나려 하지만 제풀에 힘이 다하면 그때부터는 주인 말을 고분고분 듣는다. 무거운 돌이 없으면 묵직한 통나무나 무거운 돌을 올려놓은 '섬피'를 대신 사용하기도 한다.

24

산범 ⟨튼 호미로 무착무착 비여나지라 :
꼴 베는 소리, 홍애기 소리, 츨베는 홍애기 소리

어릴 때 할아버지가 나에게 '믕생이' 한 마리를 주기로 약속했었다. 그 약속은 끝내 이루어지지 않았고 난 실망했다. 그러나 그간 내가 할아버지를 오해하고 있었음을 최근에야 깨달았다. 이제야 할아버지 마음을 알게 되었다. 지금 와 생각하니, 할아버지는 정말 말을 키울 여건이 되는 사람에게 그 '반려마'馬를 주고 싶어 하셨던 거 같다. 지금이야 반려동물이 보편화되었지만, 당시만 해도 개나 고양이도 아니고 젖도 안 뗀 어린 망아지를 아버지가 근무하는 학교를 따라 이사 다니던 어린 나에게 맡기기가 몹시 우려되어서 그러셨던 거라 이해한다. 그게 맞다.

지금과는 달리 예전 제주에는 말을 기르거나 소를 기르는 사람이 많았다. 목장에 올려 키우던 말이나 소가 3살 정도 되면 집으로 데려와 말과 소를 부릴 사람이나 마을에서 잘 다루는 분에게 의뢰해 마차나 쟁기질을 가르쳤다. 그렇게 해야만 쟁기질이나 마차를 끌 수 있기 때문이다.

겨울 철 소를 키우기 위해 많은 '촐'꼴이 필요했다. 비육肥肉을 전문으로 하지 않더라도 한 마리부터 많게 5마리를 한꺼번에 키우는 사람도 있었다. 그럴 경우 가족이 함께 '촐왓'꼴밭에 가서 '촐'을 장만해야 했다. 8월 추석이 지나면 겨울동안 마소에게 먹일 '촐'을 벤다. 마소 주인은 봄부터 '촐왓'에 '촐'이 잘 자라도록 관리해 두었다가 온 식구가 모여들어 한쪽 구석부터 꼴을 베어간다. 벤 꼴은 햇볕에 잘 말린 다음 적절한 크기로 묶어둔다. 이렇게 베어온 마른 '촐'은 마당 한 구석에 '눌'노적가리 눌어 두었다가 겨울철 마소에게 여물로 준다. 마소馬牛에게 먹일 수 없거나 여물 먹이다 남는 마른 '촐'은 퇴비로 사용하기도 한다.

제주도 농가의 눌(사진 : 제주도민일보)

꼴 베는 작업은 겨울철 마소 먹이를 가을철에 미리 베어 저장해 두는 일을 말한다. 농부들은 집단으로 꼴 베는 작업을 했다. '꼴 베는 소리'는 낫으로 꼴을 베며 부르는 노래이다.

두럼 흥고하고 흐어 홍 에헤 야 홍아 방아기로 놀고 간다
더럼마 더럼마 아 방아로 놀고 가라
이 동산 저 동산 개벳길 동산 홍아 방아기로 놀고 간다
두럼하고 더럼아 어허 두더리 더럼하야

요 동산 저 동산 개벳길 동산을 어허 끽 두럼하고
홍 에헤 에야 홍아 방아기로 놀고 가라 두럼산이 더러마 어허
아 방아로 놀고 가라 끽 두럼하고 이힛 두럼산이 더러마야
아 방아로 놀고 가라 끽 그 구석 저 구석 다 비어베어 간다
이 고비 저 고비 상장 고비로고나 방아로 놀고 가라

| 촐비는 소리, 애월읍 장전리 |

'촐'을 베는 낫에는 보통 쓰는 낫과 진긴 낫 두 가지다. 서부지역은
'촐왓'이 넓지 않아 날 길이 20cm 내외, 폭은 3cm 내외 짧은 낫을 사용
하여 앉은 자세로 '촐'을 벤다. 동부지역 드넓은 목장 밭에는 날 길이가
큰 '장 낫'을 휘둘러 '촐'을 베었다. '촐'을 벨 때 사용하는 농기구가 다르
기 때문에 작은 낫인 호미를 사용하는 지역의 노래와 긴 대 낫을 사용하
는 지역의 노래가 다소 다르다. 긴 낫을 사용하는 지역의 노래가 보다
남성적이며 길게 소리 내어 부르는 경향이 있다.

입추 팔월은 돌아나 오난 하늬ㅂ름바람 가을 ㅂ름 건들건들 불어나오난
촐도 비어야베어야 헐할 거로구나 삼복 더위 메호미 ㄱ져당겨다
물착물착 물착 비어나 눅저높여보자 홍에기로구나

ㅂ름아 ㅂ름아 불테면 하늬ㅂ름으로 건들건들 불어나 오라
오늘 비는 촐은 자골씨도자귀풀도 감실감실 잘도 물라말라가는구나
추석 ㅂ름은 살랑살랑 건들건들 불어나 오난

집이 청청 늘어진 가지도 허수허사가 뒈는구나
이 시절을 당허난당하니 백초도 허수로구나

삼심 육년 가마귀 캉갈로 캉갈로 우는건 보난 백로 팔월이 돌아온 거
    같으다같다
먹을 것 없어지난없어지니 잎은 떨어져 청산이 뒈고되고
꼿이꽃이피어 화살이 뒈되니 앉앗단앉았던 생이새 가버리는구나

| 출비는 소리 |

여러 마리 마소를 돌봐야 하는 집에서의 '출' 장만하는 작업은 보통
일이 아니었다. 이를 위해 제주고유의 노동교환관행인 '수눌음'이 이루
어졌다. 주로 여름작물인 조 파종 때 말을 보내 밭을 밟아주는 일로
갚았다고 한다.

산범 フ튼같은 호미로 무착무착 비어 나지라베어지라
여름 석 덜석 달 비영베어 가을 석 덜 먹을 출을꼴을 살랑살랑 비여나 보자
저 산 아래 안개가 끼면 두 일뢰일뤠, 7일 열나흘 고문다가문다 허는 구나
날씨는 비가 오람직홀거 같아 해여 가고
갈산절산 허여 노난해노니 어떵 허코어떻할고

한라산에 먹던 무쉬덜아마소들아 동지 섣달 설한풍에 무얼 먹고 살리
어리렁 허민하면 산도 가곡 떠리렁 허민 물도 가곡
밤낮 어시없이 요 일만 허는 구나

산도 설고 물도 설은 제주 물광말과 쇠나 키와키워 가명가며
살아사살아야 밥도 먹곡먹고 헐꺼로구나할거로구나
이산 저산 먹던 무쉬덜도마소들도 칠팔월 반풀이 되어가민

소곡소곡 느려내려 산다온다 연년마다 추레가차례가 돌아오는구나
밤낮 주야로 촐을 비여사비어야 헐로구나하겠구나

쇠 흔무리한마리 저슬겨울 살젱살려 허민하면
촐 서른 바린바리 해사해야 저슬 석덜석달 산다
이것 저것 다 설러그만 두고 낫 들르곡들고 손 들르곡 홍애기 소리여
산 위의 브름아바람아 설랑 설랑 불어나 도라다오
눈물은 느려내려 한강수 되고 한숨은 쉬어 동남풍 되는 구나
브름이랑 불거들랑 하늬 브름이나 불어나 도라
칠팔월 하늬 브름에 요 촐덜꼴들 무착무착 비여나 지는구나

이이고 지고 좋은 날에 요런 촐 성하게 몰류왕말려서
우리 쇠들 문짝 술쪄그네살쪄서 서울 사름덜사람들
괴기고기 먹이저먹으려고 요 촐 비는구나 비였구나 어서덜어서들 헙시다합시다
이이고 손절허고하고 기운 없고 늙은것도 사름이사람이 아니여
젊은 사름덜 늙은이 보앙보고 웃지 맙서들마세요
나초록나처럼 버쳐그네버거워서 어디 이것 흔들어 지쿠광이야지겠는가

요래 저래 비어가단베어가다 보난보니 촐은 점점 버침만힘들기만 허고
기운은 없어지고 누게고라누구에게 해여도랭해달라고 헐할 사름은사람은 없고
아니 될로고되겠다 거기 애기야 울지나 말아도라말아달라
청천하늘엔 존별도잔별도 많고 이내 가슴엔 수심도 얼마나나얼마나지는구나
아이고 우리어머니 날 설땐임신했을땐 일만 허랜하라 설와놔신고라임신했었
   는지
늙도록 늙도록 요 촐만 비랜베라 나를 나신가낳았는가
저래 가는 저 양반 나 일이나 도웨동도와주고 갑서가세요
술 먹을 저른겨를 이서도있어도 일을 못해여못하여 주쿠과주겠습니까
몸이 무정허우다하우다 아니 될로구나 이여구나

대정읍 하모리 지역은 '남송이'오름의 평탄지 '출왓'을 이용했다. 조수확 철이 다가오고 춥기 전에 준비해야 했기 때문에 추석이 지나면 한라산으로 올라가 그곳에서 가족들이 함께 '출 장만' 했다. 다른 지역에서는 '장 낫'을 이용했지만 이곳은 '호미'를 이용했다

> 비소금 곹은같은 내 호미 도라주라 내 물 착물착 물착 비어덜 눅져덜눕혀들 보라
> ᄇᆞ름아바람아 ᄇᆞ름아 불테면 하늬 ᄇᆞ름으로나 불어오라
> 자골씨는자귀풀은 감실감실 떨어나지고 물때는 점점 늦어나진다
> 저 산 앞에 안개가 끼면 장남 두 일레일뤠 ᄀᆞ문덴 헌다ᄀᆞᆫ다고 한다
>
> 요 ᄆᆞ시머세 저 ᄆᆞ시 돌아 돌아 돌아 사민사면
> 고비나 청청 돌아 나오라 허는하는구나
> 요 놈의 ᄆᆞᆼ셍이덜은망아지들은 간세계으름 말앙말아 신난 디만곳만
> ᄂᆞ근ᄃᆞ근ᄃᆞ근도근 ᄇᆞᆯ라밟아 도라달라
> 바깟디바깥에 나강나가 촐도 먹고 물도 먹자는 구나
> 일소장에 놀던 ᄆᆞᆯ덜아말들아 이소장에 나강나가 놀아보자는 구나

| 촐비는 소리 |

* ᄆᆞ시머세 = 머셍이 = 머체 = 돌이 엉기정기 쌓이고 잡목이 우거진 곳

이 민요를 흔히 '홍애기 소리', '홍아기 소리', '촐 베는 소리'라 부른다. 이때 '홍애기 소리' 등은 후렴구에 '홍아' 따위의 말에서 빌려왔다. 그러나 이 민요를 '홍아기 소리'라 부르면 여러 가지 혼란을 일으킨다. 왜냐하면, '홍아', '어야홍아'라는 후렴구는 꼴 베는 소리 외에도 자주 사용되기 때문이다. 또한 지역에 따라 김맬 때 부르는 민요를 '홍애기 소리'라고 하기 때문이다.

이 민요의 사설내용은 주로 꼴 베는 작업과 관련되었다. 간혹 가창자의 생활감정을 노래하는 내용도 나온다. 특정 후렴구 말은 나오지 않지만 '스르릉 스르릉' 같이 낫질 하는 여음餘音 의성어擬聲語가 반복해서 사용되고 있다.

> 비야 비야 날도 어선없어 오늘이냐 달도 어선 오늘이냐 내일 장상항상 오
>   늘이냐
> 아이고 돌아상돌아서 비어봐도 그만이그만큼 남고 그만이 남고
> 이놈의 촐을꼴 어느때민어느때면 다 빌거니
> 대싸지뒤집지 안안 비오노난베오니 문짝하게모두 혼디함께 꼴아져깔아져 조을
>   로구나좋겠구나
> 요 촐 저 촐 어야 청촐밭에 놀가는 소리 스르릉 나는구나
> 실픈싫은일랑 그리운 듯이 노래허멍노래하며 비여보자
> 청태촐을 비는구낭 어야 홍애로구나
>
> 우리 적군덜적군들 잘도 빈다벤다 없는 힘도 다 내고 비어나 보자
> 슬근 슬짝 낫도 잘 들어간다 어야디야
> 한라산 중머리에 뭉게구름이 둥실둥실 떠오르는구나
>
> | 꼴 베는 소리 |

한 개 혹은 두 개 정도 프레이즈로 된 선율이 변형 반복되고 있다. 따라서 이 민요의 형성구조는 비교적 자유롭다. 자유리듬 기원적인 민요이며 속도는 대체로 느린 편이다. 선율구조는 감정하행 선율을 이루고 있다. 음역音域은 넓은 편이나 완만하게 하행하는 경향이 강하다. 리듬이 복잡하기 때문에 선율장식이 많다. 이 때문에 이 민요는 유창한 맛이 있다.

기분이 상쾌ᄒ구나상쾌하구나 홍애기로다 때는 보난보니 어느 때냐
자골 깍지가각지가 똑똑 캐는 소리 중추절을 재촉하는구나
일출이작 ᄒ고 일입이식 ᄒ니 일년은 삼백 육십 오일 인데 내가 쉴 날은
　　밤뿐이로다
농자는 천하지대본이라 모든 역군들아 낙심 말고 농촌살이 힘들여 봅시
　　다
해는 보난 저산에 기울어져가고 촐 빌 것은 올똥말똥 하구나

| 촐 비는 홍애기, 남원읍 신흥리 |

정의고을 민속잔치 촐베기 시연(사진 : 연합뉴스)

　'촐' 베는 작업은 일시에 많은 힘을 필요로 하는 격렬한 노동은 아니
지만 오랜 시간 작업하기 때문에 상당히 지루하고 피곤하다. 따라서
여기에 '촐 베는 소리'는 노동의 지루함을 달랠 목적으로 부르는 경우가
많았다. '촐' 베는 일은 주로 남성어른들이 하는 일이지만 간혹 아이들
이나 여성들도 했다.

　하늬보름바람 촐바로똑바로 아니 불어노난노니 촐도 안 몰라말라가는 고나
스르릉 스르릉 낫도 잘도 들어가는 구나

팔월 중에 넘어신고라넘었는지 자굴 튀는 소리가 와다딱와닥딱와다닥와다닥
　　나는 구나
하이구 날도 더워지고 똠도땀도 좔좔 노리구낭아내리는 구나

건풍이 건 듯 불어오는 구낭아 촐도 잘도 모라오는몰아오는구낭이야
어야디야 요만허며는이만하면 빌만도벨만도 허구낭아하구나
저 해가 지기 전에 요 촐밧이 꼴밭을 다 모까묶어 주어사주어야
일 주主에게 체면이 될로 구나서겠구나

어떵해연어떻하여 집의 늙은이가
정심을점심을 아니 앗언 오람신고가져오지 않는고
정심밥을 먹엉먹고 비어사베어야 허리가 조직조직허게 비어볼걸
일출성산에 해가 떠서 시작하고 해가 다 지도록 비여오는 구나

오늘은 일기도 좋고 낫도 스르릉스르릉 잘도 든다
요 낫을 가지고 오늘은 여 다섯 바리를 비여사 헐로구나하겠구나
스르릉스르릉 놀연장 소리로구나

요 촐들이 무신무슨 촐이야 허난 니네줄너네에게 줄 촐이로구나
혼소리에한소리에 혼줌한줌반씩 혼소리에 두 줌반썩반씩
칠성고찌칠성까지 벌어진 궨당眷黨 다몰고찌 모다들라모여들라

스르릉 스르릉 청촐 비는 소리로구나 이 소리로 날 대자 어서들 빕서들
　　　베세요
스르릉 스르릉 날칠하는 소리는 듣기도 좋게
아이고 지고 어으어 산이로 구낭아
해는 보난 어으어 서산에 지고 달이 떠오르는구나
헐일을할일을 보난보니 어으어 태산이로구나

243

오늘 비는베는 촐은 잘도 모른다마른다 두어랑아
보름바람소리에 자굴씨는 감실감실 잘 몰라말라간다
비수같은 내 호미 가정가져 잡아 눅저그네눞혀서
하니보름에 몰리왔당말렷다가 저슬틀민겨울들면 모쉬마소줄 촐이어
선들선들 추석 보름 휘휘청청 늘어진 가지덜가지들
이 시절은 당허난당하니 백초도 허사로다
이촐 저촐 휘여쥐곡쥐고 청촐 비는 홍애기로구나
건들건들 하니보름 불엄져불고 있다 혼저서 삭삭 비어나보자
혼 소리에 두 뭇 반 씩 얼른 삭삭 비어나 보자

| 촐 베는 홍애기 소리 |

    보통 한 사람이 하루 60~70뭇 베었다. 많이 베어도 최고 100뭇 가량이다. 한 마리가 겨우내 먹는 '촐'의 량은 600뭇 정도다. 목장에 올려 방목하던 말은 입동立冬 전후 마을로 내렸다가 다음해 5월 15일 전후해서 다시 산으로 올린다. 이 때 말에게 집안마다 고유문자나 문형으로 '낙인'烙印을 찍어 자기 소유의 말임을 표식 한다.

허기여 둘이여어 나저 무끼연무뎌서 아니 들키여 마는들겠다 마는
뛰민 떳다가 젊어졌던 낫이로 고나 마는
범 같은 낫으로 비어났지만은 이거 못 비키여 쉐고지 때문에 이거 뭬크
　　라되겠느냐
에야 뒤야 어어어에이 열다섯 바리도 못비켜못베겠다
열다섯 바리까지 우리 거짓말 아니로아니고 비어낫져 마는베어났지만
우리 열다섯 바리 비어났느니베어났으니
하늬바람은 촐도 잘 마를 것이고
벳햇빛만 나시믄낫으면 조키여마는좋겠다 마는
입추 팔월은 돌아나오난돌아왔으니

하늬바람 가을바람 건들건들 불어 나오난 촐도 비어야 헐 거로구나

삼복더위 메호미 가져당 모창모창 비어나 눅져보자
바람아 바람아 불테면불려면 하늬바람으로 건들건들 불어나오라
오늘 비는 촐은 자골씨도 감실감실 잘도 몰라말라가는 구가
추석 바람은 살랑살랑 건들건들 불어나 오난
집이 청청 늘어진 가지도 허스가허사가 뒈는되는 구나
이 시절을 당허난 백초도 허스로구나허사로구나

삼심육년 가마귀 캉갈로 캉갈로 우는 건 보난
백로 팔월이 돌아온 거 ᄀ트다같다
먹을 것 없어지난 잎은 떨어져 청산이 뒈고
꽃이 피어 화살이 뒈니 앉었던 나뷔나비 가버리는 구나

김동섭 박사에 의하면, 제주도는 과거부터 마소를 많이 길렀고, 따라서 그 먹이가 될 풀을 많이 비축해두어야 했다고 한다. 다행히 제주도에는 자연 초지가 중산간 지역에 넓게 펼쳐져 있어 겨울철 마소에게 먹일 꼴촐을 마련하기 위하여 이를 베고 나르는 작업을 했다.

하영먹젠많이 먹으려고 산전山田에 올란올라
마의정당 쉐쇠정당 줄에 발을 걸련 울엄서라울고있더라
천곤은 일월명이요 어허어어 지후는 초목성이라
살랑살랑 하나나 불라 늙으신 부모 배 놓아가게
날도 좋아 오늘이여 돌도달도 좋아 오늘이로 구나
사랑에도 어허어 아니오는 님은 병이 드난드니 오라냐 ᄒ네하네
에헤에 가화는 어허어 만사성 ᄒ니하니
소문은 만복래로 구나 무슨 일랑 잘 ᄒ댕한다고 ᄒ멍하면서

놈의 요케 날 보내더라 드럼산도 넘어나 가네
하영많이 먹젠먹을려고 산전에 올란올라 머위정당 쒜정당 줄에 발을 걸련걸
려 울엄서라올고 있더라

| 촐 비는 홍애기 소리, 구좌읍 종달리 |

25

천하지대부가 농부로다 : 농부가農夫歌

　제주민요에는 '농부가'가 별로 많지 않다. 아마 제주민요가 농사작업과 노동형태별로 세분화되었기 때문으로 보인다. 원래 내 꿈은 '농사짓는 교수'였다. 지금도 그렇다. 다만 전임은 못 되고 겸임이나 시간강사여서 '농사짓는 학자'로 약간 수정했다. 삼국지의 제갈량만큼은 아니더라도 주말농사 목적으로 '농지원부' 등록한지도 오래됐다. 작년에는 콜라비, 배추, 무, 시금치, 브로콜리, 지금은 물외노각, 백다다기오이, 늙은호박, 방울토마토 등을 키우고 있다. 올 가을에는 메밀을 화전火田농법으로 키워보려 한다.

　　농부로다 농부로다 천하지대부가 농부로다 엉허어요 상사대야오
　　요 농사를 지어다가 늙은 부모님 공양 흐세하세
　　요 농사를 지어다가 어린 자식 먹여 살려
　　검질김, 잡초짓고 골 너른넓은밧디밭에 곱은쉐굽은쇠, 호미로나
　　우겨 가자 앞 멍에야 들어나 오라 뒷 멍에야 나고나 가라
　　앞 문 열고 바루파루를 치니 대명산천에 들달 솟아온다

하영많이 먹젠먹으려고 산전山田에 올라 머루 줄에줄기에 발 걸려 율어간다말
　라간다

산도 설고낯설고 물도나 선데 요 집 올레를 넘고 가자

산 앞 각시 시앗에씨앗에 굿언나빠서 산 뒤에 튼으레뜬으러 가난가니

내 눈에랑 요만들적이만큼들때 임이 눈에야 안 들소냐

강남서도 들어온 새여 일본서도 나 들어온 새

오널오늘가며 낼내일가저 흔한 게 늘개날개 젖언젖어 못 가겠네

산도 첩첩 물도나 첩첩 산수 바당을 건너갈 제

누굴 보고서 내 여길 왔나 임을 보고 여기 왔소

지저지저 산둘렁 지저 베쫄란쫄아 못지엄저못짓는다

한라산 중허리 칠성단을 무어놓고 칠성제를 지내는

세상살기가 기가 막혀 보리방아를 짖자찧자 흐니하니

남방에에 보리를 놓고 어깨가 빠지게 짖어 밧네

아무리 요 방엘방아 져도쩌도 먹을 것이 안 나왓네

죽엉가민죽어서 가면 썩엉갈썩어갈 궤기고기, 몸

산 때 미영움직여 놈이나 궤라사랑하라

|　농부가　|

　모든 작물은 농부의 발자국 소리를 듣고 자란다고 한다. 지금은 휴한기가 따로 없다. 특히 하우스 시설농사 하는 분들은 조금만 방심해도 한 철 농사 다 날라 간다. 마치 양식장에서처럼. 요즘은 '스마트 팜'이 대세이긴 하지만 어차피 다 센서 기술기반이라 오히려 예전보다 더 신경 써야 한다. 그래도 예전 농사는 기승전결이 있었고, 소재가 무궁무진해 농부들이 대접받으며 살았던 거 같다.

　전통사회 제주도 농가의 영농일지營農日誌를 소개하려 한다. 다소 길기는 하지만, 이때나 아니면 언제 옛날 우리선조들이 살아온 역사를 되

새겨 볼 수 있을까. 물론 마을마다 조금씩 다르다. 비록 규모는 작은 섬이지만 지역마다 토양특성이 달라 주요 재배작물이 제각각이었기 때문이다.

1. 농한기農閑期

보리 파종이 끝난 12월 중순부터 다음해 농사가 시작되는 4월까지를 말한다. 이 시기에는 밭에 나가 농사를 짓지는 않지만 다음 농사에 대비하며 농기구를 손질하고 새로 장만하는 일, 집을 손보는 일, 지붕손질 등과 각종 경조사 등 바쁜 나날을 보낸다. 부녀자들은 길쌈질, '굴묵' 땔감마련 등으로 바빴다.

2. 춘궁기春窮期

겨울에 비축해 두었던 곡식을 다 먹고 보리익기를 기다리는 시기다. 주로 3월에서 5월까지. 이때 아직 덜 여문보리를 장만하여 먹거나 해초류 등 먹지 못하는 것 빼고 다 먹을 정도로 식량이 귀했다. 이 시기에 농사는 보리밭 김매기, 각종 묘종苗種 파종하기54), 밭 자갈 치우기, 돌담 정리, 우마 낙인찍기, 가축관리 등으로 분주했다. 또한 춘궁기가 되면 '톨모자반 범벅'을 해 먹거나 고구마를 쪄 먹기도 하고, '전분주시'전분찌꺼기 윗부분에 있는 고구마 껍질을 그릇에 담아와 물에 깨끗이 씻고 보리 가루나 좁쌀 가루를 약간 섞어 범벅이나 떡으로 만들어 먹었다.

---

54) 고구마 묘상설치, 호박심기, 감자파종

3. 산듸陸稻갈기와 묘판苗板 설치

'산듸'는 '봉가리산듸'라 해서 겨울농사 안 한 밭에 파종했다. 4월 하순경 '산듸'씨를 파종한다. 주로 중산간 지대 개간지 화산회토에 재배했다. 제주에서 '산듸'는 4가지 품종이 있다. '뒈시리', '갈산듸', '원산듸', '촐산듸' 등이다. 소만小滿에 파종하여 상강霜降 전후 수확한다. 씨 뿌리고 나서 '섬비'로 밟아준다. 이 일을 '산듸밧 불림'이라 한다. 물기가 촉촉한 땅^{즌 땅}에는 파종 3~4일 후 싹이 트지만 건조한 땅에서는 발아가 더디다. 대부분 중산간 목장밭을 갈고 씨 뿌린 다음 소나 말로 다진다.

4. 고사리 꺽기

눈이 많이 온 해는 고사리 풍년이 든다. 고사리는 청명^{4월 5일}부터 하나씩 나기 시작하는 4월 하순부터 고사리 체취가 시작된다. 고사리장마 때가 절정이다. 고사리는 제사상에 반드시 올리는 나물이기 때문에 너도 나도 고사리 채취에 열중한다. 청명淸明 전후 '고사리 장마'가 지나 여린 고사리가 나기 시작하면 너도 나도 들판을 돌아다니며 고사리를 꺽는다. 다만 산소 위에 자란 고사리는 꺽지 않는다. 제사 때 젯상에 올리지 못하기 때문이다.

고사리는 돋아날 때 꺽고 또 꺽어 아홉 번 다시 나기 때문에 자손이 번성한다는 속설이 있다. 조상신祖上神이 제사 때 먹다 남은 제물을 고사리 세 줄기로 지게처럼 뻗은 가지에 끼워 승천升天한다. 이런 믿음 때문에 고사리가 기제사忌祭祀와 명절에서 없어선 안 되는 중요한 나물이 되었다.

5. 섯보리 장만하기

춘궁기 때 덜 익은 보리[55]의 이삭을 베어다 말리면 보리쌀이 된다. 이를 'ᄀᆞ레'에 갈아 죽을 쑤거나 다른 곡식을 조금 섞어 밥을 지어먹었다. 어려웠던 시절 추억으로 남아있다. 또한 양식이 모자라 10월에 수확할 고구마를 새 곡식이 나기 전인 8월에 미리 파다 먹기도 했다. 이를 '섯감저 파먹기'라고 한다.

6. 미역 해채解採

제주도에는 미역채취를 금하는 '금채기'禁採期가 있다. 4월이 되면 이 금채기가 끝난다. 보통 음력으로 3월 보름날이 되면 최고로 물이 잘 싸는 날이기 때문에 이 날을 기점으로 '미역 해치'가 시작된다. '줌녀'해녀가 있는 농가에서는 4월경 '미역 해치' 작업에 나선다. 정해진 구역에 모여 있다가 입수入水 허락신호가 떨어지면 동시에 모두 바다에 뛰어들어 미역을 채취한다. '줌녀'들이 미역을 채취해 망사리에 가득 담아 뭍으로 올리면 남자들은 이를 받아 '바지개'로 짊어져 집으로 나르고 이를 말려 판매한다. 남편이 없는 '줌녀'들은 동네남자들이 나서 망사리에 담긴 미역을 물 밖으로 옮기는 작업을 도와주었다.

7. 보리 수확

대개 6월 상순에서 하순까지이다. 쌀보리가 '맥주맥'麥酒麥 보다 수확시기가 빠르다. 보리수확은 보리를 베고 밭에서 하루나 이틀쯤 말린 후 깨로 묶어 소나 말로 집으로 가져온다. 소 한 마리에 실어 오는 묶음

---

55) 보리가 익기 20일 전쯤

을 한 바리라 하는데 소 등 한쪽 '질메'에 '열 뭇'씩 양쪽 스무 단을 한 바리라 한다. 보통 세 바리면 한 섬이 된다. 집에 실어온 보리를 마당에 깔아놓고 '도깨'로 타작하고 소나 말로 발린다. '보리틀'이 보급되면서 '보리틀'로 장만했는데 보리를 잘 훑는 사람은 하루에 30바리 가량 '훑는다'고 한다. 보리를 훑는 데는 보리를 날라 오는 사람, 보리를 훑기 쉽게 한 줌씩 쥐어주는 사람, 보리 훑는 사람 3인이 동원된다. 이렇게 훑은 보리는 소나 말로 발리거나 '도깨'로 타작하여 바람을 이용하여 알맹이와 'ᄀ시락'을 분리하는 '불림질'한다. 보리수확기가 늦어 장마가 겹치면 낭패를 본다. 보리수확은 간혹 'ᄀ시락'을 불에 살짝 태운 다음 '태작'하는 경우도 있다. 이는 장마로 인해 보리가 충분히 건조하지 못할 때^{주로 ᄀ시락이 긴 질우리 품종} 예외적으로 행해졌다.

8. 고구마 줄심기

파종은 육묘에서 나온 줄기를 심기 때문에 육묘^{育苗}와 옮겨심기로 나누어진다. 육묘^{育苗}하는 밭을 '모종터'라 한다. 고구마 모종터로는 된 땅이 좋다. 뜬 땅에서는 순만 올라올 뿐 줄기가 길게 뻗지 못하기 때문이다. 그러나 모종터로 사용했던 밭은 지력이 떨어진다. 지력이 떨어진 상태를 제주에서 '메즐랐다'고 한다 이처럼 모종터를 가려 묘상^{苗床}을 설치하기 때문에 다시 모종터로 쓰지 않는다.

제주도에서 음력 2월 20일경에 묘상을 설치한다. 섣달 쯤 거름을 깔아 밭갈이로 묻어 썩힌다. 또 싹이 나는 대로 오줌을 준다. 이렇게 해서 40~60일 지나면 고구마 줄기를 잘라낼 수 있다. 옮겨심기란 네 개의 고지를 하나의 판을 만드는 '넷벳데기' 방식으로 밭을 갈고 판에 줄기를 묻어 심는다. 줄기는 쉬 무성하게 뻗기 때문에 밭매기는 쉬운 편이다.

장마철인 6월 중순에서 7월 초순에 심는다. 이미 묘상에서 키운 고구마 줄기를 잘라 고구마 밭에 옮겨 심는다. 묘상에서 줄기를 잘라낸 고구마를 '구감'이라 한다. 이를 버리지 않고 삶아 먹었다. 김치를 곁들이면 한 끼 식사가 된다. 섬유질 많고 단물 가득해 먹는 손이 끈적끈적해졌지만 맛이 좋았다.

9. 조밭 볼리기

6월 하순 경 보리수확이 끝난 뒤 '좁씨'를 파종 한다. 오줌 버물린 재에 '좁씨'를 섞어 뿌리고 말이나 소 혹은 사람이 밟아준다. 조는 바람에 날아가거나 토양에 수분 보존률이 떨어져 발아 안 되는 경우가 많아 '좁씨'를 뿌린 후 반드시 밟아줘야 한다. 소나 말 2마리에 나뭇가지로 만든 '섬피'를 매달고 파종 후 조밭을 꼭꼭 밟아줬다. 간혹 소나 말이 아닌 여자들이 '섬피'를 끌고 밭을 밟아주었다(진압농법).

10. 콩, 팥 갈기

6월 상순에서 7월 하순까지 휴경지나 보리를 수확한 밭에 콩씨나 팥씨를 뿌리고 이를 갈아엎는다. 콩은 토지이용률을 높이고 지력향상에 많은 도움이 되기 때문에 작부체계에 있어 필수작물이다. 콩도 보리 뒷그루에 심는다. 6월 5일~15일경 쟁기로 밭 갈고 적당한 간격으로 뿌려 밭갈이했다. 이를 2~3cm 정도 흙 덮어주면 밟지 않고 고르지 않아도 그걸로 파종이 끝난다. 1960년대부터 조파條播 또는 점파點播를 하는 농가가 많았으나 이는 인력이 많이 필요하다는 단점이 있다.

11. 밭 초불 번하기

연작連作하면 지력이 떨어져 농사짓기 어렵다. 따라서 가을걷이가 다 끝나면 보리를 갈지 않고 1년 간 휴경休耕하는 경우가 많았다. 휴경했던 밭에 보리를 갈기 위해 두 번 '갈리'갈이 해야 한다. 첫 번째 '갈리'를 '초불 갈리하기'라 하며 7월 상순경에 한다.

12. 메밀밭 초불 번하기

메밀은 보통 목장 밭에 씨를 뿌린다. 이 밭에 소의 겨울먹이인 '출'의 일종인 자굴씨를 뿌리고 2년 간 '출'을 벤 다음 이 밭을 번해서 2년 간 메밀농사를 짓는 데 2년 윤번연작輪番連作인 셈이다. 그 외 '새밭'띠밭을 갈아서 메밀농사를 짓는다. 이 역시 '초불번 한다'고 한다. '새밭'을 번하는 데는 힘이 센 소로 하고 두 마리 소로 한다. 이를 '저릿쇠'라 한다. 이 소를 앞뒤로 메어 똑같이 힘을 내게 하여 당기면 잠대가 '새덩이'를 엎어 나가면 나간다.

메밀은 파종 후 3일이면 발아發芽한다. 처서處暑 3일전 파종했다가 상강霜降 넘어 거두어들인다. 메밀은 생육기간이 짧고 기온에 대한 적응력이 커서 중산간 지역에 재배되었다. 8월 하순경 메밀 씨를 재에 섞어 세 번 간 밭에 촘촘하게 점파點播로 뿌린다. 그러고 나서 '섬비'를 소에 메어 밭 위를 쓸어간다. 메밀은 재로 밑거름하고 간혹 웃거름 준다. 고구마, 유채, 마늘 등도 재배하였다. 메밀은 한번 제초하거나 안 하고 넘어간다.

13. 조 초불 검질 매기

좁씨나 '산듸'씨를 뿌린 뒤 약 1개월쯤이면 '검질'잡초을 맨다. 이를 '초불 검질 매기'라 한다. '초불 검질 매기'는 많게는 2~30명이 사대소리 부르며 한다. 이 시기 '산듸 검질'도 매야 하고 봄 감자도 수확해야 한다. 조 농사는 보리농사와 달리 3~4회 정도 김매기 하였다. 파종 후 25일 전후해 '초벌 검질', '초벌 검질' 후 15일 후 '두불 검질', 그 후 15일 '세벌 검질' 맨다. 또한 조는 간격이 15cm 정도 되야 'ㄱ그리'가 충실하다. 솎아내기도 겸했다. 한편 조 김매기는 1차 김매기 때 솎음질이 제일 중요하다. 씨가 뿌려지지 않았거나, 뿌렸지만 발아가 안 되거나, 흙이 많이 덮였거나, 발아했다가 죽은 조 들을 솎음질하고 이식해준다. 햇볕이 나면 말라죽기 십상이어서 소나기 올 때 반드시 솎음질해야 한다. 3차 '검질 매기' 때 이삭 팬 후 질 나빠진 'ㄱ라조'를 뽑는다.

14. 두불 번하기

초불 번하고 약 1개월[8월 중하순] 후에 다시 밭을 갈아엎는다. 메밀밭은 이 보다 이르게 번한다. 새밭을 초불 번한 밭에는 두불 번하기 전에 흙덩이를 잘게 부순 다음 번한다.

15. 두불 검질 매기

'초불 검질' 매고 약 1개월 후에 '두불 검질' 매기 한다. 이때에는 '산듸'나 '나록'이 많이 자란 시기라 조심해야 한다. '산듸'는 세 번 밭매기 한다. 파종 1개월 후 첫 밭매기를 한다. 첫 밭매기 때는 김을 매줄 뿐 아니라 씨앗이 발아하지 않아 듬성한 곳에 발아 잘된 곳의 모종을 뽑아다가 옮겨 심는 일도 겸兼한다. 이 때문에 첫 김매기를 '벙골름 검질'이라 한다. 그 후에 시간 나는 대로 자주 밭매기 한다. 네 차례나 김을 매는 경우도 있다.

한라산 중산간 지역 메밀밭

16. 메밀 씨 파종

8월 하순경에는 메밀 씨를 재에 섞어 세 번째 간 밭에 촘촘하게 점파
點播로 뿌린다. 그리고 나서 '섬비'를 소에 메어 밭 위를 끈다. 이때가
갈옷을 만들기 위한 감물 들이는 작업을 할 시기이다. 갈옷은 실용적이
고 경제적이며 위생적이다. 갈옷은 처음 감즙이 들였을 때 황토 빛이
나고, 입을수록 차츰 고운 갈색으로 변한다. 일단 갈색으로 변하면 더러
움도 덜 타고, 더러워져도 쉽게 눈에 띠지 않고 더러워진 걸 빨면 때가
쉽게 빠진다. 쉬 더러워지지 않아 세탁을 자주 할 필요가 없고 촉감도
산뜻해 항상 새 옷을 입는 느낌이 든다. 방부성과 통기성이 우수해 위생
적이다. 더운 여름에 일할 때 옷이 몸에 달라붙지 않는다. 빳빳하고 질
기기 때문에 거친 가시덤불이나 풀밭에도 상처를 입지 않는다. 먼지,

진흙, 'ᄀ스락'보리 가스랭이등 거친 오물도 쉽게 달라붙지 않는 장점이 있다. 옷을 바랠 때 처음 10일 정도 물을 계속 적셔 줘야 하는 번거로움만 아니면 제작과정도 쉬운 편이다.

17. 촐 베기

음력 8월 15일에서 9월 15일 사이 보통 양력 9월 상순경 '자굴 촐'을 시작으로 겨울철 소 먹이인 '촐 베기' 작업이 시작된다. '촐'은 비어서 하루정도 말렸다가 묶는다. 하늬바람이 세게 부는 날은 잘 마르기 때문에 오전에 벤 '촐'을 오후에 묶을 수 있다. 마소 주인은 봄부터 '촐왓'꼴밭에 '촐'이 잘 자라도록 관리해 두었다가 온 식구가 모여들어 한쪽 구석부터 '촐'을 베어간다. 벤 '촐'은 햇볕에 잘 말린 다음 적절한 크기로 묶어 둔다. 이렇게 베어온 마른 '촐'은 마당 한 구석에 '눌'노적가리 눌어 두었다가 겨울철 마소에게 여물로 준다. 마소에게 먹일 수 없거나 여물 먹이다 남는 마른 '촐'은 퇴비로 사용하기도 한다.

보통 소 한 마리의 한 겨울동안 소요량은 보통 30바리[56] 정도이다. 그러나 항상 이보다 많이 준비해 두었다. 한 사람이 하루에 베는 양은 보통 세 바리, 좋은 밭은 4, 5바리 가량이다.

18. ᄀ슬걷이가을걷이

10월 들면서 조 베기를 시작으로 '산듸', '나록', 콩, 팥, 고구마 가을걸이가 시작된다. '나록'은 논에서 장만하여 집으로 날라 와 말리고, 조나 '산듸'는 소로 실어와 '눌' 눈 다음 장만한다. 조는 'ᄀ그리'이삭를 낫으로

---

56) 한 바리는 보통 30단

잘라온 다음 '물국래'를 돌려 장만하고 '산듸'는 '나록'처럼 훑어 장만한다. 콩이나 팥은 마당에 풀어서 '도깨'로 타작한다. 고구마는 땅에서 캐어 생고구마는 자루에 담아 전분공장에 生으로 판매하거나 구덩이 파서 저장하고 일부는 절간고구마로 만들어 주정공장에 판매한다. 11월 메밀을 수확한다. 메밀을 베어 멍석을 깔고 멍석 위에 풀어놓아 '도깨'로 타작하여 장만한다. 메밀장만이 끝나면 가을걷이가 완료된다.

19. 돗거름 발하기

'돗거름'은 각종 농작물의 짚들을 마당에 깔아 어느 정도 썩히고 난 후 다시 '통시'에 담아 돼지오줌, 변과 사람 오줌, 변들과 같이 섞어 만들었다. '통시'는 6~7평정도 되는 넓이, 2m 깊이 통을 파 만들었다. 보리 파종에 필요한 '돗거름'을 밭에 운반하는 작업이다.

일 년 동안 외양간에서 소나 말을 키우면서 얻어진 '쇠거름'을 '돗통'에 담아 넣었다가 늦가을에 보리파종을 하게 될 때 이 거름을 파내어 조금 두껍게 펼쳐놓고 보리씨를 뿌리고 쇠스랑으로 잘 고른 다음 소나 말로 이 거름을 잘 발린다. 적당히 발려지면 쇠스랑으로 찍어 뒤집고 또 발린다. 소나 말로 '돗거름'을 발리는 이유는 씨앗이 거름에 잘 달라붙고 또한 거름이 끈적끈적한 덩어리가 되도록 함이다. 이렇게 발려진 거름은 한가운데 쌓아놓고 '돗거름 착'에 담아 소나 말에 실어 밭으로 나른다. 이 거름을 밭 전체에 골고루 뿌려주면 보리파종이 되며 이를 쟁기로 갈아엎으면 보리파종이 끝난다.

20. 가마니 짜기

농한기 때는 농사에 필요한 멍석이나 '멩탱이', 가마니를 짜는 경우가 많았다. 멍석이나 '멩텡이'는 '산듸' 짚을 이용해 짜는 데 보통 부탁 받고 짜거나 보리쌀 등을 받고 팔기 위해 짜는 경우도 있었다. 간혹 숯 가마 니를 짜는 경우도 있었다. 숯 가마니는 억새를 베어다가 짰다.

성판악 등반로에 남아있는 돌숯가마

21. 미녕무명 짜기

농한기 때 남자들이 가마니를 짰다면 여자들은 '미녕' 짜기에 여념이 없었다. 예전에는 집집마다 거의 베틀이 있었다. 면화를 갈아 '미녕'을 짜서 식구들 옷을 만들 옷감으로 사용한다. 여분은 시장에 내다 팔아 살림에 보탰다. '미녕'은 '다래'를 따다가 씨를 뽑고, 솜을 태우고, 고치말 기, 실잣기, 베날기, 베매기, 베짜기 순으로 이루어지며 직조織造는 보통 봄에 많이 하였다.

26

옥낭간에 베클을 걸곡 :
베틀노래, 베틀가

　'베틀노래'는 부녀자들이 베를 짜면서 부르는 여성노동요로 사설이 일정하게 짜여있으며 사설이 풍부하고 비유가 뛰어나다. 서사적 요소가 많으며 베틀의 부분명名을 낱낱이 들어 비유함이 특징이다. '베틀노래'에 서사적 구조가 많은 이유는 베 짜는 일 자체가 오랜 시간이 걸리는 작업이기 때문이다. 또한 '베틀노래'는 길쌈노동요 가운데 세밀한 작업과정과 사설이 가장 일치하는 노래이기도 하다. 즉 기능機能과 사설辭說이 가장 가깝게 밀착되어 있는 노래라고 볼 수 있다(네이버 지식백과, 한국민속문학사전).

　'베틀노래'는 '베틀가'라고도 한다. 베 짜는 일이 지루하게 계속되기 때문에 노래도 장형이 많은 박자위주의 음영吟詠 민요이다. 다양하게 불리며 주로 베틀구조와 기능을 아름답게 노래한다. 베틀 위에 앉은 부녀자들을 하늘에서 내려온 선녀仙女에 비유하면서 베틀다리에서부터 시작해 '앉을개', '부테', '말코', '버거미', '용두머리' 등의 모양과 율동적인 작업을 의인화擬人化하거나 자연의 실재, 동물의 생태, 기타 현상들에 비유해 형상화하고 있다. 아름답다고 생각하는 모든 사물들을 끌어다가 자기 노동기구에 대한 찬가讚歌로 엮음은 그들의 노동기구에 대한 사랑의 표현이다.

베틀 모습(사진 : 제주자연사박물관)

예전 농한기 때 제주도 남자들이 가마니를 짰다면 여자들은 '미녕 짜기'에 여념이 없었다. 예전 제주에는 집집마다 베틀이 있었다. 면화를 경작하여 나온 '미녕'무명을 짜 식구들 옷을 만들 옷감으로 사용하거나 나머지는 시장에 내다 팔아 살림에 보태기도 하였다. '미녕'은 '다래'를 딴 다음 씨 뽑기, 솜 태우기, 고치말기, 실잣기, 베날기, 베매기, 베짜기 순으로 이루어지며 직조織造는 보통 봄에 많이 했다.

옥낭간에좋은 낭간에 베클을베틀을 걸곡 잉엣대는 삼성제형제여
샛대는속대는 큰 아들아들이여 두룽용두머리 우는 소린
청산 웨지레기외기러기 우는 상이여 꼬리박북이 나드는 상은
시누전신위전, 神位殿의 신선님 나드는 시늉모양이여

월궁에 놀단 선녜선녀 싀상의세상에 ᄂ려내려 완에와서
옥낭간의 베클 결언결어 구룸구름 잡앙잡아 잉애 걸곡걸고
꼬리집북이 나드는 양은 억 만 군ᄉ군사 비여 두곡두고
수 만 군ᄉ 비는 듯 허리 안개 둘러진 양은
오뉴월 미릿내에은하수에 상고지무지개 사는 양모양이곡이고
ᄇ딧바듸집 우리 소리 베렝이벌레 우는 소리
소상강 웨지레기외기러기 도구마리도투마리 떨어지는 소리
천지가 진동ᄒ곡진동하고 좁은 목에 베락벼락치듯
왈각달각 소리로다 베영대벱댕이 떨어지는 양은
구시월 시단풍에 낭이파리나뭇잎 떨어지는 서능모양이라

베틀의 재료는 순純목재이며 여러 부품으로 이루어졌다. 『북학의』에 '직기'織機로, 『농가월령가』는 '틀'로 표기되어 있다. 모양은 나란히 세운 두 개의 앞 기둥에 의지해 사람이 걸터앉기 편한 높이로, 가운데 세 장 박은 틀을 가로로 끼워 'ㄴ'자 형을 이루고 있다. 오른쪽 끝에 앉아 일하며 앞 기둥 상부에 용두머리 얹혀서 기둥을 유지시켜 준다. 용두머리 안쪽에 두 개의 눈썹대, 바깥쪽은 베틀신대가 반달처럼 걸렸으며 이들에 의지해 여러 가지 기구가 설비되었다.

베틀은 2개 누운다리에 구멍 뚫어 앞다리와 뒷다리 세우고 가랫장으로 고정시킨다. 앞다리에는 아래쪽에 도투마리 얹고, 위쪽 용두머리에 나부산대를 길게 연결해 그 끝의 눈썹노리에 잉아를 걸었다. 잉앗대는 말코에 걸어 부테로 모인다. 부테 허리는 뒷다리 위에 얹힌 앉을개를 앉은 사람의 허리에 두르게 되어 있다. 이외도 베틀 부속품이 상당히 많다. 눈썹끈은 눈썹대 끝에 잉앗대를 거는 줄이다. 잉앗대 밑에 들어가는 나무는 속대라고 한다.

베를 짤 때는 배 모양으로 생긴 북 속에 씨실로 사용하는 실꾸리를 넣은 다음 북바늘로 눌러서 실 뭉치가 솟아나오지 못하게 막아 씨실을 날실과 교차시킨다. 이때 날실을 고르며 북의 통로를 만들어주고 씨실을 쳐주는 부품이 바디이다. 이 바디는 흔히 가늘고 얇은 대오리를 참빗살 같이 세우고 단단하게 실을 얽어서 만든다. 바디 위아래에 나무를 끼워 바디집을 만든다. 베틀에서 베를 짤 때 그 폭이 좁아지지 않고 일정한 폭을 유지시켜주는 기구는 최활이다. 활처럼 등이 휘고 끝이 뾰족하다. 베를 짜면 도투마리에 감으며 날실이 서로 엉켜 붙지 않도록 뱁댕이로 눌러준다.

이 서녀^{선녀} 저 서녀 월궁에 놀단 서녀
더 홀 수는^{할 수는} 웃어없어 지난 옥낭간에 베클^{베틀} 걸언^{걸어서}
베클대는 원성제^{형제}여 잉앳대는 삼성제여
베아치 앗인^{앉은} 서늘 긔주^{제주} 목소^{목사} 앗인 서늘모양
잉앳대 새 서꺼지는^{섞어지는} 건 이 나라 저 나라
싸움ᄒᆞ는^{싸움하는} 서늘이여 꼬릿박이 나드는 서늘
허리안개 두른 법은 북두칠성 두른 법이여
즈뀌^{최활} 찔른^{찌른} 서늘은 석퀘산에 상고지 산 서늘이여
두룽머리 우는 서늘은
뜬 지레기^{기러기} 잰 지레기 지럭지럭^{기럭기럭} 우는 서늘이여
속대 ᄀᆞ들ᄀᆞ들^{흔들흔들}ᄒᆞ는 서늘은 먼 뒷 선비 손치는 서늘이여
베암대^{뱁댕이} 떨어지는 서늘은
드문드문이 춘춘이^{천천히} 구시월 낭섭^{나무잎} 떨어지는 서늘이여

| 베틀노래 |

* 베아치 = 베 짜는 여인

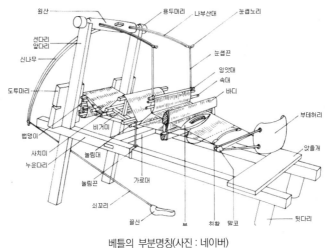

베틀의 부분명칭(사진 : 네이버)

베틀은 다음과 같은 부분 명칭이 있지만 지역에 따라 조금씩 다르다.

① 용두머리 : 베틀 앞다리 위쪽에 있어 두 개의 다리를 연결하며 눈썹대를 끼우는 둥근 나무토막
② 눈썹대 : 용두머리 앞으로 나란히 내뻗친 두 개의 가는 막대기로 그 끝에 눈썹줄이 달려 있음.
③ 눈썹노리 : 눈썹대의 끝 부분
④ 눈썹줄 : 눈썹대 끝에 잉앗대를 거는 줄
⑤ 잉아 : 베틀의 날실을 끌어올리도록 맨 실
⑥ 잉앗대 : 위로 눈썹줄에 대고 아래로 잉아를 걸어 놓은 나무
⑦ 속대 : 잉앗대 밑에 들어간 나무
⑧ 북 : 씨의 꾸리를 넣고 북바늘로 고정시켜 날의 틈으로 왔다 갔다 하게 해서 씨를 풀어 주어 피륙이 짜지도록 하는 배같이 생긴 나무통

⑨ 북바늘 : 북 속에 실꾸리를 넣은 뒤에 그것이 솟아나오지 못하도록 북 안씨울에 끼워서 누르는 대오리, '북딱지'라고도 함.

⑩ 꾸리 : 북 안에 들어 있는 실

⑪ 바디 : 베의 날을 고르며 북의 통로를 만들어 주고 실을 쳐서 짜는 구실을 함. 가늘고 얇은 대오리를 참빗살 같이 세워, 두 끝을 앞뒤로 대고 단단하게 실로 얽어 만듦. 살의 틈마다 날을 꿰어서 씨를 짜는데, 이 일을 '바디질' 또는 '바디친다'고 함.

⑫ 바디집 : 바디의 테, 홈이 있는 두 짝의 바디를 끼우고 마구리 양편에는 바디집 비녀를 꽂음.

⑬ 바디집 비녀 : 바디집 두 짝의 머리를 잡아 꿰는 쇠나 나무

⑭ 최활 : 베를 짜 나갈 때 너비가 좁아지는 것을 막기 위하여 너비를 지켜 주는 가는 나무오리, 활처럼 등이 휘고 두 끝에 최활을 박음.

⑮ 부티 : 피륙을 짤 때 베틀의 말코 두 끝에 끈을 매어 허리에 두르는 넓은 띠, 나무나 가죽 또는 베붙이나 짚으로 짜서 만들기도 함.

⑯ 부티끈 : 베틀의 말코 두 끝과 부티 사이에 맨 끈

⑰ 말코 : 짜여 나오는 피륙을 잡는 대, 부티끈을 양쪽에 잡아맴.

⑱ 앉을깨 : 사람이 앉는 자리

⑲ 뒷다리 : 베틀다리 뒤를 버티는 짧은 기둥, 이 위에 앉을깨를 걸쳐 놓음.

⑳ 다올대밀대 : 베날 풀기 위하여 도투마리를 밀어서 넘기는 막대

㉑ 끌신 : 용두마리를 돌리기 위하여 신 끈 끝에 잡아맨 신, 한쪽 발에 신고 다리를 오므렸다 폈다 함.

㉒ 베틀신끈 : 신대의 끝과 신을 연결한 끈

㉓ 가로대 : 두 베틀다리 사이에 가로지른 나무

㉔ 눌림대 : 잉아 뒤에 있어 베날을 누르는 막대

㉕ 눌림끈 : 베틀에서 눌림대에 걸어 베틀 눈다리에 매는 끈

㉖ 눈다리 : 베틀을 지탱하는 가로로 나란히 누운 굵고 긴 두 개의 나무

㉗ 비경이 : 가는 나무오리 세 개를 얼레 비슷하게 벌려 만들며 잉아 뒤와 사침대 앞의 중간에 있어서 날실을 걸침.

㉘ 베틀 앞 기둥선다리 : 베틀 눈다리의 앞쪽에 구멍을 뚫어 거기에 박아 세운 기둥으로 위에 용두머리를 얹고 앞에 도투마리가 놓임.

㉙ 베틀신대 : 베틀 용두머리 중간에 박아 뒤로 내뻗친 조금 굽은 막대로 그 끝에 베틀신끈이 달렸음.

㉚ 사침대 : 비경이 옆에 있어서 날의 사이를 벌려 주는 구실을 하는 두 개로 된 나무나 대

㉛ 도투마리 : 날을 감아 베틀 앞다리 너머 채머리 위에 얹어 두는 틀

㉜ 뱁댕이 : 도투마리에 감은 날이 서로 붙지 못하게 사이에 끼우는 막대

옷감을 베틀에 올리기 전에 하는 공정은 옷감에 따라 약간씩 다르다.

① 명주 : 음력 4월 초에 잠종蠶種을 사서 뽕잎을 먹인다. 잘 키우면 5월경에 누에가 고치를 짓는다. 이를 따서 따가운 햇볕에 잘 말린 뒤 팔팔 끓는 물속에 넣으면 풀려서 실올이 나온다. 다시 시뉘대자새를 거쳐서 손으로 서려 놓았다가 실대롱에 감고 바디에 내린 뒤에야 비로소 베틀에 올린다.

② 무명 : 음력 3월 하순에 목화씨를 뿌려서 8월 중순께 첫물을 따며, 이것을 따는 대로 볕에 잘 말린다. 목화를 씨아에 넣어 씨를 빼고 다시 활에 매어 타서 솜을 부풀린 뒤 고치로 말아 둔다. 이것을

물레에 올려 조심스럽게 자아서 물레 가락옷에 실을 감으며 이
과정을 마쳐야 비로소 베틀에 올린다.

③ 삼베 : 양력 3월 말 경에 삼씨를 뿌리고 가꾸어서 음력 7월에 베어
푹 찐 다음 껍질을 벗긴다. 이것을 다시 빛이 고와지도록 잘 말린
뒤 가늘게 찢어서 겨울에 삼는다. 봄이 되면 물레로 자아서 양잿
물에 찌고 속의 맑은 실이 나올 때까지 씻는다. 이를 돌겻에 올려
날을 한 오리씩 사려 놓은 다음, 햇볕에 늘어놓고 올에 풀을 먹여
빳빳하게 만들어 베틀에 올린다.

피륙은 그날의 촘촘함을 따질 때 '새'라고 한다. 한 새는 바디의 실
구멍이 40개로 짜이는 걸 말한다. 한 구멍에 두 가닥 실이 든다. 명주는
보름새[15]짜리가 가장 좋은 명주[1,200가닥의 실], 삼베는 보통 넉 새 내지는
여섯 새로 짠다. 새는 '승'이라고도 한다. 따라서 베틀을 가지고 피륙을
짜는 기능은 피륙의 종류에 따라 다르다. 또 그것을 몇 새로 짜느냐에
따라 여러 갈래로 나뉜다.

제주도의 면화는 약 450년 전 서남부지역에 재배하였다는 기록이 있
다. 1913년 이전에 동양면東洋綿이라는 재래在來면이 주로 재배되었다.
1905년 육지면미국면이 처음 도입되었는데 수량 및 품질 면에서 육지면
이 재래종보다 질적으로도 우수하였고 판매 면에서도 유리하였기 때문
에 재배면적이 확대되었다. 1933년 면화 10개년 생산계획에 의해 재배
면적확장과 농법개선에 따른 단위 면적 당 생산량 증가를 꾀하여 실제
소득 면에서 대두大豆, 조 등에 비해 월등한 우위를 점하게 된다. 이
결과 전통적 작부체계에서 대두나 조 재배가 밀려나고 면작棉作지역이
확대되어 갔다. 특히 해안지역은 면작재배면적 확대가 가장 확연하게

나타났으며 이로 인해 그 지역은 당시 농업생산력 변동의 핵심적 역할
을 수행하였다.

양잠養蠶은 자급용으로 생산하던 작물이다. 그러나 일제의 군수품 조
달정책에 의거 일제는 생사生絲공장을 설립하고 양잠생산을 적극 장려
하였다. 마침 제주도 농가의 부수입 향상에 기여하는 바가 커서 양잠산
업이 활발하였다. 일제는 1924년 산잠山蠶 백 만석石계획을 수립하여
장려해 나가다가 1930년대 후반에 와서 가격이 폭락하여 생산의욕이
상실되자 다시 1932년에 와서 잠업蠶業연차계획을 수립하여 잠업을 다
시 장려했다. 이번에는 농업의 다각적 경영에 이바지하고 효율적 농가
부산물처리, 농작물 방풍효과 등 건전한 재배동기를 유발시키려 하였
다. 1932년부터 1936년까지 식잠植蠶계획, 잠종 소립계획 등을 수립, 실
시하였다. 또한 청예대두靑刈大豆를 적극 장려하여 자급自給비료로 시비
施肥하게 함으로서 상엽桑葉증식에 이바지하는 등 잠업 활성화에 힘썼
다. 아울러 개별농가들의 치잠稚蠶사육위험을 감소시키고 사육飼育기술
보급을 위해 아잠兒蠶공동사육을 실시하였다.

1938년 잠업 현황을 보면 사육호수나 생산량에서 급격한 증가를 보
이고 있으며 판매수입 역시 제주도 농가의 수입원 중 큰 비중을 차지하
고 있다. 이러한 생산력증가는 생산기술이나 품종개량 등에 의한 영향
도 있지만 그보다 확실한 현금수입원이라는 생산동기가 작용하여 적극
적인 참여가 이루어졌다고 보아진다.

27

칠성판을 등에 지고 : 서우제소리,
산신서우제소리, 요왕서우제소리, 영감서우제소리

'서우제소리'산신서우제소리, 요왕서우제소리, 영감서우제소리는 무巫의식에서 부르는 놀이무가巫歌로 신을 즐겁게 하고 기원하는 '석살림' 제차祭次에서 부른다. 곡曲의 흥겨워 노동요화化 됐거나 놀 때 춤추며 불러 유희요遊戲謠로 변이變移된 경우다.

'서우제 소리'는 본래 제주도 영등굿 할 때 '석살림'이나 '영감놀이' 등의 제차에서 불렀다. 이 노래는 이처럼 제주도 무속巫俗에 뿌리를 두고 있지만, 그 공감대는 제주도 전역에 고루 퍼져 있는 무가이다. 이 노래는 가락이나 사설 엮음이 고정적이고 유창한 맛을 준다. 본래 무속에서 사용되는 노래들은 그 가락이 비교적 창민요唱民謠처럼 발달되어 있다. 그러나 '서우제'의 의미는 아직 정확히 밝혀지지 않고 있다.

영감놀이 등에서 불려 지다가 민간에 전이된 이 민요는 여흥驪興적인 장에서 주로 가창歌唱되고 있으며, 지역에 따라 이 노래를 터부시時하여 일반사람들은 부르기를 꺼려하는 경우도 있다. 한라산 남쪽지역에도 이렇게 터부시하는 사람들이 더러 있으나 지금은 상당히 보편화된 가락이라 할 수 있다. 그 가락구조는 '아외기 소리'와 거의 동일하지만 사설은 다르다. '아외기 소리'는 김매는 작업과 관련된 노동적인 사설을 주로 엮어 가는데 반하여 '서우제 소리'로 가창된다. 주로 영등굿 등에서 바다 일과 관련하여 가창歌唱되던 사설영향을 받았기 때문에 바다 일과 관련된 사설이 사용되고 있다.

그러나 무속요가 일반에 전이轉移되어 갈수록 일반적인 여흥사설餘興辭說이 끼어드는데, 이러한 현상이 이 '서우제 소리'에 자연스럽게 나타난다. 이 노래에 사용되는 후렴구, 가창방식, 악곡樂曲구조, 창법唱法 등은 '아외기 소리'와 다르지 않다.

> 어양어양 어양어양 어기여 뒤 여로 놀고나 가자
> 아 이양 어어양 어허요 풍년 왓구나 풍년 왓구나 농켕이 와당에 돈 풍년
>   왓구나
> 산엔 가난가니 산신대왕 물엔 가난 용궁에 서낭
> 이물에라근 이사공아 고물에랑 고사공이여
> 허릿대 밋디밑에 화장아야 물 때 점점 늦어나간다 후
>
> | 서우제소리 |

> ᄆᆞ를ᄆᆞ를 ᄆᆞ를 놀고 가저 ᄆᆞ를 ᄆᆞ를 쉬고나 가져
> 높은 것은 일월이요 얕은 것은 서낭이로다
> 일월이 놀자 제석이 놀자 삼만 관속이 놀고 가저
> 조상이 간장이 풀리는 대로 가손이 간장도 풀려나 줍서
> 조상이 놀면 요왕이 놀고 요왕이 놀면 서낭도 놀져

요왕 일월 조상님네 청금상 놀아 적금상 놀아
동이 와당은 광덕왕이 서이 와당은 광인왕이요
남이 와당은 적요왕에 북이 와당은 흑요왕이요

중앙이라 황신요왕 어기여 지기여 ᄉ만ᄉ만 ᄉ천ᄉ천
동경국은 대왕이 놀저 세경국은 부인이 놀저
수정국은 대왕이오 수정국 부인 요왕 태전에
거북서지녕 간장 간장 뭇힌맺힌 간장을 다 풀려 놉서
서낭이 놀자 영감이 놀저 경감님네가 어서 놀저
영감이 본초가 어딜러냐 영감이 시조가 어딜러냐
서울이라 종로 네커리네거리 허정승 아덜아들 일곱 성제형제에
흐트러지난흩어지니 열니열네 동서요 모도와지난모와지니 일곱 동서여
큰 아덜은 서울 삼각산에 둘쳇둘째 아덜 강원도 금강산에
셋쳇셋째 아덜 충청도 계룡산에 넷쳇네째 아덜 경상도 태백산에
다섯쳇다섯째 아덜 전라도 지리산에 여섯쳇여섯째 아덜 목포 유달산에
일곱체일곱째라 족은작은 아덜 오소리 잡놈 뒈엿구나되었구나 아싸 아싸

망만 붙은 초패를 씨고쓰고 짓만 붙은 도폭을 입고
치기만 붙은 최신을 신고 흔뽐한뼘 못 흔못 한 곰방대 물고
오장삼에 떼빵거리 등에 지언져서 진도나 안섬 진도나 밧섬
큰 관탈은 족은작은 관탈 소섬이나 진지깍 들어 사난서니
한로영산에 장군서낭 대정곳은 영감서낭 정의곳은 각시서낭
뙤미곳위미곳은 도령서낭 선흘곳은 아기씨서낭 으싸 의싸
청수당 무를은 솟불미서낭 으싸 의싸

| 서우제소리, 조천읍 신촌리 |

어양어여 어양어여 어기여디야로 놀고나가자 아 아하아양 어어어 엉
　어허어요

이팔 청춘 소년들아 벡발을백발을 보고 희롱을 마라
님은 가고 봄은 오니 꽃만꽃만 피어도 임 오나 생각
당초일이 한심하니 강물만 흐려도 님 오나 생각
하늘로나 느리는내리는 물은 궁녀시녀 발 싯인발 씻은 물이여
할로산한라산으로 느리는 물은 일천 나무덜나무들 다 썩은 물이여
산지로나 느리는 물은 일천 미터 줄 다 썩은 물이여
요내 눈으로 느리는 물은 일천 간장 다 썩은 물이여

김윤수 심방 칠머리 영등굿(사진 : 제주특별자치도)

사랑 사랑 사랑 사랑 사랑이란 것이 무엇이더냐
알다가도 모르는 사랑 믿다가도 속는 사랑이여
낭중에도 팔제팔자 궂인 낭은 질굿집의길갓집에 디들낭디딜나무 놓앙
가는 오는 발질을발길을 맞앙 가는 오는 발질을 맞앙
질굿집의 도실낭복숭아나무심엉심어 씨냐쓰냐 드냐드냐 맛볼 인셔도있어도
이내 몸 일을 도웨진도와줄 하나 두나둘 없음이여
한로산이한라산이 황금이라도 씰놈쓸 웃이민없으면 그대로 잇고
한강수가 소주라도 마실 사름사람 웃이민 그대로 잇고

어디 오롬이오롬이 집이라도 살 사름 웃이민 그대로 잇고
너른넓은 벵뒤가 밧이라도밭이라도 벌어먹을 사름 웃이민 그대로 잇나

| 서우제소리 구좌읍 김녕리 |

어양 어허어양 어야뒤야도 상사뒤로다 아아양 어허양 어허요
이물에는 이사공아 고물에는 고사공이로구나
허릿대 밋디밑에 화장아야 물 때 점점 다 늦어진다
간밤에 꿈 좋더니 우리 당선에 만선일세
당선에랑 선왕기 꽂고 망선에랑 망선기 꽂앙꽂아
놀당놀다가세 놀당 가세 선왕님과 놀당 가세
요 바당에 선왕님네 궁글릴대로나굴릴데로 궁글려줍서
어기 여차 닻 주는 소리에 일천 설음서러움 다 지엉간다지고간다

한라영산 놀던 산신 아흔아홉골 골머리에서 놀던 산신
테역장군 물장오리에서 놀던 산신
오백장군 한라영산 동늘개에날개에 서늘개에 놀던 산신
서천국에 일흔여덟 놀던 산신 구엄장 신엄장 볼레남밧디서볼레남밭에서 놀
     던 산신
가시왓에서가시밭에서 놀던 산신 강포수여 서포수여 어리목에서 놀던 산신
물은 출렁출렁 가락국물이여

| 산신서우제소리, 제주시 |

아양아양 어어양 어허요 풍년이 왔저 풍년이 왔저왔네
농겡이 와당에 돈풍년 왔저 선진이랑 앞궤기앞고기 놓고
후진이랑 뒷궤기뒷고기 놓고 그물코이 삼천코라도 베릿배가 주장이여
요왕놀이를 ᄒ고하고 가자 선왕놀이를 ᄒ고 가자
물이 들면 수중에 놀고 물이 싸면 갱변에강변에 논다
떳네 떳네 조기선 떳네 산지포 바당에바다에 조기선 떳네
이물에는 이사공아 고물에는 고사공아

허릿대 밋디 화장아야 물때나 점점 다 늦어간다

| 요왕서우제소리, 제주시 |

어양어야 어야두야 어기여차 상사두야 아아아양 아양어양어요
동의와당은 광덕왕이요 서의와당은 광인왕님아
남의와당은 청요왕이요 북의와당은 흑요왕님아
천금상도나 요왕이 놀저 적금상도나 요왕이 놀저
동경국은 대왕이 놀자 세경국은 부인도 놀자
요왕태자님이 놀고 가저 거북사자도 놀고나 가저

| 요왕서우제소리, 조천읍 |

어향두야 상사두야 아하양 영감이 본관이 어딜러며어디며 영감이 시조가
    어딜러냐어디냐
서울이라 먹자골은 허정승아들 일곱 형제 모여지면
일곱 동서 흩어나지면 열두 동서
큰 아들은 서울이라 삼각산에 둘쳇둘째 아들은아들은 강원도 금강산에
셋쳇 아들은 충청도 계룡산에 넷쳇 아들은 경상도라 태백산에
다섯체 아들은 전라도 지리산에 여섯체 아들 목포 유달산
일곱체라 죽은작은 아덜 오소리 잡놈 뒈엇구나되었구나

망만 붙은 지패를 쓰고 짓만깃만 붙은 도폭 입고
채기만 붙은 초신을 신고 곰방대는 입에 물고
삼동초를 피와 간다 흔뺌한뼘 못한 가방을 등에다 지고
오장삼에 댓방거리에 진도나 흔섬한섬 진도 밧섬밭섬
큰 관탈은 죽은작은 관탈은 벨파장을별파장을 들어서난
소섬우도이라 진질깍으로 할로산에한라산에 장군서낭
선흘곳은 아기씨서낭 뒈미곳위미곳은 도령서낭에

| 영감서우제소리, 조천읍 신촌리 |

해녀들은 '태왁'57)을 장구삼고 '비창'을 채로 삼아 장단 맞춘다. 여기에 허벅장단도 포함된다. 가락은 뒤로 갈수록 빨라진다. 해녀들은 이노래를 부르며 모닥불 주위에서 춤을 춘다.

제주도 무속의 '본풀이'란 신이 태어나 갖은 역경을 겪다가 정해진 마을의 무신巫神으로 좌정坐定할 때까지 과정을 나타내는 신화적神話的 서사문학이다. 본풀이는 읊음과 노래를 번갈아 가며 엮는다. 원래 바탕은 춤과 가락과 사설이 뭉뚱그려진 채 불리는 특이한 모습이다.

굿 치를 때만 아니라 어울려 즐겨 놀 때, 함께 일을 할 때 불렸기 때문에 이 세 가지 경우의 가락이나 사설이 조금씩 다르다. 그 기능에 따라 가락, 사설동작이 어떻게 다른가를 살피는 일은 중요하다. 즉, 굿을 치를 때는 무당심방이 그에 알맞은 기능을 지니고, 놀거나 일할 때는 그 춤사위나 일의 동작에 걸 맞는 가락과 사설이 다르기 때문이다.

> 허어야 뒤어야 사디사대소리로 놀아봅시다
> 아이아이아야 어허양어허요 어여차 소리다 서우제소리로 놀고 놀자
> 산으로 올라가면 산신 대왕님 배옵고요 바다로 가면 용궁 서낭님 배옵
>   디다
> 깎은 감태 한 감태에 놀고는 서낭님은
> 앞 이망에는이마에는 청사초롱 뒷 이망에는 흑사초롱 꺼내놓고
> 짓만깃만 붙은 도포 입고 망만 붙은 속패를 쓰고
> 흔뽐 못 흔못 한 곰방대에 삼동초를 피워 물고

---

57) 해녀가 잠수질 할 때 가슴에 받쳐 몸을 뜨게 하는 뒤웅박, 제주에서는 '태왁박새기'라고 부름. 잘 여문 박의 씨를 파내고 물이 들어가지 않도록 구멍을 막았기 때문에 물에 잘 뜸.

해삼자로 불을 켜면 퍼뜩 흐면하면
천리만리를 뛰놀던 서낭 영겁 좋고 수덕 좋은 서낭님아
할아방국은 별파장 뒈옵고요되옵구요
아방국은 진도 밧섬 뒙네다됩니다 진도 밧섬 어리목에서 놀던 서낭

| 영감서우제소리 한림읍 한림리 |

어여차 듸여차 서우제 소리로 넘고 간다
칠성판을 등에 지고 혼백상을 머리에 이고
시퍼렁헌시퍼런 저 바다를 건너야 가실 적에때에
어느 야가 누구가 나를 도와나 주실 거냐
일월 고튼같은 서낭님이 앞을 삼아 가는 구나
치를 잡아 가실 적에 서낭 일월 앞을 삼앙삼아
보기 좋은 여끗딜로여끝데로 그물 가게나 허여하여 줍서

저 바다를 배질헐배질할 때에 서낭 일원을 앞 삼으고
한 배 안에 선원들이 열두 동무를 거느리어
서낭 일월 힘을 믿어 돈을 벌랴고벌려고 나가는다
앞발로랑 바다를 헤쳐헤엄쳐 뒷발로랑 허우치멍허우치며
용궁 서낭 앞을 삼고 고기잡이를 나가는다
하늘을 보면 어디 끗디도끝에도 비바람은 쳐드는데
믿어가는 서낭 일월 우리 열두 동무를 살롸살려

고개고개 넘어오는 문동물을 잦히면서 불쌍하신 우리어부 살려나 주옵
　　소서
혼모룰랑한마루랑 놀고 가자 혼모룰랑 쉬고 나가자
요런 때에 못 놀며는 어떤 때나 놀아보리
젊아 청춘 애끼지 말고아끼지 말고 마을 실피실컷 놀아보세
이 물에는 이사공아 고 물에는 고사공아

허리아래 화정하야 물때나 점점 늦어지네

일편단심 굳은 마음 일 년이 다 못가네
송죽같은 굳은 절개 요 매 친다고 변할 소냐
소신동아 우리 낭군님 언자면언제면 다시 만나
신명산을 풀어가면서 오손도손 살아보리
날아가는 저 기러기 네 갈 길이 어데던고어느데던고
나의 갈 길은 서울이라요 산천동을 찾아가리
오늘이여 소식이 올까 내일이나 소식이 올까
요 내 심중에 불타는 가슴 어느 누가 풀어주나
구고간장 썩은 눈물로 구년지수만 되어 진다 | 긴 서우제 소리 |

* 모를 = 몰(아래아)랭이 = 몰(아래아)리 = 모(아래아)르 = 몰(아래아)를 = 마루,
   지붕이나 산 따위의 길게 등성이가 진 곳

'자진 서우제 소리'는 빠르기와 그에 따른 가락변화가 생기고 있지만,
사설내용은 '긴 서우제 소리'와 서로 공유한다. 다만 '긴 서우제 소리'
1단을 2단으로 나누어 '자진 서우제'에 활용하면 된다. 무속의 자진 '서
우제 소리'도 민요로서의 '자진 서우제 소리'보다 사설이 매우 길고 고정
적이다. 무속의 '긴 서우제 소리'에 이어 '서낭신 풀이'가 계속된다. 민요
로 '자진 서우제 소리'는 많이 불리지 않는다.

어가차 소리에 뒤넘어 간다 헌번 못한 곰방댈 물고 나 놀래노래가 산
   넘어 간다
진잎만진잎만 보고도 도복을 입고 떴다 떴다 손길환 떴네
어가차 소리에 잘 넘어 간다 이여차 소리에 배 놓아 간다

277

돛 달아라 물 밀어라 강나루 철구대 달마중 가자
어이나 도리 방애로방아로 구나 노세 놀아 젊어 놀아 서산에나 지는 해는
지고 싶어서 진댄진다는 말가말이가 임은 가고 봄은 오니
어여차 소리에 배 놓아 간다 어야차 소리에 잘 넘어 간다
욜료 요리 돌아진 섬에 물질 헤야해야 한푼 두푼
돈 버슬어도벌어도 낭군님 술값 다 들어간다 다 들어간다

| 자진 서우제 소리 |

영등굿(사진 : 제주특별자치도)

　'서우제 소리'는 일반인들에게 널리 퍼지게 되어 김을 매거나 바다 일을 할 때, 여흥을 즐길 때, 그 밖의 일을 할 때 자유롭게 부르게 되었다. 본래는 영등굿 등 무속에서 불렀던 무가이기 때문에 그 사설이 '영등굿'과 많이 관련되었지만, 다른 활동에 전이되어 부르는 서우제소리는 그 사설도 다양하게 바뀌고 풍성하게 되었다.

　어양어양 어양어양 어게 서우젯소리로 놀고들 가자
　어기여차 소리에 산도 넘고 물도 넘네

흔 모를마루랑 늦고 나가고 흔한 모를랑 쉬고 나가자
물로 벵벵 돌아진 섬에 먹으나 굶으나 물질을 흥영하여
흔 착한쪽 손에 테왁을 들고 흔 착 손에 빗창을 심엉심어
흔질한길두질 짚은깊은물에 물숨춤앙숨 참으며 들어가 보난
구젱기소라 셍복생전복 하서라마는많더라마는
내 숨 쫄란짧아 못 흥키여못하겠다
흔 푼 두 푼 모여논모아논 금전 서방님 술값에 다 들어간다
전싱전생 궂언나빠 구월에 나난 구월 국화가 내 벗이드라
중선 상선 다 띄워놓고 어께선으로 춤을 추고가자
놀당갑서 놀당들갑서놀다들가세요 서의 가지 들엉 놀당들 갑서

　　사설내용을 보면, 한풀이로 생활고, 신세한탄, 향락, 애정이 표현되기
도 하고 신풀이로서 신의 내력, 신의 외모와 거동, 신명과 신놀림 등으
로 구성되기도 하나 기능성 변이에 따라 기능적 사설이 삽입된다. '서우
젯소리'를 들으면 누구라도 흥에 취해 들썩들썩 춤으로 화化할 수 있다.
이는 굿에서 무당과 관중 사이에 일체감을 얻어 황홀상태로 화化할 수
있다. 이는 '서우젯소리'의 음악적 특성이 가장 민중들의 보편적 공감대
를 이룰 수 있는 기능을 지녔기 때문이다.

　　어기야차 소리에 배 넘어 가네 동짝동쪽 하늘에 벨별 솟아 온다
너는 어떤 계집아로 네 못 간장 다 태우느냐
간다 간다 십리도 못 간다 갈 땐 가고 내 못 가는다
훗소리랑 치랑 쳐랑 선소리랑 굿이나 망정
후소리랑 듣기나 좋게 먼데먼곳 사름사람 듣기 좋게 어깨보름 보기나 좋게

28

오월이라 단옷날에 : 달거리

세시풍속은 음력정월부터 섣달까지 1년 단위로 시간주기에 따라 반복적으로 행해지는 전승의례傳承儀禮이다. 시간주기는 태음력太陰曆을 기준으로 하여 한 해를 춘春, 하夏, 추秋, 동冬 사계절 즉 3개월 단위로 음력 정월부터 3월까지 봄, 음력 4월부터 6월까지 여름, 음력 7월부터 9월까지 가을, 음력 10월부터 12월까지 겨울로 삼고, 1년을 24절기로 나누어 한 달을 두 절기節氣로 구분해 15일 정도에 걸쳐 한 절기를 맞이한다.

세시歲時풍속은 생활공간과 생산 활동에 따라 다르게 나타난다. 제주도의 세시풍속은 절기, 물 때, 달거리 등 시간주기에 따라 산간, 중산간, 어촌마을이라는 생활공간에서 농사, 목축, 어로, 수렵 등 생업활동의 관행 등이 반영된 지역적 특수성이 나타난다. 무엇보다 제주도 세시풍속은 농사와 어로漁撈, 의례儀禮행위 등이 생활에서 서로 분리되지 않은 채 지속적으로 이루어져 왔다.

정월이라 상한 일에 청산녹형 노픈 곳듸높은 곳에

구름 새로사이로 연鳶만 둥실 뜨엇구나떳구나

남의 집도 소년님네 묵은 옷일 브려버려두고

새 옷일 들겨 입어 거리마다 연 구경을 가시는듸가시는데

일주낭군 어딜 가서 연 구경을 못가시나 그 둘 그믐달그믐 허송흥야허송
하야

이월이라 경칠경칩 일에 나무섭도나무잎도 봉을 지고

가지마다 침구를 흐는듸하는데 일주낭군 어딜 가고

침구 홀줄할줄 모르시나 그 둘 그믐 허송흥야달거리

정월이라 십오일에 청산靑山녹산綠山도 노픈높은 곳듸곳에

뜨고 오는 건 연연鳶鳶이여 이내 낭군 어딜 가곡

뜨고 올 충줄 몰르더라 그도 설루와서러워 못 살더라

그 둘도달도 구뭄그믐 다 보네고보내고

이월이라 겡친경칩 일엔 불카단불났던 낭도나무도

속입속잎 돋앙돋아 돌아 환싱환생 흐건머는하건마는

이내 낭군 어딜어듸를 가난가니 다시 올 충올 줄 몰르더라모르더라

그도 설루와서러워 못 살더라 그 둘도 구뭄그믐 다 보네고

　제주에서는 명절을 '멩질', 설을 '정월 멩질'이라 한다. 이날 친족 집을
돌며 제祭를 지낸다. 먼저 종손 집에서 지낸 다음 서열序列에 따라 윗대
조상을 모신 집 순서로 돌거나, 반대로 아랫대 친족 집에서 마지막으로
종손宗孫 집에서 도제 명절을 지내는 등 집안마다 다르다. 설 차례 절차
역시 집안의 제례풍습에 따라 다르다. 보통은 기제사 방식대로 병풍屛
風을 쳐서 지방紙榜을 써 붙이고, 삼헌관과 양 집사가 서서 참신, 강신,
초헌, 아헌, 종헌, 첨작, 유식, 잡식, 철변 순으로 진행한 후 음복飮福
하고 다음 제를 지낼 집으로 이동 한다.

지방지 쓰는 모습   차례 진설

　설날, 친족들끼리 세배를 주고받으며 서로 덕담이 오간다. 새로운 한 해에 대한 다짐과 건강하게 보내기를 기원하는 마음이 담겨진다. 간혹 삼년 상중喪中에 있는 집에 혼백상이 있어 상식床食을 놓아두는 경우에는 그 집에 가서 고인에게 세배 드렸다. 이러한 세배를 "상에 댕긴다"고 한다.

　설 명절이 돌아오면 자식들은 부모님께, 연소자는 연장자나 친척 어른들께 새해문안 인사를 드린다. 이를 '세배' 또는 '과세'라고 한다. 명절에 제주祭酒로 쓰기 위해 '동당주'동동주를 볼 수 있었다. 여유가 있고 정성이 지극한 집안에서는 '청주'를 쓰기도 했다58). 정월명절에 만드는 떡은 침떡, 새미떡, 은절미, 곤떡, 절변, 솔변, 멍석떡, 전, 우찍, 중과, 약과, 과즐, 강정, 요외 등이다. 침떡은 땅, 새미떡은 하늘, 은절미는 땅, 곤떡은 해, 반착곤떡은 달, 전煎은 구름을 상징한다.

---

58) 잘 된 청주는 기름이 위에 돌며, 영양이 풍부한 술로 먹으면 배고픔을 모를 정도로 속이 든든하다. 제주의 옛 선인들이 즐기던 대표적인 토속주다. 노란 기름이 위에 도는 청주는 귀하게 여겨 잔치, 제사, 굿 등에 쓰이고 막걸리탁배기, 동당주, 사발술는 농주農酒로 이웃들과 나눠 마셨다.

정월 대보름날은 '액막이 날'이라 하여 '방쉬'를 한다. '방쉬'는 '신을 내 쫓는다'는 뜻이다. 이때 '방쉬'의 '쉬'자는 '신'이라는 뜻이다. 이 날은 '도액度厄하는 날이라 집에 따라 정월 명절 때보다 더 많은 정성을 드려 음식을 차린다.

입춘立春은 24절기 가운데 첫 번째로 '새철 드는 날'이라 했다. 새해를 상징하는 절기로 양력으로 2월 4일에 해당된다. 이 날은 하늘에 올라갔던 신들이 지상으로 내려와 신이나 인간에게도 새로운 생활이 시작된다고 여겼다. 각 가정마다 새 봄을 맞이하고 잡귀雜鬼를 예방하는 뜻으로 흰 종이에 여러 가지 좋은 글귀를 쓰거나 그림을 그린 입춘축立春祝을 대문이나 기둥, 대들보, 천장 등 집안 구석구석에 써 붙인다. 이를 '입춘축 붙이기'라 불렀다.

'입춘축'은 붙이는 장소에 따라 내용이 다르다. 대문에 '입춘대길건양다경立春大吉建陽多慶'을 써 붙이고 마루에 '화기자생군자택근천하무난사和氣自生君子宅勤天下無難事', '백인당중유태화일근천하무난사百忍堂中有泰和一勤天下無難事'라고 써 붙였다. 글씨 대신 돌하르방을 그려 붙이기도 한다. 잡귀를 예방하고 집을 지켜 준다는 의미에서 돌하르방에 오방신장의 푸른 옷, 붉은 옷 등을 입혔다.

입춘 날은 금기사항이 많았다. 새로운 절기가 시작되는 날이라 중요시하여 농사풍요를 기원하고 집안에 액厄이 찾아오지 않기를 바라는 마음에서 연유되었다. 여자들의 집 밖 출입을 삼갔다. 특히 다른 집 방문을 금했다. 여자가 다른 집을 방문하게 되면 그 집 밭에 잡초가 무성해진다는 속설 때문이다. 또한 이 날 돈거래를 하면 일 년 내내 재물이 밖으로 새어 나간다고 하여 돈거래를 하지 않았다. 이 날 상주喪主를 만나면 그 해 운이 대통大通하여 잘 산다는 속설이 있다.

입춘 날 제주에서는 탐라국시대부터 전해졌다는 '입춘 굿 놀이'가 벌어졌다. 조선시대에도 제주 목관아牧官衙에서 제주목사를 비롯한 관리들과 무당 등 관·민 합동으로 풍농豐農을 기원하는 '입춘 굿' 일명 춘경春耕 또는 입춘춘경立春春耕을 크게 벌였다고 한다. '입춘 굿 놀이'는 일제강점기 때 그 맥이 끊겼다가 1999년 '탐라국 입춘 굿 놀이'로 복원되었다.

입춘 날에는 기상과 곡식의 모양을 보아 그 해 농사풍흉을 점치는 입춘점이 행해졌다. '보리 뿌리점'占은 입춘이 드는 시절 보리밭에 가서 보리를 세 개쯤 뽑은 뒤, 보리 뿌리가 있으면 그 해 보리농사가 잘 되고 없으면 잘 되지 않는다고 믿었다. '키점'의 '푸눈체점' 치기는 부녀자들이 부엌에서 화덕 앞을 깨끗하게 청소한 후 입춘기간에 '푸눈체'키를 덮어 두었다가 입춘이 지난 후 열어 보아, 좁쌀이 몇 알 있으면 조 농사가 잘 된다고 믿었다. 입춘 날 바람이 많이 불면 그 해 내내 바람이 많아 밭농사가 힘들어진다고 믿었다.

음력 2월이 되면 농가에서는 그 해 풍년을 비는 뜻에서 여러 의례를 행한다. 그 중에서 처음 밭갈이에서 지켜야 하는 풍속이 있다. 밭이랑이 남쪽과 북쪽으로 되어 있을 경우 먼저 동쪽과 서쪽으로 몇 이랑 밭갈이 한 후 본 이랑대로 갈게 된다. 그래야 그 해 농사를 '세경신중 하늘님'이 잘 보살펴서 풍년이 든다고 믿었다. 시제時祭는 오대손에서 지제止祭된 이후 조상에 대한 묘제墓祭를 말한다. 시제는 보통 '춘추春秋단절'이라 해서 봄 2월과 3월 그리고 10월에 지낸다.

삼월이라 삼진 일에 수수 강남 끄레기는
가노라고 하직ᄒ고하직하고 만리 강남 지부새제비는
오느라고 선신을 ᄒ는디하는데 일주 낭군 어딜가서
선신홀줄할줄 모르시나 그 들달 그믐 허송ᄒ야허송하여
ᄉ월이라사월이라 초패일에초파일에 월상 절상 호련등은
창찬을 반 올리고 저리 노피높이 뜨엇구나떳구나
남의 집도 소년님네 등불 구경 가시는디가시는데
일주 낭군 어딜 가서 등불 구경 못가시나 그 둘 그름그믐 하송ᄒ야

삼월이라 삼진 일엔 강남 갓단잣던 지부새도
알을 치레치러 오건 마는 이내 낭군 어딜가난
돌아올 충줄 몰르는고 그도 설루와서러워 못 살더라
그 둘도 구뭄그믐 다 보내고
ᄉ월사월이라 초파일에 놈으남의 집도 소년님네
등불 귀경구경 가건 마는 이내 낭군 어딜 가난
등 귀경도 안 오는고 그도 설루와 못 살더라 그 둘도 구뭄 다 보네고

  제주지역에는 '3월이 되면 해촌海村사람들이 고사리 볶은 거 얻어 먹
으레 온다'는 속담이 있다. 그만큼 고사리는 봄철시식時食으로 별미다.
고사리는 대개 3월 15일에서 4월 15일 사이 캔다. 그래야 너무 억세지
않고 맛이 좋다. 이 무렵 산으로 고사리를 캐러 너도 너도 올라간다.
비장하다.
  제사상에 올릴 고사리는 꼭 자기 스스로 꺾어야 정성이 있다고 했다.
청명 전후로 '고사리 장마'가 지나 여린 고사리가 생기기 시작하면 너도
나도 들판을 돌아다니며 고사리 꺾기에 여념 없다. 다만 산소 위에 자란
고사리는 꺾지 않는다.

고사리가 돋아날 때 꺾고 또 꺾어서 아홉 번 재생再生하므로 자손이 번성한다. 그리고 조상신이 제사 때 먹다 남은 제물을 고사리 세 줄기로 지게처럼 뻗은 가지에 끼워 승천昇天한다. 이런 믿음 때문에 제주에서는 고사리가 기제사祈祭祀와 명절에서 없어선 안 되는 중요한 제물이 되었다.

'메역미역 해경解耕'이란 성장기에 미역을 일정기간 동안 채취를 금禁採期하였다가 다 자랐다고 판단되는 날을 기해 해금解禁하던 일종의 해촌 규약規約을 말한다.

한식寒食은 동지冬至로부터 105일째 되는 날 치르는 명절이다. 한식은 설이나 추석처럼 집집마다 제사지내러 다니지 않았고 집안에 따라서 '문전門前 멩질'이라 하여 해뜨기 전에 간단하게 지낸다. 그 대신 이 명절 때는 모든 제물은 찬 음식으로 준비했다. 전날 미리 음식을 장만해 '메'밥와 '갱'국을 식힌 다음 차례를 지내고 음복이나 식사까지 찬 음식을 먹었다.

한식날은 조상에게 제사를 지내거나 성묘를 하고 특별히 택일擇日을 하지 않아도 손 없는 날이라 동티나지 않는다. 그래서 산소를 돌보거나 이장移葬해도 좋으며 비석을 세우는 등 묘소를 단장해도 좋다. 한편 청명절과 한식날 전후로 묘제를 지내는데 '시제'時祭라고 한다. 묘제墓制는 5대손에서 지제止祭된 조상에 대한 제의祭儀로 집안에서 제 지내지 않고 묘소에서 지낸다. 묘제는 혈연중심의 제사다. 같은 조상의 혈족집단, 곧 많은 친족이 참여함으로써 혈연공동체 유대를 강화하는 기능을 한다.

대부분 마을의 말이나 소 수십 마리를 한 곳에 모아 하루 한번 씩 번갈아 가며 차례로 당번을 맡아 방목한다. 이때 한 곳으로 모인 마을의 소 떼를 '둔쇠'라고 한다. 번갈아 가면서 먹이는 쇠 또는 쇠먹이는 당번이라는 뜻이다. '둔쇠 먹이기'는 4월 새 풀이 돋아나기 시작할 때부터 10월 풀이 쇠어 없어질 때까지 반년 동안 이어진다.

　제주지역에서는 4월 초파일과 5월 단오를 고비로 하여 특히 조금 때가 되면 'ᄇ들래기'를 미끼로 게를 잡는 일이 흔하다. 4월 8일 밤에는 '난ᄀ매기'가 유독 많이 잡힌다 하여 사람들은 이를 잡으러 바닷가로 몰리는 풍속이 있다. 이 날 밤 바닷가에 있는 해산물들이 모두 바위 위로 나온다고 할 정도로 일 년 중 가장 많이 잡히는 날이라 온 마을이 법석였다. 이날 집집마다 비릿한 '바르쿡'생선국 냄새가 난다.

> 오월이라 단오일에 송백섭송백잎 푸린푸른가지
> 높닥지 끈을 달고 무삼 애기 구름 타듯
> 백릉 보선 두발 질길에 양대선이 가시는디가시는데
> 일주 낭군 어딜 가서 양대선이 못가시나 그 돌달 그름 하송 흥아하여
> 유월이라 유두일에 남의 집도 소년님네
> 드르는 건 양산이요 받치는건 선ᄌ선자로다
> 일주 낭군 어딜 가서 선ᄌ선제, 扇子 홀할 줄 모르시나 그 돌 그름 하송흥야
>
> 오월이라 단옷날에 송악낭ᄀ송악나무 추척이도
> 창신 보선버선 신건마는 설룬서러운 님은 어딜어디를 가난가서
> 창신 보선 못 신는고 그도 설루와서러워 못 살더라 그 돌도 구뭄 다 보네고
> 유월이라 유둿날에 놈의 집도 소년덜은소년들은
> 들르는 건 양산이곡 받치는 건 선제 인듸인데
> 설룬 낭군 어딜 가난 선제들선자들 충줄 몰르는고모르는고
> 그도 설루와 못 살더라 그 돌도 구뭄 다 보네고

* 추척이 = 송악나무 줄기 군데군데에 하얗게 돋아나는 모양

음력 5월 5일은 단오端午명절이다. 한국 전통사회에서는 월月과 일日
이 겹치는 3월 3일, 5월 5일, 6월 6일, 7월 7일, 9월 9일 등을 양기陽氣가
가득 찬 길일吉日로 여겼다. 그중 5월 5일은 양기가 가장 왕성한 날이라
해서 큰 명절로 여겼다. 제주에서는 기주떡과 곤떡, 새미떡, 과일, 육적,
해어海魚 등 제물을 마련해 단오명절을 지냈다.

예전 제주도민들은 단오 때 솔방울, 죽순, 검은콩, 검은 쇠똥 등을
모아 두었다가 달여 먹으면 만병통치약이 된다고 믿었다. 이 시기는
만물이 물이 올라 기운이 찰 때이므로 풀뿌리 하나도 약이 된다는 믿음
에서 비롯되었다. 특히 5월 단오 때 나오는 쑥은 약쑥이라 하여 그늘에
말려 1년 내내 매달아 두면서 약재로 이용했다.

자리회는 '자리돔'이라는 생선으로 만든 회를 말하며 제주도 대표음
식이다. 작은 돔의 일종인 자리는 '자돔'이라고도 불린다. 보통 5월부터
7월, 8월 사이에 많이 먹는 여름철 시식이다. 자리회는 보목자리가 맛있
고 구이는 모슬포자리가 좋다. 우도牛島자리도 보목자리 만큼이나 맛있
지만 우도에서만 나기 때문에 맛보기 쉽지 않다.

'밭 불림'이란 '밭을 밟는다'는 말이다. 제주도 토질은 화산회토火山灰
土라서 메마르고 가볍기 때문에 파종하고 땅을 단단히 밟아 주어야 한
다. 흙덩이를 잘게 부수고 씨를 뿌리면 바람이 워낙 많아 곧잘 날라
간다. 그래서 특히 여름농사 파종 끝에 밭을 잘 밟아 주어야 한다.

'개역'은 보리 볶은 분말가루 즉, 보리 미숫가루를 말한다. '개역'은

대개 5월에서 7월 사이에 철 가리로 만들어 먹던 음식이다. '개역'은 보리를 솥에 볶아 맷돌로 갈아 가루로 만든다. 보통 5~6월경 보리수확이 끝난 직후 장맛비가 내려 일손이 한가할 때 만들었다. 며느리가 시어머니에게 개역을 만들어 올리지 않으면 "보리미숫가루도 한 줌 안주는 며느리"라고 흉 볼 정도였던 필수적인 간식거리였다.

음력 6월 20일은 '득 잡앙 먹는 날^{닭 잡아먹는 날}이다. 6월 스무날 닭 잡아먹으면 보약이 된다 하여 이 날 닭 잡아먹는 풍습이 있다. 봄에 병아리를 사다가 마당에서 키워서 중닭으로 자랄 때쯤 잡아먹었다. 음력 6월 스무날 닭을 잡아먹으면 만병통치로 보약이 된다. 여자는 수탉을 먹고 남자는 암탉을 먹어야 더 효과가 있다고 한다.

'모살뜸'이란 모래 뜸질을 말한다. 주로 한여름 제주시 삼양동 바닷가 검은 모래사장에서 행해진다. 삼복더위에 여기에서 모래 뜸질하면 신경성 질환에 효험이 있다. 옛날에는 아기 못 낳는 여인이 이 곳 검은 모래로 배꼽 밑을 뜸질하면 임신한다는 속신俗信이 있었다.

'갈옷'이란 감의 떫은 물로 염색한 옷을 말한다. 갈옷은 무명이나 광목 등으로 만든 옷에 6월에서 7월 사이 열린 풋감으로 만든 즙으로 만든다. 이 옷은 질기고 땀이 나도 몸에 쉽게 달라붙지 않는 장점이 있다. 농경農耕이나 어로漁撈 작업할 때 입던 제주도민들의 노동복勞動服이다.

칠월이라 칠석 일에 견우직녀 오작교 드릴다리 놓아 은하수를 건나는디^{건너는데}

일주 낭군 어딜 가서 은하수를 못거나나^{못건너} 그 둘 그름 하송 ㅎ야여

팔월이라 추석 일에 남의 집도 소년님네
삼국연심 가시는디 일주 낭군 어딜 가서
삼국연심 못가시나 그 둘 그름 허송ᄒ야

칠월이라 칠석 일에 견우성과 직녀성은
오작교 ᄃ릴다리를 놓앙 미린내미래내를 건느는듸건너는데
이내 낭군 어딜 가난 미린내은하수를 못 건느코건널고
그도 설루와 못 살더라 그 둘도 구뭄 다 보네고
팔월이라 추석 일에 놈으남의 집도 소년덜은소년들은
궁글덜도널뛰기 뛰엽져만뛰것마는 이내 낭군 어딜 가난
궁글 귀경구경 안 왐싱고오는고 그도 설루와서러워 못 살더라
그 둘도 구뭄 다 보네고

연중 최대명절은 음력 8월 15일 추석이다. 제주에서는 '팔월 멩질' 또는 '실가을 멩질'이라 불렸다. 고대사회 풍농제豊農祭에서 유래된 추석 秋夕은 서양의 추수감사절에 해당한다. 한해 농사를 끝내고 풍성하게 오곡五穀을 수확하는 시기로 명절 중 최고로 삼아왔다.

제주에서는 추석 차례 전에 벌초伐草, 소분한다. 보통 음력 8월 1일부터 15일 이내에 끝마쳤다 음력 8월 절기 들어서면 무엇보다 먼저 벌초해야 한다. 이 때문에 제주도민들은 자손을 멀리 내보는 걸 꺼려했으며 멀리 갔어도 벌초만큼은 소홀하지 않도록 당부했다. 그래서 다른 지방에 거주하는 사람들도 8월 초만 되면 고향을 찾아 친족들과 함께 산소에 벌초한다. 특히 음력 8월 1일은 '모둠벌초'라 하여 묘제를 행하는 윗대조祖 묘소에 친족이 모여 함께모둠 벌초한다. 이 '모둠벌초'가 끝난 후 형제들이 모여 '가족벌초'를 한다. 추석 차례를 지내기 전에 조상무덤부터 깨끗이 소분해야 하기 때문이다.

'백중'百中은 목동의 이름이다. 목동의 영혼을 위로하고 농사의 풍요와 번성을 비는 무속적인 제사를 지내는 날이 7월 14일 백중날이다. 이 백중날은 농촌에서는 일손을 놓고 바닷가로 나가 물맞이 한다. 이날 물맞이는 특히 위병, 허리병, 열병 등의 속병에 특효가 있다. 이 날 백중물은 약물이라 하여 바닷가 절벽에서 흘러 떨어지는 물을 떠다 먹는다. 그밖에 이 날 옷을 밖으로 꺼내어 말리면 '좀이 안 쓴다'라고 하여 옷을 밖에 내놓고 햇볕에 말리는 풍속이 있다.

'빅개회'란 '빅개'라는 바닷고기로 만든 회를 말한다. '빅개'라는 고기는 일명 '빅근다리'라고도 부른다. 주로 성산, 한림, 애월, 서귀 등지에서 7월부터 9월 사이에 많이 잡힌다. '자굴'이라는 차풀은 7월 그믐에서 8월 초순 사이 누렇게 익는다. 이때 말려 겨울에 차를 만들면 마시면 구수한 맛이 난다.

'물똥줏기'란 말똥을 주워 모으는 일을 말한다. 8월 제초除草가 끝나면 사람들은 물똥을 담을 '맹탱이'를 둘러메고 산과 들로 나가 말똥을 줍는다. 이렇게 주워 모은 말똥은 잘 말려 두었다가 10월 달부터 이듬해 2월 달까지 '굴묵'아궁이에 불을 땔 때 연료로 사용한다.

8월 추석이 지나면 겨울 동안 마소에게 먹일 '출'꼴을 벤다. 마소 주인은 봄부터 '출왓'꼴밭에 '출'이 잘 자라도록 관리해 두었다가 온 식구가 모여들어 한쪽 구석부터 꼴을 벤다. 이렇게 베어낸 꼴은 햇볕에 잘 말린 다음 적절한 크기로 묶어둔다. 그 다음 마른 '출'은 마당 한 구석에 '눌'노적가리 눌었다가 겨울철 마소에게 여물로 준다. 마소에게 먹일 수 없거나 여물 먹이다가 남는 마른 '출'은 퇴비로 사용한다.

꼴 베는 작업은 겨울철 말과 소의 먹이를 가을철에 미리 베어 저장해 두는 일을 말한다. 농부들은 '수눌음'을 통하여 집단적으로 꼴 베는 작업을 했다. '촐'을 베는 낫에는 보통 낫과 진ᄀᆞᆫ 낫 두 가지다. 서부지역의 경우 '촐왓'이 넓지 않아 날 길이 20cm 내외, 폭은 3cm 내외의 짧은 낫을 사용하여 앉은 자세로 '촐'을 벤다. 동부지역에서는 드넓은 목장 밭에서 날 길이가 어른 키 정도인 큰 '장 낫'을 휘둘러 '촐'이나 풀을 베었다.

구월이라 만구 일에 남의 집도 소년님네
묵은 밥을 ᄇᆞ려버려두고 새밥을 먹어야져
정절마다 취ᄒᆞ는디취하는데 일주 낭군 어딜 가서
취홀취할줄을 모르시나 그 둘 그름 하송ᄒᆞ야하송하여
시월이라 시도일십오일에 물에 앉은 저 ᄁᆞ레긴
차고 진 밤 못새는고 그 둘 그름그믐 하송ᄒᆞ야

구월이라 초구일에 각단새에 단풍 들민들면
송화강의 지럭새도기러기도 오노랭덜온다고 전송이여
이내 낭군 어딜 가난 단풍 귀경구경 못 ᄒᆞ는고하는고
그도 설루와 못 살더라 그 둘도 구뭄 다 보네고
시월이라 십오 일에 흥그는 건 낭긔나무가지
떠 오는 건 낭섭나뭇잎이여 이내 낭군 어딜 가난
떠 올 충도 몰르던고모르던고 그도 설루와서러워 못 살더라
그 둘도 구뭄 다 보네고

9월 28일은 '삼시왕'명도조상의 탄생일이다. 심방무당들은 자기 집에서 사흘 간 큰 굿을 한다. 이때 심방들은 단골들로부터 부조扶助 받는다.

'돗 걸름'이란 돼지거름이다. '돗 걸름'은 일 년 내내 통시돼지우리 속에 있던 보리 짚을 썩힌 퇴비로 10월 보리농사 때가 되면 이를 마당에 파내어 널리 펴고 거기에 보리씨를 골고루 뿌린다. 잘 섞어지게 마소로 하여금 밟게 한 후 긁어모아 2~3일 동안 쌓아두었다가 밭에 실어내어 거름 묻은 보리씨를 손으로 뜯어가며 뿌린다.

'ᄆ쉬귀패'란 마소의 귀에 표를 하는 행위이다. 여기서 '금승'한 살 송아지의 귀 한 부분을 도려내고 엉덩이에 낙인烙印을 찍는다. 이 때 도려낸 귀의 한 부분은 구워서 제물로 올려 제를 지낸다.

> 동지섣달 합끼와 놓고 낮도 요숫시여섯시 밤 요숫시
> 어장촌에 개가 짖고 우연봉에 구름떳네
> 새벽돍새벽닭은 쟁쟁 울고 동넷북은 시시리치고
> 눈물로 한강 놓고 한숨으로 배를 지어
> 근심으로 노를 젓어 여기양창 배놓아 간다 두기양창 배놓아 간다
>
> 동지 섣둘섣달 지나진 밤의 앉아서도 남이 오카올까
> 누워서도 님이 오카 님도 줌도잠도 아니 오란와서
> 님 지들렁기다려 우는 것은 이테백이태백이 부인이여
> 그도 설루와서러워 못 살더라 그 돌도달도 구뭄그믐 다 보네고

음력 11월은 '동짓돌'이라 하며 동짓날은 양력의 12월 22일에 맞게 된다. 동짓날에는 붉은 팥으로 죽을 쑤어 먹어야 감기를 면한다. 예부터 제주도민의 생활전반에 퍼져 있는 풍습으로 동짓날 팥죽을 먹기 전에 먼저 마당, 축담, 문간에 뿌린다. 붉은 팥은 사악한 기운을 막는 힘이 있다고 여겨 액厄을 막기 위함이다. 또 떠돌아다니는 귀신들을 달래어

보낸다는 의미에서 비롯되었다. 한편 동지同旨가 초열흘 전에 들면 '애기동지'라 하여 팥죽을 쑤지 않았다.

제주 농어촌에서는 '장은 묵은해에 담아사 좋다'고 하여 11월에서 1월 사이에 장을 담아야 좋다고 여긴다. 장을 담글 때는 여러 가지 금기사항이 따른다. 예를 들면, 콩 삶는 날은 주부의 생기복덕生氣福德에 맞춰 용, 뱀, 쥐, 범날은 피하고 개, 닭, 염소, 토끼, 말날은 좋다고 하여 좋은 날을 택해 장을 담갔다. 좋은날이라도 가족의 띠와 겹치는 날은 장 담지 않았다 그리고 메주는 반드시 짝수라야 하며 홀수로 만들어서는 안 된다는 금기가 있다.

'납팽날'은 입춘 전 미일未日을 뜻한다. 이 날 엿을 고아 먹으면 속병에 특효가 있다고 한다. 그래서 흔히 '동짓날에 골 놓앙 납팽날에 엿을 했당 먹곡, 곳인 허멀에도 볼르민 존나'고 한다. 동짓날에 엿기름을 넣어서 납팽날에 엿 고아 먹었다. 납팽엿은 속병에 특효가 있고 궂은 부스럼에도 바르면 좋다고 믿었다. 납팽엿은 겨울철 영양 보충하기 위한 간식으로 더할 나위 없이 좋은 별미別味음식이다.

돼지는 관혼상제 등 큰일을 치를 때 쓰이는 소중한 가축이다. 정월명절이나 추석을 앞두고 명절음식을 마련하기 위해 몇 사람이 돈을 모아 공동으로 소나 돼지를 추렴하였다. 평소 육고기를 나누어 먹기 위해 추렴하여 소나 돼지를 잡는다. 특히 돼지고기는 마을이나 집안에서 큰 행사가 있을 때 반드시 준비하는 음식으로 예전에는 추렴 때나 아니면 좀처럼 먹기 힘들었다. 요즘은 추렴이 밀도살이어서 불법이다 제주에서는 이사를 신구간新舊間에 하는 관행이 있다. 신구간은 신구세관교승기간新舊歲官交承期間의 줄임말로 대한大寒 후 5일 입춘立春 전 3일 사이이며 신들이 한 해 동안 임무를 교체하는 기간으로 여겨 왔다. 즉, 인간세상을 관장管掌하는 1만 8천 신神들이 한 해 임무를 다하고 하늘로 올라가 옥황상제에게 보고한 뒤, 새로운 임무를 부여받고 내려오는 일종의 업무분장 교체기로 신들의 부재不在기간으로 간주한다. 따라서 이사나 집수리, 나무 자르기, 묘소의 담을 손보는 일 등 평상시 꺼렸던 일들을 처리해도 아무런 탈이 없다고 믿었다. 특히 변소를 고치는 일을 신구간에 하면 '동티동토, 動土' 나지 않는다 하여 이때를 기다렸다가 했다. 이처럼 제주사람들은 이사하는 일 같은 일상생활조차 신들과 관련하여 택일을 하는 등 생활세시歲時를 따르며 항시 조신하게 살아왔음을 엿볼 수 있다. 제주도민들은 지금도 신구간에 이사를 한다. 사정이 있어 택일한 날 미처 이사를 하지 못하면 그 날 솥만이라도 옮겨 밥을 지어 먹는다. 예전에는 반드시 아궁이에 불을 피워 밥을 해먹었기 때문에 불씨 옮기는 일이 이사하는 데 있어 가장 중요한 사항이었다.

친정에 다니러 온 일본 시집간 딸(2013년)

'망년과세'忘年課歲란 시집간 딸들이 친정 부모나 친척집에 가서 세배歲拜하는 걸 말한다. 제주지역에는 일본에 사는 제주출신 제일교포 2,3세에게 시집간 딸들이 많다. 요즘은 아니지만, 이들은 보통 2,3년에 한 번 고향을 찾는다.

29

요 농사는 논농사여 :
써레질 소리, 밀레질 소리

예전부터 제주지역은 밭농사가 주를 이루고 있다. 논농사는 전체 농경지의 1.5%~2% 수준에 불과하다. 서귀포시 대포동, 강정동, 법환동 일대에서 논농사가 일찍부터 가능했다. '써레질 소리'는 서귀포시 강정동에서 논농사 지을 때 써레질로 논을 평평하게 고르며 부르던 노동요다. 이 '써레질 소리'는 대포大浦, 위미爲美마을의 '밀레질 소리'와 함께 서귀포시 강정동에서 전승되고 있다. 써레질은 논을 갈고 물을 댄 다음 일차적으로 논을 고르는 작업이다. '밀레질 소리'는 '써레질'로 어느 정도 골라진 밭을 '밀레'를 이용하여 바닥을 아주 정연하게 고르는 일을 하며 부르는 노래를 말한다.

'써레질'은 상당히 힘든 노동이어서 대부분 남자 '장남'들이 이 일을 맡는다. 이 작업은 혼자서 하는 작업이지만, 종종 여러 명이 각각 '써레'를 소에 매고 일을 하며, '써레질' 하는 사람 옆에 몇 사람이 이 노동을 보조하는 경우도 있다(한국학중앙연구원, 향토문화전자대전).

써레(사진 : 한국민족문화대백과사전)

　'써레'는 모내기를 위해 갈아 놓은 논바닥 흙덩이를 잘게 부수거나 바닥을 판판하게 고르는데 쓰인다. 긴 토막나무에 둥글고 끝이 뾰족한 6~10개의 이를 빗살처럼 나란히 박고 위에 손잡이를 가로 대었다. 또 둥근 나무를 봇줄로 연결하고 이를 소의 멍에에 잡아매어 사용했다.

　저 산 중에 놀던 쉐야쒀야 어서 걸라걸라 어서 걸라 이러저러 이러저러
　앞발 놓은 디 뒷발 놓으멍놓며 방글방글 걸어보자
　요 쉐야아 저 쉐야아 삼복 땐 줄때인 줄 몰람시냐모르느냐
　사흘만 오뭉움직임ᄒᆞ민하면 너도 쉬고 나도 쉰다
　한부종 때 한가이 놀민놀면 저슬가을 들엉이면 뭘 먹느니
　성널오롬 사흘 들민들면 장마도 걷넹걷힌다고 ᄒᆞ다한다
　간딜간데 가고 온딜온데 온다 어서어서 걸어보자

　ᄒᆞ당하다 말민말면 늄이남이 웃나 어서 걸라 어서 걸라
　성널오롬 사흘 들민 장마도 걷넹걷힌다 ᄒᆞ다
　실픈슬픈 일랑 그린 듯이좋아하는 듯이 들랑돌랑 들랑 걸어보자

요런 날에 요 일믄일면 누워 두서둬서 떡 먹기여
요 농사는 논농사여 상놈 벌엉벌어 양반 먹나
산천초목은 젊어지고 인간 청춘 늙어 진다
일락서산 해는 지고 월출 동방 들달떠온다
저 산방산 구름 끼민끼면 사흘 안에 비 느린다내린다

어떤 사름사람 팔재팔자 좋앙좋아 고대광실 높은 집에
담벳대 입에 물엉물어 사랑방에 낮 줌잠 자나
우리 어멍엄마 날 날 적엔 해도 들도달도 엇었던가없었던가
이내 팔제 기박기막 흐연혀서 요런 일을 흐는구나
놀레노래 불렁불러 날 새우자 나 놀레랑 산 넘엉 가라
보는 사름사람 웃기 좋게 나 놀레랑 물 넘엉 가라
보는 사름 듣기 좋게 나 놀레랑 산 넘엉 가라
오뉴월 장마 속에 흐루하루종일 요 일 해도
지친 줄도 몰라지고 배고픈 줄도 모르는 구나
잠깐 전에 다 뒈어간다되어간다 그만 저만 흐여하여 보자
간디간데가고 온디온데온다 어서걸라 어서걸라

| 써레질 소리, 서귀포시 강정동 |

『세종실록 지리지世宗實錄 地理誌』 제주목, 대정현에 보면 수전水田, 논
의 결수 표시가 있다. 이 기록에 의하면 제주목에 31결結, 대정현에 85
결의 수전이 있었다고 한다. 『신증동국여지승람新增東國輿地勝覽』에 현
재 서귀포시 '하논' 지역에 관한 기록이 있다. '삼매양악이 현의 서쪽
30리里 지점에 있는데 이 악岳의 가운데가 트이고 넓어서 수전水田 수십
경頃이 있다. 이름이 대지大池이다' 라는 구절이 있는데 여기에 나오는
대지는 현재 하논지역을 말한다(제주도사연구회, 1996, 『제주도사연구
』 5집).

이 마을호근리에서 전하는 기록에 의하면 처음에는 물이 차있는 연못이었으나 13~4세기경으로 추정되는 시기에 수로를 만들어 이곳에 물을 뺀 뒤 수답水畓으로 개답改畓하여 지금까지 전해 내려오고 있다. 하논지역은 탐라순력도에 '대답大畓'으로 표시되어 있다. 이외에도 『탐라영사례耽羅營事例』 52면에 보면 3읍邑에 논농사를 짓는 자가 207명이 있으며, 明月畓, 郁畓, 院畓, 訥畓, 毛洞畓, 嬀龜畓, 馬畓, 池畓, 洪爐畓 등 전부 합쳐 9개의 답畓이 있었다는 기록이 있다.

17세기 제주풍광風光을 그린 이형상목사의 『탐라순력도耽羅巡歷圖』에는 대답大畓, 즉 지금의 서귀포시 하논지역을 표시하였고, '명월조점明月操點'으로 아래쪽에 '사을포답士乙包畓'이라 표시된 논지역이 있다. '고원방고羔園訪古'를 보면 우측에 지금의 운랑천으로 추정되는 물과 그 물을 이용하여 논이 표시되어 있다.

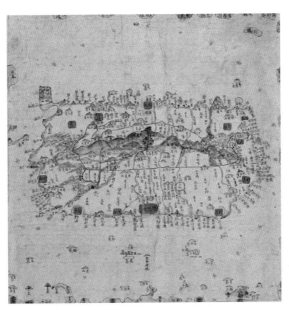

탐라순력도 한라장촉漢拏壯矚(사진 : 제주특별자치도)

높은 동산더레으로만 잡앙_{잡아} 이꺼 글라_{이끌어} 어 이러- 어라
물때는 늦어가고 어느 날은 이거 하여뒁_{해두고}
내가 저 바당에 갑네_{갑니}까 이러 이러-
울어 가민_{가면} 아이고 얘야 무사왜 옮이니_{울고있니}
어어 나 팔자가 얼만 허민_{어떻하면}
스물 넘도록 설메쉐_{설메서} 이끄렌_{이끌고}라고 헙니까_{합니까} 울지 마라 큰 년아
느 울어가민 나가 설메 떼영_{떼어두고} 집이 가켜가겠다
아고 잠잠하라 아니 울쿠다_{울겠다} 대천바당 한가운데 배 띄워 논 거같이
날고라_나에게 쉐 이끄렌 함우꽈_{합니까} 사주팔자가 궂이난_{나빠서}
설흔 올르도록_{넘도록} 쉐 이끄멍_{이끌며} 나의 일이여 이러…
느 팔자나 나 팔자나 고뜬_{같은} 팔자 아니냐
요녀난 쉐야 발탕발탕 걸으라 이러

| 설메질 소리, 서귀포시 법환동 |

* 발탕발탕 = 물속에 들어가 물장구치는 소리

한편 법환마을에서 모심기 직전 소에 써레를 달아 논을 갈면서 부르는 민요가 '설메질 소리'이다. 서귀포시 법환리 사시는 어느 할머니는 여자 몸으로 반평생 동안 지겹도록 '설메질'을 했다. 할머니는 시집가서 아들을 낳자마자 남편을 여의었다. 다행히 친정집이 잘 사는 편이어서 친정에 살 수 있었지만 일할 아들이 없는 집이라 여자 몸으로 써레질을 비롯해 모든 농사일을 도맡아 했다고 한다.

아허이 놀레로다 요 밀레야 놀고 나가라 어석비석 잘도 간다 아허이
　　놀레로다
물결소리는 처량도 허게 와랑지랑 나는구나
흔질한질 가나 흔 질을 오나 농부들이 흔는_{하는} 일이지

아하 먼 딧먼데 사람 듣기도 좋고 어허야 놀레로다

밀엣 사름사람은 보기도 좋고 어허어 놀레로다

곁에 사름 보실 제매는 두 번 일억 ᄒ염시면은하고 있으면

어깨춤이 저절로 나네 농부 소리를 불러나 보라

실픈싫은 일을 그리운 듯하곤 듯 ᄒ면하면 성도 얼마나 가실 소냐

어허어 놀레로다 밀레소리 와랑지랑 잘도 난다 잘도 난다 요 밀레야
　　저 밀레야

어서 살살 놀고나 가라 어허어 놀레로다

젊은 사람 알만흔알만한 일 내가 ᄒ다가하다가 버치면은힘들면

어느 누가 홀할 것이냐 어허어 놀레로다

어허 요 밀레는 지자기가고 싶은 양 잘도나 간다

물결 소리는 와랑지랑 요만 ᄒ면은하면은 홀만도할만도 ᄒ지지

요 일 성공시켜다가 부모 처자 봉양 ᄒ곡하고

ᄒ다가하다가 말면은안하면 어느 누가 ᄒ라하랴 어차

불쌍 실수가 뒈면은되면은 ᄒ던하던 일이 무효가 될 걸 어허어 놀레로다

'이팔십이 당ᄒ여당하여가니 호흡이 바빠 안 뒈겟네되겠네

| 밀레질 소리, 서귀포시 대포동 |

　　제주지역에 '대칩'이라는 전래 벼 종자가 있었다. 육지부 논농사지역 수도水稻재배에서 이앙법移秧法59)은 조선전기부터 행해지고 있다. 대포

---

59) 물을 채운 논에 미리 발아시킨 볍씨를 파종하는 직파直播법, 비료 성분을 묻힌 볍씨를 물이 없는 논에 파종하는 건경乾耕법, 못자리에서 모를 어느 정도 키운 후에 전체 논으로 옮겨 심는 농사법이 이앙법이다. 이앙법은 직파법 재배에 비해 김매는 노동력 자체도 6~7할만 사용해도 충분히 김매기가 가능하였다. 즉, 김매는 횟수에다가 김매는 노동력 자체가 덜 들어가는 농사법이 이앙법이다. 또한 이앙법은 벼를 재배하는 동일 면적에서 직파법보다 더 많은 벼의 수확량을 얻을 수 있었다. 때문에 위험성이 있더라도 큰 수익을 보장해 주는 이앙법이 인기가 좋았다. 그러나 이앙법은 모내기 때 가뭄이 들면 농사

마을은 이와 달랐다. 해방 이후까지도 대포마을 논농사는 직파법直播法에 의존하고 있었다. 대포마을 김항선씨 증언에 따르면, 그의 나이 12살 때 그 당시 제주의 기업가 박종실[60]씨가 이 마을에 '금맥'을 최초로 보급했는데, 그와 함께 논농사에 있어서 이앙법을 한국 본토에서 배우고 돌아와 보급하였다고 한다(대포마을회, 『큰갯마을』, 2001.).

논농사 직파법 경작과정을 먼저 소개하면, 청명이 지나 3월 10일 전후하여 일정단계를 거쳐 파종播種한다. 만약 휴경했던 밭에 파종하기 위해 일, 이월에 일단 밭을 한 차례 갈아놓았다가 파종직전 다시 밭을 간다. 논밭의 흙은 성질이 강하다. 그래서 '곰베'로 두들겨 흙덩이를 풀어주고 나서 물을 댄다. 원류源流에 가까운 상답上畓부터 물을 대어나간다. 대포마을에 있는 '동골왓'은 '검주와리'와 '배톤개'에 모두 물을 대고 난 다음 가능했다. 이 때문에 파종 시기는 보통 20일 차이를 둔다.

보통 논 100평이면 2되 정도 씨앗을 2~3일 동안 물에 담군다. 씨앗 속에 어느 정도 물 기운이 스며들어야 파종 후 물에 뜨지 않는다. 씨앗이 물 위로 뜨면 새의 먹이가 될 우려가 있음은 물론 물 위에 떠다닐 우려도 있다. 이를 방지하기 위하여 반드시 물에 담군 씨앗을 파종해야 한다[61].

보통은 세 번 논갈이 한다. 보통 논은 찰지며 흙덩이가 탄탄하기 때

를 그르칠 위험성이 매우 높다.

60) 일제 강점기 제주의 대표적 기업가이다. 본관은 밀양 호는 청암晴巖 아버지는 박원길朴元吉이며 어머니는 탐라 최씨이다. 부인은 진주 강씨이다. 아들은 초대 제주도지사를 지낸 박경훈朴景勳과 국무총리 서리를 지낸 박충훈朴忠勳이다. 박종실 어머니는 대포마을 출신이다. 그래서 대포마을에 박종실 소유의 논이 많았다.

61) 물대기는 어느 정도 높이까지 물을 대며 물 관리는 수시로 잘해야 한다.

문에 여러 번 갈아 줄수록 잘 풀린다. 파종 한 달 전부터 파종 때까지 보통 세 번 갈아준다. 그래서 논갈이는 어렵다. 무턱대고 쟁기를 들이댄다고 논이 갈리는 게 아니다. 물이 맞아야 한다. 물이 알맞게 맞지 않으면 땅속으로 보습 날이 들어가지 않을 뿐 아니라, 쟁기의 볏에 붙은 흙이 떨어지지 않는다.

그 다음 써레질과 밀레질을 한다. 그 위에 씨앗을 뿌리고 다시 밀레질 한다. 써레질은 소에 써레를 매달아 놓고 조종하며 논바닥을 고르는 일이다. 밀레질은 반달 같은 판자에 손잡이막대를 부착시켜 만든 연장인 밀레로 논바닥을 고르는 일이다.

파종하고 나서 첫 번째로 매는 논매기를 두고 '뫼골름 검질'이라 한다. 이쯤 되면 묘종은 약 20cm쯤 자란다. 논을 매어주는 일임과 동시에 묘종을 적당한 간격으로 유지 시키는 일이다. 듬성듬성 씨앗이 잘나지 않는 곳에 다른 곳에 난 묘종을 옮겨다 심어주기도 한다. 그래서 이 일을 두고 묘종을 고르게 심는다는 의미에서 '뫼골름'이라 불렀다.

'뫼살름 검질'이란 논밭에 난 잡초를 제거하는 논매기를 두고 하는 말이다. 곧 잡초를 제거해줌으로써 잡초에 시달리는 묘종을 살려낸다는 의미이다. 6월 초순에서부터 7월 말 사이 대개 3번에 걸쳐 잡초를 제거한다. 논 잡초를 제거하는 일은 밭에서 하는 밭매기보다 힘들다. 밭매기는 앉아서 하는 일이고 논매기는 허리를 굽혀서 해야 하기 때문이다.

9월 그믐 경부터 수확한다. 벼 베기는 음력 9월 중에 한다. 벼 베기 15일 전에 물을 빼줘야 한다. '머흐네' 논은 물을 뺄 수 없어 하는 수 없이 바지를 걷고 베어야 한다. 한꺼번에 베는 일은 흔치 않고 익어가는 대로 베어 나간다.

'클'이 보급되기 전 '좁개' 또는 '근대'라는 두 개의 나무막대 틈에 이삭을 끼워 훑어 탈곡했었다. 멍석 위에 벼 이삭을 널어놓고 방망이로 두들기며 '까그라기'를 떨궈나간다. 이 일을 'ᄀ시락 거끈다'라 한다. 벼 이삭의 '까그라기'를 꺾어 낸다는 말이다. '남방애'절구에서 찧거나 '물고래'연자매에 놓아 돌려가며 껍질을 벗긴다.

어허허 밀레로다 어허허 산이로다 어허허 산이로다 높은 디랑데랑 밀어
　　다가
야튼얕은 디도데도 메와매꿔 가멍가며 저 바다에 물결치듯
한라산에 구름일 듯 고근산에 안개일 듯
슬짝 즐짝살짝 밀어 보자 물결이 노는 구나
물 좋은 우리 강정 이 고장에서 태어나서 제일 강정 좋은 물로 풍년농사
　　지어보자
물결이 노는구나 실픈싫은 일랑 그린좋은 듯이
요 놀레노래로 날 보내자 먼디먼데 사름사람 보기 좋게
부지런히 ᄒ여하여 보자 요런 날에 요일 허믄하면
누워두서 떡 먹기여 실픈일랑 그린듯이 부지런히 ᄒ여 보자 먼 디 사름
　　듣기 좋게
요 놀레로 우겨나 보자 후렴 해는 보난보니 서해 가고
오늘 일도 다 뒈는구나 그만저만 다 뒈어간다

| 밀레질 소리, 남원읍 위미리 |

다음으로 이앙법을 살펴보면, 사월 초순 전후로 묘판을 마련한다. 물이 시원치 않은 논주인은 보다 물이 풍부한 논 주인에게 부탁하여 묘판자리를 얻는다. 논을 갈고 난 후 물을 대는데 그 동안 거름을 뿌린다.

거름은 속칭 '구린패기'라고 하는 잡초다. 이를 논에 깔아놓는다. 깔아놓은 후 쇠스랑으로 논밭을 짓이긴다. 그 일은 힘겹기 때문에 노래를 곁들인다. 5월 초순 싹이 돋아난다. 오월 초순께 묘를 심는다.

그 다음 쟁기로 논갈이 한다. 논갈이는 보통 밭갈이보다 신중해야 한다. 잘못할 경우 흙덩이 질 우려가 있기 때문이다. '네벳데기'로 갈되 보통 밭갈이보다 조금 얕게 갈아야 한다. '수수못'에서 발원發源한 물을 서로 나눠 물대기 한다. 물이 시원치 않으면 농사를 망칠 수 있다. 그리고 소에 '써래'를 매달아 놓고 조종해가며 논바닥을 고른다. 이 일은 논바닥 고르기보다 흙덩이를 부수어 논의 흙을 보드랍게 하는 데 목적이 있다. 이 일을 하며 일노래도 불렀다. '써레질소리'라 한다. 또 '써래' 마련이 여의치 않은 집안에서는 이 일을 쇠스랑으로 대신했다.

'메살름'은 논밭에 난 잡초를 제거하는 일을 두고 하는 말이다. 잡초를 제거해줌으로써 잡초에 시달리는 벼 묘종을 살려낸다는 의미이다. 6월 초순부터 7월 말 사이 대개 3회에 걸쳐 잡초를 제거한다. 밭의 김매기는 무릎 꿇고 하지만 논의 김매기는 무릎을 펴고 어깨만 굽히는 일이기 때문에 그만큼 더 힘이 든다. '밭 김매기 2일 하는 공력이 논에서 하루'라는 농사 속설이 있을 정도로 논에서 김매기는 어렵다. 또 논에 물이 없어 말라버리면 김이 더 많이 날 뿐 아니라 뽑아내기 어렵다. 그리고 논에서 김매기와 밭에서의 김매기는 큰 차이가 있다. 밭은 두둑이 뚜렷하기 때문에 그걸 기준으로 일을 해나가면 되지만 논 김매기에는 그 두둑이 없어 어려움이 많았다.

10월 초순 전후 수확한다. 베어낸 볏단을 한 며칠 동안 밭에서 말린 후 집으로 운반해뒀다가 틈나는 대로 훑어서 장만했다.

어허허어 산이로다 어허어 밀레로다 높은 디랑데랑 밀어다가 야튼얕은 디
　　로데로 메워 가멍가며
새별코지 물결 치듯 할락산한라산에 구름 일 듯
고공산에 안개 일 듯 슬짝슬짝 짝슬 밀어 보자 물절물결이 노는 구나
물 좋은 우리강정 이 고장에 태어나서 제일강정 좋은 물로 풍년농사
　　지어그네
나라에 진상ㅎ고진상하고 웃대윗대 조상봉제奉祭 ㅎ며하며
부모님께 공양ㅎ고 우리 권속식구 양식ㅎ자양식하자
물절이 노는 구나 이팔청춘 소년들아 백발보고 희롱말라
나도 어젠 청춘이더니 오늘 백발 뒈엇구나되었구나
젊었을 때 ㅈ냥해사조냥해야 후제후에 나민나면 호강헌다호강한다
ㅎ당말민하다말면 놈이나 웃나 부지런히 ㅎ여보자하여보자
먼 딋먼데 사름사람 보기나 좋게 어서어서 ㅎ여보자
물절이 노는구나 실픈싫은 일랑 그린 듯이좋은 듯이 요 놀레노래로 날 보내라
이런 날에 요 일 ㅎ끈하면 누워 두서 떡 먹기여
나 놀레랑 산 너머 가라 나 놀레랑 물 너멍넘어 가랑
오늘 날도 다 저믄다 그만 저만 ㅎ여보자
잠깐 전에 다 뒈엇저되었다 물절물결이 노는구나

| 밀레질소리, 서귀포시 강정동 |

* 조냥 = 절약, 단순한 절약이 아니고 효율성과 생산성이 가미된 절약

　예로부터 제주지역은 논水畓이 많지 않았기 때문에 밭에 물을 대어 논으로 만드는 개답開畓을 위해 애써 왔다. 기록에 의하면, 18세기 말부터 수전水田이 증가했다고 한다. 이는 조선 중기부터 계속하여 개답공사가 행해졌음을 말해준다. 1900년 이후 제주지역의 대표적 개답은, 화순 창고내 하류지역, 중문 광베기와 대포 너베기 일대, 종달리와 하도리

경계의 갯벌, 토평 칼당원 지경, 광령 너븐들 지경 등이다.

▌중문中文

1906년부터 1908년까지 3년 동안 대정군수 출신 채구석의 주도로 중문 천제연 물을 이용하여 중문 '광베기' 일대 5만평을 논으로 만들었고 1923년경 대포지역 '너베기' 일대 역시 논으로 만들었다(대포마을, 『입식계약서立式契約書』).

천제연 양쪽 가에 3개의 물골이 있다. 동쪽에 '웃골'과 '알골', 서쪽에 '섯골'로 세 개의 물골 중 '섯골'을 먼저 만들었다. '섯골'은 지형이 험하고 군데군데 암반으로 되어 있는 곳이다. 원래 1893년 색달리 김천총씨가 착공하였으나 자본이 부족하여 추진하지 못하다가 대정군수를 지낸 송경연씨가 이를 인계받아 '개여물케' 논을 만들었다.

채구석 기적비

그 당시는 단단한 암반 위에 장작을 쌓아 불을 붙여 뜨겁게 달구거나, 독한 소주를 붓고 불을 붙여 암반이 뜨겁게 가열한 다음 찬물로 암반을 급속히 냉각시켜 바위가 깨지게 하는 방법을 사용했다.

장작불로 바위를 부수고 뚫어 2km나 되는 물골을 '베릿내 오름' 앞까지 만들어 5만여 평의 논을 만들어 벼농사를 지었다. 첫 공사 구간은 천제연 1단 폭포'웃소'에서 '베릿내 오름' 앞을 돌아 제주국제컨벤션센터 앞 밀레니엄관 일대까지 1,889㎡이었다. 일명 '웃골 수로'로 불리는 1차

공사로 이 일대 5만여 평의 땅이 논으로 바뀌게 되었다.

▌화순지역

1832년순조 32년 3월부터 1841년헌종 7년 9월까지 10여 년 간 한경면 저지리 출신으로 김광종은 안덕 '황개천'창고내 하류 바위를 뚫고 '화순천'을 이용하여 '대답원大畓原' 일 만여 평을 개답했다. 지금의 '호곤밭', '냇세왓', '퍼물', '너븐질왓' 지경 5만여 평을 말한다. 지금은 남제주 화력발전소가 들어서 있다.

▌종달終達지역

구좌읍 종달리와 하도리 경계의 광활한 갯벌을 이롭게 이용하고자 하는 방안이 1890년경 당시 제주판관이던 채구석에 의해 시도되었다. 그는 금붕사 입구에서 '신속곶'으로 이어지는 지역에 언제堰堤를 쌓아 논을 만들었으나 지반이 견고하지 못해 해수가 땅 밑으로 솟아나면서 실패하였다(종달리지편찬위원회, 『地尾의 脈』, 1987.). 이후 1957년부터 지미봉 남동쪽 '펄갱이왓' 지경의 논은 과거 염전鹽田이였으나 개답을 시작하여 논농사를 지었다. 과거 이 지역은 바닷물을 이용한 소금을 생산하여 제주도 각지에 공급하거나, 보리나 메밀 등 잡곡과 교환하였다. 그러던 중 한국전쟁 이후 사회가 안정이 되면서 정부당국은 식량정책을 폈는데 그 일환의 하나로 이곳에 대대적인 간척사업을 벌이게 되었다. 1957년부터 본격적으로 간척사업이 시작되어 '연기동산'의 돌과 '지미봉'地尾峰의 송이scoria를 운반하여 만 3년이 지난 1960년 12월에 바닷물을 막아 32ha 간척지의 기반을 마련하게 되었다.

그 이후 주민들의 계속적인 노력과 정부의 지원으로 개답이 이루어져 1962년 이 간척지를 130세대에 분배하고 자금 염출에 열을 올렸으나 완전한 개답을 만들지 못했다. 그 후 6년 동안 그대로 방치되어 있다가 1968년 당시 북제주군 군수에 의해 다시 개답공사와 정지整地작업이 이루어져 1969년 비로소 논이 만들어졌다.

▌광령지역

'너븐들 지경'에 1885년경 김부영이 '물꾸왓' 지역 개답을 목적으로 '매모를' 목에 방축을 쌓아 저수지를 만들고 묘상苗床을 설치한 게 시초이다. 그러나 '어리목' 수원水源을 '무수천'으로 유입시켜 저수시키는 과정에서 예상치 못한 호우豪雨로 인해 방축이 무너지고 개답에 실패하였다. 1930년경 일본에서 돈을 벌어온 백창유가 '어리목'에서 '너븐들'에 이르는 시멘트 수로水路를 완공하여 '너븐들지경' 10절 가량당초 목표의 1/10가량의 개답에 성공하였다(광령1리, 『광령약사』, 1990). 현재 당시 수로水路가 남아있다. 그러나 어승생이 식수원으로 이용되자 농업용수가 모자라 현재는 거의 자취를 찾기 어렵다. 다만 마을부인회에서 시범적으로 '흑도'黑稻를 재배하기도 했었다.

광령 저수지(사진 : 다음)

▌토평지역

구한 말 최원순崔元淳씨가 수리사용권水利使用權을 받아 '토평 칼당원' 지경에 8정町을 인수하여 개답했다. 10년 후 하천리 송상오宋相五씨에게 매도하였는데 그 후 1940년경 효돈사람 6명이 매수했다. 이를 당시 면장 김찬익金贊益씨가 인수하여 효돈수리조합을 조직 관리하던 중 해방이 되어 일시 중단되었다. 1946년 지주회地主會에서 인수하여 10년간 진력하여 미완성분을 준공시켰다. 즉 '돈내코' 수원水源을 이용하여 저수지와 수로공사 등으로 초창기 35ha 정도 개답하여 논벼나록, 水稻를 재배하였다. 그러나 토양조건과 수원부족으로 점차 줄어들어 10ha 정도 재배하다 육지부에서 쌀 반입이 늘어난 1960년대 초 완전 폐답廢畓되었다.

하효마을에서는 김인방씨가 이에 돈내코 수리조합에 합류하여 논농사를 했으며 이후에는 모내기도 위쪽에 있는 '언물내'에서 나는 물을 이용하여 신례리에 저수지를 만들고 '예촌가름'까지 논을 만들 계획으로 수로 공사까지 마쳤으나 저수지에 물이 저장되지 않아 계획이 무산되었던 적이 있다.

이상에서 살펴보았듯이, 현재 제주에서의 논농사는 불리한 자연조건과 경제적 요인으로 인해 그나마 논농사지역들이 거의 사라져 가고 있다. 가장 큰 이유는 외부와의 교역확대로 쌀 공급이 원활해 졌고 타작물에 비해 상대적 수익성이 점차 낮아졌기 때문이다. 무엇보다 더 이상 어렵게 논농사를 지을 이유가 없어졌다.

30

여기는 여기는 제주나 돈데 : 영주십경가, 이야홍

조선 말 제주도 대표적인 지식인 매계梅溪 이한우李漢雨, 1818~1881는 제주에서 경관이 특히 뛰어난 열 곳을 선정하여 '영주십경'瀛州十境이라 칭하고 거기에 시적詩的인 향취가 풍기는 이름을 붙이며 시詩를 지었다. 그 뒤 여러 대가들이 그 시에 차운次韻하여 많은 시를 남겼다.

이한우가 선정한 '영주십경'은 성산일출城山日出: 성산의 해돋이, 사봉낙조紗峯落照: 사라봉의 저녁노을, 영구춘화瀛邱春花: 영구들렁귀의 봄꽃, 정방하폭正房夏瀑: 정방폭포의 여름, 귤림추색橘林秋色: 귤림의 가을 빛, 녹담만설鹿潭晚雪: 백록담의 늦겨울 눈, 영실기암靈室奇巖: 영실의 기이한 바위들, 산방굴사山房窟寺: 산방산의 굴 사찰, 산포조어山浦釣魚: 산지 포구의 고기잡이, 고수목마古藪牧馬: 초원에 기르는 말 등이다.

이처럼 이한우는 먼저 '성산출일' 다음에 '사봉낙조'를 놓아 하루를 말하고, 다음으로 춘하추동을 두어 한 해를 이야기하였다. '영구춘화' '정방하폭' '귤림추색' '녹담만설'이다. 이렇게 길어지는 시간 뒤에 변함이 없는 모습의 바위인 '영실기암' 또는 속세俗世와 절연絶緣하고 영원한 진리를 추구하는 사찰寺刹 '산방굴사'를 주목하였다. 여기에 그치지 않고 고기 잡는 모습과 초원에서 노니는 말을 보는 모습으로 다시 인간세계로 돌아온다. 그렇게 영원한 시간의 흐름과 변함없는 자연과 그 속에 사는 인간의 삶을 제주 열 곳 명승지에 빗대어 놓았다. 이후 이한우는 영주십경에 서진노성西鎭老星: 서진에서 보는 노인성과 용연야범龍淵夜帆: 용연 밤 뱃놀이을 더하여 영주십이경瀛洲十二景을 만들었다.

이어 숙종 때에 제주목사로 왔던 야계冶溪 이익태李益泰, 1694년 도임는 조천관朝天館, 별방소別防所, 성산城山, 서귀소西歸所, 백록담白鹿潭, 영곡靈谷, 천지연天池淵, 산방山房, 명월소明月所, 취병담翠屛潭을 '제주십경'濟州十景으로 꼽은 바 있다.

그보다 뒤에 제주목사로 왔던 병와甁窩 이형상李衡祥, 1702년 도임은 한라채운漢拏彩雲, 화북재경禾北霽景, 김녕촌수金寧村樹, 평대저연坪岱渚烟, 어등만범魚燈晩帆, 우도서애牛島曙靄, 조천춘랑朝天春浪, 세화상월細花霜月을 제주의 팔경八景으로 꼽았다. 이형상의 팔경八景 선정選定은 한라채운漢拏彩雲과 어등만범魚燈晩帆의 2경景을 제외하고는 모두 제주도 동북쪽에 치우쳐 있다. 그러나 이익태가 단순히 열 곳의 지명만을 열거한데 비하여 이형상은 지명地名과 함께 구체적인 감흥을 밝히고 있다는 점에서 차이가 있다.

순조 철종 연간 영평리에 살았던 소림小林 오태직吳泰稷, 1807~1851은 나산관해拏山觀海, 영구만춘瀛邱晩春, 사봉낙조紗峯落照, 용연야범龍淵夜帆, 산포어범山浦漁帆, 성산출일城山出日, 정방사폭正房瀉瀑의 8곳을 선정하였다. 그러나 오태직은 이에 특별히 '제주팔경'이라 이름 붙이지 않았다. 게다가 정방사폭正房瀉瀑과 나산관해拏山觀海 빼고는 제주에서 성산까지, 즉 동북면에 치우쳐 있고 제주시 지역에서만 3곳을 뽑아 도 전체를 두루 포괄하지 못했다는 아쉬움이 있다.

조선 헌종 때 제주 목사로 왔던 응와凝窩 이원조李源祚 역시 열 곳을 선정하였다. 영구상화瀛邱賞花, 정방관폭正房觀瀑, 귤림상과橘林霜顆, 녹담설경鹿潭雪景, 성산출일城山出日, 사봉낙조紗峯落照, 대수목마大藪牧馬, 산포조어山浦釣魚, 산방굴사山房窟寺, 영실기암靈室奇巖이다(디지털제주시문화대전).

이 글에서 소개하는 제주도 영주십경은 성산일출城山日出, 사봉낙조紗峰落照, 영구춘화瀛邱春花, 정방폭포正方瀑布, 귤림추색橘林秋色, 녹담만설鹿潭晩雪, 고수목마古藪牧馬, 산포조어山浦釣魚 영실기암靈室奇巖, 산방굴사山房窟寺다. '영주십경가'는 제주풍광風光 중 영주십경을 '서우제소리' 가락에 맞추어 부른 신민요新民謠[62]라 할 수 있다.

여기는 여기는 제주나 돈데 옛날 옛적 과거지사에 탐라국으로 이름 높아
삼신산도 안개나 속에 아 아양 아아아양 어어어 양 어어어요
사시절 명승지로다 할로산한라산이나 명승지로다
성산포 일출봉에는 해 뜨는 구경도 마냥도 좋고
사라봉 저 뒷산에랑 구경도 좋구나 좋다

---

62) 근대에 등장한 새로운 민요를 의미하는 신민요는 넓은 의미에서는 근대민요로 분류되기도 한다. 이에 반해 좁은 의미의 신민요는 대중가요의 한 갈래로 분류되었으며, 이때의 신민요는 특정 작사자와 작곡자가 있어서 그들이 가수에게 부르게 할 요량으로 창작한 노래를 의미한다. 신민요는 토속민요향토민요에서 통속민요, 그리고 다시 이것이 신민요로 계승 또는 변질되는 양상을 보여준다(네이버 지식백과, 한국민속문학사전 민요 편).

산지포 저 돛대위에 갈매기만도 놀고야 날고
고수에 저 물들은말들은 사랑만 짜고야 논다
방선문 저 꽂들에는꽃들에는 선녀만이 놀고도 마는
겨울돌겨울달 굴림 속엔 원님 사또만 노시는구나
정방수 저 폭포에는 상담만도 지건도 마는
영실에 저 기암은 단비만 구르는 구나
산방산 저 앞 바당바다엔 파란 연鳶도 크건도 마는
녹담綠潭에 저 잔설殘雪에 경치만 좋구나 좋다
사시절 명승지로다 할로산한라산이나 명승지로다

[제1경] 성산일출城山日出 성산 해돋이

제주 동쪽 끝 성산포 해안에 돌출한 우아한 자태의 산이 있다. 동틀
무렵 일출봉 정상에 오르면 바다에 이글거리며 솟아오르는 일출日出장
관을 볼 수 있다. 이한우의 시 제목은 '성산출일城山出日'로 되어 있다.

산립동두불야성山立東頭不夜城　동쪽 머리에 서있는 산이 불야성 같더니
부상효색사음청扶桑曉色乍陰晴　해 뜨는 곳 새벽빛 잠깐에 어둠이 걷히네
운홍해상삼간동雲紅海上三竿動　바다 위 붉은 구름 해를 따라 걷히니
연취인간구점생煙翠人間九點生　사람 사는 마을에 푸른 연기 솟는다
용홀천문개촉안龍忽天門開燭眼　하늘 문에는 문득 용이 눈을 부릅뜨고
계선도수송금성鷄先桃峀送金聲　복사꽃 골짜기에서 닭 우는 소리 들리네
일륜완전승황도一輪宛轉升黃道　둥근 해가 높이 솟아오르니
만국건곤앙대명萬國乾坤仰大明　온 세상 나라들이 밝음을 우러른다.

탐라순력도 성산관일城山觀日(사진 : 제주특별자치도)

[제2경] 사봉낙조紗峯落照 사라봉 저녁노을

제주시 동쪽해안 건입동健入洞에 해발고도 148m의 측화산側火山 사라봉沙羅峰이 있는데 이 산에서 바라다보는 해넘이를 말한다. 공원으로 조성된 산정의 망양각望洋閣에서 제주 시가지가 한눈에 내려다보인다.

수파홍사요벽봉誰把紅紗繞碧峰 누가 붉은 비단을 푸른 봉우리에 둘렀는고
사양경각환형용斜陽頃刻幻形容 잠깐 해지는 사이 모습이 바뀌었네
신루변태번황학蜃樓變態飜黃鶴 신기루는 변하여 황학이 되고
경굴부광희적룡鯨窟浮光戲赤龍 고래 굴에 뜬 빛 적룡을 희롱한다

역력고촌연외수歷歷孤村煙外樹 외진 마을 나무 연기 너머에 뚜렷하고
의의원사월변종依依遠寺月邊鐘 아득히 먼 절 종소리가 달가에 들린다
잠정일어동인전暫停日馭同寅餞 잠깐 해 수레 멈추고 송별자리 함께 하여
기아부상효로봉期我扶桑曉露逢 부상의 새벽길에 다시 만날 기약한다,

[제3경] 영구춘화瀛邱春花 영구속칭 들렁귀의 봄꽃

제주시 오등동 방선문은 용담동으로 흐르는 한내 상류에 있다. 하천 가운데 거대한 기암이 마치 문처럼 서 있다. 맑은 시냇물, 그리고 봄철이 되면 계곡 양쪽과 언덕에 무리를 지어 피어난 진달래 등이 장관을 이룬다. 조선시대 제주에 부임한 제주목사와 육방 관속官屬이 봄이면 행차하여 풍류를 즐겼다.

양안춘풍협백화兩岸春風挾百花 양쪽 언덕 봄바람에 온갖 꽃 들 끼고 있고
화간일경선여사花間一徑線如斜 꽃 사이로 한 가닥 오솔길 비껴 있다
천청사월비홍설天晴四月飛紅雪 날 맑은 사월에 붉은 꽃잎 눈처럼 날리고
지근삼청영자하地近三淸影紫霞 선계 가까운 땅에는 붉은 이내 비친다
영입계성통활화影入溪聲通活畵 그림자 잠긴 시내는 살아 있는 그림이고
향생선어격연사香生仙語隔煙紗 신선의 말소리만 들려 모습은 비단연기에
　　가렸다
청군수향상두거請君須向上頭去 청하노니 위쪽으로 올라가 보시오
응유벽도왕모가應有碧桃王母家 푸른 복숭아 열린 서왕모가 있을 터이니.

[제4경] 정방하폭正房夏瀑 정방폭포의 여름

이 폭포는 바다로 직접 떨어지는 폭포로 낙하 높이는 23m이다. 낙하수의 물보라에 의한 무지개와 인근 바다의 파도 소리가 어우러져 장관을 이룬다.

> 설비삼복청산냉雪飛三伏靑山冷 삼복에 눈이 날려 청산이 서늘하고
> 홍괘반공백일장虹掛半空白日長 긴긴 여름날 무지개가 허공에 걸렸네
> 직도연천귀대해直倒連天歸大海 거꾸로 떨어진 물은 하늘에 이어진 채 바다
> 　　로 돌아가고
> 횡류락지작방당橫流落地作方塘 땅에 떨어져 옆으로 흘러 연못을 만들었네
> 내지보택종성우乃知普澤終成雨 마침내 비를 내려 널리 적셔 주려고
> 진입신룡조화장進入神龍造化藏 깊숙한 곳 신룡이 조화 부리는 걸 알겠네

[제5경] 귤림추색橘林秋色 귤림의 가을 빛

10월 중순 이후 절정을 이루는 황금빛 감귤과 가을바람이 빚어내는 정취는 단풍일색인 다른 지역 가을과 사뭇 다르다. 특히 서귀포, 남원, 중문 쪽 한라산 남쪽지역에 감귤농장이 밀집해 있어 귤림추색의 진미를 느낄 수 있다.

> 황귤가가자작림黃橘家家自作林 누런 귤 집집마다 저절로 숲을 이루니
> 양주추색동정심楊州秋色洞庭心 동정호가 있는 양주인 듯 가을빛 깊었네
> 천두괘월층층옥千頭掛月層層玉 가지 끝마다 걸린 달은 층층이 옥이요
> 만과함상개개금萬顆含霜箇箇金 서리 머금은 열매는 낱낱이 금이로다
> 화리선인승학의畵裏仙人乘鶴意 그림 속에 선인이 학을 탄 듯

주중유객청앵심酒中遊客聽鶯心 술 취한 나그네가 꾀꼬리 소리 듣는 듯
세간욕치봉후부世間欲致封侯富 세상에 부귀영화 이루려 하는 사람들
저사주문도리심底事朱門桃李尋 무엇하러 권세가를 찾아다니는 가

[제6경] 녹담만설鹿潭晚雪 백록담의 늦겨울 눈

해안지대는 노란 유채꽃, 산등성이에 진달래와 철쭉이 만발한 봄이
찾아와도 한라산 정상은 아직도 눈이 소복하게 쌓여 있다. 이처럼 해변
은 꽃과 신록新綠이 무르익어 가는데도 여전히 흰 눈을 이고 사는 한라
산을 녹담만설이라 하였다.

천장만설호징담天藏晚雪護澄潭 하늘이 늦도록 눈을 저장하여 맑은 못을 지
  키니
백옥쟁영벽옥함白玉崢嶸碧玉涵 백옥이 우뚝 솟았고 푸른 옥이 잠겼다
출동조운무영토出洞朝雲無影吐 아침구름은 골짜기를 나오며 그림자를 토
  하지 않고
천림효월유정함穿林曉月有情含 숲을 뚫고 나온 새벽달은 정을 머금었다
한가경면미호분寒呵鏡面微糊粉 물 위에 찬 기운부니 분을 바른 듯하고
춘투병간반화람春透屏間半畵藍 병풍바위에 봄이 스미니 절반은 쪽빛이라
하처취소선지냉何處吹簫仙指冷 어디에서 피리 부느라 손이 시린 신선
기래쌍록음청감騎來雙鹿飲淸甘 쌍 사슴 타고 와 맑은 물을 마시는 가

319

탐라순력도 귤림풍악橘林風樂(사진 : 제주특별자치도)

[제7경] 영실기암靈室奇巖 영실의 기이한 바위들

한라산 정상 서남쪽 허리께에 숨어 있는 깎아 세운 듯 천연 기암절벽이다. 전설을 간직한 채 우뚝우뚝 솟아 있는 오백장군들이 마치 조물주호령에 부동자세를 취한 듯하다. 영실기암 사계절은 특히 장관으로 알려져 있다.

일실연하오백암一室煙霞五百巖 연하 덮인 골짜기 오백 개의 바위
기형괴태총비범奇形怪態總非凡 기묘한 모습이 예사롭지 않네
승의보탑간운장僧依寶塔看雲杖 스님이 탑에 기대어 구름을 보는 듯하고

선읍요대무월삼仙揖瑤臺舞月衫 요대에서 신선이 달빛 소매로 춤추는 듯

한객궁하도범두漢客窮河徒犯斗 한나라 나그네 황하 근원을 찾다가 북두를 범하고

진동망해막정범秦童望海莫停帆 진나라 아이들 바다를 보며 배를 멈추지 못했네

장군혹공신기루將軍或恐神氣漏 장군들은 하늘의 기밀 샐까 두려워

묵수영구구자함墨守靈區口自緘 신령한 곳 굳게 지켜 입을 다물었다.

[제8경] 산방굴사山房窟寺 산방산의 굴 절

안덕면 사계리 동쪽에 거대한 준산峻山이 하늘로 솟아 있다. 산세가 험준하면서 수려한 산방산이다. 고려 승려 혜일이 마음을 닦았다는 산 중턱 동굴이 바로 산방굴사다. 이 동굴에서 바라보는 해안선과 경치는 매우 빼어나다.

화공다교착청산化工多巧斲青山 조물주가 재주 많아 푸른 산을 깎아내어

동설승문운엄관洞設僧門雲掩關 굴속에 절을 짓고 구름으로 빗장 걸었네

연석건곤포상하鍊石乾坤包上下 돌을 다듬어 만든 천정과 바닥을 감쌌고

공침세계천중간孔針世界穿中間 침으로 뚫어 세상은 그 중간에 만들었네

도현수색천년희倒懸樹色千年戲 거꾸로 매달린 나무는 천년을 희롱하고

점적천성만고한點滴泉聲萬古閑 떨어지는 물방울은 만고에 한가롭다

한탑향소쌍불좌寒榻香消雙佛坐 향기 가신 차가운 자리에는 부처 두 분 앉았는데

기시병발학비환幾時瓶鉢鶴飛還 어느 때나 큰 스님이 학을 타고 오실 런지

321

[제9경] 산포조어山浦釣魚 산지포구의 고기잡이

제주 관문關門인 산지포山池浦는 옛날 강태공들이 한가로이 낚싯대를 드리우던 곳이다. 지금은 제주항이 들어서 있어 흔적조차 없지만 지금 측후소로 올라가는 길 밑에 아름다운 모양의 홍예교가 있었다. 홍예교 밑 깊은 물에는 은어銀魚가 뛰어 놀았으며 그 옆에 푸른빛 맑은 샘이 흘렀다고 한다.

양양경사출조어兩兩輕槎出釣魚	짝지어 고기잡이 나가는 가벼운 떼 배
해천일색경중허海天一色鏡中虛	하늘 바다 한 색으로 거울 속 허공이라
낙화비서춘화후落花飛絮春和後	꽃 지고 버들 솜 날리는 따스한 봄날
녹수청산우헐초綠水靑山雨歇初	푸른 물 푸른 산비가 막 개었다
하의연운수왕반何意煙雲隨往返	연기구름은 무슨 뜻으로 가고 오는고
다정구로망친소多情鷗鷺忘親疎	다정한 갈매기는 친소를 잊구나
여금차경수고수如今此景輸高手	지금 이 경치를 좋은 솜씨에 맡긴다면
응작인간미견서應作人間未見書	세상에서 못 보던 글을 지을 터인데

[제10경] 고수목마古藪牧馬 풀밭에 기르는 말

제주도는 예부터 말의 방목放牧과 진상으로 유명한 곳이다. 완만한 경사를 이루고 있는 한라산 중턱의 탁 트인 초원 지대 곳곳에서 수백 마리의 조랑말이 떼 지어 한가로이 풀을 뜯고 있는 모습은 제주만의 매력이다.

운금재래각색구雲錦裁來各色駒	구름 비단을 마름질한 듯 각색의 망아지들

청규자연우신부靑虯紫燕又晨鳧 청규마 자연마 또 신부마일세
도화세우행행접桃花細雨行行蝶 복사꽃 가는 비에 날아드는 나비 같고
방초사양갈갈오芳草斜陽渴渴烏 향기로운 풀 지는 해에 목마른 오추마라
무습반모개변호霧濕班毛皆變虎 안개 젖은 무늬 털은 다 호랑이 같고
풍비황렵각의호風飛黃鬣各疑狐 바람에 날리는 누런 갈기는 여우같다
투편욕소동서예投鞭欲掃東西穢 채찍 휘둘러 세상 더러운 거 쓸어버리려
수유경륜만복주誰有經綸滿腹蛛 거미 배에 가득한 경륜 누구에게 있을까

'영주십경가'와 마찬가지로 제주의 빼어난 풍광을 노래하는 민요가 '이야홍'이다. 이 민요는 음악적으로 매우 독특한 구조로 되어 있으며 그 표현이 까다로운 민요 중 하나다.

천지연 달밤에 은어銀魚 노는 그 구경 이야홍 좋기도 좋구나
고량부 삼성三姓이 나오신 그곳은 이야홍 삼성혈이라
삼매봉 안고 도는 외돌개 절경이 이야홍 좋기도 좋구나
성산 일출봉 야경夜景주로다 이야홍 성산 일출봉
용연야범에 노 젓는 뱃사공 이야홍 처량도 하구나

| 이야홍 |

한라산 상상봉 높고도 높은 봉 이야홍 백록담이라
고량부 삼성에 나오신 저곳은 이야홍 삼성혈이라
용연야범에 노 젓는 뱃사공 이야홍 슬슬도 가구나
성산일출봉 야경조로다 이야홍 성산 일출봉
천지연 둘밤달밤에 어마 눈은 구경에 이야홍 좋기도 좋구나
삼메봉 앞마당은 외돌개 절경에 이야홍 좋기도 좋구나
절부암 절벽에 부서지는 저 절 소리 이야홍 처량도 하구나

| 이야홍 |

탐라순력도 천연사후天淵射帳(사진 : 제주특별자치도)

이 사설과 달리 천지연은 은어銀魚보다 천연기념물인 '무태장어'가 더 유명하다. 오히려 은어는 강정천이나 천제연, '베릿내'천제연 하구에 더 많았다. 강정항 개발 이전 까지는 그랬다. 은어는 하천의 바닥이 자갈이나 모래로 된 맑은 물에서 여름철을 보내면서 성장하고, 가을이 되면 산란한다. 4, 5월경에 하구 가까운 바다에서 월동한 치어가 하천으로 올라와 상류로 향하면서 성장하고, 하천에서 9월경 산란을 시작한다.

은어는 맛이 좋다. 개인적으로는 은어튀김을 가장 좋아한다. 오래전 천제연의 은어를 거의 독점하셨던 우리 외할아버지는 잡아온 은어[63]의 배를 갈라 쓸개를 빼고 말린 다음, 추석 때까지 두고두고 구워 드셨다.

---

63) 은어가 다 자라면 20cm 정도 됨.

최근에는 양식대상 어류로 등장하고 있을 뿐만 아니라, 인공채란과 치어稚魚[64]육성에 의한 인공종묘 생산기술도 발달하고 있다고 한다. 반가운 일이다.

---

64) 알에서 깬 지 얼마 안 되는 어린 물고기

31

인제 가면 언제나 오나 흔 번 가면 못 올 길 :
행상소리, 상여소리, 상여노래

예전 제주에서는 마을어른이 돌아가시면 '골' 별로 '접군'이나 '골군', 혹은 '유대군'이라 부르는 마을 '남정'들이 합심하여 상여를 매고 장사를 치렀다. '행상소리'는 이 때 부르는 장례의식요의 한 유형으로 장례절차와 망자의 인생무상人生無常을 풀어내고 있다. 먼저, 망자의 관棺이 방문을 나와 상여喪輿에 오르기 전 소금과 콩을 관에 뿌려 액厄 막음을 한다. 그리고 상여 앞으로 나와 명命을 두 줄로 매달아 그 집안여자들이 끌고 그 뒤에 상여가 따랐다.

"술집에 갈 때에는 친구도 많았는데 북망산천 갈 때에는 나 혼자로다. 이제가면 언제 오나 한번가면 못 올 길", 이 세상에 많은 부부가 한날한시 같이 죽음에 이르고 싶어 하지만, 대부분 소망으로 그치는 경우가 많다.

간다간다 나는 간다 저 세상으로 나는 간다

어화넝창 어하로다 어젠 청춘 오늘은 백발
정든 자손 버리고 나는 간다 도두봉도 잘 있거라 나는 간다
산 맑고 물 좋은 곳으로 나는 간다 불쌍하구나 가련도 하다
가자가자 어서 가자 오늘은 날씨도 좋고 가련도 하다

천년만년 살 곳으로 나는 간다 저승길이 멀다드니 대문 밖이 저승이라
놀다 가자 어서 가자 일가방상^{친척} 하직하고 나 혼자 가네
한라산을 등지고 천년만년 산다 우리도 한 번을 갈 길이로다.
너도 잘 살고 나도나 살자 임은 가고 봄은 오니 임 생각이 난다
인제 가면 언제 오나 영원히 간다 브름^{바람} 강풍아 불지마라
아까운 청춘 다 늙어간다 가자가자 어서 가자 어서 가자
어화넝창 어화로다 태역^{잔디} 단풍 좋은 곳으로
어서가자 청춘시절로 다 넘어 간다 인제가면 언제 와요 나는 간다

산천초목 다 버리고 인생죽음이 웬 말이냐
짧은 인생 살다 그네 극락세계가 웬 말이냐
부모동생 영이별하고 삼천 벗님 하직하고 황천극락 웬 말이냐
술집에 갈 적엔 친구도 많고 북망산천 갈 적엔 나 혼자 로다
인제 가면 언제나 오나 흔 번^{한 번} 가면 못 올 길인가
우리 벗님 잘들 있게 오늘 보면 하직일세

| 행상소리, 애월읍 하귀 2리 |

---

* 도두봉오름 = 제주시 도두동 산1번지, 해발 65m, 제주시 숨은 비경 31에 선정,
북망산천 = 사람이 죽어서 묻히는 곳

오래 전 할아버지 장례 때다. 지금은 돌아가시면 바로 장례식장으로
모시고, 적당한 날 봐서 '일포날'⁶⁵⁾ 조문객을 맞고, '영장날'^{출상날}은 화장
하여 묘지나 납골당에 모시지만, 그때만 해도 '큰집'에서 동네 분들과

친지가 합심하여 모든 장례절차를 치렀다. 그 때는 할아버지가 돌아가시자 '염殮'하고 저승복으로 갈아입힌 후 동네 분들이 서둘러 짠 오동나무 관속에 시신을 모신 다음, 집근처 밭에 가매장했다[66].

여자어른들은 상복喪服과 음식을 만들고, 남자어르신들은 빌려온 천막을 친 다음 '자릿도새기'를 잡아 삶는 등 조문객 맞을 준비를 했다[67]. 그 와중에 사돈집에서는 허벅에다 팥죽을 쒀온다. 아마 밥 먹을 틈조차 없을 정도로 경황없을 때, 팥죽은 소화도 잘되고 빨리 먹을 수 있으며 '팥색'이 가지는 주술적 상징이 어우러져 그랬지 않나 추측한다. 요즘은 다 컵라면과 보리빵으로 대체되었다.

> 가자가자 어서 가자 북망산천으로 어서 가자
> 인제 가면 언제 오리 명년내년 이때는 다시 올거라
> 못 가겠네 못 가겠네 처자식 두고도 못 가겠네
> 무정하다 무정도 ᄒ다하다 저싱저승사자가 무성도 ᄒ다
> 저싱길이 멀다드니 대문 밖이 저싱이다 청춘가고 백발오니 애답고도
>   슬프도다
> 명사십리 해당화야 꼿진다고꽃진다고 설워서러워마라
> 명년 삼월 봄 돌아오면 꼿을 다시 피것마는
> 우리 인생은 ᄒ 번ᄒᆫ 번 가면 다시 오기가 어려워라
> 가다 오다 만난 님은 정으로나 살건마는
> 우리 부모 보낸 길을 인간 공업들이 살아야 ᄒᆫ다한다

---

65) 장사를 지내기 전에 문상객을 받는 날, 출상하기 전날
66) 그렇게 가매장했던 밭은 농사가 더 잘된다고 한다. 이유는 모르겠다.
67) 그때만 해도 마을마다 사발계, 혹은 그릇계, 천막계가 있어 경조사 때 그릇과 천막을 빌려다 썼다. 서귀포시 하원마을에 천막차일, 遮日계 규약이 남아있다.

인제 가면 언제나 오나 기다리는 사람이 없어

세 살적에 아버님 죽고 네 살적에 어머님 죽어

갈 때 올 때 없어가지고 세상거리를 헤매어 신다는데

이제 일생 커나 가지고 살만 하니 허사로다

인간 공로가 너무 불쌍하여 이 세상거리를 헤매도다헤매는 구나

갈 길마다 가는 길이 불쌍하고도 허무로와허무하여

외나무 길로 가는 길이 단 둘이가 허사로다

친구 벗님 많다 해도 어느 친구 동행 흐리하리

일가친척 많다 해도 어느 일가 대신 하리 청춘가고 백발오니 애닮고도
　　슬프도다

혼자 길로 가는 인생은 이 곳 뿐이 아니로다

| 행상소리, 서귀포시 |

"세 살 적에 아버님 죽고 네 살적에 어머님 죽어, 오갈 때 없어 세상거리를 헤매었는데...", 실제 우리 할아버지는 세 살 때 생모生母가 돌아가셨다. 어릴 때 내 기억으론, 할아버지가 약주 드시고 집에 돌아 오셔서 신세 한탄하실 때면 그 말씀부터 시작하셨다. 말미엔 꼭 자손들이 모두 건강하고 무탈해서 더 바랄 나위 없다는 위안으로 마무리하셨다. 지금 돌이켜보니 할아버지는 자주 외로움을 느끼셨던 거 같다. 요즘 말로 하면, 성장과정에서 생긴 '분리 불안' 같은 게 아니었나 싶다.

'상여'는 시신을 싣고 장지까지 옮기는 운구이다. 가마보다 더 길고 크기가 크며, 몸채 좌우에 '밀채'가 앞뒤로 길게 뻗어 있다. '밀채' 앞부분과 뒷부분에 각각 '채막대'를 가로로 대고, 앞의 '채막대' 좌우로 두 줄씩 끈을 달아 뒤의 '채막대'에 붙잡아맨다. 앞뒤 '채막대'와 몸채사이 중간 '채막대'를 일정한 간격으로 가로질러 줄과 묶어 상두꾼들이 상여를 메

는 끈으로 삼는다. '상여 몸채'는 단청으로 화려하게 채색하고 네 귀에
포장을 쳐 햇볕을 가리도록 하며 뚜껑은 연꽃이나 봉황새로 장식한다.

　　간다 간다 나는 간다 저 세상으로 나는 간다
　　어젠어제는 청춘 오늘은 백발 정든 자손 버리고 나는 간다
　　도두봉도 잘 있거라 나는 간다 산 맑고 물 좋은 곳으로 나는 간다
　　불쌍 ᄒ구나ᄒ구나 가련도 ᄒ다ᄒ다 오늘은 날씨도 좋고 가련도 ᄒ다

　　천년만년 살 곳으로 나는 간다 저싱길저승길이 멀다 드니 대문 밖이 저싱
　　　　이라
　　놀다 가자 어서 가자 일가방상 하직하고 나 혼자 가네
　　할로산한라산을 등지고 천년만년 산다 우리도 ᄒ 번한 번을 갈 길이로다
　　너도 잘 살고 나도나 살자 임은 가고 봄은 오니 임 생각이 난다
　　인제 가면 언제 오나 영원히 간다 ᄇ름바람 강풍아 불지마라
　　아까운 청춘 다 늙어간다 태역잔디 단풍 좋은 곳으로 어서 가자
　　청춘시절도 다 넘어 간다 인제이제가면 언제 와요 나는 간다

| 행상소리, 제주시 도두동 |

　　제주특별자치도 무형문화재인 '제주도 영장소리'는 장례절차에 따라
'행상소리', '꽃염불 소리', '진토굿 파는 소리', '달구소리'로 유형화되었
다. 이 소리는 사설 면에서 공통요소를 간직하고 있으며 제주도내에서
지역별로 약간 변이된 형태의 후렴이 조금 달리 불리고 있다.

　　어허 농창 어허 노세 인생 ᄒ 번은 죽어나 지면은죽어지면
　　북망산천을 찾아나간다 무정세월에 여유ᄒ야여유하여
　　원수 백발이 돌아 나오면 웃은없는 망녕도 절로 나 난다
　　무정세월아 가지를 마라 옥빈홍안도 다 늙어 지네

친구들과 놀 적엔 친구도 많고 공동묘지 갈 적엔 친구도 없네
저싱길저승길이 멀다 해도 대문 밖이라 북망산천아 말 물어보자
임 그려 죽은 무덤 몇 몇이 되나 열두 대문을 넘어갈 적에
인정을 걸어서 베풀어다오 천지면목도 절로 하더니
인생하처 불상봉이랴 사람이 나서 원수 원망을 맺지 말고
노변길가 협처좁은 곳에 난 회피니라 길 좁은 곳에서 만났을 적엔
피하기가 그렇게 어렵 구나 좋은 일만 골라서 하여나 다오
천지지간 만물 중엔 사람밖에 또 있는가
석가여래 공덕으로나 아버님 전 뼈를 빌고
어머님 전 살을 빌어 이내 일생을 탄생하여서
흔한 두 살에 철을 몰라 이삼십이 근당가까워도하여도 부모님 은공 다 못
　　갚구나
애닲고도 서러운 지고 무정세월이 여유흐야
원수 백발이 돌아나 오면 없는 망령도 저절로 나고
망령이라근 숭을흉을 보고서 구석 웃는 모양 줍든잡든 날이다
근심걱정을 다들 하며는 단 사십도 못사는 인생
오늘날 북망산천이 일가친척 처자식들아
설워서러워를 말아 설워를 말아 내가 가서도 안녕을 위해
북망산천이 바로 여기로다 원망을 말어라 원망을 말어
자식의 행복을 가져다 주마
오늘 날씨가 하도 좋아서 영천에 갈 길이 아주 좋은 걸

| 행상소리 구좌읍 종달리 |

* 인생하처 불상봉人生何處 不相逢 = 사람이 살다보면 언젠가는 어디선들 만나지
　않겠는가, 경행록에 나오는 말로 은혜와 의리를 넓게 베풀어라 라는 의미임.

"오늘 날씨가 하도 좋아서 영천靈川에 갈 길이 아주 좋은 걸." 이 대목
에서 드라마 '도깨비'68)가 생각난다. 걸핏하면, '날이 좋아서', '날이 안

좋아서' 하더니 다 유래가 있었나 보다. 그런데, "근심 걱정을 다들 하며 는 단 사십도 못사는 인생"이라는 대목에서는 다소 의아해 하실 수 있 다. 지금이야 당연 '100세 시대'지만 1945년 제주지역 평균수명은 45세 였다. 게다가 영아사망률도 높았고 남자들은 바다에 어로작업 갔다가 죽는 경우도 많았다. 일제 강점기에는 강제징용 당해 남의 전장에 끌려 갔다가 돌아오지 못하고 구천을 헤매는 영혼들도 있다. 그러나 '우도면 상여소리'에서는 "우리가 살 면은 몇 백 년 사냐 막상 살아도 칠팔십이 여", 화북동 '꽃염불소리'에서는 "한우리 살 면은 수 만년 살거나 막상 살 면은 팔구십 살지" 라고 하여 해방 이후 사회와 경제체제가 안정됨에 따라 기대수명이 증가하고 있음을 짐작할 수 있다.

대부분 마을 외딴 곳에 상엿집을 짓고 그곳에 상여를 마을 공동재산 으로 보관하였다. 마을주민들은 이를 '곳집' 혹은 '행상집' 으로 불렀다. 상엿집에는 상어 뿐 아니라 산역山役도구와 천막을 보관했다. 이전에는 목재와 흙을 사용해 와가형 또는 초막형 상엿집을 지었다. 1970년대 이후 돌과 시멘트 블록으로 지었다.

얼마 전 서귀포시 도순마을청년회에서는 도순공동묘지에서 1995년 경 마지막으로 이용된 후 지금까지 보관 중이던 상여를 꺼내 조립한 후 운구시연運柩試演을 했다[69].

---

68) '도깨비'는 2016년 12월 2일부터 2017년 1월 21일까지 방영되었던 tvN 금토 드라마이다. 불멸의 삶을 끝내기 위해 인간 신부가 필요한 도깨비 공유와 그 와 함께 기묘한 동거를 시작한 기억상실증 저승사자 이동욱, 그런 그들 앞에 '도깨비 신부'라 주장하는 '죽었어야 할 운명'의 소녀 지은탁 김고은이 나타나 며 벌어지는 신비로운 낭만설화이다.

도순리 상여 시연회(사진 : 강만익 페이스북)

제주지역에서는 드물게 마을어장이 없는 도순은 저력底力있는 마을
이다. 1905년 처음 제주도 오일장 개설 때, 중문보다 먼저 도순道順에
오일장이 있었다. '도순' 하면 흔히 천연기념물 녹나무가 유명하지만,
그 보다 민족종교나 항일독립운동 차원에서 도순이 제주지역 성지城地
라 할 수 있다. 이를 입증할 근거는 《도순 향토지》에 참고 넘친다.

> 저싱길이 멀다 해도 창문밗기밖이 저싱저승일세
> 사람 살면 몇 해나 사나 막상 살아야 칠팔십 고개
> 형제자매 다 버리고 내 갈 길을 나는 가네 노세 놀아 젊아 놀아 늙어지면
>   못 노나니
> 인생 일장춘몽인데 아니 노지는놀지는 못 하리라
> 이제 가면 언제 오나 천추 만년 날 사를살 곳에
> 우리 인생 죽어지면 요 모양 요 꼴일세
>
> | 행상소리, 표선면 표선리 |

---

69) 도순리 출신 강만익 박사의 '페이스북' 인용

영장날, 할아버지를 꽃단장한 상여로 모시고 마을공동묘지로 갔다. 지금이야 비용만 내면 장의업체에서 작은 굴삭기로 규격에 맞게 땅을 파고 봉분을 만들어 준다. 비석이나 잔디 등도 다 상조대행업체에서 알아서 해 준다. 유족은 옆에서 제祭 지내고 봉분 위치나 방위만 정확히 알려주면 된다. 하지만 그때는 장지에 가자마자 근처에 가서 흙 파오고, '태역'잔디 파오고, 봉분 올라가면 다지고, 잔디 입히고, 돌아가며 밟고 등등 할 일이 많았다. 그래서 관련민요도 작업별로 다 다르다. 여자어른들은 제 지낼 음식 준비하고, 곡哭하고, 장지葬地까지 와주신 조문객들을 정성껏 대접했다. 짧으면 3박4일, 길면 7박8일 슬퍼할 새도 없이 정신없이 지나간다.

> 어화롱창 어화로세 짧은 인생 살다가다 극락세계가 웬 말이냐 부모형제 이별하고
> 일가방상 이별하여 어화롱창 어화로세 산천 벗님네 하직을 하고 황천극락 웬 말이냐
> 술집에 갈 적에는 친구도 많건마는 북망산 갈 적에는 나 혼자 뿐이 로다
> 이제 가면 언제 오나 흔 번한 번 가면 못 올 길을
> 우리 벗님네 잘들 있소 오늘 보면 하직일세
> 우리 인생은 초로와 같고 황천길은 문전에 있네
> 인생일장은 춘몽일세 인생의 거래는 철칙인가
> 파란곡절을 다 겪고 갖은 향락을 다 못하고
> 자녀 손에 번영을 못하고 황천거사가 웬 말이냐
> 이제 가면 언제 오나 흔 번 가면 못 올 길을
> 우리 벗님네 잘들 있소 오늘 보면 하직일세

| 행상소리, 한림읍 월림리 |

그런데 다 그렇지만, 큰일 뒤처리는 언제나 '큰집' 몫이다. 그 날도

다들 피곤한 탓으로 제대로 마무리하지 않고 모두 내려가 버렸다. 마을 상여계에서 빌려온 상여를 반납하지 않고 장지에 그대로 내버려둔 채. 나중에 마을회에서 반납하지 않았다는 연락이 왔다. 그때서야 부랴부랴 당시 중학생이던 사촌동생 혼자 경운기 끌고 가서 상여를 운반해 왔다. 큰아버지네 막내인 사촌동생은 아무도 기억하지 못하는 그 얘기를 하며, 지금도 섭섭함을 토로한다. 내가 '큰집'이 되어 보니 이제야 알겠다. 난 그걸 '큰집아이 증후군'이라 부른다.

간다간다 내가 간다 요디여기 갈 줄을 누가 알아 신고
느가너가 가면은 언제 오시나 천년만년 살길을 간다
우리가 인생 흔 번 가면 다시 못 올 길을 내가 가느냐
느가 가면 언제 오시려나 천년만년 살길을 갔네
고치고추는 작아도 매웁기만 하여도 새는 작아도 알을 낳아
인생 손님이 누구실까 내가 간들 너희를 잊을소냐
우리 마을에 풍년이 들면 내가 온 줄 알아주소
내가 간들 어느 세월에 이런 꼴을 당해야 가나
동네 청년들 고맙수다고맙습니다 내가 인도를 흐여하여 주소
우리가 살길을 버려 땅속으로 가는 구나
뉘가누가 잘나서 일색이냐 내가 못나서 바보더냐
우리가 살 면은 몇 백 년 사냐 막상 살아도 칠팔십이여
내가 간들 섭섭이섭섭해 하지 마라 내가 가면 그냥 가나
지옥에 가면 그만인데 얼씨구나 좋기는 좋다

청년들아 내말 들어라 일생일장 춘몽인데
이내 먹고는 못 노는데 술 흔 잔한 잔 먹고 쉬고나 갑시다
인생이 가면 얼마나 가나 우리 살길을 찾아보게
새는 인생을 살건마는 우리 인생은 막간 거여

놀고 갑시다 자다가 갑시다 저 둘이달이 지도록 놀고나 갑시다
공동묘지가 몇 굽구비이더냐 우리가 가면 아니
고개고개를 넘어가면 수적 방풍 나는 몰라
가자 왓소이다 요 내 오늘은 마지막인데 술 흔 잔 먹고 들어갑시다

| 상여소리, 우도면 하우목동 |

"동네청년들 고맙습니다. 내가 인도하여 주오. 청년들아 내 말 들어라. 일생 일장춘몽인데, 이내 먹고는 못 노는데 술 한 잔 먹고 쉬어 갑시다", "고추는 작아도 맵기만 하고 새는 작아도 알을 낳아, 인생손님이 누구실까 내가 간들 너희를 잊을 소냐. 우리 마을 풍년들면 내가 온 줄 알아주소." 이처럼 그날 일을 도와준 청년들에게 고맙다고 인사드리고, 그 보답으로 마을 풍년을 위해 큰 역할 하겠노라 약조하기도 한다.

북망산천에 찾어 가자 나는 간다 나는 간다
인제 가면은 언제 오니 인생일장은 춘몽인데
흔 번 가면 못 오는 길 북망산천 어디메냐 인생 마지막 길 북망산천이다
우리 어머니 날 낳을 적에 무엇하러 태어낫나
부처님에게 공을 빌고 어머님 전에 복을 받아
이 세상에 태어나니 어린 것도 옥은철 든것도
지나가보니 어제요 살아보니 오늘이라

어딜 가냐 나의 갈 길을 북망산천이 더 이시냐있느냐
삼천갑자 북망서기는 태어나서 안 죽어시냐
태어나면 죽어야 하는 것 죽으면 북망산천이라
청춘홍안 너 자랑이라 이팔청춘이 낙엽이라

살았을 적에 사랑도 베풀고 형제에도 우애해라

동네사람들아 나간다고 절대 섭섭이섭섭하게 생각마라

인생은 일장춘몽인데 공수래에라 공수거라

둘아달아 둘아 붉은밝은 둘아 이태백이 놀던 둘아

저 둘 속에는 계수나무 옥도끼로 찍어 내어

| 상여소리, 우도면 오봉리 |

제주지역에서 '화단'으로 불리는 상여는 초상初喪 때 시신을 장지까지 운반하는 제구祭具로, 모양은 가마와 비슷하지만 이보다 더 길다. 아래 사진은 1763년 서귀포시 신효리와 하효리 사람들이 1인당 포목 16척尺과 조 5되 8홉씩을 모아 공동으로 마련한 '제주 상여'다. 1947년 만들어진「입의立議」에, 마을사람들이 "돈을 모아 새 목재를 구입하여 썩고 부서진 상여를 새로 만드니 오히려 옛 것보다 나아졌다"라고 기록되어 있다.

상여(사진 : 제주민속자연사박물관)

이 상여는 1991년 6월 4일 제주도민속자료 제6호로 지정되어 현재 제주민속자연사박물관에 소장되어 있다. 크기는 가로 79cm, 세로 230cm, 높이 98cm이다. 오색五色 천으로 여섯 단을 두르고 쇠붙이 장식이 매달렸다. 상여지붕에 민화풍民話風의 그림을 그려 놓았다.

가자가자 어디로 갈 거냐 북망산천을 찾어 가자
우리가 가면 어데로어디로가나 가나 가나 북망산천이여
이 세상 사람들아 누구 덕으로 나왔는가 부모님께는 공을 드리고
석가여래의 덕을 빌어 젊은이들 놀고나 가자
이 세상에 허망한 것이 우리 인생이네 청춘홍안아 자랑마라
일생일장은 춘몽일세 혼 번 나면은 혼 번 가는데
이렇게 매정하게 살아시냐살았더냐 일생이 험악한데

나는 좋다 동네사람들아 놀다나 가세
우리 갈 길이 어디 메냐곳이냐 혼 번 가면은 못 오는 걸
어라어라 놀레나 가세 산천갑자 동방석이70)는 자기 죽을 것을 생각 못
　　했구나

태어나면 가는 곳이 삼각산이고 하늘이 원칙이다
나가 가더라도 너의들너희들 만은 서로 서로 더듬어보듬어 삽시다
일장춘몽은 혼가지여마는한가지지만 말로서는 못 흐느니하느니
간다 간다 나는 간다 못 갈 길을 나는 간다
인생은 일장춘몽인데 젊었을 때 착한 일 흐라하라
상주야 큰 뚤아딸아 큰사위야 메누리며느리야 이것이 바로 삶이로구나
공수래에다 공수건데 인생이 얼마나 험악흐냐하냐
짤막한 인생에 잘 살앙살아서 잘 베풀어야지 악한 ᄆ음마음갖지를 마라
좋수다좋습니다 동네 사름덜사람들 고맙수다 나 갈 길을 반겨줘서

　　　　　　　　　　　　　　　　| 상여소리, 우도면 오봉리 |

---

70) 산천갑자 동방석동방삭 = 전한 무제시기 태중대부太中大夫까지 지냈던 인물, 걸
　출한 외모, 익살스러운 언변과 거침없는 행동 때문에 동방삭은 생존할 당시부
　터 이미 무성한 소문을 만들어냈다. 동방삭에 관련된 설화는 한국에서도 널
　리 유행하였다. 전설에 따르면 동방삭이 삼천갑자3,000×60=18만년를 살았는데, 서
　왕모의 복숭아를 훔쳐 먹어 죽지 않게 되었다고도 하고, 저승사자를 잘 대접
　했다고도 한다. 원래 별의 요정이었다는 말도 있다.

"인생은 일장춘몽, 젊었을 때 착한 일 해라. 상주야, 큰 딸아, 큰사위야, 며느리야 이것이 바로 삶이로 구나. '공수래공수거'空手來空手去, 인생이 얼마나 험악하나, 짧막한 인생에 잘 살고 잘 베풀어야지, 악한 마음 갖지 마라, 부디 착하게 살라" 라며 마지막 당부 전하고 이승을 떠난다.

산천초목 나날이 가고 우리 인생은 언제나 가나
가자가자 어서 가자 산천초목으로 가자
술집이 갈 적인적에는 친구도 많다 공동묘지 가실 적엔 내가 혼자로다
갑시다 갑시다 어서 어서 가자 산천초목으로 어서나 가자
서룬서러운 어머니 나를 날 땐 무슨 날에 낫는가낳았나 일천간장 다 태와태
　　워두고
저 산 앞의 풀잎새는 해년매년마다 오건마는 우리 인생 흔 번 가면은
　　언제나 오나
어린자식 부모동생을 버려나 두고 북망산천 돌아간다
돌아를 간다 인제 가면 언제나 돌아를 오나
우리부모 나를 날 때는 저싱 팔제팔자가 궂어서나빠서
산천으로 가자 인제이제가면 언제 나면은되면 돌아를 올까

| 상여노래, 제주시 외도동 |

꽃 염불 소리는 젊은 사람이 요절했거나 마을을 위해 공헌을 많이 한 사람이 사망했을 때 부르는 노래다. 장사 치르기 전날 꽃상여를 차려서 빈 상여를 어깨에 메고 마을을 돌아다니며 꽃 염불을 부른다. 나름의 '별리'別離 의식이라 보아진다.

니나노 난시가, 니나노 난시나 난시나노 니나노 난시가 풀이로다
명사십리 해당화야 풀이진다고 설워서러워를 말아

저싱질저승길이 멀다 한들 창문 밖이 보다 더 멀소냐
산에 올라 옥을 캐니 이름이 좋아서 양산인가
이 산 저 산의 양산 간의 울고 가는 건 고목산아
한우리 살 면은 수 만년 살거나 막상 살 면은 팔구십 살지
이 산 저 산 양산 간의 울고 가는 건 고목산아
산에 올라 옥을 캐니 이름이 좋아서 양산인가
니나노 난시가, 니나노 난시나 난시나 니나노 난시가 풀이로다

|꽃 염불 소리, 제주시 화북동|

32

줄호랭이 빨리 돌려근 :
집줄 놓는 노래, 집줄 놓는 소리

　제주에서는 초가지붕을 띠로 덮고 바람에 날라 가지 않도록 바둑판 모양으로 줄을 얽는다. 이 때 사용하는 줄을 '집줄'이라하며 줄 꼬는 작업 할 때 부르던 노래를 '집줄 놓는 노래'라 한다. '집줄 놓는 소리'는 초가집을 단단하게 엮는 띠 줄을 '호랭이'를 이용해 꼬면서 부르는 노래이다. 줄 꼬는 작업은 날을 정해 가족 혹은 마을공동으로 치러진다. '줄 빈다' 혹은 '줄 놓는다'라 한다.

　초재草材가옥인 초가는 잔디, 새, 억새, 갈대, 왕골 등 초근草根식물을 이용하여 만든 가옥이다. 다른 지방에서는 대부분 농사 부산물을 지붕 재료로 사용한다. 제주도 초가는 한라산 초원지대의 자연 초재인 '새'띠, 茅를 사용했다.

　2년에 한 번씩 초가지붕을 새로 인다. 10월~12월초까지. 지붕 이을 때 자子, 오午, 묘卯, 유酉 천화일天火日을 피하여 지붕을 인다. 만일 천화

일에 지붕을 손보면 화재나 재앙이 생겨 집안이 쇠퇴한다는 속설이 있다.

초가지붕은 중요한 의미가 있다. 거센 바람에 적응하며 살아온 제주 사람들의 삶의 궤적을 말해준다. 제주도 초가는 1978년 11월 14일 제주도 민속 문화재 제3호로 지정되었다가, 2014년 12월 해제되었다.

스르릉 스르릉 오호 허어어 오호
줄 놓는 소리야 오늘 ᄒ루하루 해도 서산에 걸렸구나
진줄이라근 정낭 특ᄒ고턱하고 ᄌ른짧은줄이라근 엿돌잇돌 흔ᄒ라한하라
진줄이라근 큰아덜큰아들 비곡베고 ᄌ른 줄이라근 말젯셋째놈 비라베라
이 줄 비라 저 줄 비라 흔져나어서나 비라 잘 도나 비어베어 나가는 구나
쌀대 ᄀ랕이같이 비어 나간다
뒷집의 고서방이랑 진줄긴줄 어울리곡 ᄌ른줄 이라근 앞집이 송서방 어
　　울리라
이 줄 비라 저 줄 비라 흔져덜어서들비라 비는 사름사람은 비어 나가곡
놓는 사름은 허어어 놓아나간다 각단 못에 소웽이도 하구나
우리네 인생은 홀 일할일도 하다많다 줄호랭이 빨리 돌려근 이 줄을 비어
　　나간다
지름기름떡이나 먹었는지 문질문질미끌미끌 잘 도나 어울려간다
각단못 안에 무쉐가무쇠가시나있나 캐어내라 저녁밥이랑 풋이나팥이나 놓
　　으라
메누리라근며느리는 ᄎ마기나열무나 하여근해서 콩국 끓여근끓여서
허리끈 클러근풀어 먹게 슬칵솔깍불 이라근 싸지도 말게
어둡기도 전에 요 일을 ᄆ쳐마쳐보자
　　　　　　　　　　　　　　| 집줄 놓는 소리, 안덕면 덕수리 |

* 정낭 = 대문이 없는 제주의 민가民家에는 입구에 정주석定柱石을 세워 주인이 있고 없음을 알린다. 하나가 걸쳐 있을 때에는 가까운 곳에 있으며, 두개가

걸쳐 있으면 한참 있다가 돌아오며, 세 개가 걸쳐 있으면 저녁 무렵에야 주인이 돌아온다는 알림표시이다. 소웽이 = 자잘한 가시가 많은 달린 엉컹퀴, 줄호랭이 = 줄을 꼬아 가는 도구

제주도 초가의 입지는 배산임수背山臨水와 사국형성四局形成에 따른다. 안거리안채중심으로 '밖거리'바깥채, '모커리'71), '눌굽'낟가리 놓는 장소을 배치했다. 안거리 = 부모세대, 밖거리 = 자녀세대라는 세대별 공간분리 성격을 가진 독특한 주거양식이다. 세대 별로 부엌이 있어 평소에는 취사와 살림을 별도로 한다. 큰 일이 있거나 명절, 제사 때는 같이 모여 함께한다.

제주민가民家는 마당을 중심으로 '안거리'와 '밖거리'를 중심축에 맞춰 '二'자로 배치한다. 마당을 중심으로 '안거리'와 '밖거리'를 마주보게 앉히고 그 양옆으로 '모커리'를 배치한다. 가끔 '밖거리'가 '안거리'의 기억자로 앉혀지는 경우도 있다. 한라산 남쪽에 많다. 한라산 북쪽은 한라산을 마주보고 앉혔으며 한라산 남쪽은 '배산임수' 대로 배치했다. 그 이유는 공간의 '켜'겹겹이 포개진 물건의 낱낱의 층에 대한 인식 때문으로 여겨진다. 규모가 큰집에서 4채 이상 집이 있을 때 '밖거리'나 '안거리' 모서리에 배치하는 경우도 있다.

제주민가는 '밖거리' 앞에 '올레'를 만든다. 안거리 뒤 마당에 정반대되는 안 뒤 공간을 놓는다. 마당주위로 한 두 겹 켜를 만들어 담장을 두르고 '우영팟'이 있었다. 안거리와 밖거리에 각각 '상방', '구들', '정지',

---

71) 안채와 바깥채에 대하여 모로 배치된 건물

'고팡'이 있다. 제사 지내는 일[상방~문전^{門前}신], 제사준비[정지~조왕^竈^王신], 제사용 제수^{祭需}보관[고팡~안칠성^{七星}] 등을 '안거리'에서 주로 한다. '안거리'에 속한 '안뒤'에 칠성신앙을 받드는 '칠성눌^{밧칠성}'이 있다.

▎상방

상방은 '삼방', '마루', '마리'라 한다. '상방'은 주거생활의 중심이다. 동시에 조상의 제사 등 관혼상제, 가족모임, 손님접대, 오락, 식사, 유희와 가사노동 등 다양한 기능이 있다. '상방'은 다른 방보다 개방적 공간이다. 여기에 '큰 구들'과 '작은 구들', '챗방'과 '고팡' 출입구가 있을 뿐아니라 마당과 '안뒤'로 통하는 대문과 뒷문이 있다. 대문 옆에 작은 문이 있으며 이를 '생깃문' 또는 '호령창'이라 부른다. 집주인의 휴식공간으로 사용되며 채광^{採光}기능을 갖고 있다.

'상방' 뒷문은 통로를 제외하고 양옆에 붙박이로 된 받침이 벽에 붙어있다. 이를 '장방', '창방'이라 부른다. 집에 따라 한곳에 둔다. '살레'^{찬장}구조같이 3칸으로 되어 있으나 칸과 칸 사이에 널판을 깔았다. '상방'에천정 높이가 가장 높은 '상ᄆ루'^{용마루} 바로 밑에 선반 틀을 설치한다. 이를 '도들', '고리', '툰낭'이라 부른다. 여기에 제사 때 사용하는 상^床, 병풍^{屛風}, 초석^{草席} 등을 올려놓는다.

▎구들

'구들'은 일상생활이 이루어지는 주거공간인 '상방'과 대조되는 공간이다. 제주에서는 온돌설비가 없는 '상방', '고팡' 등의 공간을 '방', 온돌설비가 있는 공간을 '구들'이라고 한다. '구들'이 둘 이상일 때 '고팡'과접한 구들을 '큰 구들', 나머지를 '작은 구들'이라 한다.

'큰 구들'에서 '굴묵' 쪽으로 벽장이 있다. 벽장은 '굴묵' 상부공간인 온돌바닥에서 90~100㎝ 정도 높이에 설치된다. 여기에 궤 한 쌍을 놓고 그 위에 이불을 놓는다. '구들' 내부에 '아랫목', '윗목'이 있다. 바로 아궁이와 연결된다. 부뚜막^{아궁이}에 가까운 쪽을 '아랫목', 먼 쪽을 '윗목'이라 한다.

▋정지

'정지'^{부엌}바닥은 그냥 흙이다. 벽은 돌을 쌓아 흙만 바르기 때문에 천정에 구조가 노출된다. 문은 마당 쪽으로 정지앞문을 두고 '안뒤'가 있는 뒷벽 또는 측벽에 '정지' 뒷문이 있다. '정지' 외벽에서 60~90㎝ 정도 띄어 솥 받침대인 화덕이 설치되어 있다. 솥은 3~5개 정도이며, '두말치', '외말치', 밥솥, 국솥 순으로 배열된다. 취사용 연료로 '새'^띠, '보리낭', 조짚, 소나무를 쓴다. 솥과 벽 사이 바닥에 재를 모아 두는 '불치통'^{솥뒤공, 불재통}이 있다.

연료는 '정지' 전면前面 난간 쪽 벽에 붙여 '정지' 앞문으로 출입하기에 지장이 없도록 쌓아둔다. '정지' 외측 벽과 앞 벽이 이루는 구석공간에 연료를 보관하기도 한다. '정지' 전면외벽에 길어 온 물을 내려놓는 '물팡'이 있다. '물팡'은 80~120㎝ 높이 돌을 쌓고 그 위에 넓적한 돌을 깔아 놓았다. 가끔 '안거리' 옆에 '목거리'를 두어 '정지'를 따로 두기도 한다.

▋고팡

큰 구들 뒤에 '고팡'이 있다. '고팡'은 주로 곡식을 저장하는 공간이다. 바닥은 지면보다 높고 흙바닥이다. 우물마루로 된 경우도 있다. 벽은 토벽이고 천정은 노출露出반자이다. 환기, 채광을 위해 작은 창을 내고 상방에서 두 짝 판문으로 된 '고팡문'으로 통한다.

보관공간인 '고팡'은 격리공간인 '큰 구들'과 붙어있으며 외부로 통한 출입문은 폐쇄적인 널문으로 처리했다. 이는 '안칠성七星' 신앙과 연관이 있다. 때가 되어, 아들 내외가 안거리를 차지하고 부모가 '밖거리'로 옮겨가는 걸 '고팡 물림'이라 한다. 집안 내 권력의 수직이동인 셈이다. 이때부터 제사나 명절은 모두 아들 내외의 몫이다.

▌챗방

'챗방'은 제주도 가옥에만 있는 특이한 공간으로 마루가 있는 식사장소이다. 주로 손님을 맞는 '상방'과 '정지'를 잇는 위치에 만든다. 주부의 가사노동을 줄여줌과 동시에 위생차원에서 '상방'과 공간 분화分化했다.

▌난간

난간은 마당에서 '상방'으로 들어가는 전이轉移공간으로 툇마루와 유사하다. 외부에 개방되어 있으며 내부와 연속되어 있다. 내부의 연장이며 외부의 시작이라 할 수 있다. 바닥에 '상방'과 같은 높이에 마루가 놓인다. 햇볕 좋을 때면 '상방'에서 나와 난간에 앉아 햇볕을 즐긴다. 길이 12㎝ 가량 단단한 나무 끝에 코를 만들어 난간 '포짓'에 박아 놓은 걸이를 '공장', '공정'이라 말한다. 여기에 빗자루, 소쿠리, 비옷 등을 건다. "공젱이 걸지 말라." 태클 걸지 말라, 시비 걸지 말라는 제주속담이다.

난간 '위서리' 앞에 '풍채'를 단다. 비바람 칠 때 이를 내려 비바람을 막고, 볕이 날 때는 다시 올려 땡볕이 '상방'에 내려 쬠을 막는 용도이다. 각목으로 뼈대를 짠 위에 새를 얹는데, '외도리' 또는 '서리'에 문고리를 박아 건다. 올릴 때 두 가지가 달린 나무로 가지 사이에 '풍채'를 걸쳐 가로로 두 개소 혹은 세 개소 정도 받쳐 올려둔다.

▌굴묵

'굴묵'은 큰 구들과 측벽 사이 위치한 공간으로 제주지역에만 있는 난방시설이다. 난간 또는 측벽에서만 출입할 수 있으며 폐쇄되었다. '구들' 쪽의 '굴묵' 상부 일부는 벽장으로 사용되고 그 밑은 '구들' 중앙에 불을 땔 수 있는 아궁이가 설치되었다.

제주도 온돌은 구조상 '구들' 1/3 정도만 온돌설비를 하고 나머지는 온돌설비를 하지 않는다. 나머지 2/3은 둥근 돌 사이에 구멍 나게 쌓았다. '굴묵' 아궁이에 말린 말똥을 깊숙이 밀어 넣고 불을 붙인 다음, 입구를 돌로 막으면 연소되어 적당한 온기가 밤새 '구들'에 남아있게 된다.

아궁이가 취사와 난방을 분리되어 있으며 사용하는 연료가 육지부와 다르다. 연료는 말똥, 소똥 1/3에 'ᄀ시락'보릿대 찌꺼기을 2/3 정도 섞어 쓴다. 그래서 굴뚝이 없다. 방 밑으로 들어간 연기는 벽 틈이나 마루 밑으로 새어나간다. 제주도에는 자주 강풍이 불기 때문에 이로 인한 화재를 막기 위함이다.

건물과 돌담에 의하여 구성되는 외부는 집 밖에서부터 '거릿길', '올레', '올레목', '마당', '안뒤' 순으로 집 내부와 연결된다.

▌올레

'올레'는 집안으로 들어가기 위한 출입부로 좁고 길게 되어 있다. '올레' 어귀에는 외부와 집안을 구분 짓는 '지방돌'이 가로로 땅에 박혀 있다. '어귀돌'은 담장이 꺾이는 곳에 커다랗게 놓여 있다. '올레' 초입에 '정낭'이 있다. 보통 판석에 3개의 구멍을 파 그 구멍에 통나무를 끼워놓는다. 정낭은 원래 마소가 출입 못하게 하려는 의도에서 비롯되었다. 3개 모두 가로로 놓여 있으면 주인이 멀리 출타했음을 의미한다. 올레 어귀에 먹구슬나무를 심었다. 이 '모코실낭'은 그늘이 짙어 더운 여름, 나무아래서 쉬기 좋다. 하지만 열매에 독성이 있어서 어지간히 배고프지 않으면 새들도 먹지 않는다.

사람이 들고나는 걸 시각적으로 유도하는 '다리팡돌'을 '올레'에 가지런히 배치하고 올레담 아래에 '마농꽃'수선화을 심었다. 올레는 바람영향을 최소화하기 위해 전체적으로 구부정하게 만들었다. 끝나는 곳은 심하게 굽어진다. 이를 '올레목'이라 한다. '올레'는 보통 길게 만들지만 땅값이 비싼 곳은 그렇게 할 수 없었다. 이를 '긴 올레', '짧은 올레'로

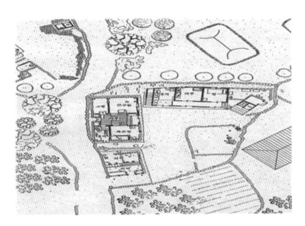

올레(그림 : 김홍식 · 김석윤 · 신석하)

구분한다. '올레'가 짧으면 대신 대문大門을 만든다. '올레'의 폭과 너비는 보통성인의 신장보다 약간 크게, 손들어 올린 높이 정도 한다. 담장

역시 1:1 정도 높이로 쌓아 어둡게 한다. '올레' 너비를 넓게 만들지 못했을 때 담장 높이를 그만큼 낮춘다.

▍대문

제주지역에서는 보통 대문을 만들지 않는다. 대문은 작고 그늘진 통로를 지나서 꺾으면 바로 집 마당으로 진입하도록 설계되었다. '먼문'과 '이문'이 있다. 부잣집은 두 가지 모두 있지만 대개는 '이문' 하나만 있다. '먼문'은 보통 사각대문으로 하는 경우가 많다.

'이문'^{중문}은 통상 3칸 '밖거리'나 '목거리' 한쪽 칸을 이용하여 진입하도록 되어있다. 한쪽 칸에 마방馬房이 있고 반대쪽 칸에 헛간이 있다. 때에 따라 '밖거리'나 '목거리' 측면으로 들어오도록 한다. 마당 안에 기억자로 꺾어져 들어오게 한다. 집안에서 멀리 있으므로 '먼문' 이라 부른다. '이문'二門은 두 번째 문이라는 뜻이다.

▍마당

집안에 들어서 처음공간인 마당은 통로, 생산 및 작업, 일조 및 채광, 통풍, 관혼상제의 의식 등 다양한 기능을 한다. 마당에 반사된 빛이 집안 상방으로 반사되도록 설계되었다. 마당에 '보리낭'보리짚을 깔아 빛의 반사를 막았다. '안거리'와 '밖거리' 사이 마당은 혼례와 상례, 제례가 치러지는 의식장소로 사용된다. 7~8m 넓이이며 일조, 통풍, 채광 모두 만족시킬 수 있다.

▍우영

'우영'은 집안의 몸채를 감싸 안고 둘러진 공간으로 지역에 따라 '우

마당(그림 : 김홍식 · 김석윤 · 신석하)

잣'이라고 한다. 텃밭과 기능이 비슷하다. '우영'은 '안거리'를 기준하여 동서로 구분하여 '동녘 우영', '서녘 우영'이라 한다. 앞뒤로 구분하여 '앞 우영', '뒷 우영'이라 부른다. 여기에 채소류만이 아니라 귤나무, 감나무, 대나무도 심었다. '우영'에서 기른 작물들은 수시로 채취해 식구들이 나눠 먹었다.

▌안뒤

'안거리' '정지' 뒷문이나 '상방' 뒷문을 나서면 '안뒤'뒤안 공간이 있다. '안뒤'는 외부와 통하지 않게 만든 폐쇄적 공간이다. 이 공간에 출입하려면 '상방' 뒷문이나 '정지' 뒷문을 이용해야 한다. 마당에서는 직접 출입할 수 없다.

이곳에 '칠성눌', '춤', '장항'이 놓인다. 대나무, 동백나무, 조루기나무, 구룬비나무 등을 심어 '안뒤' 담이 미처 차단하지 못한 외부시선을 막아주며 그늘도 만든다. 대나무로 '애기구덕'이나 '차롱착', 삿갓, 패랭이모자 등 생활용구를 만들었다. 마당이 양陽으로 바깥주인의 공간이라면

'안뒤'는 음陰이며 안주인의 공간이다.

▌장항굽

제주에서는 장독대를 '장항굽'이라 한다. 5~6개 '장항'이 '장항굽'에 놓여 있다. 이를 한 줄로 놓거나 둥그렇게 배치한다. 굽은 대臺와 달리 낮은 편이다. 바닥에 '팡돌'만 적당히 놓는다. 집 뒤나 측면 뜰 쪽에 '장항'이 놓인다.

▌눌 굽

'눌'을 만드는 곳을 '눌 굽', 혹은 '눌 왓'이라 부른다. 탈곡 전 농작물을 단으로 묶어 쌓아두거나 탈곡하고 난 짚을 낟가리로 씌워 쌓아 놓은 노적가리를 '눌'이라 하며 이를 만드는 행위를 '눌 눈다'라고 한다. '눌'은 '안거리'와 '밖거리'의 마당 한 곁에 비올 때 침수侵水를 피하기 위해 40 ~50㎝ 높이로 돌을 가지고 단壇을 쌓고 평평히 한다. 짚은 연료나 가축 사료 또는 '통시'에 넣어 퇴비 만드는데 쓴다.

▌통시

'통시'는 '안거리 큰 구들'의 횡벽 옆이나 '정지'와 멀리 떨어진 '밖거리' 옆 울담에 붙어서 있다. 대개 건물 한쪽 옆을 돌아 설치된다. 마당에서 보이지 않게 했다. 그곳에 돼지를 기르고 용변을 처리했다. 변糞을 보는 위치에는 두 단이나 세 단 정도 높이로 긴 돌 두개를 놓는다. 밖에서 통시가 보이지 않게 하려고 적당한 높이로 돌담을 쌓았다. '통시' 바닥 은 마당보다 낮게 하여 오수汚水가 흘러나오지 않게 막는다.

33

산듸쏠은 산 넘엉 가곡 나룩쏠은 물 넘엉 오곡 :
맷돌노래, ᄀᆞ레 ᄀᆞ는 노래

'맷돌노래'는 보리나 조 같은 곡물을 갈기 위해 맷돌을 돌리며 부르던 제분製粉요다. 맷돌 돌리는 일은 대부분 여자들 몫이었다. 단순하면서 지루한 작업이었기 때문에 다양한 가사들이 전이되고 변용되어 나타난다. 제주민요 연구의 선구자이신 故 김영돈 교수님은 이를 자립과 근면의 노래, 팔자와 한탄의 노래, 사랑과 원한의 노래, 시집살이 노래, 집안노래, 경세警世의 노래, 꿈의 노래, 신앙과 풍토의 노래로 구분하여 정리해 놓으셨다.

이번 글에서는 먹고 사는 생업生業과 부업副業에 관한 사연들을 소개한다. 읽다보면 해학과 풍자에 스르르 몰입하게 된다. 일부 지방색을 나타내는 내용에 대해서는 그냥 '옛날 얘기려니' 하고 담대히 넘기시는게 건강에 좋을 듯하다.

교래橋來, 송당松堂 큰아기들은 가죽 감태 쓰고 피稗 방아 찧으러 나갔다. 피는 일곱 차례 찧어야 모두 벗겨져 비로소 먹을 수 있다. 이를

'능그기'라 한다. 예전에는 '능그기'가 힘들어 피 농사를 꺼렸다. 이래저래 고생이 많았다. 반면 서목골 큰아기들은 돼지 창자 훑으러 모두 나갔다. 돼지 부산물을 가져다가 순대를 담거나 '몸국', '돗국물'을 만들어 부모형제들에게 맛나게 대접했다.

성안골 큰아기들은 양태청, 화북禾北 큰아기들은 탕건청으로 갔다. 양태나 탕건을 만들어 오일장육장에 팔아시백 받은 돈으로 필요한 물건들을 사왔다. 함덕 큰아기들은 신총 부비기, 조천 큰아기들은 망건청으로 갔다.

김녕金寧, 월정 큰아기들은 썩은(?) 고기 팔러 나갔다. 아마 당시 냉동보관기술이 부족해 당일생선의 신선도가 심하게 떨어졌음을 비아냥거린 듯하다. 썩지는 않았을 거고 좀 '무렸구다' 싶을 정도

애월, 한림 큰아기들은 그물 짜러, 도두, 이호梨湖 큰아기들은 모자 만들러 갔다. 청수, 저지楮旨 큰아기들은 풀무질하러 나갔다. 풀무질은 처음 청수나 저지에서 많이 행해지다 나중 덕수리로 넘어갔다. 지금도 덕수리마을회에서 매년 풀무질불미공예을 재연再演하고 있다.

탕건청(사진 : 제주특별자치도)

대정 근방 큰아기들은 자리 짜기, 성읍정의 큰아기들은 길쌈 베로 모두 나간다. 대정과 성읍 모두 큰 마을, 현 혹은 읍의 중심지였기 때문에 돗자리와 베로 대비시켜 놓은 게 아닌가 싶다. 이런 경우는 다음에도 나타난다.

> 드리橋來 손당松堂 큰애기덜큰아기들 피 방애방아 짛듯 돌아가라
> 절킷대에절구대에 물 올리 듯 요 그레야고레야 돌아가라
> 드리 손당 큰애기덜은 가죽감테 모르로모로 쓰곡쓰고 피 방에방아 지레찌러
>   믄모두 나간다
> 서목골에 큰애기덜은 돗돼지 베설창자 홀트래홅으러 믄 나간다
> 성안골에 큰애기덜은 양태청으로 믄 나간다
> 잇개新興 뒷개北村 영리방 똘딸은
> 건질딴머리 ᄒ여도하여도 이날대건지
> 치맬치마를입어도 연반물 치메치마 신을 신어도 가막 창신
> 벨도禾北대 큰애기덜은 탕건칭으로 믄 나간다
> 함덕대 큰애기덜은 신깍신총 부비기로 믄 나가곡
> 조천대에 큰애기덜은 망근청망건청으로 믄 나가곡
> 짐녕金寧 월정 큰애기덜은 썩은 궤기생선 폴래팔러 믄 나간다
> 애월 한림 큰애기덜은 구물그물 뭇이레짜러 믄 나가곡
> 도두 벡게梨湖 큰애기덜은 모ᄌ모자 믄 나가곡
> 청수 닥ᄆ를楮旨 큰애기덜은 술기풀무 소리로 믄 나간다
> 대정 근방 큰애기덜은 자리 짜기로 믄 나간다
> 정의 산앞 큰애기덜은 질삼길쌈 베로 믄 나간다

* 가죽감테 = 짐승 털가죽으로 만든 방한모防寒帽, 건지=커다랗게 얹은 머리모양의 하나, 가막 = 밑창 겉 바닥에 징을 박고 운두는 얕고 뾰족하게 코가 내민 가죽신

가시加時오름 큰아기들은 담배피기 좋아했고 정의골城邑里 큰아기들은 화투치기 좋아했다고 한다. 헛소문인지 사실인지 확인할 길이 없다. 다른 지역은 먹고 사는 일거리에 관한 얘기가 많은데, 가시리와 성읍리는 개인 기호품과 오락에 대한 언급이 있는 걸로 봐서, 타 지역보다 먹고 살만 했거나, 타 지역의 시샘을 받은 게 아닌가 싶다. 아니면, 너무 일하는 얘기만 하다 보니 지루해 중간에 살짝 다른 얘기를 넣어 분위기를 바꿔보려 했거나.

화투는 포르투갈에서 비롯된 '카르타carta놀이 딱지'가 포르투갈 상인들에 의해 일본에 전해졌다고 한다. 일본인들이 그것을 본떠 '하나후다' 花札라는 것을 만들어 놀이 겸 도박을 했다. 이게 조선조 말엽에 우리나라로 들어왔다.

담배는 원래 여자들이 피우는 거라고 외할머니가 늘 말씀하셨다. 살면서 맺힌 설움과 한을 연기로 내뿜으며 '슬아'태워 버려야 한다

지금은 사라진 마을인 제주시 오등동 죽성, ㄱ다시 큰애기들은 산딸기, 다래 장사 나갔다. 그래서 그런지 지금 아라동 특산물이 딸기다. 설개삼양 1동, 가물개삼양 2동 큰애기들은 감투청으로, 도련道蓮 큰애기들은 대그릇 팔러 나갔다.

망건청(사진 : 제주특별자치도)

협재挾才, 옹포甕浦 큰아기들 뗏목타기 제격, 고내, 애월 큰아기들 속옷치장이 제격, 종달리 큰아기들 소금장사 제격, 사수동砂水洞 큰아기들 모래 나르기 제격, 도두道頭 큰아기들 망근망건 짜기 제격. 다들 아르바이트로 이것저것 열심히 하는데, 고내와 애월은 속옷치장 제격이란다. 분위기 반전이다. 이 역시 중간에 살짝 다른 얘기를 넣어 분위기를 바꿔 보려 했나 싶다. 하긴 그래야 찰지다. 칭찬은 아닌 듯하다.

별도別刀, 조천 큰아기들은 탕건틀, 김녕金寧마을 큰아기들은 물질하러 다 나간다. 이 의미는 알 거 같은데, 성안 칠성골七星通 큰아기들이 돼지배설창자 구하러 다 나간다는 말은 잘 모르겠다. 그 근방에 도축장이 있었거나, 그 동네 소비수준이 높아 돼지를 많이 잡아 드셨나, 특히 순대를 좋아 했나 정도 어렴풋이 추측한다.

<blockquote>

가시加時오름 큰애기덜은 담베담배 피기 일수이고

성꼴城邑 큰애기덜은 화토화투 치기 일수로다

드리교래 손당송당 큰애기덜은 피稗 방애방아 지레 다 나간다

죽성 ᄀ디사고다시 큰애기덜은 틀산딸기드레다래 장시로 다 나간다

조천 함덕 큰애기덜은 망근청망건청으로 다 나간다

산지땅의 큰애기덜은 줌수청해녀청으로 다 나간다

설개삼양 1동 가물개삼양 2동 큰애기덜은 감티청감투청으로 다 나간다

맨돈도련, 道蓮 지방 큰애기덜은 대그릇 장시 다 나간다

우리 동네 큰 똘애기딸아이 붉기밝기전에 ᄒ저서 글라가자

섭지협재, 挾才 도께용포, 甕浦 큰애기덜 테베뗏목 틈타기이 제격이여

고네고내 애월 큰애기덜 속옷치장이 제격이여

종달리의 큰애기덜 소곰소금 장시 제격이여

몰레물사수동, 砂水洞에 큰애기덜 몰레모래 날르기 제격이여

도도리도두, 道頭 큰애기덜 망근 짜기 제격이여

</blockquote>

성안 칠성골七星通 큰애기덜 돗돼지 베설창자 흐레 다 나감져
벨도별도, 別刀 조천 큰애기덜 탕건틀에 뜨라감져따라간다
짐녕김녕, 金寧ㅁ 실마을 큰애기덜 물질ㅎ젠하러 다 나감져
방에러라 지남석指南石, 자석 방에 서월서울 놈의 독의도구 방에
모관牧官衙, 성안 놈의 보리 방에 드리교래, 橋來 놈의 피 방에
정의 놈의 조 방에 나 오라방오라버니 대모관 갓져갔다
질을길을 잡앙잡아 돌아나 오라 산도 보난보니 얼음 진 산이여
보선 줍앙접어 보네라보내라고 흐다한다

뒷개北村 엿개新興 영리방 똘은딸은 신만 신어도 은 닷다섯 돈 짜리
치메만치마만 입어도 연반물 치메 저고리만 입어도 이러리색동 저고리
드릿도리 아기 피 방에방아 짐은 각단 밧듸밭에 우리통 박 듯
헤벤해변 아기 조방에 짐은 한질한길 지대 춤 추 듯이여
헤벤 놈은 벤드레 코 웃드르 놈은 씨 망텡이망태기
대정 놈은 대페렝이대패랭이 정윗정의 놈은 정당벌립

헤벤 놈은 먹어랜 흐난하니 눈에 알팍은 갈치국에
노랑흐노란 조팝에조밥에 먹단 남앙남은 개 준 놈의 정이여
정의 놈은 먹어랜 흐난 무거리 피압에 헤이리국에
먹단먹다가 남앙남아 개 준 놈이 정이여

한로영산漢拏靈山 흘르는 물은 페양도평안도 대동강 연주 지레지러 간다
즤주산은제주산은 인정지人定之 산이라도 헤 곧 지난 신천미라라
가시오름 강당장 칩의집에 숭시흉사 들언 망ᄒ제하려고 ᄒ난하니
짓만짓만 부뜬붙은 도폭을 입곡입고 펜지민 부뜬 갓을 씨곡쓰고
목만 부뜬 보선을 신곡 돌멩이만돌멩이만 부뜬 신을 신곡
가시오름 강당장 칩의 숭시凶事재와겨워 들이젠 ᄒ난
매인 쉐가소가 울울타리 넘엄서라넘고있더라 앚진앉은 솟이솥이 걸음을 걷곡걷고
튼은튼은 득닭이 고기약ᄒ다꼬끼약한다
기시린그을린 좆膠이 들음을달리기를 든곡뛰고 벳긴벗긴 개가 옹공공ᄒ고
보끈볶은 콩이 새 움싹이 난다
가시오름 강당장 칩의집의 싀 콜 방에방아 새 글럼서라
요 내 몸은 비 잡아 사난 다슷다섯 콜도 새 맞암서라
각단밧듸밭에 우리통 박 듯 팔제팔자 굿인굿은 요 내 몸 가난 짒는 방에
　　들음 든나달려간다

드리도리 손당송당 큰애기덜은 피 방에 짐에 다 나가고
청수 닥모를저지 큰애기덜은 지름기름 장시장사 다 나가고
죽성 ᄀ다시고다시 큰애기덜은 틀산딸기 드레대래 타레따러 다 나가고
조수 낙천 큰애기덜은 석은썩은 멜멜치 폴레팔러 다 나가고

　　북촌北村, 신흥新興 영리방 딸의 신발은 은銀 다섯 돈짜리, 치마는 연
반물치마, 저고리는 색동저고리, 액면으로만 보면 북촌과 신흥은 부자
동네였던 거 같다.

　　대정사람은 대로 만든 '패랭이', 성읍사람은 댕댕이 덩굴로 만든 '정당
벌립72)', 아마 그 지역에서 쉽게 구할 수 있는 재료로 만든 '패랭이'들을
소개한 듯한데, 요즘 가격으로 보면 '정당벌립'이 훨 비싸다. '정동벌립'

은 제주도 무형문화재 제8호다. 해안마을은 갈치국에 노란 조밥, 성읍 같은 중산간 마을은 무밥에 버섯국. 예전엔 생선 축에 끼지도 못했던 갈치가 요즘은 '은갈치'라며 명품갈치로 대접받는다.

한라영산漢拏靈山 흐르는 물은 평안도 대동강 연주 지러 간다. 제주산은 인정지人定之 산이라도 해 곧 지난 신천미라라. 가시오름 강당장 집에 흉사가 들어 망하자 깃만 붙은 도폭 입고, 펜지片紙만 붙은 갓 쓰고, 목만 붙은 보선 신고, 돌멩이만 붙은 신 신고, 잘나가던 강당장 집도 흉사가 들어 망하자 당장 의복차림부터 구차해 진다.

청수, '닥모르'저지 큰아기들은 기름 장사 나가고, 조수, 낙천 큰아기들은 썩은 멸치 팔러 갔다. 예전 제주, 특히 월정, 행원바다에서 멸치가 아주 많이 잡혀서 먹기도 하고 거름으로도 이용했다.

생이새 흔한 머릴 잡아 놓으난 굴막東幕 상뒤향도 다 멕여도먹여도
이문 걸련걸려서 못 들어오란
얻어먹젠 어름비어음2리 갓단갔다가 빌어먹젠빌어먹으려고 비메니어음1리
갓단 돌아사젠돌아서다 도노미어도리 오란
올레 발른바른 강좌쉬좌수 칩의집의 상아덜에큰아들에 메누리며느리 드난 ᄌ
  냑의도저녁에도 개역에보리미숫가루에 탕쉬 조반에도 개역에 탕쉬 ᄀ레고
  레에도 나만이라라
어느제랑때랑 강도령 오경오면 일천 ᄉ담사담 다 일러 두엉
벡탄불에 얼음석ᄀ찌같이 지픈깊은 물에 수만 석ᄀ찌 소르릉이 내 녹아
  가마

---

72) 댕댕이덩굴로 만든 패랭이 모양의 모자, 정동벌립정동벙것은 정당벌립의 제주어

* 탕쉬 = 고사리나 콩나물에 기름, 깨를 쳐서 만든 나물반찬, 개역 = 보리 미숫가루

어쩐 일인지, 강좌수 집 며느리가 아침, 저녁 '개역'에 '탕쉬'만 상에 올린다. 정확한 사실은 삼자대면해야 밝힐 수 있다. 새 며느리 흉보려는 시어머니의 일방적 험담인지, 아니면 며느리가 어떤 특별한 이유로 밥이 아닌 '개역'에 나물만 올리는지. 좌수座首는 명예직이기는 하지만 지역유지有志다. 그런 집 살림살이가 그 정도로 옹색하지 않았을 텐데. 아니면 겉으로 보기엔 그럴듯해 보여도 실제살림은 궁핍했나?

> 조종 조종 무신무슨 조종 제주제주 조종 한로산한라산 조종
> 과녁정 조종 나리님 조종 조천 조종 물말 장시장사 조종
> 삼양 조종 양테양태 조종 함덕 조종 멜치멸치 조종
> 짐녕김녕 조종 줌수잠수 조종 종달리 조종 소금 조종
> 손당송당 조종 피쏠피쌀 조종 성산 조종 일출봉 조종
> 가시오름 조종 뭉생이망아지 조종 대정 조종 ᄇᆞ름바람 조종
> 석 둘석 달 열흘 장마는 지난 마헤장마에 건삼 대훼에 걸언
> 곱이겹이 아니 석어냐 흔다한다 석은썩은 낭긔나무 돋아난 초기버섯
> 어딜 좋안 진상이라니 맛이 좋안 진상이라라

민요의 대표적 특성인 반복이 나타나고 있다. 삼양=양태, 함덕=멸치, 김녕=잠수, 종달리=소금, 송당=피 쌀, 성산=일출봉, 가시오름=망아지, 대정=바람, 전에 비해 많이 줄긴 했지만 그래도 대김녕마을에는 지금도 해녀들이 많다. 일출봉은 아직도 성산에 있고 대정바람은 여전히 세다. 이 나머진 사라지고 없다. 기록에만 남아있다.

산듸쏠밧벼아 산 돌앙 보라 날만흔나만한 전싱전생이셔나있더냐
물이말이 물은 가슴이라냐 쉐가쇠가 찔른 가슴이라냐 돌에 다친 가슴이라냐
모관서성안에서 죽 쑤단쑤던 사름사람 정의 가도 죽 쓰어서라
정의서 죽 쑤단 사름 모관의서도모관에서도 죽 쑤어서라
산 앞의서앞에서 죽 쑤단 솟은솥은 산 뒤서도뒤에서도 죽 쑤어서라
본디 전싱전생 줓어랜 팔제팔자 어딜 가민 좋으랜 말고

'산듸쌀'밧벼아 산 돌아보라. 나만한 전생 있던 가. 말이 문 가슴이더냐. 쇠가 찌른 가슴이더냐. 돌에 다친 가슴이더냐. '모관'성안서 죽 쑤던 사람 정의 가서도 죽 쑤더라. 정의서 죽 쑤던 사람 '모관'에서도 죽 쑤더라. 산 앞에서 죽 쑤던 솥은 산 뒤에서도 죽 쑤더라.

본디 나빴던 팔자 다른 곳에 간다고 좋아지나. 이런 경우를 제주에서는 "개 줘도 안 뜯어먹을 팔자"라고 한다. 반려견 비하 소리로 오해할 수도 있지만, 그게 아니고 먹성 좋은 개조차 쳐다보지 않을 정도로 팔자가 박복薄福하다는 의미이다.

어떤 주년자녀 밥 제경제워 낳곡낳고 어떤 주년 옷 제경 낳곡
밥도 옷도 안 제긴 몸은 눈물만 제견 나 나아싱가낳았나
낭나무 중에도 올곧은 낭근 데승전大成殿의 데포를대들보를 매난
직주제주 목스목사 절 마탐고나받는구나
어떤 낭근나무는 팔제 좋안 관덕청에 대들포 매곡매고
일천 선비안틔선비에게 절을 마트곡받고 어떤 낭은 팔제 궂엉나빠
질곳길가 집의 듸딜팡디딜팡 놓앙 세섬 유네遊女 발에서 논다

그랑갈아 좁쌀 양석을양식을 쌍싸 조선 팔도 다 돌멍돌며 보자
날만 전싱전생 궂인나쁜 이셔냐 궂어시메나쁘니까 나 이영 울쥬나와 울지

좋아시민좋았으면 나 무사왜 울리올까 나 어멍이 날 울랭 흐멍울라고 하며
나 아방아버지이 날 울랭 흐랴울라고 하랴 난태어난 시 난 때 원이나 흐라
울멍울며 밥을 손으로 먹어 무정흐난무정하니 성올르더라

갈 베 웃언없어 올 베도 웃언 둥길당길 베로 날 둥긴다당긴다
어떤 사름 복력福力이 좋앙 본가장엔 일부나 종스종사
우리 어멍어머니 날 낳던 날은 놈은 아니 난 날이로고나
어떤 사름 팔제팔자나 좋앙 고대광실 노픈높은 집의
앞 바당의 노적 눌곡 거리 노적 길 노적하리
말은 좋곡 살을멘살길 엇곡없고 그거 누게누구 ᄌ식자식이라니
인간 세믜세상 나 나던 날에 놈은 아니 나실낳을로고나

나무 중에도 올 곧은 나무는 대성전大成殿 대들보로 매니 제주목사 절 받는 구나. 어떤 나무 팔자 좋아 관덕청觀德廳 대들보매고 일천선비에게 절 받고, 어떤 나무은 팔자가 나빠 길갓집의 디딜팡 놓아 세 섬 유녀遊女발에서 논다. 나무도 그럴 진데, 사람이야 오죽할까.

좁쌀 싸들고 조선 팔도 다 돌아보자. 나만큼 전생이 나쁜 사람 있을까? 나쁘니까 내가 울지. 좋았으면 내가 왜 울까. 내 어머니 날 울라고 하며 내 아버지 날 울라 하랴. 태어난 시, 태어난 때 원망 하라. 울며 밥을 손으로 먹어 무정하니 성 오르더라. 어떤 사람 복력 좋아 본本 가장에 일부종사一夫從事, 우리 어머니 날 낳던 날은 남은 아니 낳은 날이로구나. 어떤 사람 팔자나 좋아 고대광실 높은 집의 앞바다 노적 눌고 거리 노적 길 노적하리. 세상사가 그렇다. 해도 해도 나만 안 풀린다. 그게 전생이나 조상 탓만 같아 보인다.

아홉인 제 열인 젯 중심 놈이 운덜운들 내 울랴 흐난하니

선헹 나산나서 울어졈구나울어지는 구나 눈물 젖언젖어 나 낫고나

어디아방아버지 날 울랭우랴고 흐리하리 어디 아방 날 울랭 흐리 어느 어멍어
　　머니 설러워흐리설어워하리

산듸쌀밭벼은 산 넘엉 가곡가고 나룩쌀논벼은 물 넘엉넘어 오곡오고

좀진좀진자잘한 좁쌀좁쌀은 모든 님의 양석양식이여

애둘을사섭할사 좁쌀의 팔제팔자 모든 벡성백성 살을메살길 읏다없다

나룩 졸렌쭉정이 뺏아나빻나본다 볼리보리 졸렌 보까나볶아 본다

조 졸렌 굴아나갈아 본다 사름 졸렌 무싱것에무엇에 쓰코쓸고

들돌 멍청은 담이나 간다 쉐소 멍청은 잡아나 먹나

낭나무 멍청은 불이나 숨나삶나 볼락볼락 멍청은 구워나 먹나

사름사람 멍청은 무싱것에무엇에 쓰코쓸고

　논벼 쭉정이는 빻아나 본다. 보리 쭉정이는 볶아나 본다. 조 쭉정이
는 갈아나 본다. 사람 쭉정이는 무엇에 쓸고? "잡아먹지도 못 허고" 멍
청이 돌은 담이라도 쌓는다. 멍청한 소는 잡아먹기라도 한다. 멍청한
나무는 불에 태우면 되고 멍청이 볼락은 구워 먹으면 된다. 그런데, 멍
청한 사람은 도대체 어느 짝에나 쓸고? 차마 죽이지도 못하고... 지금은
잘 안 쓰는 사라져간 욕들이다.

34

두드렴시민 굴축난다 :
마당질노래, 마당질소리 타작소리, 도깨질소리

제주도 농촌가옥은 마당을 중심으로 구성된다. 마당은 농사수확이나 각종 가정행사가 이루어지던 생활공간이다. 다른 농촌지역에서 그렇듯이, 제주에서도 밭이나 마당에서 '도리깨'를 이용하여 보리나 조, 콩 등 잡곡을 타작打作했다. 타작은 '도리깨'를 사용하는 작업이라 '도리깨질소리', 주로 마당에서 이루어져서 '마당질 노래'라고도 했다. 또는 '도리깨'로 보리를 타작했기 때문에 '보리 타작소리'라고 했으며 콩이나 팥도 '도리깨'로 타작하기 때문에 그냥 '타작노래'라고 했다.

> 올로요기서 요레요기로 누게나누가 앉고 허야도 홍아 허야도 하야
> 설룬서러운 정례 말이로구나 두드렴시민두드리다보면 부서나진다
> 흔 번한 번 뜨렴때려 열 방울 썩씩 두 번 두드령 백 방울 썩
> 부서나지라 깨어나지라 두드렴시민 굴축난다몹시 줄어든다
> 질곳길가 집에 도실낭복숭아나무 싱겅심어
> 드냐다냐 쓰냐 맛볼인 셔도있어도 내 일 도웰도울이 하나도 웃구나없구나
> 흔 착한쪽 가달다리 땅에 붙이곡

혼착 종에종아리 높이 들고 믈착쏨빡믈착 두드려 보게
내 인심이 날만 흐면하면 오뉴월 보리마당 나 혼자 지리
놈이남의 첩광첩과 소낭기사나이 브름은바람은 살맛이 웃고없고
지세어멍광염마와 오롬엣오름에 돌은 둥글당도뒹글다가도 사를매살 곳 난다
간간간간히 놀젠놀려고 간섭에 가난 가난 흐명하며 이 눈물이라
생일에도 호사가 있다 먼딧먼데사름사람 보기나 좋게

| 마당질소리, 남원읍 태흥리 |

도리깨질(사진 : 제주특별자치도)

탈곡하지 않은 농작물을 단으로 묶어 쌓아두거나, 탈곡을 마친 부산물을 낟가리로 씌워 쌓아놓은 노적가리를 제주에서는 '눌'이라 한다. 이를 만드는 일을 '눌 눈다'라고 한다. '눌'을 누는 자리가 '눌굽'이다. '눌굽'은 '안거리'와 '밖거리'의 마당 한 곁으로, 비올 때 침수侵水를 막기 위하여 마당 바닥으로부터 40~50㎝ 높이 되게 돌로 단을 쌓아 평평하게 했다.

요이동산을 뜨리고때리고 가자 어야홍아 어기도 하야
요건이건 보난보니 생곡이여 어야도 홍아 어가홍

365

흔한 무를마루랑 쉬고 가자 흔 무를랑 뜨리고 가자
어기야 홍 어가홍 아 요건이것을 보난보니 누게누가 앞고
어요 하야 요 동산은 누게 앞고 서룬서러운 정례정녀 앞이로고나
우리 어멍 날 무사무엇 낳건 요런이런 날에 요마당질 흐렌하랜
흔 무를랑 뜨리고 가자 흔 무를랑 쉬고 가자 어기야 홍
놈이남의 고대 애기랑 배영임신하여 허리치닥치레 배치닥 말앙말고
조차들멍가까이 들며 뜨려나 보자 어기야 홍 서룬 정례 앞이로구나
흔 무를랑 뜨리고 가자 흔 무를랑 지고 가자 어기야 홍 어요하 야

지쳤구나 다 지쳤구나 보리떡에 쉬 묻혓구나 어야홍아 어가홍아
요것 생곡 생곡이여 좋아들멍찾아들며 두드려 보자 어기야 홍 어야도 하야
요딘보난여기보니 생곡이여 생곡보멍 좋아들멍 뜨려나 보자
어야홍아 지쳤구나 다 지쳤구나 보리떡에 쉬 묻혓구나
흔 무를랑 쉬고 가자 흔 무를랑 때리고 가자

| 마당질소리, 조천읍 선흘리 |

보리는 베어낸 후 말린 다음 '보리클'로 이삭을 훑어내어 마당에
10cm 두께로 깔고 '도깨'도리깨로 타작한다. 간혹 'ᄀ시락'을 불에 살짝
태운 다음 '태작' 한다. 장마로 인해 보리가 충분히 건조하지 않았을 경
우73)에 한다.

요건 누가 누게 앞곡 설룬서러운 정녜정녀 밤이로고나
요 동산을 헤쳐근 보라 금사금이 실티있을지 은사은이 실티
ᄇᆞ름사바람이 불티불지 비사비가 올티올지 갈산 절산 어기야 홍
흐당하다 말민말면 놈이나 웃나 양끗양끝 잡아 제친 듯 흐라해라

---

73) 주로 'ᄀ시락'이 긴 '질우리' 품종

ᄇ둔딧가까운데 사름사람 보기나 좋게 먼딧먼데 사름 듣기나 좋게
서울 득은닭은 목소리 좋앙 제비 강남 소낭에소나무에 앚안앉아
조선 득을 다 울리더라 다 울리더라 어기야 홍 어기야 홍
서울러레서울로 가는 이시민있으면 어멍신디엄마에게 펜지나편지나 허컬할걸
펜지보멍편지보며 날들레날 데리러 옵센오라고 날들레 옵센 어기야홍아
쑬만쌀만 먹엉먹어 베부를배부를 밥을 손을 받앙 이여라허네
다심어멍계모 개년이 똘년딸년 검은 공ᄌ눈자위 개 주어 두언두고
힌흰 공ᄌ로 날베리더라 어기야홍 어기야홍 놀멍 먹젠
놈이 첩 ᄃ난 어딜 가난 놀아니ᄒ네하네 어기야홍 어기야홍
놈이 첩광첩과 오롬오름에 ᄇ름바람 소린소리는 나도 살을 메살 길읏나없다 어
기야홍 어기야 홍 |마당질소리, 구좌읍 김녕리|

조는 강한 서북풍이 불면 낱알이 떨어지기 때문에 상강霜降74) 7, 8일
전에 베야 한다. 베어낸 후 2~3일 간 건조시킨다. 그런 다음 이삭만을
'호미'로 잘라 '가맹이', '맹탱이'에 담고 집 마당에 널어 둔다. 'ᄀ그리'만
끊어와 말린 후 '도깨'로 치거나 소나 말로 밟는 경우도 있었다. 대개
상강 당일이나 하루 이틀 전후 집 마당에서 도리깨로 타작하고 '줍진

불림질(사진 : 제주의 소리)

얼맹질'을 한다. 다음 명석위에서 '솔팍'에 담아 가을바람에 '불림질' 한다. 그 다음 다시 명석 위에서 2~3일 말리고 항아리나 뒤주에 담아 겨울 식량으로 저장한다.

　지금처럼 간편식이나 라면이 나오기 전, 제주에서 자취하는 학생들의 간편식은 '흐린 조밥'이었다. 조밥은 라면보다 더 빨리 끓여 먹을 수 있다. 물이 끓자마자 좁쌀만 넣으면 바로 밥이 된다. 아버지보다 더 형편이 어려웠던 아버지 친구 분이 사범학교 시절을 추억하며 해 주셨던 얘기이다. 그 아버지 친구 분은 아버지에게 맛있는 조밥을 얻어먹었던 고마움을 자주 말씀하셨다. 몇 해 전 아버지 장례식 때 조문 오셔서 마치 부모 잃은 어린아이처럼 한참 우시고 난 뒤, 조밥 먹던 시절얘기를, 어릴 적 아버지가 해 주시던 옛날이야기처럼 진지하게 말씀하셨다. 오래 전 만주벌판에서 엄청난 메뚜기 떼가 조그만 곡식창고에 들어가 곡식을 입에 물고 나온다는 스토리인데, 안타깝게도 그 창고에는 메뚜기 한 마리가 겨우 들어갔다 나올 구멍이 하나밖에 없었다. 메뚜기 한 마리 들어갔다. 메뚜기 한 마리 나왔다. 또 메뚜기 한 마리 들어갔다. 그 메뚜기 한 마리 나왔다. 그렇게 아이는 잠이 든다.

　　욜로 요레여기서 여기로 누게나누가 앞고앞이고 설룬설러운 정례 앞일러라
　　혼번 뜨리건때리면 백 방올방올씩 두 번 뜨리건　방올 씩
　　두드럼시민두드리다보면 굴축몹시 줄어든다난다
　　쌍일상일에도 호사가 이시랴 혼착한쪽 가달다리 우터레위로 들르멍들며
　　두드럼시민 굴축난다 양끝 잡앙 제친듯 흐라
　　우는 애기 젖을 준 들 어야도 홍아 어요하야 ᄆ를ᄆ루 ᄆ를 ᄆ를을 주라

---

74) 양력 10월 23일

쌍일에도 무를이 잇저았다 좁은 목에 베락벼락 치듯
너른 목에 번개 치듯 요 동산을 때리고 나가자
양끗양끝 잡앙잡아줫힌 듯짓듯 흔다한다 어요 하야 어기야 홍
나 놀레노래랑 산 넘엉넘어 가라 나 놀레랑 물 넘엉 가라
물도 산도 난 아니 넘엉 요짓여기 올래 지넘엉넘어서 간다
어야홍아 어야도 하야 저 하늘에 뜬 구름아
비 쌓였나 눈 쌓였나 비도 눈도 난 아니 쌓연쌓여서
소리 멍창만명창만 들고나 값저간다

| 타작소리, 조천읍 함덕리 |

콩도 상강 무렵 수확한다. 콩 그루는 굳어 말라 버리면 베기 힘들다. 때문에 베지 않고 '호미'낫를 대고 뒤로 제쳐 꺾었다. 그걸 마차나 지게에 지어 집 마당으로 나른 다음 집 '도리깨'로 타작한다. 타작 후 고르기는 멍석위에서 '불림질' 한다.

간들간들 강남 좋아 어려움은 서월서울이여 서우러득은서울닭은 소리도 좋다
즤주제주 강남 소낭긔소나무 앚앙앉아 조선국을 지울럼고나울리다
흥당하다 말민말면 놈이나남이 웃낫는다모다들멍모여들어 두드리게
요 동산은 셍곡이여 모다들멍 두드리게
간지간사나다 초표나다 말라 즈른짧은 적삼 진 치메긴 치마 입언
신작로 구듬먼지 씰린 베 웃다없다
누게신디누구에게 애기랑 베영배어 허리 치닥치레 베 치닥 말앙말고
굽엉굽어 일을 우겨 보게

ㄱ랑빗발가랑비 쒜빗발로쇠비발로 뚬땀 들이멍들이며 숨 들이멍
조차들멍찾아들며 물러사멍물러서며 요 보릿 뭇단 뜨려때려 보자
너른 목에 베락치듯 좁은 목에 도새기돼지 물듯몰 듯
노픈높은 듸랑데랑 두드려 가멍가며 슬짝슬짝살짝살짝 들어사멍

앞읫앞에 사름사람 뒤로 가멍 뜨리고 또 뜨리라
너른 목에 펀께번개치듯 좁은 목에 베락벼락치듯
할망 어떵사코어떻할꼬 하르방 걱정도 말심말라 밤애기 난 되난데 강
할망 에야도홍아 하르방 메역미역 ᄌᆞ물아당조물아다
할망 에야도홍아 하르방 큰 집 사곡사고
할망 에야도홍아 하르방 큰 밧밭 사곡
할망 에애도홍아 하르방 저 꿰깨나 매심매라

동산이여 굴렁구렁이여 뜨리라 또 뜨리라 요 놈의 동산 무너지라
동펜편 동네 저 총각놈 붕에붕어눈을 ᄇᆞ릅뜨곡부릅뜨고 갈산절산 헤싸헤
    쳐 감져간다
뒷테레뒷쪽으로 물러사멍물러서며 요 동산을 두르려 보자
요내 동산 버치고버겁고 가믄가면 넘어가는 사름도사람도 웃을서라
모다들멍모아들며 두드려 보자
막 집의도집에도 ᄆᆞ를이마루가 싯나있다 살 집의도 ᄆᆞ를이 싯나
생이에도새에도 ᄆᆞ를이 싯나 ᄆᆞ르ᄆᆞ르 스꾸와슈아 가멍가며

설른설러운 어멍 무신어떤 날에 날 나근에낳아 요런이런 벳디볕에
요런 일 ᄒᆞ랜하라고 날 나싱가낳았나 이 보리를 두드리민두드리면
멧헤몇 해나 살을 거냐 유월 염천炎天에 뚬 흘리멍땀 흘리며
이 마당질 ᄒᆞ민하면 두어 백 년이나 살을 거냐
설룬서러운 정네정녀 앞을 두어 마쳐나 보게 뜨려나때려나 보게
양 ᄭᅳᆺ양끝잡앙잡아 제친듯 ᄒᆞ게하게 어느제랑어느때랑 다 두둘코두들길까
수무나문스물 남짓 설나문서른 남짓 적읜때는
입산낭나무도 ᄆᆞ에레매러간다 셍설베기도바윗돌도 휘우레휘저어 간다
철석 ᄀᆞ뜬같은 나 어께 들영 요만 일을 버치고부치고 가민가면 웃을 것은
    놈이로구나남이로구나

심을힘을 내용내어 두드려 보자 심을 내영내어 두드리자 올회올해 ᄒ신하신
　농ᄉ농사는
멧몇 섬이나 뒐뒐 건고 오늘도오늘도 이것 다 못ᄒ로구낭못하겠구나 흔저덜어
　서들 ᄒ라하라
나가심내 가슴에 화 드는 중 몰람시냐모르느냐 요거여 저거여 욜로여여기로
　절로여저기로
질긴 체척 ᄒ여하여 봣자보아도 나 도깨에도리깨에 떨어진다

| 타작노래 |

* 생곡 = 타작할 때 알이 채 떨어지지 않은 곡식, 밤애기 오름 = 밤애기 오름은
　조천읍 선흘리에 있는 두 오름 즉, 웃밤애기오름上栗岳, 해발 424m과 알밤애기오
　름下栗岳, 해발 393m을 말함.

제주 산간지역에서 재배했던 피稷는 파종하고 나서 3개월 후, 추분
전후에 '호미'로 뿌리부근 줄기를 베어낸다. 이 일을 '빔질'이라 부른다.
베어낸 피를 다발로 묶고 집 마당으로 운반한 후 다시 한 번 이삭만
잘라낸다. '튼는' 작업은 베어낸 후 '호미'를 이용하여 며칠 동안 한다.
이삭을 잘라내는 작업은 '호미' 몸통을 누르고 '호미' 날을 몸 쪽으로
향하게 한 후 20~30개 정도 한 움큼씩 피 줄기와 이삭을 좌우로 날에
대고 앞쪽으로 힘을 주며 밀어낸다. 잘라낸 이삭은 집 마당에서 2일
정도 햇볕에 건조한 후 도리깨로 탈곡한다. 이 때 잘려진 줄기는 퇴비를
만들거나 온돌이나 '굴묵' 땔감으로 이용했다. 피는 일곱 차례 찧어야
모두 벗겨져 비로소 먹을 수 있게 된다. 제주에서는 이를 '능그기'라 한
다. 예전에는 '능그기' 힘들어서 피 재배를 꺼렸다고 한다. 이 과정을
알고 나면 '넌 피죽도 못 얻어먹고 다니느냐' 라는 말을 쉽게 할 수 없을
거 같다.

마당질덜마당질들 헤여 봅주해 봅시다 예에 허야도 홍아

요것도 셍곡 저것도 셍곡 요것도 뜨리곡때리고 저것도 뜨리곡

요것도 셍곡이여 저것도 셍곡이여

좁은 골목 번개치듯 너른 골목 베락벼락치듯 셍곡만 뜨려보자 뜨리고
   뜨려보다

춫아찾아 들멍들며 뜨려보자 간세게으름 말앙말고 뜨려보자

물러 사멍사며 뜨려보다 허야도 홍아

어시는 족낭때죽나무 어시 아덜은아들은 윳놀이낭윷노리나무

도깨는 슬피낭솔피나무 아덜은 좋음도 좋다

모다들멍모아들며 뜨려 보자 셍곡만 뜨려 보자

높은 디만뎌만 뜨려 보자 높은 디만 뜨려 보자

우리 어멍 날 낳을 적에 어떤 날에 낳던고

눈먼 날에 나도 낳고 눈먼 시에 낳건마는

어떤 사람 팔재 좋앙 고대광실 높은 집에

팔재 좋게 죴저마는잤지만 요네 팔재 험악허영

불더위에 요 마당질 허야도 홍아 허야도 홍아 모여 들멍 뜨려 보자

요 보리는 어딋어디 보리 별진 밧밭 보리여

높은 산에 눈 날리듯 야튼얕은 산에 제 날리듯

억수 장마 빗발치듯 초양초양 뜨려보자

흔한쪽 가달다리랑 높이 들곡 흔 가달랑 누려내려 디뎡딛어

허야도 홍아 무큰무큰 뜨려보자 허야도 홍아 예~

자 동창으로 서창끗끝 꼬지까지 억만큼 시겨보자 예~

| 도깨질소리, 애월읍 유수암리 |

'도께' 혹은 '도리깨'라 불리는 '도깨'는 보리, 조, 콩, 참깨, 유채 등의
곡물을 두드려 탈곡하는 농기구이다. 두 손으로 잡고서 작업하는데, 어
깨 뒤로 넘겼다가 앞으로 돌리면서 내리쳤다. 기다란 나무를 이용하여

손잡이를 만들고 가장자리에 구멍 뚫은 뒤 가늘고 질긴 나무를 끼워
돌아가게 했다.

요것도 보난보니 셍곡이여 욜로여기로 절로저기로 뜨려나 보게
너른넓은 목에랑 펜께번개치듯 요 동산을 헤싸나헤쳐나 보게
요 놀레로노래로 두드려 보게 요 마당을 두드려 보게
요 땅이랑 께여나지라 요 땅이랑 부서나지라
요 놈의 보리 방울덜방울들 아웃 밧데레밭으로 털어진다
콩을 두드리민두드리면 사둔 집꼬지집까지 튄댕뛴다 흐여도해도 앞 밧그찌바
　그밭까지 밖에 아니 감고나 아니 감고나 요거여 저거여
흔번만한번만 앗아놔도집어놔도 보리낭보리짚이 그를가루 뒌다된다

35

자개덜 흑 불르렝 ㅎ라 :
집터 다지는 노래, 흙 이기는 노래소리,
망데기질 드리는 소리, 새벽질 노래, 흑질 소리

　제주도 초가는 크기에 따라 두 칸, 세 칸, 네 칸 집으로 구분한다. 또는 울담 안에 배치된 집의 수에 따라 '외커리집'ㅡ자형, '두커리집'ㄷ자형, '세커리집'ㄷ자형, '네커리집'ㅁ자형으로 부른다. '외거리집'은 '안거리' 한 채와 부속채로 이루어진 집, '두거리집'은 '안, 밖거리'를 갖춘 두 채 집을 말한다. '안거리'와 '밖거리'는 마당중심의 이ㅡ자형으로 마주보거나 기억자ㄱ형태로 배치된다.

　'집터 다지는 노래'는 집짓기 위해 터를 다지며 부르던 노래로 '원달구 소리'라고도 한다.

　　어어 원달구야 에에 원달구야 에에 원달구야
　　삼세 번 채랑패랑 들러다구 천추 만년 살을 집터 은곽 끝이같이 다져보자
　　좌청룡을 돌아보니 할로산한라산 일주맥에
　　청룡백호를 돌아보니 청룡백호가 확실쿠나확실하구나

천지내룡 일석지라 요 땅에 성주를 하니 청룡산 육칠덕은 아들 자손에
　부귀영화
삼년 만에 살다보니 아들 자손에 부귀영화
자손 창성은 물론이오 부귀영화 홀 듯할 듯 ㅎ네하네
그만저만 ᄆ칩니다ᄆ쳅니다　　　| 집터 다지는 노래, 서귀포시 예래동 |

　한 칸 형 가옥은 '통칸'^{한 칸}으로 구성된다. 돌로 원형이나 네모로 벽을
쌓아 올린 다음 가운데 외기둥에 짧은 마루를 올리고 이에 의지해 서까
래를 걸어놓는다. 내부는 '정지'와 방 구별 없이 한 공간으로 이루어진
다. 흙바닥 한쪽에 '봉덕'^{부섭}을 놓고 다른 한쪽에 짚이나 '새'^띠 널을 깔
았다.

　두 칸 형 집은 '막살이집'이라고 한다. 세 칸의 '안거리'를 지을 경제적
여유가 없을 경우 두 칸 집을 짓고 산다. 한쪽 칸은 '정지', 다른 쪽 칸은
'구들'로 구성된다. '구들칸'은 앞, 뒤로 분할되어 앞쪽은 '구들', 뒤쪽은
'고팡'이 있다. 이 '고팡'은 '정지간'으로 출입할 수 있게 했다. '정지간'은
'세 칸 집 정지간'과 같고 '통간'으로 쓰며 흙바닥이다. '구들' 전면에 '무
뚱'이 있어 이곳으로 출입했다.

　두 칸 집은 '안, 밖거리'로 배치된 가옥인 경우 '밖거리'에서 자주 볼
수 있다. 이 경우 한쪽 칸은 헛간, 다른 쪽 칸은 '구들'로 시설되며, 헛간
은 '쇄왕'^{쇠막}이나 대문간이 간살에 놓이기도 한다.

　세 칸 형은 작은 '구들'이 있는 형^型과 없는 형으로 구분되고 다시
작은 '구들'이 있는 형은 한 칸 형, '정지' 내형, '중마루형'으로 분류할
수 있다. 작은 '구들'이 없는 세 칸 집은 '구들' 하나만 안에 있다. 가운데

'상방'마루을 두고 왼쪽으로 '정지'가 있다. 오른쪽 앞뒤에 큰 '구들'과 '고팡'이 위치한다. 이런 유형은 한라산 북쪽지역보다 한라산 남쪽지역에 더 많이 있다.

작은 구들이 있는 세 칸 집에서 한 칸 형은 가운데 '상방'을 두고 왼쪽으로 앞뒤에 큰 '구들'과 '고팡', 오른쪽 앞뒤에 '정지'와 작은 '구들'이 있다. 밀집 촌락에 이런 집이 많으며 한라산 북쪽지역에도 볼 수 있다. '정지' 내형은 작은 '구들'이 없는 세 칸 집 '정지' 안에 작은 '구들'을 꾸민 집으로 작은 '구들'은 건물과 별개로 되어있다. 이 형型은 지역에 관계없이 볼 수 있다. '중마루형'은 '정지' 내형과 같은 '칸살'로 하되 작은 '구들'을 '상방'에 붙이지 않고 거꾸로 '상방' 반대쪽에 붙여 '상방'과의 사이 생기는 공간에 마루를 깔아 이용한다.

네 칸 형웃3알 네칸형은 중앙에 상방이 설치되고 그 우측또는 좌측에 '챗방'과 작은 '구들'이 전후로 놓인다. 그 좌측에 부엌을 길게 만든다. '상방' 좌측 또는 우측으로 세 칸 집 형태와 마찬가지로 앞으로 난간과 '구들', '고팡'이 있고 방 측면에 '굴묵'이 있다. 이 형은 세 칸 집에 비해 규모가 크며 부엌이 작은 '구들'과 인접한 '챗방'이 추가된다.

제주도 초가의 벽체는 이중으로 되어 있다. 나무와 흙으로 축조된 주벽체와 자연석 현무암으로 축조된 외부 벽체덧벽로 구성되어 있다. 주벽체 골격은 가시나무, 참나무, 괴목 등 온대상록수를 사용하였다. 골격과 골격 사이를 대나무 혹은 잔나무가지를 새끼로 엮어 흙을 발랐다. 칸막이 벽체는 대나무를 엮어 그 위에 흙을 바르고 도배한다. 여름에 시원하고 겨울에 웃풍을 막아 주기 위해서다.

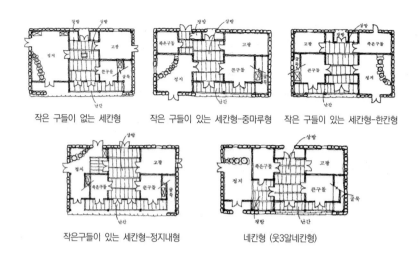

작은 구들이 없는 세칸형 　　작은 구들이 있는 세칸형-중마루형 　　작은 구들이 있는 세칸형-한칸형

작은구들이 있는 세칸형-정지내형 　　네칸형 (웃3알네칸형)

외부벽체는 구조와 관계없이 암회색 다공질현무암을 '막쌓기법'으로 축조되었다. 모서리 부분벽체는 가능한 각角이 생기지 않도록 둥글게 쌓는다. 바람의 영향을 감소시키기 위해서다. 현무암으로 마감된 외벽은 중후한 느낌과 함께 지역성을 표출하고 있다.

'새벽질노래흙질 소리'는 초가집 지을 때 벽에 흙 바르며 평안을 기원하는 노래다.

요 집 짓엉지어 삼년 만에 에헤에에헤 아덜아들 나면 효자로다
뚤은딸은 나면 열려열녀로다 어허어어어
개는 나면 사농개여사냥개여 오호오옹 허허허어
뒈야진돼지는 나면 지름돗기름돼지 뒈고되고 득은닭은 나면 영계로다
몰은말은 나면 천리마여 소는 나면 황소로다
도는 갈라나누어 제주도여 군은 갈라 남군이라
면은 갈라 표선면이라 부락마을 갈라 성읍리라
동넨동네는 갈라 서하동에 헤에에 에헤에 올려 들어 혼례 문제

377

마당 들어서난들어서니 마당장제 에헤에 집 들어사난 집가자라
우럭삼촌 들어 봅서보세요 어허어 어허어 볼락조캐조카 글으라말해라 듣
저든게
| 흑질소리, 표선면 성읍리 |

제주지역 토양은 화산회토火山灰土가 주를 이룬다. 화산폭발물이 바
람에 의해 운반되고 퇴적되어 생성된 토양이다. 입자가 가볍고 토양
구조발달이 미약하여 점토피막皮膜이 없다. 토양점착성粘着性이 약하여
옹기의 바탕흙으로 적합하지 않다. 제주전통옹기는 비화산회토인 황적
색黃赤色 중점식토重粘埴土의 심토 하부점토를 바탕흙으로 사용한다.

이 토양은 현무암을 모암母巖으로 하고 있기 때문에 산화철이 풍부하
다. 특히 장석長石은 석회질石灰質로 되며 심층토로 갈수록 회갈색으로
변하며 점력粘力이 강하다. 제주도 서남부지역과 북서부일부 및 북동부
일부에 많이 분포하고 있다. 그래서 대정읍 신평리, 구억리, 무릉리, 한
경면 고산리 등지에서 제주전통옹기의 생산이 성행했다. 제주시 도남
동, 애월읍 광령리, 구좌읍 일부지역에서도 만들어졌다.

옹기바탕은 점토粘土다. 제주지역에서 '고냉이흙', '흙', '질흙' 등으로
불렸다. '질흙'은 한 밭에 전체적으로 고루 다 있지 않고 부분적으로 있
는 곳에만 있다. '질흙'을 찾으면 먼저, 삽으로 '웃직'표토~심토 상부을 걷어
내고 심토沈土하부의 점토를 채취해, 물을 뿌리며 매질해 이긴 후 덩어
리 뭉쳐 마차로 운반하였다. 운반한 질흙은 '메판'에 놓고 두 사람이 하
루 이틀 '메질' 한 후, 한 곳에 보관한다. 질흙은 그릇을 만들 때마다
'깨끼'로 흙을 얇게 깎아 잔돌이나 불순물을 제거해 주어야 한다.

벵벵 돌멍돌며 끈끈 잘 볼리라밟아라 요 쉐덜이쇠들아
흔져서 불려뒹밟아두고 나가사나가야 송애기송아지 젖도

멕이고먹이고 잠깐 쉴 철이여것이여 초불 다 볼렸거든밟았거든

흑흙 뒈쓰는뒤집는 사름덜사람들 흑 뒈쓰렝흙 뒤집으라고 흐라하라

흑 다 뒈쌌걸랑뒤집어거든 저 쉐덜 다 디물리라가두워라

오호야돌 에헤에 에헤에 월월 쉐 다 디물렸거든가두었거든

두 불두벌 볼려 걸라밟아가라 오호야돌 오호옹 월월 월월 ㅎ자

흑 다 볼렸거들랑 저 쉐덜랑 영주산더레 내 물아몰아 뒝두고 들어오라

흑 다 볼렸거든 흑 터는 사름덜사람들 들어상들어서서 재게어서 흑 털렝털라고
　ㅎ라

흑 다 털어놓앗거든 자개덜어서들 흑 볼르렝밟으라고 흐라하라

일락서산에 해는 늬웃늬웃늬엿늬엿 지어가고

요 흑 잘 볼림밟음은 남암직남을 듯구나

요 집 짓엉지어서 삼년 만에 엥헤에 아덜아들 나면

효자가 뒌댄된다는 말이로구나 뚤은딸은 나면 열려 뒌 댄 말이로구나

쉐는쇠는 나면은 황소가 뒌댄 말이로구나 개는 나면은 사농개가사냥개가
　뒌 댄 ㅎ는구나하는구나

물은말은 나면은 천리마가 뒌댄 말이로구나 둑은닭은 나면은 영개가 뒌댄
　말이로구나

할로산에한라산에 산목이 쫄르면짧으면 삼일 안에 비가 온댕온다 ㅎ는하는
　속담이 잇댕있다고 ㅎ는하는구나

| 흙 이기는 소리, 표선면 성읍리 |

* 끈끈 = 표현하지 못하고 속으로만 근심하는 모양

'흙 이기는 노래'흙 이기는 소리, 망데기질 드리는 소리는 흙을 이겨 초草집을 짓거
나 옹기를 만들며 부르던 노래이다. '망데기'항아리를 만들거나, 벽에 흙
을 바르기 위해 물을 넣고 개면서 불렀다. 뭉쳐진 흙을 위로 올렸다가

바닥으로 내동댕이치기를 반복해 흙에 끈기를 넣었다. 이 동작을 '또린
다' 라고 한다. 마당에 있는 흙을 파서 보리짚 혹은 메밀짚으로 만든
수세미를 놓고 소를 이용하여 흙을 이기며 불렀던 노래가 '흙 이기는
소리'이다.

서두리두 더럼마야 힛 서두리두 더럼마 서두리두 더럼마여
끈덕끈덕 다려보자 끈덕끈덕 다려보자 신세타령 불러가멍가며
요 매질을 ᄒᆞ면서하면서 그릇이 뒈는되는구나
끈덕끈덕 끈덕지게 옆으로 척척 옾 옆매질 ᄒᆞ멍하며
항도 나고 그릇도 난다 금도 나고 은도 난다 쉐도쇠도 나고 물도말도 난다
서두리두 더리두럼 우리부모 날 날 적에 무슨 날에 날을나를 난고낳았는고
옹기 장시로장수로 태어나고
요 내 가슴 서룬 한을 그 누구가 풀어주나 서두리두 더럼마
어야 지쳤구나 다쳤구나 보리떡에 쉬 묻히고 너도 나도
지쳤구나 힘을내고 줏아쪼아보자 얼룽얼룽얼른얼른 돌려가며
큰 항 작은 항 만들어 줍서주세요 그릇이 다 뒈여가면되어가면
굴들이고 불들이고 서두리두 더럼마 옆으로도 찍어보고 높은 동산 줏아 보자
욜로 절로여기로 저기로 모다들멍모여들어 힘을 내어 줏아 보자
그릇 장시 옹기 장시 흐랑흐랑물렁물렁 돌아가며
정의골로 돌아가며 집집마다 돌아가며
그릇 삽서사세요 항을 삽서 그릇 팔고 오는구나 어기여차 서두리야
숨 들이멍 뚬땀들이멍 웃인없는 힘이 막 솟아난다 서두리 ᄒᆞ고 더럼
찰찰도는 흐린 흙에 찰떡 걸이같이 흐리구나 서두리도 더럼마
욜로 절로 모다들멍 높은 동산 줏아찾아 보자
서두리 허구도 더럼마 숨도 쉬고 뚬도땀도 흘령흘려
은이 될까 금이 될까 금도 나고 은도 난다 서두리 ᄒᆞ구도 더두리럼
소리가 맞아 가는구나 선소리는 안 뒈는구나되는구나

욜로 절로 두드리멍 두드리멍 뜨려보자패려보자
좇아들멍찾아들며 뜨려보자 골고루 뜨려보자
여기두여차 방에야방아야 | 망데기질 드리는 소리, 대정읍 신평리 |

제주전통옹기의 생산과정에서 여성은 철저히 배제된다. 특히 가마에
불 땔 때 가마 근처에 여성이 가면 안 된다. 그래서 제주여성들은 생산
보다는 판매활동을 주로 했다. 소성燒成이 끝나 요출窯出한 옹기는 옹기
점에 직판直販하거나 도붓장수를 통해 판매하거나 옹기전에 위탁 판매
한다. 혹은 제주여성들이 도내 각지를 찾아다니며 행상行商으로 판매했
다. 옹기생산에 참여한 옹기대장, 불대장은 소성이 끝날 때마다 노임勞
貰으로 옹기를 받았다. 그렇게 되면 판매는 자연 그들 아내의 몫이다.
이들이 마을마다 각 가정을 돌아다니며 직접 판매했다. **"정의골로 돌아가
며 집집마다 돌아가며 그릇 삽서 항을 삽서 그릇 팔고 오는구나"**

옹기거래는 대부분 곡식 같은 현물이나 외상으로 거래되었다. 여러
종류의 곡식으로 거래 되었다. 때문에 곡식에 따라 각각 다른 바구니를
마련해야 했다. 이 곡물들을 방앗간에서 찧어 와야 했기 때문에 당장은
수지타산이 맞는지 잘 몰랐다. 보리, 조, 메밀, 피 등이 대부분이었다.
강정이나 법환 같이 논이 있는 지역에서는 '나록'水稻을 받았다. 그러나
대부분 밭벼'산듸', 동촌김녕 일대 메밀, 모슬포 감자와 미역, 의귀리 '새'를
받았다. 의귀리 '새'띠는 다른 지역 '새'보다 품질이 좋았다고 한다.

제주옹기의 판매가격은 거의 고정되어 있었다. 가격변동이 심하지
않다. 가장 비싼 옹기는 '웃대기 허벅'이다. '줄 고름' 때 주인보다 상인貨
主이 우선 선택할 권리가 있었다. 화주貨主는 줄 단위로 판매하고 개인

은 그릇으로 판매했다. 당시에는 생산하여 직접 판매하는 소규모 거래가 있었다. 간혹 여러 사람이 함께 도매로 공동구매해다가 소매로 팔기도 했다.

1910년대 신작로가 생기기 전에는 소나 말을 이용한 수레로 옹기를 운반했다. 말 수레가 소 수레 보다 속도가 훨씬 빨랐다. 가까운 거리[75]는 지게로 져 날랐다. 장거리는 돛을 이용하는 풍선風船을 타고 종달리, 김녕, 뒷개북촌까지 운반하였다. 구억리에서 가까운 모슬포 포구를 이용하지 않고 사계항을 이용했다. 모슬포항은 수심이 얕고 화산암 암초가 많은데다 물살이 빠른 조류가 항구 바깥으로 흐르고 있어 다들 입항하길 꺼렸기 때문이다. 그래서 상대적으로 유리한 사계포구, 모래사장을 이용했다. 안덕면 사계포구를 이용해 하루 두 번 운반한 적도 있었다고 한다. 이때 풍선으로 운반되는 옹기가격은 풍선을 이용하지 않고 운반하는 다른 지역에 비해 값을 조금 더 쳐주었다.

허벅(사진 : 제주특별자치도)

75) 예를 들면 구억리에서 애월읍 원동까지

목적지에 도착한 후 어느 한 집에 옹기를 내려놓은 다음, 옹기 하나를 지게에 지고 다니면서 누구네 집에 옹기가 왔으니 '옹기 삽서'라고 외치며 그 마을을 돌아다닌다. 그러면 그 집으로 옹기를 사려는 동네사람들이 모여들었다. 마당 임대료는 좋은 '통개' 하나를 지불했으며 식사는 알아서 해결했다. 그래도 가져간 옹기를 다 못 팔고 돌아가는 경우는 거의 없었다. 옹기가 생필품이었고 당시 옹기공급이 원활하지 않던 상황이었기 때문이다.

또 다른 제주도 전통옹기의 판매는 행상行商에 의한 판매였다. 주로 제주여성들이 '허벅'과 '장태' 등을 지고 가까운 거리를 져 날랐다. 1905년 오일장이 생기자 오일장을 통한 옹기거래가 확대되었다.

36

영등산에 덕들 남 비자 : 성주풀이, 성주소리

이번 신구간新舊間 때 본가에 가서 마당에 있는 목련나무를 가지치기 했다. 집 울타리를 벗어난 가지나 대책 없이 높게 솟은 가지들을 전지톱으로 말끔히 쳐냈다. 간 김에 낡은 가구나 쓸모가 다한 큰 물건들도 예를 갖추고 내다 버렸다. 이처럼 제주에서는 신구간 때에 이사만 아니라 집 고치기, 마당 흙 파기, 울타리 돌담 고치기, 나무 자르기, 가지치기, 묘소 수축修築 등을 한다. 건드려서는 안 될 땅을 파거나 그런 나무를 베어 담당 지신地神이 노하여 받는 재앙인 '동티'動土 때문이다. 아무 때나 이런 일을 하면 '동티'가 나서 그 벌로 질병에 걸리거나 심하면 죽게 된다고 생각해서이다. 그래서 행여 '동티' 날 일 있으면 신神들이 임무교대를 위해 잠시 하늘로 올라간 사이인 대한大寒후 5일째부터 입춘立春 3일전까지 해야 한다. 그게 다 미신이고, 이젠 그러지 않아도 된다고 어머니를 애써 설득(?)시키려 할 필요 없다. 그저 시키는 대로 고분고분 따라하면 일 년이 편안하다.

'성주풀이'는 새로 지은 집에 가신家神
인 성주신을 모시는 무속의례이다. 제주
지역에서 행하는 '성주풀이'는 집이나 건
물을 다 짓고 나면 적당한 날을 택일擇日
하고 '심방'에게 의뢰해서 행하는 작은
굿으로, 성주신에게 가내 무사안녕과 번
창을 기원하는 무속의례이다. 제주지역
에서 큰 굿으로는 초감제, 초신맞이, 초
상계, 추물 공연, 석살림, 보세감상, 관
세우, 불도맞이, 일월맞이 등이 있고 작

영화 비념 포스터(사진 : 네이버)

은 굿으로는 귀양풀이, 성주풀이, 거무영청대전상, 영감놀이, 칠성새남
등이 있다(현용준, 1980). 성주신은 집이나 건물을 수호하는 신이다. 청
請하여 맞아들이지 않으면 오지 않는다. 신주단지는 성주단지와 같은
개념이다.

지금도 새집으로 이사 가면 가장 먼저 집안 곳곳에 팥을 뿌린다. 아
무리 신식건물이라도 신축하면 북어를 실타래로 감아 천정에 걸어놓는
다. 새로 차車를 마련하면 차에 막걸리를 뿌리고 본 네트 속에 실타래로
감은 북어를 놓아둔다. 이게 다 성주풀이에서 비롯된 나름의 의식이라
여겨진다. 신에게 혼자 손을 빌며 비는 '비손'이나, 무당 한 사람이 요령
을 흔들며 기원하는 '비념', 모두 소원하는 바가 다르지 않다.

    영등산에 덕들남 비자덕이 든 나무를 베자 영등산에 덕들남 비자
    대들포를대들보를 비여베어보세 영등산에 덕들남 비자
    종포도 비고베고가세 영등산에 덕들남 비자

동저도 비여보세 영등산에 덕들남 비자 보리도 비고가세 영등산에 덕들
남 비자

상모루도상마루도 비고가저 영등산에 덕들남 비자

장지방도 비고가세 영등산에 덕들남 비자졔자

마루 귀클도귀틀도 비고가세 영등산에 덕들남 비자

마루널도 비여보세 영등산에 덕들남 비자

구들방으로 들어가면 영등산에 덕들남 비자

창문도리도 비여보세 영등산에 덕들남 비자

창문도 비고가세 영등산에 덕들 남비자 구둘문도 비고가세 영등산에
덕들 남비자

천하반처마귀클도 비고가세 영등산에 덕들 남비자

화방낭도 비고가세 영등산에 덕들남 비자 부엌으로 들어가면 영등산에
덕들남 비자

고분포도 비여보세 영등산에 덕들남 비자

두세하늬바람로나 비여보세 영등산에 덕들남 비자

정젯부엌문도리를 비여보세 영등산에 덕들남 비자

정젯문을 비여보세 영등산에 덕들남 비자

지방외부로 나가보면 영등산에 덕들남 비자

서리도서까래도 비여보세 영등산에 덕들남 비자

추년추녀서리도 비여가자 영등산에 덕들남 비자

서슬도서까래도 비여보세 영등산에 덕들남 비자

어허어 성주로다 성주로다 요집의 성주가 어데메냐어드매냐

경상도 안동땅에 제비원에 받은 솔씨를소나무씨를 소편대편에 던졌더니

그 솔이 점점 자라나 요집의 고분도리가 되었더냐, 텟지붕이 되었더냐

에라 대들보가 분명케 되었구나 에라 만수 대활 열려로 설설이다 내리
소서

어허어 요집 지어서 삼년만이 아들은 나면 효자 나고 딸은 나면 열녀나고

소는 나면 황소가 난다, 말은 나면 역마로다
뒈야진돼지는 나면 토신土神이요, 고넹인고양이 나면 지신地神이요
득은닭은 나면 쌍계만 난다 에라만수 대활 열려로 설설이다 내리소서
어허어 낙양산 십리 하에 높고 낮은 저 무덤은 열려지 천분 구백년에
소년행락이 편시춘이라 에라 만세 대활 열려로 설설이다 내리소서
앞집이다 이목서목수요, 뒷집이다 김목서라
연장 망탱이망태기 둘러나 메고 산중 산엽산옆 올라가서
눈누은낭게는 옆 다듬고 새로은 낭게는나무는 썹잎다듬어 하가다
모로 지고 지니 동남풍이 불어가난 징경소리만 찡짱 끌끌 절로난다
에라 만세 대활 열려로 설설이 내리소서　　　　　| 구좌읍 덕천리 |

* 종포 = 들보 위에 다시 한 번 걸쳐져서 대공을 받치는 보, 편시춘 = 판소리를
부르기 전에 목을 풀기 위하여 부르는 단가

'성주풀이'는 집 짓는 과정을 굿판에서 재현한다. 집 짓는 과정을 재
현하면서 '성주신'을 집안에 좌정시킨다. 동시에 집 짓는 과정에서 생긴
'동티'를 풀어 없앤다. 집짓기와 '성주신 앉힘', '동티풀이'가 동시에 이루
어진다. '성주풀이'는 삶과 밀착된 의례이다. 목수를 불러 연장을 준비
하고 나무를 베어다가 재목을 마련하고 집을 지어 상량上樑하는 모든
절차를 고대로 되살려 보여준다.
　　실제 집짓기는 힘겨운 노동이지만 굿판의 집짓기는 흥겨운 오락이다.
그러나 '성주풀이'는 단순한 오락에 그치지 않는다. 현실의 집짓기는 노
동이지만 굿판의 집짓기는 의례이다. 따라서 집짓기 과정에서 생길 수
있는 온갖 부정한 기운을 풀어내려는 주술적 목적이 있다. 이 같은 목적
이 실현될 때 집은 비로소 사람이 살 수 있는 공간으로 용인된다.

'성주풀이'는 도끼질로 이루어지는 '동티풀이'가 전승력傳承力을 유지하는 관건이다. 제주도에서는 '성주신'에 대한 신神 인식이 희박한 편이다. 그럼에도 불구하고 '성주풀이'의 전승력이 유지되는 이유는 '강태공수목수' 대목 때문이다. '성주풀이'를 하고 '성주신'을 모셔 앉힌 후에라야 비로소 집안에 모든 제의祭儀를 벌일 수 있어 그렇다. 그보다 사람들은 '동티'를 푸는 데 더 관심이 있다. 그래서 '성주풀이'를 한다. 미처 '성주풀이'를 못하고 급하게 굿을 하게 될 때는 신축新築한 집의 목재 부위를 도끼로 찍어내는 행위로 '성주풀이'를 대신하기도 한다(강정식, 2013).

에라만수 성주야 성주야 성주로다 요 집의 성주가 어디메냐어디있나
경상도 완도땅에 제비년이 받은 솔씨로다
그 솔씨 한줌을 얻어다가 앞동산에다 던졌구나 뒷동산에다 흩었구나
에라만수 대신이여 성주야 성주야 성주로다
그 솔이 점점 자라나서 대들포이 되었구나 소들포이 되었구나
그 솔을 비어다가 집을 지으니 천자집이 되었구나 와개와가,瓦家 집이
　　되었구나 에라만수 성주야 성주야 성주로다
요집지어 삼년 만에 고서고사 한 번을 잘 지냈더니
아들은 나면 소자가 되고 딸은 나면 소녀가 낳고 메누리며느리 얻으면
열녀 충신 에라만수 에라 하고도 대신이야
울령가자 울령가자 안으로 안칠성 울령가자
고팡 한 집도많은 집도 울령가자 문전 터신도 울령가자
에라만수 대신이여 성주야 성주야 성주로다 에라만수 대신이야
부엌부엌대신도 조왕竈王할머니도 울령가자
장독간도 울령가자 벤소변소선생님도 울령가자
에라 만수 대신이야 서리 서리 서리 나리소서
어잇 요집 땅 토신도 네 구석을 울려라 요집의 올 금년 열두덜에열두달에

재수대통 시겨줍써주세요 만수무강도 시겨줍써 부인상봉도 시겨줍써
에라만수 에라 하도고 대신이야 성주야 성주야 성주로다
어서 놀고 어서가자 어서 놀고 대문 앞이도앞에도 놀고 가자
권잔주잔으로 삐지리 술 한되 네 구석을 뿌리고 올 금년 만수무강 시겨
　줍서
옛날옛날 옛적옛적 말이 이수다있습니다 제비 앉는 집은 집터도 보지 말앙말
　고 사렌사라고 헌한 법입니다. 에라만수 대신이야 서리 서리 서리 나리
　소서
| 남원읍 위미리 |

‘성주풀이’는 집을 새로 짓고 ‘성주신’을 새 집에 모셔 앉히는 의례이
다. 그와 함께 의례를 ‘풀이’라고 한데서 알 수 있듯이 집을 지으면서
생긴 ‘통티’를 푸는데 초점을 맞추고 있다. ‘성주풀이’는 신축하거나 이
사해서 3년 안에 벌여야 한다. ‘성주풀이’를 해서 ‘성주신’을 모셔야만
비로소 집안에서 다른 의례儀禮를 벌일 수 있다. ‘성주풀이’를 하지 않으
면 조상을 위한 제사나 차례를 지낼 수 없다. 어쩌다 사정이 생겨 다른
굿을 하게 되더라도 ‘성주풀이’를 먼저 해야 한다. ‘성주풀이’는 대개 아
침에 시작하여 저녁이 되기 전에 끝난다.

영등산에 덕들남 비자 영등산에 덕들남 비자
대들포를 비어보세베어보세 종포도 비고가세 도제도 비어보세 보리도 비
　고가세
상모루도상마루도 비고베고가저 장지방도 비고가세
마레마루귀클도귀틀도 비어보세 마렛널도마루널도 비어보세
구들방으론 들어가면 창문드리도창문다리도 비어보세
창문도 비고가세 구들문도 비고가세
천하반처마기둥도 비고가세 화방낭화방나무도 비고가세

부엌으론 들어가면 고범포도 비어보세 부새도나 비어보세 정젯부엌문도
　비어보세
정젯문도 비어보세 정젯문도 비어보세 　　　　　　　　| 한림읍 한림리 |

'성주풀이'는 대개 마루에 제상祭床을 진설한다. 한쪽 벽에 기대어 병
풍을 세우고 그 앞에 탁상, 병풍 뒤에 성주상을 진설한다. 이른바 '우알
상 차림'이다. 성주상에는 성주 꽃 두세 개를 꽂아놓는다. 성주풀이는
일반적으로 '삼석울림 - 초감제 - 추물공연 - 강태공수목수 - 문전본풀이
- 각도비념 - 상당숙임·액막이 - 도진'으로 짜인다. 다른 의례와 혼합
하지 않고 독립적으로 연행되는 경우라면 이 같은 틀에서 벗어나지 않
는다. 다른 의례와 연결해서 연행할 때는 초감제를 생략하거나 각도비
념 이하의 재차祭次가 모든 의례의 끝에 행한다. 삼석울림은 어떤 의례
나 굿 시작에 앞서 행한다. 하늘에 굿을 하게 됨을 고告하는 의미가 있
기 때문이다(강정식, 2013).

　초감제는 굿하는 연유를 고하고 신역神域의 문을 열어 신을 제청으로
모셔 들이는 순서이다. 모든 굿에서 처음에 놓이는 재차이다. 의례 규모
에 따라 앉은굿으로 하거나 선굿으로 하며 둘을 절충하기도 한다. 성주풀
이에서는 대개 앉은굿과 선굿을 절충한다. 말이 중심이 되는 재차는 앉은
굿으로 하고 춤과 행위가 중심이 되는 재차는 선굿으로 하는 셈이다.

　추물공연은 제청으로 모신 신들에게 준비한 정성과 차려놓은 제물을
권하는 재차이다. 소미가 제상 앞에 앉아 스스로 장구를 치며 사설을
풀어나간다. 그 동안 어떤 정성을 하였는가 말하고 차려놓은 제물을
하나씩 언급하며 흠향歆饗하기를 권한다.

진설된 제상, 탁상, 성주상

우알상 차림(사진 : 고성미)

어허어 성주로다 성주로다 요집의 성주가 어데메냐어디인가
경상도 안동땅에 제비원에 받은 솔씨를 소편 대편에 던졌더니
그 솔이 점점 자라나 요 집의 고분도리가 되엇더냐 텟지붕이 되엇더냐
에라 대들보가 분명케 되엇구나 에라만수 대활 열려로 설설이다 내리소서
요 집 지어서 삼년만이 아들은 나면 효자 나고 뚤은딸은 나면 열녀 나고
쉐는쇠는 나면 황소가 난다 물은말은 나면 역마로다 뒈야진돼지 나면
토신이요, 고넹인고양이 나면 지신이요 둑은닭은 나면 쌍계만 난다
낙양산 십리 하에 높고 낮은 저 무덤은 열려지 천분 구백 년에
소년 행락이 편시춘片時春이라 앞집이다 이 목서요 뒷집이다 김 목서라
연장 망탱이작은 망태기 둘러나 메고 산중 산옆 올라가서
눈누은 낭게나무는 옆 다듬고 새로운 낭게는 썰잎 다듬어
하가다 모로 지고 지니 동남풍이 불어가난 징경소리만 찡짱 끌끌 절로
난다
| 구좌읍 덕천리 |

* 편시춘片時春 = 중모리장단으로 인생이 덧없음을 노래하는 단가短歌

'강태공수목수'는 집 짓는 과정을 굿판에서 재현하고 집 지으면서 생
긴 '동티'를 모두 없앰과 동시에 '성주신'을 맞아들여 좌정시킨다. 이때
'강태공수목수'가 중요한 구실을 하는데, '소미'가 목수로 분장하여 심방

과 함께 의례를 이끌어나간다. '강태공수목수'는 '성주풀이'의 핵심적인 재차라 할 수 있다. 가장 많은 시간이 소요되기 때문이다. '강태공수목수'는 연극형식을 지니고 있다. '심방'과 목수가 대화를 주고받으며 전개한다. 먼저 목수의 정체를 확인하고 그가 가진 기물器物을 확인하는데, 이때 해학적諧謔的 대사가 난무한다.

연장 가운데 도끼날의 상태를 확인하고 나무를 베겠다고 한 후 집안을 돌아다니며 온갖 나무와 돌을 도끼로 찍어낸다. 그 후 제장으로 돌아가 나무를 베어왔으니 이를 다듬어 재목으로 만든다고 하며 댓가지로 집을 짓는 모양을 하고 그럴듯하게 상량上梁까지 한다. 또 댓가지 집 밑에 물 사발을 두고 천문을 떨어뜨려 좌향坐向이 적절한지 알아본다. 그런 다음 백지조각을 물에 개여 뭉쳐 제장 내 벽 위쪽에 던져 붙인다. 이는 '성주신'을 앉히는 의미이다. 굿이 끝나도 천정에 붙은 백지조각은 계속 남아있게 된다. 그 다음 모두 한바탕 신명나게 춤추고 노래하며 마친다(강정식, 2013).

한편 고려시대 이전 한라산 삼림은 소유자가 불명확해서 아무나 임산물을 채취할 수 있었다. 고려 말엽에 이르러 일부 세도가勢道家들에 의해 삼림이 독점되어 서민庶民들이 어렵게 되자 1325년 사점금지령私占禁止令을 내렸다. 이 사적금지령은 조선시대 말까지 계속되었다. 그러다가 1908년 삼림법森林法에 의하여 사유화私有化가 인정되었다.

'문전본풀이'는 여러 가신家神들이 어떻게 해서 나름이 직능職能을 맡아 좌정坐定하게 되었는가를 풀이하는 순서이다. 문전門前에 '문전상'에 해당하는 작은 상을 차려놓고 그 앞에 앉아 장구를 치면서 구연한다.

'문전본풀이'를 구연할 때는 '성주상'의 제물을 그대로 내려 '문전상'에 차린다. '성주꽃'은 시루떡에 모아 꽂아 놓는다. '본풀이'가 끝나면 '성주꽃'은 바깥으로 내어다가 불태운다. '성주'는 집을 지키고 문전은 집안을 지키고 대주는 가정을 지킨다. 이제 비로소 대주는 집안의 대표로써 기제사忌祭祀를 지낼 수 있게 된다.

성주로구나 성주로다 저 집의 성주는 초가 성주
요 집의 성주는 와가 성주 성주 아바지는 천궁대왕
성주 어머님은 난산국이고 성주 부인 귀하신 대왕
성주님은 해동국 안동 땅을 ᄂ려내려사근서 제비 연에다 솔씨를 받앙받
  아서 뿌려두곡두고성주님은 스물 일곱에 귀하신 혼사를 맺어
아덜아들 오형제 탄생을 ᄒᆫ다한다 뚤딸 오형제 탄생을 ᄒ니하니
성주님은 예순 일곱 나는 해에 해동국 안동땅에 ᄂ려내려산다
백몰레모래 왓들로가밭으로가 청기황기 도끼를 무어놓고
대산에 대목을 베곡베고 소산에가 소목을 베곡
영주산에가 화목을 베어 한반도레한반도로 내도리를 짖어 놓아
성주님은 상성주로 지국ᄒᆫ다한다 에라만수 에라 대신이야 설설설이 설
  설이 내리소서
|조천읍 신촌리|

'각도비념'은 집안의 각처에 좌정한 신들에게 기원하는 제차이다. '각'은 각各이고, '도'는 신을 의미하는 말이다. 이때 산신山神 삼승할망, 부엌신 조왕竈王, 창고신 칠성七星 등에 대하여 각기 해당되는 공간을 찾아 기원한다. '성주풀이'에서 하는 '각도비념'은 특별한 의미가 있다. 집안의 모든 제의祭儀는 성주풀이를 하고난 뒤 비로소 벌일 수 있다. '성주신'을 모셔야만 나머지 신과 조상을 모실 수 있기 때문이다. '성주풀이'의 '각도비념'은 '성주신'을 앉힌 뒤 처음으로 벌이는 다른 가신에 대한

의례이다.

'액막이'는 이렇게 정성을 들였으니 다가올 액운을 막아달라고 기원하는 순서이다. 역시 모든 의례의 막바지를 차지하는 재차이다. 심방이 나서서 기주의 정성을 보이고 액운厄運을 막아달라고 기원한다. 이때 닭을 대신 죽여 무탈無頉을 기원한다. 대명대충代命代充의 의미이다.

'도진'은 모든 신을 제자리로 돌려보내는 재차이다. '심방'이 나서 '가신'을 제외하고 성주를 비롯한 나머지 신들을 하나하나 거명하면서 돌려보낸다. 마지막에 콩을 사방에 뿌려 나쁜 기운을 쫓는다. 이로서 모든 의례가 끝난다.

> 영등산에 덕덜낭 미져 영등산에 덕덜낭 메져
> 이집 지어 삼년 만에 아덜은아들은 나면 효잘효자를 낳고
> 딸은 나면 열녀로다 말은 길러 역마 되고
> 소는 길러 황소 되고 앞님 방에는 청사초롱
> 뒷님 방엔 흑사초롱 나무비고베고 넘구넘고 가자
> 마레마루에로 들어가면 곱은 낭도나무도 찍구찍고 가저
> 천장 널판도 찍구 가자 문입쟁이도 비구 가자
> 마렌널마루널두야 찍구 가자 부엌으로는 들어가면
> 화장 밑에도 찍구 가저 뒷문 입장도 찍구 가저
> 요 살레도찬장도 찍구 가자 밖겻밖같으로 넘어가면
> 집 서리도 직구 가져 지도옹도 비구 가저
> 앞 지방 뒷 지방 비구 가져 이 나무 저 나무 다 비여당베어다가
> 집을 지어 봅시더 이 집 지어 어느 짝인고 짝을 발뢰밝혀 봅시다
> 나무 수정은숫자는 다 비여수다베었습니다 덕덜나무가 끗입니다끝입니다

이러한 '성주풀이'를 일반 집에서 벌이기 어려운 이유는 연물演物, 장구, 대영, 북, 설쇠 소리 때문이다. '연물소리'가 너무 커서 주위에 민폐를 끼칠수 있어 외딴 집이라면 모를까, 아파트나 주택가에서는 점점 굿하기 어렵게 되었다. 이 때문에 요즘에는 '성주풀이'를 스님이나 보살에게 부탁하여 약식略式으로 벌이는 경우도 있다.

연물(사진 : 네이버)

성주야 성주야 성주로라 요 집에 성주는 어디 메냐
경상도 안동 땅에 제비전에 받은 솔씨로다
그 솔씨 한 주먹을 얻어다가 앞동산에다 던젓구나 뒷동산에다 들렷구나
성주야 성주야 성주로다 그 솔이 점점 자라나서
대들폭이 뒈엿구나 소들폭이 뒈엿구나 그 솔을 비여다가베다가 집을 지어내니
전집이 뒈엿구나되었구나 와개와가집이 뒈엿구나 성주야 성주야 성주로다
요 집 짓엉지어 삼년 만에 고사 한번을 잘 지냈더니
아들 나면은 효자가 나고 딸을 나면 효녀가 나고 며느리 얻으면 열녀 충신

성주야 성주야 성주로다 울령 가자 울령 가라

안으로 안칠성 울령 가자 고팡 한집도 울령 가라

문전 토신도 울령 가자 에라 만수 성주야 성주야 성주로다

부엌 대신도 조왕 할마님할머님 울령 가자 장독간도 울령 가자

벤소변소 선셍님선생님도 울령 가자 에라 만수 에라 대신이야

설 설 서리 설 서리 나리소서 성주로구나 성주로다

저 집에 성주는 초간 성주 요 집에 성주는 바다 성주

성주의 근본이 어디러냐 성주 아바지아버지는 청궁대왕

성주 어머니는 옥지도에 성주님은 난신국이고

성주부인은 기아신대왕 성주님은 대동국 안동땅을 내려서든

제비 전에다 솔씨를 받앙받아 부려두고 성주님은 스물일곱에

귀아씨는 스물아홉에 혼사를 맺엉맺어 아덜아들 오형제 탄생헌다

딸 오형제 탄생허니 성주님은 예순일곱 나는 해에 대동국 안동땅을 내
려선다

백몰래모래왓듸밭에로 가정개 황해도 길을 물어놓고 태산에 올라

대목을 베고 소산에가 소목 베고 영주산에가 화목을 베영베어

한반도리한반도에 네 드리를다리를 지어 놓앙놓아 성주님은 상성주로 지극
헌다지극한다

에라만수 에라대신이야 설 설 서리 설 서리 나리소서

| 남원읍 위미리 |

 제주도 내에서도 '성주풀이'는 지역에 따라 조금씩 다른 양상으로 전
승되어 왔다. 같은 지역에서도 상황에 따라 조금씩 다른 방식으로 연행
演行한다. 그렇지만 어쨌거나 '성주풀이', '귀양풀이', '동티', '성주신', '삼
승할망', '조왕신', '칠성'七星, '문전제' 등은 친근하게 느껴진다. 아마도
이 무속행위들이 오래전부터 여태까지 우리 삶의 한 부분으로 작용해
왔기 때문으로 보인다. 어릴 때 어머니 따라 '넋 드리려' 굿판에 몇 번

가본 적이 있다. 그때 '놋칼'신칼로 내 몸을 마구 찌르는 건 참았는데, '무당방울'무당부채로 온 몸, 특히 얼굴을 사정없이 후려치는 건 참기 어려웠다. 황당하기도 했고. 하지만 그걸 다 견디고 나니 '착한 아이'라며 서리 내린 곶감 몇 개를 주셨다.

37

요놈의 씨집살이 못살면 말지 : 시집살이노래

　매년 설이나 추석명절 연휴가 지나면 이혼하는 사례가 늘어난다. 올해는 5인 이상 집합금지라는 방역지침을 철저히 지킨 탓에 설 이후 이혼신청 건수가 줄어들었다고는 하지만, 그래도 여전히 명절이라는 사실만으로도 그동안 누적된 갈등이 폭발하며 이혼을 감행(?)하는 경우가 생겨난다. 대부분은 명절준비를 여자들이 도맡아 하는 차별적 관행 탓이다. 그렇다고 남자들이 속 편하게 들어 누워 놀고먹기만 하지는 않는다. 이래저래 불편하기는 마찬가지이다.

　제주여성들은 집안일, 농사일, 물질에 이르기까지 골고루 많은 일을 한다. 여성들의 삶은 늘 노동의 연속이고 일이 있는 곳에서 항상 일노래가 불려졌다. 여성들은 노래를 통해 노동의 고통을 잊을 뿐 아니라 현실의 괴로움과 고통을 극복해내는 지혜를 스스로 얻어냈다. 특히 여성요謠는 여성의 애환을 노래하는 사설이 많다. 사설의 대부분은 여성들이 겪는 생활고, 서러움, 시댁과의 갈등, 좌절 등의 신세한탄과 저항의지,

기대, 소망들이다.

  '시집살이 노래'는 시집간 여자의 생활주변을 읊고 있다. 현실을 한탄하거나 타협하고 때로는 적극적으로 반발한다. 부당한 속박을 고발하고 항거하는 의지를 보여주며 여성생활을 솔직담백하게 토로해낸다. 양적으로 풍부할 뿐 아니라 질적으로도 빼어난 여성요의 대표이다. 노동요뿐만 아니라 간혹 놀며 부르는 타령류類에도 나타난다(양영자, 1992).

> 낭도나무도 지는 지게여마는 돌도 지는 지게여마는
> 우리 어멍어머니 날 지운 지겐지게는 놈이 브린버린 지게로구나
> 강남서도 놀아날아 온 새야 일본서도 놀아 온 새야
> 오늘오늘가져 닐내일 가져 흔게한게 청대 입회잎에 춘찬 이실이슬 느련내려
> 늘개날개 젖언젖어 못 놀암서라날고 있더라
>
> 그 새 저 새 날 닮은 새야 날 닮아근닮아서 우념새라라울음새더라
> 성님 성님 스춘사촌성님 씨집살이 어떱디가
> 아이고 얘야 말도 말라 고치가고추가 맵댕맵다 흔덜한들
> 씨집살이 보단 나 얼골얼굴보단 더 검으랴
> 강남서랑 들어온 내비나비 내빈나빈 보난 늬네 늘개날개 내비
> 청대 입회잎에 춘 이실 느련 늘개 젖언 못 놀암서라날고 있더라
> 눙살능살 다운땋은 나 머리 씨집살이 좋은디 궂은디나쁜지
> 곱이 곱이 다 미여무여 부렸져버렸네
>
> 당산ᄀ찌같이 잉어없어온 머리 석은썩은 밋단밑동 모지라무질어진다
> 둑은닭은 울엉울어 날이나 샌다 내사내가 울엉 어느 날 새리
> 어느 날은 좋은 날 시멍있으면 나도 갈 날 시리야있으랴 흔다한다

말챗말을 살렴살림 도들은되들은 살렴 다운뿛은 머리가 곱이로굽이로 민다무인다

* 말챗살림 = 부부가 살림하다 헤어지게 될 처지인데, 다시 되돌아든 살림

등짐(사진 : 제주특별자치도)

'시집살이 노래'는 시집식구와의 가족관계, 힘에 겨운 노동의 고통, 가난, 즉 경제적인 설움, 신세한탄이다. "성님 성님 수춘성님 씨집살이 어떱디가", 이 '사촌성님요'는 전형적인 시집살이 노래이다. 이 비유적 소재들을 반복구조의 틀 속에서 시집살이의 어려움을 쏟아내기 시작한다. 때리는 시어머니보다 말리는 시누이가 더 얄미운 법이다. 그렇다고 마냥 당하고만 있지 않았다. "시누이야 거드름 말라/ 너도 언젠가는 시집간다/ 시누이야 잘난 척 말아 너도 시집간다/ 나도 가면 친정간다 끓던 밥도 놔두고 간다/ 나도 가면 잔에 비운 참기름처럼 미련 없이 이 집 떠날 수 있다." 시누이야 잘난 척 말아. 너도 언젠가는 시집간다. 나도 참다 참다 못하면 이미 잔에 비운 참기름처럼 당장에 시집살이 때려치우고 친정으로 돌아갈 수도 있다. 그러니 나에게 그렇게 대책 없이 함부로 하지 말라고 시집식구들에게 경고한다.

무사^{어째} 오란 또 무사 완고왔는가 울멍울며 갈 질^갈 길 또 무사 완고
흔번^{한번} 미영^{미어} 돌아간 지둥^{기둥} 무사 다시 춧아나^{찾아나} 완디왔나
씨녁살이^{시집살이} 좋은디^{좋은지} 궂인디^{궂은지} 꼬리꾸리 감음만^{감기만} 못 ᄒ고
　　나못하구나
요 놈은 씨집 못살민^{못살면} 말쥬^{말지} 냄벙^{냄벵}으로 ᄀ레츠록^{맷돌}자루 박아도
　　박아도 숭
합체로 불담아도 숭 씨아방^{시아버지} 밥상 들어나 노멍^놓으며 똥뀌어도^{방귀꿔}
　　도 숭이곡 남죽^{죽젓}광이에서 늬이 죽여도 숭
이것도 숭 저것도 숭 요놈으^{이놈의} 씨집 어떵^{어떻}게 살리
시아방^{시아버지}상퉁이^{상투}에 체 걸어도 숭
시어멍 독머리^{무릎}에서 ᄂᆞ물^{나물} 썰어도 숭
시아방 콧등에 똥고망^{구멍} 씰어도^{쓸어도} 숭
냄벵으로 ᄀ레초록^{고래}자루 박아도 숭 홁은^{굵은}체로 불 담아도 숭
앞 치메로^{치마로} 코 썰어도 숭
이것도 숭보곡^{흥보고} 저것도 숭보난^{흥보니} 술담배 츰앙^참으며 어떵^{어찌}살리

* 냄벵 = 술이나 감주甘酒를 따르는 배가 볼록하고 목이 기다란 하얀 병, 합체
　= 액체를 받아 내거나 가루를 치는 마소의 총으로 만든 가는 체

"요놈의 시집살이 못살면 말지 냄벵으로 맷돌 손 박아도 흉/ 합체로
불 담아도 흉/ 시아버지 밥상 들어놓으며 방귀 뀌어도 흉/ 죽젓광이에
서 이 죽여도 흉/ 이것도 흉 저것도 흉 요놈의 시집살이 어찌 살까/
시아버지 상투에 체 걸어도 흉/ 시어머니 무릎에서 나물 썰어도 흉/
시아버지 콧등에 구멍 쓸어도 흉/ 이것도 흉보고 저것도 흉을 보니 술
담배 참으며 어떻게 살아갈까."
시부모는 며느리가 그냥 미운가 보다. 이래도 저래도 다 흉만 본다.

그 스트레스를 풀어주는 술이나 담배도 다 끊으며 시집살이 견디는데, 어쩌라고? 할 수 없다. 하다하다 못 견디면 시집살이 사표내면 되지. 지난번에도 말했지만, 원래 담배는 여자들을 위해 생겨난 기호품이다. '해비 스모커'였던 외할머니 말씀이다. 친할머니는 '오메기 술'을 자주, 그리고 많이 드셨다. 두 분 다 고우셨다.

상덕은 밋디로밑으로 가곡 ᄉᆞ랑은사랑은 첩으로 간다
삼데삼대 독제독자 웨아들외아들 메누리며느리
유기제물 날나를 아니 준 덜들준들 ᄀᆞ레맷돌 방에 날 아니 주랴
우염위세 좋덴 우염당세가 가난 나 우염은 무루엣씨아 소리네
소린소리는 나도 살을메살 도리 읏다없다
씨집이옌시집이라 오라랜왔다고 ᄒᆞ난하니 구젱이소라 ᄒᆞ나하나 읫어랜없다 ᄒᆞᆫ다한다
좀좀아 모안모아서 지세집기와집 ᄒᆞ난 ᄉᆡ싱세상 사름사람 다 칭찬ᄒᆞ여라칭찬하여라

우품나고위풍나고 우염나고위세나고 강좌시좌수 칩의집의 씨집을 가난
홍합조개론 놋 소리 나곡나고 조반밥은아침밥은 징심점심이라라
징심밥은점심밥은 ᄌᆞ냑이저녁이 ᄌᆞ냑밥저녁밥은 중석밤참이리라
어느제민언제면 강도령 오민오면 나 설룬서러운말 다 일러두곡두고 얼금ᄀᆞ찌얼음같이 더 녹아가리
족은작은 오름 이참봉 칩집의 상아덜로상아들로 메누리며느리 들언
밤의 중석 먹은 배바 읏다없다 낫의낮의 징심점심 먹은 날 읏다

정동화리청동화로 아옵아홉 진 놈아
세간 족댕적다고 우기지 말라 울엉울며 가곡가고 울엉 온 질에길에
셍각생각 다시 읏어랭없더라 ᄒᆞᆫ다한다

씨집이예 오라랜_{와서} 보난_{보니} 벨벨 봐지는_{보이는} 집에
벌작악쓰는 놀레에_{노래에} 올림치기막 부러진 족숟가락에
귀 막은 씨아방에_{시아버지에} 눈 먼 씨어멍에_{시어머니에}

* 족숟가락 = 자루가 부러진 숟가락

"시집 와보니 별 보이는 집에/ 악쓰는 노래에 자루 부러진 숟가락에/
귀 막은 시아버지에 눈 먼 시어머니에/ 소라 껍데기 하나 없다." 그럼에
도 불구하고 "한 푼 두 푼 차근차근 모아 기와집 한 채 장만하니 세상
사람들이 다 칭찬하더라." 다들 이 맛에 사는 거다. 제주에서는 다들
그랬다. 특히 좀녀해녀분들

삼년 만원만에 씨집의 가난가니 흔 찬한쪽 타진터진 남 젭시_{나무접시} 주언_{주어}
ᄋ전가져_{오란}와서 밥상의 올련_{올려서} 아침 ᄌ냑_{저녁} 공추새_{공치사}라라
질ᄀᆞᆺ_{길가} 집의 도실낭_{복숭아나무} 싱건_{심어} 씨냐_{쓰냐} ᄃ냐_{다냐}
맛 볼인_{맛 볼 일} 하도많아도 요 씨집 살인_{살이}는 나 ᄒᆞ나_{하나}이여

열 놈 가근_{가서} 몬 살은_{못 살았던} 집의 낸덜_{난들} 가근_{가서} 살리야_{살랴}라고 ᄒᆞᆫ다
    한다.
사념_{살림} 살앙_살아서 놈 궤울_{과울} 나에_{나이}에
무낀무딘 칼에 손이랑 베영_{베여} 놈을 웃정_{웃겨} 말아라 ᄒᆞᆫ다
말민 말앙_{말면 말}아 가더라마는 하늘 우윈위엔 벨이_{별이} 송송
땅 아레는_{아래는} 궁기_{가구멍}이 송송
놈도_{남도} 가근_{가서} 못 살앙_살아 온 질길 낸덜 가믄_{가면} 말웃이_{말없이} 살랴

촌대ᄀᆞ찌_{같이} 늘어진 머리에 죽절 빈네_{비녀} 꼽아 놓곡_{놓고}

첫쳇첫째 원순원수는 중진에비중매쟁이여 둘쳇둘째 원순 씨아방시아버지 허럭
　　허락

싯쳇셋째 원순 나 부뮈부모 허럭 닛쳇넷째원순 씨어멍시어머니 허럭

다섯쳇 원순 내 씨집살이 흔 갓세한 두갓, 부부가 굿어지난나빠지니

요숫여섯갓세가 다 굿어졈져나빠지는구나

감제고구마 유제유자 메눌아기며늘아기 시낭 웃이낭 폐렝이패랭이 흔날하나를

　　사 노난에놓으니 아침의랑아침에는 씨어멍 씨곡쓰고 낮이라근낮에는 씨누

　　이 씨곡 즈냑이랑저녁에랑 나 씨랜 흐여라쓰라고 하더라

건감곷감 먹을 샌 메눌아기 시낭 웃이낭 보리 방애방아 천 フ득가득 놓으난

메눌애기 비쥴이서러 메눌애기 그 중 아난 이희맷돌알로아래로

보린 나안 솔거렴서라입 벌리고 있더라

나 어멍은 그리는 애기 개늿발개 이빨 다 체여째어져 간다

나 어멍어머니은 그리는 애기 놈은남을 주난주니 종으로 민다

놈의 종에 난 일도 서껀서뤄 일름이름이랑 볼르도부르지도 말라

시집 삼년 살안보난살아보니 신착フ뜬신착같은 절박결박머리 곱이곱이 다 미

　　여진다

가건갈려면가랭가라고 보네여보내어 두영두고 올 만 흐난하니 지드리더라기다리

　　더라

지드리는 덱댁이랑 두엉 어디 오란와서 어수에랑나어정거리나

어둑거든어둡거든 밤이엥밤이라고 말라 그게 누게누구 즈식자식이라니

어룬 즈식 아니엥아니라고 흐경하건 호적방에 강가서 안문세안문서보라

어룬 즈식자식 아니냐 흔다한다

가지가기 실픈싫은 질일러라길이어라 어느제민언제면 돌아오코돌아올까

유즈낭유자나무 앚아난앉았다가 새야 감낭긔감나무에 앚앗당도앉았다가도

유ᄌ낭귀유자나무 돌아노오라 가지가기 실픈싫은질이옝길이라 ᄒᆞ건하거든
어욱 밧듸참억새 밭에 질이나 나라 밭 비여근베어서 돌아나 오게

놈도 가는 질이여 마는 설룬서러운 어멍어머니 나가는 질은 가시 돋고 뛰띠
　짓어서리짓었더라
살지살기 실픈싫은 시집의 가경가거든 생새왓듸생띠밭에 퀴여뛰어 들엉
뒤나꽁무니 찔렁찔려 돌아나 오라
가젠가려고 ᄒᆞ난하니 가진가진 실퍼도싫어도 아니 가진 몬홀로못하겠구나
데추낭게대추나무 연 걸리듯이 어린 아기 스정사정이로구나

씨녁데레시집으로 감이옝ᄒᆞ민가는거면 베실민이벼슬만큼 네기지 말라여기지
　말라
낭도나무도 물도 엇어란없다는 섬의 지녁징역 살레살러 감이여 ᄒᆞᆫ다한다
올 샌땐 보난 설룹게도서럽게도 청 너울광너울과 흑 너울 새에사이에 흘르는흐
　르는 건 눈물이라라
시집데레시집으로 날 가랭가라 홈은함은 물도 낭도 웃인없는 가다귀섬의 귀
　양 정베정배 마련이라라같더라

* 가다귀섬 = 사방으로 가둬진 섬, 정배定配 = 지방이나 섬으로 보내 일정한 기
　간 동안 그 지역 내에서 감시를 받으며 생활하게 함.

"시집가는 걸 벼슬로 여기지 말라/ 나무도 물도 없는 섬에 징역 살러
감이라 한다/ 올 땐 보니 서럽게도 청너울과 흑너울 사이 흐르는 건
눈물이라/ 시집으로 날 가라 함은 물도 나무도 없는 가다귀섬에 귀양
정배 보내는 것과 같다." 이처럼 시집살이는 산도 물도 없이 사방으로
가둬진 섬으로 자신을 귀양 보냄과 진배없다.

성님형님 성님 수춘사촌 성님 시집살이 어떱디가

아이고 애야 말도 말라 후추 생강이 멥뎅맵다 흔덜한들

나 씨녁시집보던보다는 더 메우라 반물치메반물치마가 검댕헤도검다해도

나 얼골보단얼굴보다 더 검으랴 더디어 온다 더디어 온다

칠팔월이 더디어 온다 암튼ᄀᆞ뜬암닭같은 씨어멍시어머니에

정득ᄀᆞ뜬장닭같은 씨아방시아버지에 빙애기병아리ᄀᆞ뜬 씨아기덜시아기들에

벵신ᄀᆞ뜬병신같은 냄펜네남편에 베록벼룩ᄀᆞ뜬 씨누이에

눈물 흘리는 나 몸이여 부모 훈시 받은 후의

철 모른 날 이 집의 보네연보내어 이 날 저 날 살ᄌᆞ살자 흐난하니

딸은딸은나민낳으면 열녀가 뒈카될까 밤낫으로밤낮으로 기복흐여기복하여

살단 보난살다보니 나 신세여 성수박씨생수박씨 ᄀᆞ뜬같은 늬가이가

엉덕늬가삭은이가 무신 말고 청새ᄀᆞ뜬 붉은밝은눈이

뜬 봉ᄉᆞ봉사가 무신 말고 새까망흔새까만 나 머리가

마농마늘 불히가뿌리가 무신 말고 시집살이 메움도매움도 흐다하다

씨아망은시아버지는 개놈의 ᄌᆞ식자식 씨어멍은시어머니는 잡년의 똘년딸년

울안에 든 내 낭군은 춘찬 이실만찬 이슬만 맞암구나맞는구나

저 산으랑산을 난 지젠지려고 흐난하니 질빵멜빵줄란짧아 난 못 지난

시어멍광 시누이년은 예점말로예삿말로 나 그르댕그르다흐여라하더라

시집이옌시집이라고 오라젠왔다고 흐난하니

시아방은 구제기소라ᄀᆞ찌처럼 늬만이만 성삭성삭성긋성긋흐고하고

시어멍은 점복ᄀᆞ찌전복같이 ᄌᆞ그극짜무륵흐연하여 미워만 베고보이고

시누인 고셍이ᄀᆞ찌코생이같이 이레호록이리 호록 저레호록저리 호록

오빅오백장군 절 귀경 말앙구경말고 굶고 벗인벗은 날 구제흐라구제하라

귀양이사귀양이야 풀령풀리면 오건만오지만 씨집이옌시집이라고 오라랜흐난와
　　서보니

물도 옷인없는 가다귀섭의 귀양 정베정배 마련이라라

* 상젯밋 = 대청과 구들방 사이에 있는 중심 되는 상기둥의 아래쪽.

"암 닭 같은 시어머니 장 닭 같은 시아버지 병아리 같은 시댁아기들/
시아버지는 개놈의 자식 시어머니는 잡년의 딸년/ 시아버지는 소라같
이 이만 성깃성깃 시어머니는 점복같이 찌무룩, 시누이는 '고셍이'같이
이리 호로록 저리 호로록" 이래서 시집식구들은 하나같이 밉다.
　이런 시집식구들 사이에서 유일하게 자신을 변호하고 보호해주어야
하는데도 바보같이 그 구실을 제대로 못해내는 무능력한 존재, 한마디
로 '병신 같은 내 남편'이다. 그런 남편은 아내가 힘든 노동을 하고 돌아
왔는데도 껴안으려 하며 자신의 성적 충동만 채우려 한다. 그래서 문어
물꾸럭, 뭉개, 문개에 비유하고 있다.

　　어느젤랑어느때랑 싸아방시아버지 죽엉 고치장고추장 단지도 내 츠지차지
　　행장궤도 내 츠지 상제밋상석도 내 츠지
　　　싸아방 죽언죽어서 춤추단 보단보니 콩씨 삐여뿌려 노난놓은 생각이생각이
　　　　남져난다
　　어느젤랑어느때랑 씨어멍시어머니 죽겅죽어 줄방석도 내 츠지
　　밥우굼도밥주걱도 내 츠지 궷문 율쒜도열쇠도 내 츠지
　　씨어멍 죽언 춤추단춤추다 노난 보리 방에 물 서거섞어 노난놓으니 씨어멍
　　　생각생각 또시다시 남져난다

　　씨아방아 거꾸러지라 진 진긴 긴 담벳대담뱃대 내 츠지여
　　씨어멍아 거꾸러지라 궤방 구석도 내 츠지여
　　씨누이년아 거꾸러지라 살레 구석도 내 츠지여
　　서방님아 거꾸러지라 동네 부량제불량자 내 츠지여

"시아버지가 죽으면 긴 담뱃대도 내 차지 시어머니가 죽으면 '궤방'
구석도 내 차지 시누이가 죽으면 '살레' 구석도 내 차지/ 서방님이 죽으
면 동네 남자 내 차지/ 어느 때랑 시아버지 죽어 고추장 단지도 내 차지,
'행장궤'도 내 차지, 상석도 내 차지" 시집살이가 얼마나 고되고 힘들었
으면 시부모가 죽기를 바랐을까. 만일 그렇게 되면 모든 게 며느리 차지
가 된다. 심지어 남편이 죽으면 동네남자들도 모두 다 내 차지가 된다.
그래서 시부모가 죽자 너무 기뻐 춤을 춘다.

그런데, "시아버지 죽어 춤추다 보니 콩 씨 뿌려 놓은 생각이 난다.
시어머니 죽어 춤추며 놀다 보리방아 물 섞어 노니 시어머니 생각이
다시 난다." 이런 경우를 인시상성이라고 하나. 하도 미워서, 그분들이
죽으면 세상 모두가 내 차지가 되어 마냥 기쁠 줄 알았는데, 그것도

오줌항(사진 : 제주특별자치도)

잠시, 매 순간 그분들 생전모습이 떠올라 울컥한다. 그래서 미운 정 고운 정이라 하나 보다. 아마 이 며느린 시부모님들이 돌아가셨을 때도 제일 많이 우셨을 거다. 따로 통곡비痛哭婢를 모셔올 필요 없을 만큼. 민요의 특성인 반복성이 계속 나타난다.

우리 씨아방 가시는 질이랑 펀께번개 충천이나 뒈라되어라
우리 서방님 가시는 질이랑 베락벼락 충천이나 뒈라
우리 씨어멍 가시는 질이랑 씬쓴 갯ㄴ믈갯갓냉이나 뒈라
우리 씨누이 가시는 질이랑 가맷가맛 꼭지곡조나 뒈라
우리 오라방오라버니 가시는 질이랑 일산곡지일산곡조나 뒈라
우리 아지망아주머니 가시는 질이랑 돔박고장동백꽃이나 뒈라

장득장닭 닮은 씨아바님 황식황삵이나 물어 가라
암핏암전복 닮은 씨어머님 족제비나 물어 가라
고셍이 닮은 씨누이야 중이나줴나 물어 가라

메누린며느리 거린갈린 삼 줘도 좋은 벨베를 짜 놓곡
남펜네남편 옷ㅎ연옷해서 입전입혀 관문 불르레관청 나들이 가더라
뚤은딸은 좋은 삼 줘도 베 짜지 못ㅎ연못하여
아지망이아주머니 제여기보풀라기 남앗건남거든 ㅎ쓸좀줍서 ㅎ여라하여라

* 줴기떡 = 밀기울로 주먹같이 둥글게 만든 떡, 건삼=굵고 좋은 삼의 한 종류

"우리 시아버지 가시는 길은 번개, 우리 서방님 가시는 길은 벼락, 우리 시어미는 가시는 길은 쓴 갯갓냉이, 우리 시누이 가시는 길은 가맛 곡조" 그러나 "우리 오라버니 가시는 길은 일산 곡조, 우리 올케 가시는

길에는 동백꽃" 제주도의 시집살이노래는 여성의 안정된 생활을 훼방
놓는 시아버지, 시어머니, 시누이, 심지어 서방 등 시집식구들에 대한
적대적 정서를 표출하고 있다. 시집간 여자와 새로 이루어진 가족과의
관계나 갈등이 노래로 나타난다.

그런데, 친정오빠야 그렇다 치고, 동백꽃 길을 축원 받은 친정 아주머
니 입장에서 보면 이 며느리도 원래 '코생이' 같이 얄미운 시누이 아니었
나? 아이러니하다. 어쩌면 시집오기 전 친정에서는 그렇게 행동했지만
막상 시집와 살아보니 그게 아니라 반성하는 마음이 들어 그랬는지도
모른다.

> 밥 먹어도 베배 아니 불곡부르고 죽 먹어도 베 아니 불곡부르고
> 놈의놈의 말에 베불어 서라 놈의 말은 죽이멍죽이며 밥가 들으난에 베불러
> 　　서라
> 시녁시집궨당76) 사귀도 말라 앞의앞에서는 좋은말 흥당하다 돌아사민돌아서
> 　　면 잡을말 흔다한다
>
> 지에집기와집도 열 다섯 거리 초집도 열다섯 거리
> 집을 귀경구경 나오라 서냐 느너 오래비오빠 전치까닭아니면
> 느 집네 집 올렐올레를 어딘 중줄 알리알까
> 씨집 살지살기 존디좋은지 궂은디나쁜지
> 대홍다홍 대단 홋치메홑치마가 눈물 씨난쓰니 웃어없어 접고나지는구나
> 지에집이 열 다ㅅ다섯이난이니까 집 구경을 나오라서냐나왔더냐

---

76) 궨당은 친족과 외척, 고종, 이종 등 멀고 가까운 친척을 두루 일컫는다. 이들
　은 집안에 혼례나 장례를 비롯해서 관심사가 있을 때는 모여들어 서로 돕고
　걱정하며 정분을 돈독히 하는 것이 관습화 됐다. 이것은 표준어 권당眷黨의
　설명이기도 하다(고재환, 제주도속담사전, 1999).

보리 눌이 열 다슷이난 눌노적가리 구경을 나 오라서냐
솟단지가솥단지가 열 다슷이난 솟솥 구경을 나 오라서냐
느 오래비 전치가까닭이 아니민 요 집 올렐 어디엥오리어더라고 오리
씨누이야 씨거둥거드름 말라 늬도너도 가민가면 씨녁시집일러라

메눌아기 비칠흐는빗질하는 상은 새벽새벽 도독놈도둑놈 비질흐는 상이여
나 뚤아가딸아가 비질흐는 상은 서월서울선비 글 씨는글 쓰는 상이여
매눌아기며늘아기 오좀오줌 녹는 상은 시커줌삭삭 듣지도 싫다
나 뚤아기 오좀 녹는 상은 은기 조랑 놋기 조랑 듣지도듣기도 좋다

* 시커좀삭삭 = 거칠게 오줌 누는 소리, 은기 조랑 = 은銀요강에 곱게 오줌 누는
소리, 놋기 조랑 = 놋요강에 곱게 오줌 누는 소리

시어머니는 사사건건 왜 그렇게 며느리가 미웠을까? 특히 자기 딸과
비교하며, "며늘아기 빗질하는 모습은 새벽 도둑놈 빗질하는 상이여 내
딸 빗질하는 모습은 서울선비 글 쓰는 상이여/ 며늘아기 오줌 누는 소리
는 거칠어 듣기도 싫다. 나 딸아기 오줌 누는 소리는 은 요강, 놋요강에
곱게 오줌 누는 소리라 듣기도 좋다." 굳이 프로이드를 들먹이지 않더라
도 '나 아들 종년'과의 심각한 경쟁 상태에서 나온 적개심의 표출이거나
이미 내 아들을 그 '종년'에게 뺏긴 패자의 소심한 복수인 듯 보인다.

울멍울며 밥을 손으로 먹으멍먹으며 씨어멍 눈에 딜여나들어나 보게
아침 조반 먹지도 말앙말고 요 방에나 찡어나 보게
앞 종에도종아리도 다 벗어지곡벗겨지고 두 손도 다 붕불엇네부르텄네

메누리며느리 집의 간가서 구젱기소라 먹언 나 뚤네딸네 집의 간 물 먹으난
아이고 물 맛도 좋긴 흐다하다

나 ᄄᆞᆯ네 집의 간 소게솜 먹언먹고 메누리 집의 간 물 먹으난먹으니 아이고
  물 맛도 칼칼 싸다쓰다
메누리 집의 간 ᄀᆞ메기쨈물우렁이 먹언 ᄄᆞᆯ 집의 간 물 먹으난 아이고 물
  맛도 좋으난 아이고나 아기 물 잘 질어길어 오랏져왔네
메누리 집의 간 물 먹으난 아이고 물 맛도 씨난쓰니
나 아ᄃᆞᆯ아들 종년아 물 질어길어 오는 상아리광상판대기며

며느리는 시어머니 눈에 들어 보려고, "울면서 밥을 손으로 먹고 아침 조반 먹지도 않은 채 방아 찧으며 앞 종아리 다 벗겨지고 두 손 다 부르텄지만" 여전히 시어머니는 며느리가 하는 족족 다 싫다. "며느리 집에 가서 소라 먹고 딸네 집에 가서 물 먹었는데, 그 물맛이 좋다/ 딸네 집에 가서 솜 먹고 며느리 집에 가서 물 먹었는데 그 물맛이 쓰다/ 며느리 집에 가서 쨈물우렁이 먹고 딸네 집에 가서 물 먹었는데 그 물맛이 좋은걸 보니 우리 딸 물 잘 길어 왔다/ 며느리 집에 가 물 먹으니 아이고 물맛이 시다. 내 아들 종년 물 길어 오는 상판대기하며" 며느리와 시어머닌 태생이 상극相剋인가 보다. 그런데 이 시점부터 조금씩 힘의 균형이 며느리 쪽으로 기울어져 간다. 분가分家한 탓인지, 세월 탓인지, 어차피 시간은 일방적으로 며느리 편이다.

38

영등대왕님 어서 놉서 : 서우젯소리, 산신서우제소리, 요왕서우제소리, 영감서우제소리

　'서우젯소리'는 제주도의 영등굿에서 신과 사람이 함께 어울려 흥겹게 놀며 부르던 노래이다. '산신서우제소리', '요왕서우제소리', '영감서우제소리'라고도 한다. 이 노래는 무의식에서 부르는 놀이무가舞歌로 신을 놀리고(?) 기원하는 '석살림'77) 재차祭次, 차례에서 부른다. 원체 곡의 흥겨워 노동요 화化 됐거나 놀 때 춤추며 부르는 유희요로 변이變異되었다. 하지만 단순히 유흥목적만이 아니라 어려운 환경을 헤쳐 나갈 수 있게 되기를 기원하는 숨은 뜻도 있다.

　제주도에서는 예전부터 무속巫俗이 성행하였다. 무가巫歌도 다양하다. 본래 '서우젯소리'는 제주도 무가의 하나이다. 이 노래는 제주도에서 영등굿 등의 굿을 할 때 석살림이나 영감놀이 등의 재차에서 불렸다.

---

77) 석살림 = 제주도 무당굿 중 신神들을 재미있게 놀리고 소원을 비는 재차, '석席'이란 신의 자리, 또는 굿하는 장소 등을 일컫기도 하지만 굿의 한 제차나 과정을 이르는 말이기도 함.

무가 중에서 가장 널리 알려진 이 노래가 일반 민중에게 퍼지면서 전통 민요로 자리 잡았다. 이처럼 제주도 무가였던 '서우젯소리'는 민요로도 많이 불리어지던 노래라 할 수 있다.

무가에서는 '서우젯소리' 또는 '서우제소리'라고 하지만 민요로 전이 轉移되면서 '아외기소리'라고 한다. '아외기'라는 말은 후렴구의 "아아아 양 어어어야"에서 "아"라는 말을 '외치는 소리'라고 하는 의미로 사용되고 있다. 그러나 아직 '서우제'의 의미는 정확히 알려지지 않고 있다(조영배, 2009).

민요로 부를 때는 여흥驪興상황에서 많이 부르며 '검질'김 맬 때나 '멜' 멸치 후릴 때, 그리고 디딤 풀무질 할 때 부른다. 또한 해녀들이 '태왁'을 장구로 삼고 '빗창'[78]을 채로 삼아 장단 맞추며 부르는 노래이다. '허벅[79]'장난노 이에 포함된다. 해녀들은 이 노래를 부르며 '불턱'[80]의 모닥불 주위에서 춤을 춘다. 이 가락의 선명함과 흥겨움 덕분으로 다양한 노동현장에서 이 노래 가락이 전파되어 많이 불리어지고 있다.

ᄆᆞ를마루ᄆᆞ를 놀고가저 ᄆᆞ를ᄆᆞ를 쉬고나 가져
높은 것은 일월이요 얕은 것은 서낭이로다
일월이 놀자 제석이 놀자 삼만 관속官屬이 놀고 가저

---

78) 주로 전복을 따는 데 쓰는 도구, 길이는 약 30센티미터 정도로, 자루의 끝을 고리 모양으로 구부려 말총으로 만든 끈을 달아 놓는다.
79) 물허벅, 주로 제주도에서 쓰는 물동이
80) 돌담을 쌓아 바람을 막고 노출을 피하기 위하여 만든 곳. 해녀가 물질을 하다가 나와서 불을 피우며 쉬거나 옷을 갈아입는다.

조상이 간장이 풀리는 대로 가손家孫이 간장도 풀려나 줍서
조상이 놀면 요왕이 놀고 요왕이 놀면 서낭도 놀저
요왕 일월 조상님네 청금상 놀아 적금상 놀아
동이동에 와당은 광덕왕이 서이서에 와당은 광인왕이요
남이남에 와당은 적요왕에 북이북에 와당은 흑요왕이요
중앙이라 황신요왕 어기여 지기여 수만수천사만사천
동경국은 대왕이 놀저 세경국은 부인이 놀저
수정국은 대왕이오 수정국 부인 요왕 태전에
거북서지녕 간장 간장 뭇힌맺힌 간장을 다 풀려놉서
서낭이 놀자 영감이 놀저 경감님네가 어서 놀져
영감이 본초가 어딜러냐어디랴 영감이 시조가 어딜러냐
서울이라 종로 네커리네거리 허정승 아덜아들 일곱 성제에형제에
흐트러지난흩어지니 열니열네 동서요 모도와지난모아지니 일곱 동서여
큰 아덜은 서울 삼각산에 둘쳇둘째 아덜 강원도 금강산에
셋쳇셋째 아덜 충청도 계룡산에 넷쳇넷째 아덜 경상도 태백산에
다섯쳇다섯째 아덜 전라도 지리산에 여섯쳇여섯째 아덜 목포 유달산에
일곱체일곱째라 족은작은 아덜 오소리 잡놈 뒈엿구나되었구나
망만 붙은 초패를 씨고쓰고 짓만깃만 붙은 도폭을 입고
치기만 붙은 최신을 신고 흔 뽐한 뼘 못흔못한 곰방대 물고
오장삼에 떼빵거리 등에 지언지어 진도나 안섬 진도나 밧섬바깥섬
큰 관탈은 족은 관탈 소섬우도이나 진지깍 들어사난들어서니
한로영산에 장군서낭 대정곳은 영감서낭
정의곳은 각시서낭 뤠미곳위미곳은 도령서낭
선흘곳은 아기씨서낭 청수당무를은 숫불미숱불미서낭

| 서우제소리 조천읍 신촌리 |

* 서낭 = 배船를 따라 다니며 어획漁獲을 도우는 신神, 곧 선왕船王을 의미함.
  제석 = 집안사람들의 수명, 자손, 운명, 농업 등을 관장한다는 가신家神, 오장

삼 = 띠나 짚을 재료로 하여 가방모양을 만들고 그 속에 고기 따위를 담아 가지고 다니게 만든 물건, 뒈미 = 서귀포시 남원읍 위미리 옛 이름

무속연희의 하나인 영감놀이에서 부르는 '서우젯소리'는 대개 영감신 令監神들의 이력을 엮어 나간다. 말하자면 '영감신 본풀이'라 할 수 있다. 이 본풀이는 주로 영감신들의 집안내력과 굿하는 데까지 내려오게 된 일련의 과정들을 다루고 있다. 이 본풀이에 따르면, 영감신은 일곱 형제로 서울 먹자고을 허정승의 아들들이다. 이 아들들이 각기 성장하여 각자 여러 산을 차지하게 되었다. 첫째아들 서울 삼각산, 둘째아들 백두산, 셋째아들 금강산, 넷째아들 계룡산, 다섯째아들 태백산, 여섯째아들 지리산, 그리고 일곱째아들은 한라산을 관할하게 되었다. 그 막내 영감신을 따라 제주도 한라산에 와서 영감놀이 하는 과정을 풀이하고 있다. 이 영감놀이 중 '서우젯소리'에는 제주도의 여러 가지 독특한 상황, 자연지리적 환경, 역사적 환경, 생활환경 등을 비교적 소상히 그려내고 있다 (조영배, 2009).

서우젯소리(사진 : 한국학중앙연구원)

'서우젯소리'는 바다 일을 무사히 할 수 있도록 비는 굿의 중간과정에서 부르기 때문에 바다 일과 관련된 사설들이 자주 나온다. 민요로 전이되어 부를 때는 전이된 노동 상황에 따라 해당노동과 관련된 내용이 자주 나온다.

이팔 청춘 소년들아 벡발을백발을 보고 희롱을 마라
님은 가고 봄은 오니 꼿만꽃만 피어도 임 오나 생각
당초일이 한심하니 강물만 흐려도 님 오나 생각
하늘로나 느리는내리는 물은 궁녀 시녀 발 싯인씻은 물이여
할로산으로한라산으로 느리는 물은 일천 나무덜나무들 다 썩은 물이여
산지로나 느리는 물은 일천 미터줄 다 썩은 물이여
요내 눈으로 느리는 물은 일천 간장 다 썩은 물이여
사랑사랑 사랑사랑 사랑이란 것이 무엇이더냐
알다가도 모르는 사랑 믿다가도 속는 사랑이여
낭나무 중에도 팔제팔자 굿인굿은 낭은 질곳집의길갓집의 디들낭디딜나무 놓앙
　놓아 가는 오는 발질을발길을 맞앙맞아 가는 오는 발질을 맞앙맞아
질곳집의 도실냥복숭아나무심엉심어 씨나쓰냐ᄃᆞ냐다냐 맛볼 인셔도있어도
이내 몸 일을 도웨진두도와줄 하나두나하나둘이나 없음이여
한로산이한라산이 황금이라도 씰놈쓸놈 웃이민없으면 그대로 잇고있고
한강수가 소주라도 마실 사름사람 웃이민 그대로 잇고
어디 오롬이오름이 집이라도 살 사름 웃이민 그대로 잇고
너른넓은 벵뒤가별판이 밧이라도밭이라도 벌어먹을 사름 웃이민 그대로 잇나
| 서우제소리 구좌읍 김녕리 |

'서우젯소리'는 무가에서 비롯된 민요이기 때문에 가락이나 사설엮음이 비교적 고정적이며 길고 오랜 맛이 있다. 특히 선율이 유연하고 명쾌하며 구성지다. 그래서 가창歌唱지역과 연행演行상황에 따라 무의식巫儀

式에서 무가로 불리기도 하고, 밭에서 김매는 노동현장에서 농업노동요
로 불린다. 해녀놀이의 세 번째 장면인 '오락과 휴식의 장면'에서 '테왁'
을 장구로 삼고 '빗창'을 채로 삼아 장단 맞추거나 '허벅' 장단에 맞춰
해녀들이 부르는 유희요遊戱謠로도 불린다.

> 이물에는 이사공아 고물에는 고사공이로구나
> 허릿대 밋디밑에 화장아야 물 때 점점 다 늦어진다
> 간밤에 꿈 좋더니 우리 당선에 만선일세
> 당선에랑 선왕기 꽂고 망선에랑 망선기 꽂앙꽂아
> 놀당가세놀다가세 놀당가세 선왕님과 놀당가세
> 요 바당에바다에 선왕님네 궁글릴대로나굴릴대로 궁글려줍서굴려줍서
> 어기 여차 닻주는 소리에 일천 설음서러움 다 지엉간다지고간다
>
> 한라영산 놀던 산신 아흔아홉골 골머리에서 놀던 산신
> 테역장군 물장오리에서 놀던 산신 오백장군 한라영산
> 동늘개에동날개에 서늘개에서날개에 놀던 산신 서천국에 일흔여덟 놀던 산신
> 구엄장 신엄장 볼레보라수남밧디서밭에서 놀던 산신
> 가시왓에서가시밭에서 놀던 산신 강포수여 서포수여
> 어리목에서 놀던 산신물은 출렁출렁 가락국물이여

| 산신 서우제소리, 제주시 |

* 이물 = 배의 머릿쪽, 고물 = 배의 뒤쪽, 화장火匠 = 불을 관리하는 뱃사람, 당선
  = 멸치가 몰려왔는지 확인하고 작업을 지휘하는 배, 망선 = 그물을 싣고 나가
  는 배, 닻배 = 그물을 놓고 멸치 떼를 가두는 배

'서우젯 소리'의 사설내용은 크게 네 가지이다. 무의식에서는 무가 본
풀이의 비념Jeju Prayer적인 사설, 영등굿 등의 무가에서는 바다노동과 관

련된 사설, 김매는 노동에서 김매는 상황과 관련된 사설, 일상생활과 관련된 사설 등이다.

"아어야어기여차 살강깃소리로/ 일천 간장을 다 풀려 놀자/ 동의 와당 광덕왕 놀자/ 서의 와당 광신 요왕 놀자/ 남의 요왕은 광덕 요왕 놀자/ 북의 요왕은 흑이 요왕 놀자/ 요왕 황제국 태ᄌ님 놀자/ 동경국 대왕 다 놀고 가자/ 영등대왕님 어서 놉서 영등대왕이 어서 놀저"는 매년 해녀들이 채취하려는 수산물의 풍등豐登을 기원하며 영등굿 할 때 부르는 무의형巫儀型 사설이다.

"아—아아야 에—에에요/ 검질 짓고 골 넙은 밧듸/ 고분 쇠로나 여의멍 가라/ 어야 저 소리에 넘어나 간다/ 앞 멍애랑 들어나 오라/ 뒷 멍애랑 무너나사라/ 검질은 보난 잘도나 낫져/ 어느 제민 요 검질 다 메랜/ 싸아라근 잘 굴랑 매소"는 '검질'매기 할 때 부르는 노동형 사설이다.

"가봅시다 가봅시다/ 좋은 국으로 가봅시다/ 천상 인간 다 버려두고/ 극락으로나 가봅시다/ 극락이라 ᄒ는 곳은/ 온갖 고통도 전연 없고/ 황금으로 땅이 뒈고/ 연꽃으로 집을 지어"는 집안에 경사스러운 일이 있거나 작업을 마치고 춤추며 놀며 부르던 유희형 사설이다(이성훈, 한국민속대백과사전).

> 풍년이 왓저왔네 풍년이 왓저 농겡이농경이 와당에 돈풍년 왓저
> 선진이랑 앞궤기앞고기 놓고 후진이랑 뒷궤기뒷고기 놓고
> 그물코이 삼천코라도 베릿배가벼리배가 주장이여
> 요왕놀이를 ᄒ고하고 가자 선왕놀이를 ᄒ고 가자
> 물은 들면 수중에 놀고 물은 싸면 갱변에강변에 논다
> 떳네 떳네 조기선 떳네 산지포 바당에바다에 조기선 떳네
> 이물에는 이사공아 고물에는 고사공아

허릿대 밋디밑에 화장아야 물때나 점점 다 늦어간다

| 요왕서우제소리, 제주시 |

* 베릿배 = 그물의 위쪽 코를 꿰어 잡아당기게 된 밧줄

  '서우젯 소리'는 집단 유희적 특성을 지닌다. 흥겨운 가락에 맞춰 수
십 명의 부녀자들이 춤추며 놀다보면 제의祭儀에서 오는 긴장이 해소되
기도 한다. 이러한 연행이 점차 일반서민들의 생활 속에 전파되어 경사
스런 일이 있을 때 무의巫儀같이 노래하며 춤추게 되었다.

  '서우젯 소리'는 무속적 성격을 지녔다는 점에서 무의에서 가창된 신
神놀림이라는 주술 종교적 기능을 가진 놀이무가이다. 그러다가 일반서
민에게 전승되면서 그 기능이 상실된 비기능요非機能謠로 일반서민들에
의해 불리는 타령요이자 가창력이 뛰어난 민중들에 의해 전승되는 창민
요화唱民謠化된 노래라고 할 수 있다(변성구, 1986).

  동의와당은 광덕왕이요 서의와당은 광인왕님아
  남의와당은 청요왕이요 북의와당은 흑요왕님아
  천금상도나 요왕이 놀저 적금상도나 요왕이 놀저
  동경국은 대왕이 놀자 세경국은 부인도 놀자
  요왕태자님이 놀고 가저 거북사자도 놀고나 가저

| 요왕서우제소리, 조천읍 신촌리 |

  이상을 종합해 보면, '서우젯 소리'는 전승의 다양성으로 인해 가락과
기능, 전승양상에 따라 무의형, 제의형, 유희형, 노동형으로 나눈다. 무
의형 '서우젯 소리'는 무속제의의 진행과정에서 가창되며 그 기능은 신

神맞이 다음 춤과 노래를 통한 오신娛神, 즉 신神놀림이다. 제의형 '서우 젯 소리'는 지금도 무속제의에서 전승된다. '서우젯 소리'가 가창되는 무의는 구체적으로 일반 굿의 통과通過의례, 치병治病의례, 생산生産의 례이며, 당굿으로 우순풍조雨順風調81)와 해녀들의 채취하고 싶은 수산 물의 풍등豊登82)을 목적으로 하는 영등굿이다.

유희형 '서우젯 소리'는 일반 민중들이 경사스러운 일이 있어 즐겨 놀거나 작업 후 유희를 즐길 때 주로 불린다. 그 기능은 유흥고조遊興高 調 및 여흥의 재생再生으로 비통한 생활에서 가슴에 맺힌 한을 푸는 데 있다. 노동형 '서우젯 소리'는 밭에서 김을 맬 때 김매는 부녀자들이 어 울려 부르는 노래를 '검질 매는 노래'라고 한다. '사디소리', '사데소리'라 하는 데 '여긴여랑 사디로다'라는 후렴에서 연유했다(변성구, 1986).

> 영감이 본관이 어딜러며어디며 영감이 시조가 어딜러냐
> 서울이라 먹자골은 허정승 아들 일곱 형제
> 모여지면 일곱 동서 흩어나지면 열두 동서
> 큰 아들은 서울이라 삼각산에 둘쳇둘째 아들은아들은 강원도 금강산에
> 셋쳇셋째 아들은 충청도 계룡산에 넷쳇넷째 아들은 경상도라 태백산에
> 다섯체다섯째 아들은 전라도 지리산에 여섯체여섯째 아들 목포 유달산
> 일곱체일곱째라 죽은작은 아덜아들 오소리 잡놈 뒈엿구나되엇구나
> 망만 붙은 지패를 쓰고 짓만깃만 붙은 도폭 입고
> 채기만 붙은 초신을 신고 곰방대는 입에 물고 삼동초를 피와피워 간다
> 흔 뺌한뼘 못한 가방을 등에다 지고 오장삼에 댓방거리에

---

81) 비가 때맞추어 알맞게 내리고 바람이 고르게 붐.
82) 농사가 썩 잘됨.

진도나 혼섬한섬 진도 밧섬밭섬 큰 관탈은 죽은 관탈은
삘파장별파장을 들어서난 소섬우도이라 진질깍으로
할로산에한라산에 장군서낭 선흘곶은 아기씨 서낭
뒈미곶은위미곶은 도령 서낭에 　　　　　| 영감서우제소리, 조천읍 신촌리 |

'서우젯 소리'의 사설내용은 크게 신神풀이와 한恨풀이로 구분된다.
신풀이는 신의 내력, 신명神命과 신神놀림, 신의 외모와 거동, '배방송83)'
의 묘사가 중심을 이루고 있다. 한풀이는 생활고의 설움, 늙음과 죽음을
새롭게 인식하는데서 오는 신세한탄, 향락, 애정 등이 대부분이다.

'서우젯 소리'는 비참悲慘과 애수哀愁가 더욱 심화되어 나타난다. 노동
의 고통이나 생활의 긴장에서 비롯된 한恨은 노래 가락의 흐름에 따라
한꺼번에 쏟아져 눈물진 삶의 역사를 나타낸다. 온갖 생활고에 시달리
면서 쌓인 설움과 한을 노래로 풀고 재생과정을 기듭하다보면 늙음이
눈앞에 곧바로 다가와 새로운 설움으로 다가온다. 늙고 죽음은 인생에
있어 불가피하게 필연적으로 거쳐야 하는 과정이지만 가슴에 한을 맺고
살아온 제주사람들에게는 쉽게 수긍할 수 없는 남다른 고통이다. 때문
에 한은 큰 덩어리로 응어리졌다. 이와 함께 '서우젯 소리'에는 한을 놀
이로 풀고자 하는 향락적인 내용이 다소 있다. 일시적이지만 향락적인
분위기에 젖어 생활고와 삶의 긴장에서 쌓인 한의 응어리를 조금이나마
풀고자 했다. 그리고 애정문제에는 임과의 이별내용이 조금 포함되어
있다(변성구, 1986).

---

83) 영등신을 배에 태워 본국으로 보내는 재차

허어야 뒤어야 사디소리로 놀아봅시다 아아아아야 어허양어허요

어여차 소리다 서우제소리로 놀고 놀자 산으로 올라가면 산신 대왕님
　　배옵고요

바다로 가면 용궁 서낭님 배옵디다^{뵈옵니다}

깎은 감태 한 감태에 놀고는 서낭님은

앞 이망에는^{이마에는} 청사초롱 뒷 이망에는 흑사초롱 꺼내놓고

짓만^{깃만} 붙은 도포 입고 망만 붙은 속패를 쓰고

흔 뽐한 뼘 못 흔못^한 곰방대에 삼동초를 피워 물고

해삼자로 불을 켜면 퍼뜩흥^{면퍼뜩하면} 천리만리를

뛰놀던 서낭 영겁 좋고 수덕 좋은 서낭님아

할아방국은 별파장 뒈옵고요^{되옵고요} 아방국은 진도 밧섬^{밧섬} 뒙네다^{됩니다}

진도 밧섬 어리목에서 놀던 서낭　　| 영감서우제소리, 한림읍 한림리 |

검질 매기(사진 : 제주특별자치도)

　화학비료와 제초제가 나오기 전 제주지역 밭 대부분은 토질이 나쁘고
'검질'^{잡초}이 많아 밭농사는 글자그대로 '검질과의 목숨을 건 투쟁'이었다
해도 과언이 아니다. 그처럼 힘들었던 이 작업은 대개 여성위주의 집단

야외노동으로 '골갱이'를 사용해 이루어졌다. '검질 매는 소리'는 '사대', '아외기'라고 하며 각 지역마다 부르는 노래가 다양하다. 제주전역에서 '사대'라고 불리며 장단 길이에 따라 느리게 부르는 '진사디', '조른사디', 추임새가 있는 '추침사대', 하루가 저물 때 부르는 '막바지사대'가 있다.

39

씨왓이옌 틀으렌 가난 : 맷돌 · 방아노래

앞에서 여러 번 거론하였다시피, 故 김영돈 교수님은 과거 제주여인들이 맷돌을 돌리거나 방아를 찧으면서 부르던 맷돌 · 방아노래를 자립과 근면의 노래, 팔자와 한탄의 노래, 사랑과 원한의 노래, 시집살이 노래, 집안 노래, 경세警世의 노래, 꿈의 노래, 신앙과 풍토의 노래 등으로 구분하였다. 그 '시집살이 노래' 중에 처첩간妻妾間의 '시앗 싸움'을 다룬 노래가 있다. '큰 각시'는 '큰 각시' 대로, '족은 각시'는 '족은 각시' 대로 구구절절 서럽고 아픈 사연들이 가득하다.

"겉보리 껍질만 먹을지언정 시앗이랑 같은 집에 살 수 있으랴. 물이 없어 나쁜 물을 먹는다 해도 같은 물을 마시기 싫다. 시앗이랑 같은 길로 다니기 싫다. 길을 다시 뺄 수 있다면 시앗이 다니는 길은 따로 만들어줘라."

"갓 스물 나이에 여든 살 남편을 맞이하니 두 번 세 번 물 덜은 밥 씹어 달라 엄살이더라. 호강하려 남의 첩 들었는데 어디 간들 놀 수 있으랴. 느릿느릿한 한량閑良의 첩으로 가지 말고 부지런한 목자牧子의 본처로 가라."

현지조사를 통해 제주의 가족제도를 오랫동안 연구한 최재석 교수에 의하면[1978], 제주도의 첩妾제도는 처첩妻妾간 신분적 차이가 심했던 육지의 전통적 첩 제도와 다르다. 제주도의 첩 제도는 오히려 제주도의 이혼離婚과 재혼再婚 혹은 삼혼제도와의 관계 하에서 설명하여야 한다. 제주도에서는 육지의 전통적 양반촌락과 달리 상당한 정도 이혼과 재혼의 자유가 있었고 실제 그렇게 행해져 왔다. 남녀노소를 불문하고 많은 여자가 이혼을 하고 이혼한 여자는 재혼을 한다. 이혼생활이 뜻대로 되지 않는 경우에 삼혼에 이르는 여자도 있다. 이혼녀와 사별녀死別女는 남편 없이 그대로 생활을 지속하는 경우를 빼면 재혼과 첩 양자兩者 가운데 한 길을 택하게 된다. 이렇게 볼 때 제주도의 첩은 일종의 재혼혹은 삼혼으로 보는 것이 더욱 타당하다. 여자입장에서 보면 재혼성격을 띠지만 남자입장에서 보면 처첩의 신분지위 차이가 거의 없는 '일부다처제' 가족이라 할 수 있다.

> 놈의 첩도 들리랭들려 흰죽 딸령들령다려들어
> 섹일썩일 간장 다 섹영썩여 들라
> 간간 놀젠놀려 놈의남의 첩 드난 살안 보난 더운 뚬땀 지멍지며
> 어디 간간간간히 내 놀암놀고 서니있더냐
> 놈의남의 첩광첩과 소낭긔소나무 ᄇᆞ름바람 맛이 좋다 흰죽이라라
> 주전지에주전자에 물 궤듯물 끓듯 흐다한다
> 첩의 방을 ᄀᆞ만이가만히 보난보니 ᄉᆞ랑사랑 ᄉᆞ랑 놈 ᄉᆞ랑 날에

낭긔나무 칼에 손으로 비영베여 놈으남의 얼에 고생이라라

오롬에오름에 돌광돌과 지세어멍지어미, 본처은 둥글며둥글어 댕기당도다니다가
　도 살을메살 도리 난다

놈의남의 첩광첩과 소낭긔소나무의 ㅂㄹㅁ은바람은 소린소리는 나도 살을메 웃나
　없다84)

버륵버륵 살마꼿은반하꽃은85) 흐를하루 피영피여 웃어나없어 진다

느렁장이 첩으로 말앙말아 살메 목즈목자 밋본처으로 가라

* 느렁장이 = 느리광이 = 느릿느릿 행동하는 사람, 한량閑良을 뜻함.

처첩妻妾이 함께 찍은 20세기 초 가족사진(사진 : 네이버)

이에 대해 송성대 교수는1998, "제주도의 복혼複婚제 문화가 축첩畜妾
제냐 일부다처一夫多處제냐 하는 것이 학자들 간에도 쟁점이 되어 왔다.
혹자는 제주도에 있어서는 그것이 경제적 자립가능성이 있었음에도 성
적본능을 추구한 결과로 나타나기 때문에 당연히 일부처첩제로서의 축

---

84) 정절이 곧고 착실하게 집안일을 잘하는 여자를 일컬어 '지세어멍'이라고 부르
　고, 한라산의 오롬에 있는 돌을 첩에 비유하고 있다.
85) 반하半夏는 천남성과의 여러해살이풀로 제주어로 '살마꽃'이라고 부른다.

첩제라고 한다. 그러나 한편에서는 여자가 남자 없이 완전하고 자립적인 경제생활을 못하므로 그것을 일부다처제라고 말하기도 한다. 하지만 제주도에서는 여성이 경제적으로 얼마든지 자립할 수 있었기 때문에 경제적 이유 때문에 남의 첩이 되었다는 것은 어불성설이다"라고 주장하고 있다.

그들은 가정생활에서 서로 서로 그 의견을 존중히 하는 동시에 하등何等의 억압적抑壓的 강제強制를 요구하지 않는다. 더욱이 남녀 다 같이 각자의 자립적自立的 생계生計를 세울 수 있다(동아일보, 1937년 9월 3일 기사).

이렁좌쉬유향좌수 첩 들지 말앙말고 산메 목즈목자 밋본처으로 가라
간간놀젠간간히 놀려고 놈의남의 첩 드난드니 놈의 종이 반이로 구나
열 석새열세살에 즙아진좁아진미리 어느어멍이어머기 일사가려주코줄고
이향좌쉬이향좌수 첩으로 말앙 산메 목제 밋으로 가라
은기 놋길 박으로 쓴덜쓴들 놈의 첩을 사름이사람이 들랴
즈들걱정할 일 웃건없던 양 첩을 흥곡하고 쌍놈의 벗을 사귀라 흔다
미운 놈 보건보려거든 뚤딸 하영많이 나곡나고
질길 나는 밧을밭을 버실라갈아먹어라 흔다한다
늙은 놈이 젊은 첩 흐난하니 불 본 나비 눕뜨듯나대듯 흔다

"첩 둘 뒤서 밥 굶는 놈아 나 꼴 보면 정신 차려라. 한 마을에 세 첩 한 놈아 세 솥 밑 불 때여 보라. 연기만 나고 불 아니 난다. 한 마을에 세 첩 한 놈아 양하蘘荷를 닮아 불내여 앉는다. 양반은 첩 셋을 두니 명주바지 세 벌이라. 한 마을에 첩 셋 한 놈은 거짓말 주머니에 담아 자꾸자꾸 긁고 있더라."

양 첩 흐영하여 때식사 굶는 놈아 나 꼴 보멍보며 정다실라정신 차려라
흔모실에한마을에 쇠세 첩 흔한 놈아 멩지명주바지가 쇠 허리곡벌이고
흔 때 밥이 쇠 상이라도 간 아니 거린갈린 말이 웃다없다
흔모실에 쇠 첩 흔 놈아 쇠 솟밋듸솥밑 불 숨아불 때여 보라
내만연기만 나멍나면서 불 아니 난다
흔모실에 쇠 첩 흔 놈아 양에양하[86] 닮앙닮아서 불 내영 앚나앉는다
양반은 쇠 첩을 흐난하니 멩지바지가 쇠 허리라라
흔모실에 쇠 첩 흔 놈은 그짓말은거짓말은 주멩기에주머니에 담앙담아
자꾸자꾸 굶엄서라굶고 있더라

　제주도에서도 육지와 마찬가지로 첩은 첩妾, 첩가妾家, 소실小室, 작은
집, 씨앗 등으로 불리어졌다. 혹은 '족은 각시'로 불리어진다. 즉, 첩은
'족은 각시', 본처는 '큰 각시'로 불리어진다. 제주도의 첩은 조선중기
이후의 양반가 첩처럼 처첩妻妾의 신분차이가 심한 첩과는 상이相異하
고 오히려 조선 초기 이전 고려시대의 첩二妾, 삼첩三妾의 성격을 많이
가지고 있다. 따라서 제주도의 첩은 조선중기 이후 양반가족의 첩 용어
보다는 서첩庶妾, 이처二妻, 삼처三妻 용어를 사용하는 편이 사실을 더
정확히 전달할 수 있다(최재석, 1978).

　제주도의 첩은 육지 양반가족과는 달리 남자와 본처에 속하여 예속
적 지위에 서 있지도 않으며 옥내屋內노동만 하는 소비자도 아니다. 그
들은 제주도의 다른 여자初妻, 在妻와 거의 다를 바 없는 지위에서 옥외
노동에 종사하여 자기생활을 하고 있어 전통적인 첩과는 다르다.

---

86) 양하蘘荷, 제주어 : 양애는 열대 아시아 원산지의 여러해살이풀

제주에 있어서 여성들은 시대를 초월하여 경제적으로 얼마든지 혼자서 자립 자활할 수 있는 사회였기 때문이다. 제주에 축첩이 성했던 것은 사회적으로 보았을 때 '여종필일'女從必一 유교문화가 뿌리 내리지 않아서라고 보는 견해도 있다. 그리고 제주에 축첩이 만연했던 또 다른 환경은 비동족非同族 취락문화권이라 동네 안이나 하루거리 통혼권通婚圈 마을 내에서의 역내혼域內婚이 이루어 질 수 있는 혼성混性취락이 대부분이다. 여기에 여자가 많다는 필요조건 외에 남녀 간에 내외內外함[87])이 심한 육지부와 달리, 옥외屋外노동을 많이 하는 개방적인 생활과 무관하지 않다(송성대, 1998).

"씨앗과 싸우러 가니 산을 넘어 싸우러 가니, 동산 밭에 메밀꽃같이 번듯이 앉았는데 씨앗을 보니, 나 눈에도 저만큼 고운데 임의 눈에야 오죽하리." 당초 머리 채 잡고 목가지 비틀 참으로 갔는데, 막상 메밀꽃처럼 고운 시앗 모습을 보니 '자신이 보기에도 저리 고운데 남편의 눈에야 오죽 더 하랴' 싶어 체념하는 대목이다.

마치 드라마에서, 남편의 '그 년'을 반쯤 죽여 놓으려고, 몇 벌 없는 명품정장 꺼내 입고 미용실 들러 마사지 받아 머리 발 힘주며 교양 있게 갔는데, 막상 '상간녀' 모습을 보니 젊고 건강한 '그 젊은 년'의 자연미에

---

87) 내외법 = 조선시대 남녀 간의 접촉을 금했던 관습 및 제도, 내외의 기원은 『예기禮記』 내측편內則篇에 "예는 부부가 서로 삼가는 데서 비롯되는 것이니, 궁실을 지을 때 내외를 구별하여 남자는 밖에, 여자는 안에 거처하고, 궁문을 깊고 굳게 하여 남자는 함부로 들어올 수 없고, 여자는 임의로 나가지 않으며, 남자는 안의 일을 말하지 않고, 여자는 밖의 일을 언급하지 않는다."라고 한 예론에서 비롯되었음. 조선시대의 가옥구조는 『예기』의 설을 따라 중문中門으로 내·외사內外舍를 구분하고, 내사는 여자중심의 생활공간으로, 외사는 남자중심의 생활공간으로 하였음.

눌려 어쩔 수 없이 초라해지는 지어미의 심정과 비슷하다. 그리곤 돌아오면서 '평생 나밖에 모르는 순둥이 내 남편이 나처럼 우아한 조강지처 놔두고 실수로 아주 잠간, 눈 돌릴 적에야 그 정도나 되니까 그랬겠지' 하며 그 날의 거사를 서둘러 봉합한다.

씨왓이옌시앗이라고 틀으렌틀으려 가난 산을 넘언넘어 틀으렌 가난가니
동산밧듸밭에 메마꼿메밀꽃ᄀ찌같이 휘번듯이번듯이나 앚아시낛앉아있으니
나 눈에도 저만흔저만한 각시 임의 눈에사눈에야 아니 들리야들리 있겠는가
한락산의 고지수풀 단풍 무정흔무정한 남즈야남자야 브레여쳐다 보라
웃인없는 섬의 세띠 비례베러 감은 즈녀자녀 머리 매레매러 감이여
무에당도매다가도 나 손에 드난 물 싼 돌에 베배 배 듯이여
서월서울 각신 씨왓이 굿엉굿어 물을 넘엉넘어 틀으레싸러 간다
즤주제주 각신 씨왓이 좋앙좋아 산을 넘엉 살리레살리러 온다

"물이 없어 같은 물을 먹은 들 시앗과 같은 길을 가랴. 길을 다시 뺄 수만 있으면 시앗이 가는 길은 따로 빼게. 길이 없어 같은 길을 걷고 물이 없어 같은 물을 먹고"라며 본처는 '제주지역은 본디 먹는 물이 귀해 어쩔 수 없이 첩과 같은 물을 먹기는 하지만 그래도 같은 집에서 살기 싫고 같은 길을 다니기 더 더욱 싫다'며 별도의 도로 개설을 원하고 있다.

물이 웃엉없어 흔같은 물을 먹은 덜먹은 들 씨왓이사시앗이야 흔 질한 길을 가랴
질도길도 다시 빼는 수 시민있으면 씨왓 질은 뜨로나따로 빼게
질이 웃엉없어 흔 질을 걷곡걷고 물이 웃엉 흔 물을 먹곡먹고
살챗안 찧은 보릴보리를 거죽차껍질채 먹은덜먹은들 씨왓이사 흔 집의 살랴
배낭배나무 장귀장구 소리 난 몸이 어디 가민가면 귀흥댕귀하다 흐리리

431

서월서울 놈이 서월서울년 좋듯 앚인앉은 듸서데서 살아나 보게
물이 웃엉 흔 물을 먹곡먹고 질이 웃엉 흔 질을 걸은덜걸은들
속광속과 셈사셈이야 어디를 가코갈고 씨왓님아 강살음강샘, 질투 말라
집에 보경보면 벗으로 알라

　제주도에 첩이 많은 이유를 여성지위의 예속성隸屬性에서 찾아서는
안 된다. 육지의 첩일부다처은 여성의 지위의 저하低下와 관계있다 하
더라도 적어도 제주에서는 그런 관계가 성립되지 않는다. 왜냐하면 제
주여성은 육지여성에 비하여 여러 점에서 훨씬 높은 지위를 차지하고
있지만 첩의 비율은 육지보다 훨씬 많기 때문이다.

　그들의 노동생활은 필연적으로 그들의 남녀관계 특히 여성의 사회적,
가정적 생활상 지위를 규정하지 않을 수 없다. 여기에는 적어도 일반적
으로나 가정적으로나 남존여비男尊女卑의 철칙鐵則은 아직 수립되지 않
았다. 그들은 이러한 철칙이 수립되는 물질적 조건을 가지지 안했다.
여성은 남성과 함께 공동적 협력으로 일가의 생계를 영위한다. 그럼으
로 남편은 처가 남편에 대함과 같이 처의 의견을 존중히 하며 그것을
무시하지 않는다(동아일보 1937년 9월 2일 기사).

　이혼한 많은 여자들이 경제적 빈곤, 핵가족의 전통, 전통적인 유교적
가치관의 약화 등 여러 요인으로 인해 재혼하게 된다. 그러나 이들이
재혼으로 이르게 되지만 그들이 모두 재혼하는 길을 밟지 않는다. 가능
하면 재혼을 원하지만 사회적 이동이 적은 지역사회에서 '여다남소'女多
男小 현상은 필연적으로 그 일부는 첩의 길을 밟게 된다. 제주도의 첩을
재혼의 일종으로 보는 이유이다.

1930년대 한라산 중산간 표고재배 농가(사진 : 네이버)

경제적으로 빈곤한 상태인 이혼여자에게 생활을 할 수 있는 토지만 주어진다면 자기능력을 가진 여자는 재혼이든 첩이든 육지에서처럼 그다지 따지지 않게 된다. 제주도는 '여다남소'의 현실일지라도 많은 여자가 재혼을 하게 되고 이혼한 많은 여자가 재혼을 하게 된다. 이때 그 '여다남소'의 현실로 말미암아 모두가 이혼을 할 수 없어 그 일부는 첩이 된다. 다시 말하면 제주도의 첩 제도는 제주도 여자의 이혼과 재혼 그리고 '여다남소'라는 사회구조에 영향을 받았다고 보아진다(최재석, 1978).

것보리를 거죽차껍질채 먹은덜먹은들 시왓이사시앗이야 혼집의한집에 살랴
물이 엇엉없어 궂인나쁜 물 먹은덜 시왕광 고든질같은길로 가랴
질도길도 다시 새로나 빼믄빼면 시왓질은시앗길은 또로나따로 빼라
전처소박 시첩혼 놈아 소나이광사나이와 돌진달진 밤새라 대천바당 돌진
   밤새라

후처後妻로 들어온 '족은 어멍' 역시 서러움이 많다. "임 없어 하도

서러워 갓 스물에 여든 난 임에게 드니 두 번 세 번 물 덜은 밥을 씹어
달라 엄살이더라. 호강하려 남의 첩 들었지만 어디 간간히 놀 수 있더냐'

신 엇임도없음도 하도나많이 설롼서러워 갓 쓰물스물에 여든님 드난
두 번 싀번세번 물 덜은 밥을 씹어 도랜달라 앙업엄살이더라
호강호젠호강하려 놈의남의 첩 드난 어디 간간간간이 놀아 졉시니지더냐
지네어멍광 오름엣오름에 돌은 둥글어 댕기당도다니다가도 살을매살길 난다.

"편지가 왔다. 시앗이 죽었다는 편지다. 맛있는 고기반찬에도 밥맛이
쓰다가 그 소식을 듣고 나니 소금만이어도 밥이 달다. 앞밭에 묻지 말고
뒷밭에도 묻지 말고 가시덤불에 묻어서 열매가 열어도 먹지 말며 가져
다 쓰지도 말라." 눈에 가시 같던 첩이 죽었다는 부고訃告에 그간 맛좋은
고기반찬도 맛이 없었는데 이젠 소금만으로도 밥맛이 절로 난다. 이래
저래 맺힌 게 많다. 쉽게 풀어지지 않는다.

펜지편지 왔져 씨왓 죽은 펜지 왔져
궤기에도고기에도 밥이 씨단쓰다가 소곰소금에도 밥이 들다달다
앞 밧듸도 묻지 말곡 뒷 밧듸도 묻지 말곡 가시왕에가시덤불에 묻어근에
가심욜음열매 욜거든에 먹도 말곡 씨도쓰지도 말라

이처럼 제주에서 '첩'을 '씨앗'으로 부르는 것으로 보아 '씨밭이' 문화
와 무관하지 않다고 보아진다. 씨앗은 '씨왓'과 같은 의미로 '왓'은 제주
에서 밭田을 뜻한다. 따라서 씨앗은 '씨밭씨전, 氏田'인 셈이다(송성대,
1998).

40

저 꿩이나 잡았으면 : 전래동요 꿩노래

저 꿩이나 잡았으면 살찐 날개 쪽은 시엄마나 드렸으면~

힐끔 보는 눈 쪽 일랑 씨아방을 드렸으면~ 우뚜룻뚜 룻뚜우 우뚜룻뚜
룻뚜우~

걷고 걷은 종아릴랑 시동생을 주었으면~

쇠톱 같은 주둥일랑 시누이나 주었으면~ 우뚜룻뚜 룻뚜우 우뚜룻뚜 룻
뚜우~

길고 길은 꼬랑질랑 서방이나 드렸으면~

썩고 썩은 가슴일랑 서룬 내나 먹었으면~ 우뚜룻뚜 룻뚜우 우뚜룻뚜
룻뚜우~

저 꿩이나 잡았으면 저 꿩이나 잡았으면~

혹 이 노래를 아는 사람이 있을까? 얼른 장담하건데, 들어 본 거 같다
고 기억하는 사람조차 거의 없으실 게다. **"우뚜룻뚜 룻뚜우 우뚜룻뚜 룻뚜
우~"** 라는 후렴이 있어 이런 노래도 있었나, 갸우뚱 해 할 정도

이 노래는 1970년대를 풍미한 어니언스^{임창제, 이수영}의 첫 독집앨범에 수록된 곡으로 제주민요를 대중 가요화한 '며느리'라는 통기타곡이다. 아마 지금 50대 중반 이후 분이라면 누구나 한번쯤은 분위기잡고 나름 열창했을 '작은 새'가 수록된 어니언스^{양파들?}의 데뷔음반이다.

"고요한 밤하늘에 작은 구름 하나가 바람결에 흐르다 머무는 그 곳에는 길을 잃은 새 한 마리~ 집을 찾는다."

며느리는 시집오기 전 친정어머니 당부대로 벙어리 행세하면서 시집살이했다. 그렇게 아무 말을 않자 시어머니는 며느리를 말 못하는 '벙어리'라 타박하며 아들보고 친정으로 데려가라고 했다. 졸지에 소박맞은 며느리는 친정으로 가는 도중 날아가는 꿩을 보고, 그 꿩을 잡아 부위별로 시집식구들에게 대접하고 싶다⁸⁸⁾는 소망(?)을 담아 노래 부른다. 그 노래를 들은 시부모는 그제 서야 언어장애가 아니라는 사실을 알고 다시 복귀(?)하게 했고 그 후 백년해로했다는 스토리다.

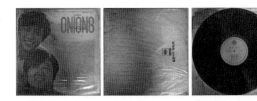

어니언스의 1집 앨범(사진 : 네이버)

허은정²⁰¹⁴은 이를 '시집살이형' 꿩 노래로 분류하고 있다. 어떻게 제주민요^{전래동요} '꿩 노래'가 어니언스에 알려졌고, 그걸 모티브로 이수영 씨가 편곡하여 이런 노래가 나왔는지 무척 궁금하다. 1987년 해금^{解禁}

88) 특히 시어머니에게 가장 '살찐' 부위를 드림.

된 '며느리'의 금지사유는 '곡 퇴폐'이다. 이 노래의 어떤 부분이 퇴폐頹廢였을까? 아울러 궁금하다.

제주지역 마을조사를 하다보면, 설촌設村 초기 수렵활동이 왕성했음을 알 수 있다. 특히 조천읍 선흘리의 경우 설촌 초기 주요생업은 수렵狩獵이었다. 꿩이나 노루는 물론이고 멧돼지가 많았다돗바령. 그러다 사람이 많아지면서 정착농업으로 전환하기 시작했다. 뿐만 아니라 교래리나 가시리 지경에서도 사냥이 이루어졌다. 〈탐라순력도耽羅巡歷圖〉 '교래대렵橋來大獵'은 1702년 10월 11일에 교래 지경에서 진상을 위해 산짐승과 날짐승을 사냥하는 그림이다. 제주지역에는 주로 노루, 사슴, 멧돼지, 지달지다리 등과 꿩, 까마귀, 솔개, 참새 등이 있었다. 이날 사냥에서 사슴 177마리, 멧돼지 11마리, 노루 101마리, 꿩 22마리를 잡았다.
뿐만 아니라 예전에는 동네마다 장총을 가진 '꿩바치'꿩 사냥꾼가 여러 분 계셨다. 아이들은 겨울이면 '빌레'나 '드르'로 '꿩코'올가미 놓으러 다녔다. 가끔 콩 속을 파서 그 안에 '싸이나'청산가리를 넣고 그걸 꿩이 다닐만한 들판에 뿌려두었다가, 독이든 콩을 먹고 식중독사死한 꿩을 가져 오

탐라순력도 교래대렵橋來大獵(사진 : 제주특별자치도)

기도 하였다 그때나 지금이나 불법이다. 육류섭취가 귀했던 시절 꿩고기는 훌륭한 단백질 공급원이었다. '꿩메밀국수'는 지금도 일품이다. 요즘은 '구이'로도 많이 먹는다.

꿩과 관련된 노래는 아주 예전부터 불렸다. 예를 들면 고구려 유리왕이 지었다는 '황조가黃鳥歌'가 있다. 이 작품의 배경설화에는 유리왕의 두 계실繼室, 화희禾姬와 치희雉姬가 등장한다. 왕이 자리를 비운 사이두 계실끼리 다투었는데, 먼저 화희가 치희를 욕보이자, 치희가 부끄럽고 분함을 참지 못하여 제 고향으로 돌아가 버린다. 치희는 '꿩 아가씨'이고 화희는 '벼 아가씨'이다. 이는 두 부족部族의 상징적 명칭으로 두사람의 다툼은 수렵狩獵부족과 농경農耕부족의 대립, 즉 종족 간 갈등을 나타낸다. 치희라는 이름에서 꿩雉은 고대 신화시대 부족의 상징이며아름다움의 표상으로 쓰였다(허은정, 2014)고 할 수 있다.

꿩 꿩 장서방 무싱거무엇을 먹고 살암나살고 있니
삼 년 묵은 그실가을 밧듸밭에 콩 흔한 방울 줏어주워 먹곡
이영 저영이력 저력 살암져살고 있다

꿩 꿩 장서방 어찌어찌 살암나
알롱달롱 저고리에 벡가망뒤희고 검은 동전에
예염에염구석구석 댕기멍다니며 콩 흔 방을 풋팥 흔 방울
줏어 먹으멍 살곡 콩 흔 섬도 지어 보곡 풋 흔 섬도 지어 보곡
산듸밧벼 흔 섬도 지어 보곡 조 흔 섬도 지어 보곡

꿩 꿩 장서방 어찌어찌 살암소 내가 어찌 몬못 살리오
삼 년 묵은 저실겨울 밧듸 오 년 묵은 저실 밧듸밭에

의염의염구석구석 돌단돌다 보난보니 콩 흔 방울 주워 먹곡
삼각산의 늘곡날고 강 삼천강의 집을 짓곡 은가락지 주워 불멍버리며
가시낭은 걸어 불멍 뒷문 낼 듸데 대문 내곡 대문대청문 발레정면에
장황장독 우회위에 끅쳐 올령 그 우회위에 나가 앚앙앉아
내가 어찌 몬못 살리오 손지아기손자 잔 드리라 메눌며늘아기 방애방아지라
똘딸아기 조세재롱 ᄒ라 내가 어찌 몬 살리오

꿩 꿩 장서방 어찌어찌 살암소 웨왜 내가 못 살리
알롱달롱 저고리에 아까마지붉은색 동전에 반들반들 걷노랜라니 ᄒ난
고사리랑 비여배여가멍 집이랑 짓어 가멍가며 이만ᄒ민이만하면 내 천지여
머리 붉은 황개가 이레이리 주춤 저레저리 주춤
삼각산에 치들안치달아 보니 고사리랑 비여배여 가멍가며 이만ᄒ민 내 천지여

  제주에 전해지는 '꿩 노래'는 고대소설 '장끼전'과 유사하다. 다양한 사설들이 전해지고 있는 '꿩 노래'는 길이가 짧은 노래와 긴 노래가 있다. 짧은 형태의 '꿩 노래'를 '단短형', 긴 형태의 '꿩 노래'를 '장長형'이라 한다. 단형의 '꿩 노래'는 꿩의 생태를 관찰하여 이를 가사로 나타낸다. '꿩꿩 장서방'처럼 장끼를 부르는 말로 시작하여 장끼의 안부를 묻는 형태이다. 무엇을 먹고 살았는지, 어디서 잠을 잤는지, 어찌 사는지 등을 묻는다.

  이 민요는 꿩을 빗대어 인간생활의 가장 기본적인 요소인 먹는 것과 잠자는 것에 대해 물어보고 있다. 그 질문에 꿩은 '그럭저럭 살고 있소'라고 답하며 사연 많은 인생사를 늘어놓는다. 이어 장끼의 빼어난 자태姿態를 인간의 의복에 빗대어 묘사한다. '꿩 노래'의 주인공인 꿩은 오색 비단옷을 화려하게 차려 입고 등장한다(허은정, 2014).

꿩 꿩 장서방 어찌어찌 살암소 알롱달롱 저고리에

ᄌᆞ지자주 멩지명주 짓을깃을 ᄃᆞᆯ고달고 ᄇᆡᆨ황백황 실의 동전 ᄃᆞᆯ앙달아

삼 년 묵은 ᄀᆞ실 밧듸밭에 어리우당얼렁뚱땅 줏엄시난줍고 있더니

총을 든 나아들놈 웬왼쪽 독ᄆᆞ릅무릎 꾸을리곡꿇고

ᄂᆞ단왼 독ᄆᆞ릅 주침주춤 걸언걸어 다랑ᄒᆞ게 탕! 노난놓으니

목구녕목구멍도 보아 도라달라 임뎅이이마도 보아 도라

나 가심도가슴도 지퍼짚어 보라 지퍼 보난보니 석석이여서늘하다

이 ᄂᆞᆯ개도날개도 자울자울갸울갸울 가정 간가져가

ᄇᆞ랑ᄇᆞ랑 숨아근에숨어서 ᄇᆞᆨ ᄇᆞᆨ박박 튿어뜯어 먹언

뒷 밧데레밭으로 데겨부난던져 버리니 암꿩은 물어단에물어다가

정당걸언덩굴걸언 수렴염습 殮襲ᄒᆞ곡 ᄁᆞᆨ껍칡넌출걸언 대렴大殮ᄒᆞ곡

대추낭대추나무의 관을 차곡ᄀᆞ고 석 ᄃᆞᆯ석달 열흘 구산求山하여

감장勘葬 못ᄒᆞ연못하여 울엄시난울고 있더니 어디 잇단있던 가마귀놈

　　　퍼달퍼달퍼덕퍼덕 ᄂᆞᆯ아날아 오란와서 꿩아지망꿩아주머니 무사왜 울어

낭군님이 죽어근에죽어서 석 ᄃᆞᆯ 열흘 구산ᄒᆞ연 감장 못ᄒᆞ연 울엄고라울고
　　있노라

나영나와 살믄살면 어떵ᄒᆞ코할꼬 내가 감장 ᄒᆞ여하여 주마

난 말다싫다 몸 검은 게

조곰조금 시난있으니 소로기놈소리개놈 퍼달퍼달 ᄂᆞᆯ아오란날아와서

꿩아지망 무사왜 울어 ᄀᆞᆫ도말도 말곡 이르도이르지도 말아

낭군님이 죽어근에 설 ᄃᆞᆯ 열흘 구산ᄒᆞ연 감장 못ᄒᆞ연못하여 울엄고라

나영 살믄 어떵ᄒᆞ코어떨는지 난 말다싫다 눈은 붉기밝기 족족ᄒᆞ여진 게

눈은 붉기 족족ᄒᆞ여도하여도 황해도 황정싱정승 큰아덜큰아들이노라

어서 게문그럼 기영ᄒᆞ라그렇게해라

빌레왓디간밭에가 빌어단 ᄀᆞ다시오등동 고다시마을 간가서 ᄀᆞᆯ아단갈아다가

죽성 간 죽 쒀단쑤어다가

장밧듸장지 葬地간 장 빌어단빌어다가 거린 간가서 거령떠 먹언

무드네알무드네, 웃무드네간 묻어근에묻고 나서

봉아름봉개 간 봉토封土 싼쌓아 삿갓에서 삭제朔祭ᄒᆞ고
담고망구멍에서 담제禫祭ᄒᆞ더라하더라

* 감장(勘葬) = 장사지내는 일을 끝냄. 나아들놈 = 상대방이나 제삼자인 남자를
   욕설 혹은 애칭으로 일컫는 말, ᄇᆞ랑ᄇᆞ랑 = 천천히 불을 때는 모양, 빌레왓
   = 너부죽한 바윗돌이 지면이나 땅 속에 많이 묻혀 있는 밭, 고다시마을, 죽성
   마을 = 오등동, 아라동의 옛 마을, 알무드네 = 영평동, 웃무드네=용강동

꿩의 삶은 마냥 행복하고 안정적이진 않았다. 언제나 포수나 솔개의
등장에 위험을 느끼며 살아간다. 특히 "총을 든 나아들 놈"이 등장하여
"웬 독ᄆᆞ릅 꾸을리곡 ᄂᆞ단 독 ᄆᆞ릅 주침 걸언 다랑ᄒᆞ게 노난" 그만이다.
이처럼 '꿩 노래'에서 가장 위험한 존재는 꿩바치捕手다. 직접적으로 '박
포수'라고 하거나, "꿩마치는 게아덜 놈", "날 잡으러 오는 채시天使", "총
쟁이", "놀매 ᄀᆞ튼같은 도둑놈"으로 표현되며 장총을 들고 나타난다. 이
런 위험 때문에 꿩은 가족들과 같이 깊은 산속으로 숨어들어갈 수밖에
없었다.

꿩 꿩 장서방 어찌어찌 살암소 이 담 넘엉넘어 똘딸 나곡낳고
저 담 넘엉 아들아들 나곡 콩 ᄒᆞᆫ 방울 문들어시난떨어드렸으니
그 콩 방울 먹어 노난 이내 몸이 석석이여
임아 임아 정든 임아 이내 눈을 보아 도라
동제동자도 보난 석석이여 홀할 수 읏이없이
푸린푸른 포보에 집신짚신 감발 ᄒᆞ여서라하였더라

암꿩은 앞이 사곡 장꿩은 뒤에 사곡사고 아침저녁 걸어가난
벡멩지백명주 저고리에 흰 비단 동전에

얼굴베기얼룩배기 관디에관대에 울퉁절퉁울퉁불퉁 둘러 입곡
머들만이머들만큼 앗아시난앉았더니 널매 ᄀᆞ뜬같은 도적놈은
곳곳마다 여삼야수고더라 이만ᄒᆞ민이만하면 어떻ᄒᆞ리어떻하리 저만 ᄒᆞ민 어
    떻ᄒᆞ리
수풀 왓듸밭에 기여들언기어들어 어기야둥땅얼렁뚱땅 줏어 먹언
한라산에 간 보난보니 아들아긴아들아기는 장기 두곡두고 ᄄᆞᆯ아긴딸아기는 노
    념헴더라놀이하고 있더라

* 머들 = 밭 가운데 군데군데 모여 쌓인 돌무더기, 널매=매의 일종

"꿩꿩 장서방 뭣을 먹고 사느니/ 아로롱이 바지에 아로롱이 저고리에 백명
주로 동전 달고 조지명주 고름에 차고 활짝 곧은 긴장 위에 꺽꺽 주어먹자
꺽꺽 주어먹자/ 삼년 묵은 팥 심었던 밭에 오년 묵은 콩 심었던 자리에 떨어진
콩 방울 둥실 둥실 주어먹더니/ 난 데 없이 박포수가 나타나 한쪽 귀는 기울고
한쪽 눈을 '지스리'며 우당탕 소리 나더니 '오꼿'벌떡, 후딱 첫 번째 서방을 총으로
쏘고 가져가 버렸다/ 두 번째 서방을 얻었으나 '산장이'사냥꾼가 데리고 온 사냥
개가 입으로 물고 가버렸다/ 세 번째 서방을 얻었으나 '살殺통'에 들어가 죽고
말았다/ 아이고 내 팔자야 내 사주야/ 아고 이제는 깊고 깊은 산전山田에 올라
가 나 혼자 그럭저럭 혼자 살려고 작정했다/ 하루는 솔개 놈이 와서 너 혼자
살지 말고 나랑 같이 살아보자/ 털 복숭이 너 하고는 못 살겠다/ 이젠 더 깊고
깊은 산중에 올라가 그럭저럭 주어먹고 살고 있더니/ 다음은 까마귀 놈이 와
서 나랑 살아보게/ 몸뚱이가 검어 너하고도 못 살겠다/ 다음에는 매 놈이 와서
나랑 살아보자 하니/ 매하고 비둘기하고 포수질하며 잡아먹는 놈하고는 안
살겠다 했다/ 그 후 그럭저럭 살고 있었는데 하루는 난데없이 귀에 익은 꿩꿩
하는 소리가 났다/ 아고, 예전 우리 남편이 살아 오셨나 하며 돌담위로 올라가
깩깩 신호를 보냈다/ 온 걸보니 예전 남편보다 얼굴도 더 잘 생겼고 의복도
잘 차려 입었다/ 그 남편 맞아 남은 생애 잘 살았다."

꿩꿩 장서방 뭣을 먹고 사느니 아로롱이 바지에 아로롱이 저고리에
백멩지로 동전 돌고 조지멩지 곰에 차고
활짝 곧은 긴장위에 꺽꺽 줏어먹자 꺽꺽 주워먹자
삼년 묵은 폿팥그르에 오년 묵은 콩그르에
둥실 둥실 주워 먹더니 난 디난 데 없는 박포수가 나타나서
혼착한쪽 귀랑 자울리곡기우리고 혼착 눈을 지스리곡
우당탕 호던하던 소리가 나던데 마는 오꼿그만 첫째 서방은 쏘아 가불더
　　구나
둘째 서방은 얼으난 산쟁이는사냥꾼은 사냥개 돌고 오란 그만 사냥개 입
　　에 물어가더구나
셋째 서방을 얼으난 살통에 기어들언 죽더구나 아고지고 내 팔제팔자야
　　내 스주야사주야 아고
이젠 심심 산전山田에 올라간 나 혼자 그럭저럭 혼자 살당살다 말젠말려고
호루는하루는 소로기놈이 오란 느너 혼자만 살지 말앙
오라 나영나와이 살아보게 난 너는 털복숭이라서 너 호고는하고는 못 살겠다
이젠 심심 산중에 올라간 그럭저럭 줏어먹고 살았더니살고 있더니
다음은 가마귀놈이 오란 오라 나영이나 살아보게
난 너는 몸땡이가몸뚱이가 검서방이라서 너하고도 못 살겠다
다음에는 매놈이 오란 촘 오라 나영이나 살아보게 호난
너는 매하고 비둘기 호곡하고 포수질 헤영하여 잡아먹는 놈하고도 안 살겠다
　　호연
다음엔 그럭저럭 호연 살았더니살고있더니 호를은하루는 난데 업는없는
귀에 익은 꿩꿩 호는하는 소리가 난 아고 옛날 우리 남편이나 살아 오라
　　신가왔나 호연하여 담 위에 올라산서서 깍깍깍 신호를 호여 주엇더니
그 남편은 온 건 보니 옛날 우리 남편보다 얼굴도 더 잘 생기고
의복도 잘 초려차려 입고 그런 남편을 맞아가지고 혼한 생전 잘 살았다
　　홉니다합니다

| 꿩놀레 |

* 그르 = 농사를 지었던 자리, 오꼿 = 가만히 있다가 선득 일어서는 모양, 여유를 주지 않고 선뜻하게 해 버리는 모양, 그만

단형에 비해 비교적 긴 형태인 장형의 '꿩 노래'는 까투리와 장끼의 갈등을 그린 내용과 벙어리행세를 한 며느리가 '꿩 노래'를 부르며 다시 돌아와 잘살게 되었다는 내용이다. 전자를 '암수갈등형', 후자는 '시집살 이형'으로 구분한다(허은정, 2014).

암수갈등형 '꿩 노래'를 살펴보면 한겨울에 까투리와 장끼가 아홉 아 들 열두 딸을 거느리고 먹이를 찾으러 나섰다가 콩 하나를 발견한다. **"저 담 넘엉 아둘 나곡 콩 혼 방울 문들어시난 그 콩 방울 먹어 노난 이내 몸이 석석이여"**, 이에 장끼가 먹으려 하자 까투리가 만류를 한다. 그런데 장끼 가 까투리의 말을 듣지 않고 콩^{아마 싸낟나가 들어있던}을 먹었고, 결국 죽는다. 까투리가 신세한탄을 하면서 장끼의 장사를 지내준 후 수절守節하거나 개가改嫁한다.

시집살이형은 고발성이 강한 노래다. 시집살이를 잘하기 위해 벙어 리행세를 했지만 그 때문에 도리어 시집에서 쫓겨나게 되었다. 그럼에 도 불구하고 며느리는 자신이 벙어리가 아니라고 주장하지 않는다. 시 집에서 강요하는 대로 아무런 대꾸도 없이 친정으로 쫓겨 간다. 친정으 로 가는 도중 날아가는 꿩을 보고, 그 꿩을 잡아 꿩 고기를 부위별로 나누어서 시집식구들에게 대접하겠다는 내용의 노래를 부른다. 그러면 서 이면적裏面的으로는 시집식구들을 꿩의 부위에 비유해 그동안 자신 을 힘들게 했던 행태들을 비난하고 있다.

제주에서는 밭에서 김을 매거나 나물을 캘 때 '꿩 노래'를 불렀다. 가끔 남자가 부르는 경우도 있었다. 남성인 경우 자기 자신의 창작이 아닌 다른 사람 혹은 집단의 영향을 받았다고 보아진다. 그리고 어른과 아이를 이어 주는 전래동요로 불린다. 동네 주변을 다니다가 꿩을 발견 하고 쫓으며 부르거나, 길에서 아이들이 한데 어울려 단체로 발맞춰 걸 으며 부르기도 했다.

단형 중 기본형은 장끼의 안부를 묻는 형식이다. 그럴 경우 노래 길 이가 아주 짧아 아이들이 노래를 새로 익히거나 따라 부르기 수월했다. 이 유형은 아이들이 놀이하며 부르거나, 둘이서 말을 주고받는 문답형 식으로 부른다. 단형의 '꿩 노래'는 장끼를 대상으로 삼아 장끼의 신세 를 화제로 삼고 있다. 따라서 둘 이상 아이들이 화자話者 입장에서, 꿩 입장에서 문답을 주고받으며 부르기 알맞다(허은정, 2014).

맺음말

심벅경쟁,競爭이랑 허곡, 게움시의,猜疑이랑 허질 말라

이 글을 시작할 때부터 나는, "제주민요가 제주사회경제사 연구의 생생한 기초자료로서 가치가 높기 때문에 제주민요 사설에 녹아 있는 당시의 역사, 사회, 문화, 경제생활들을 살펴봄으로 해서 제주사회경제사 연구의 지평을 넓힐 수 있다"라고 생각했다. 제주도 민요에는 제주도의 풍토, 역사, 민속, 산업, 경제, 사회, 종교, 문화 등 제주도 도민의 생산방법과 생활양식 및 사고방법이 들어있다. 따라서 사설에 나타난 당시의 생산 활동, 경제생활, 경제적 행위, 경제현상 등과 제주사회경제사와의 연관관계를 모색해 볼만 하다[89]. 이를 통해 제주민요와 제주사회경제사를 융합融合한 학제 간 연구가 가능하다. 그러나 이러한 시도는 민요 연구의 아주 일부분에 불과하며 이미 다양한 관점에서 선학先學들에 의해 많이 이루어지고 있다.

---

89) 민요와 경제학과의 융합을 'Benjonomics'라 한다(김상규, 2017).

민요는 서민庶民적이고 기능적이며 지역적인 속성을 지니고 있다. 민요는 지역마다의 서민생활을 그대로 축약하며 한 지역의 특성을 그대로 구현하고 있다. 개인이나 집단은 일정한 테두리 안에서 삶을 살아가고 문화를 공유하면서 서로 비슷한 생각을 갖게 되고 소속감을 가지게 된다. 그리고 개인이 살고 있는 지역의 오래된 역사나 문화유산, 자연환경 등을 통해 그 지역의 특성을 알게 되고 그 지역을 드러내는 중요한 요소로 받아들이게 된다. 즉, 오랜 기간 동안 공유한 그 지역의 역사, 언어, 음악, 문화, 자연, 산업 등은 다른 지역과 차별화되는 그 지역만의 독특한 개성을 생성하게 하고 그 지역에 사는 사람들에게 친밀감이나 애착을 느끼게 하는 요소로 작용하게 하여 그 지역만의 고유하고 독특한 '지역정체성'을 형성하게 한다.

민요는 같은 지역사람들에 의해서 만들어 진다. 민요는 같은 문화적, 감정적, 공감대를 이루어 누구부터인지도 모르는 오랜 시간동안 불러진 서민들의 노래이다. 서민들은 일상생활 속에서 노래를 불러 왔고 일상생활의 '희노애락'을 노래로 표현해왔다. 서민들의 삶과 불가분의 관계로 그들의 생활과 감정 등을 고스란히 담고 있기 때문에 지역정체성을 형성시킬 수 있다. 지역정체성은 주민 개개인이 자신이 살아가는 지역과 장소에 대해 공유하고 있는 인식과 이미지를 기초로 형성, 주민상호간 또는 자신이 거주하는 장소와 결합되어 있거나 소속되어 있다는 일종의 공동체 의식이며, 위로부터 구성되거나 제공된 신념을 포함하고 있다. 지역정체성은 타 지역과 차별화되는 그 지역만의 특성, 즉 그 지역만의 지역다움을 뜻한다. 따라서 그 지역이 연출해낼 수 있는 독특한 특성이 지역의 정체성이다(오만택, 2002).

이러한 지역정체성을 故 김영돈 교수님은 '주민의식' 혹은 '도민의식'이라고 표현했다. 그는 이미 석·박사학위 논문에서부터 제주민요를 통해 제주도민 의식주민의식, 생활관을 밝히는 연구에 몰두해 왔다. 매우 존경스러운 대가大家의 면모이다. 그러나 이 글에서 전부를 개괄하기에는 표현이나 서술이 어렵다. 하지만 그 내용이 워낙 의미가 있고 우리가 반드시 짚고 넘어가야 할 사항이라 요점만 정리해 본다.

주민의식은 집단적, 사회적 성격과 밀착된다고 할 때 그 연구는 문화유형에 관한 고찰, 국민성 고찰, 사회적 성격 및 기본적 개성에 관한 고찰로 나눌 수 있다. 주민의식을 밝히는 일은 자기 동일성을 확인하는 작업이요, 자아가 자아의 주인공으로서 자기를 지키는 마음의 자세, 곧 주체성을 정립하는 작업일 수 있다. 남과 다른 자아, 남들과 판별되는 집단적 성격이 곧 주민의식의 요체要諦일 것이다. 제주의 도민의식을 밝힐 때 도민의 존재양식, 곧 제도적 양식이 천명될 것이며, 종국에는 자기실현적 예언self-fulfilling prophecy이 구축되면서 제주인의 잠재적 능력이 개발된다(김영돈, 1982).

서민적, 자족적, 기능적, 지역적이라는 민요의 특성상 민요는 그 지역

특유의 실상과 지역민의 심의현상心意現象을 말해준다. 故 김영돈 교수님은 제주도 민요에 드러난 심의현상으로, 먼저 비통悲痛, 통한痛恨, 숙명宿命, 인욕忍辱, 인고忍苦와 절제節制, 소박素朴, 절검節儉, 불패不敗 등이 있으며, 이를 '인고忍苦와 불굴不屈의 의식'이라고 정리했다. 다음으로 자주自主, 자립自立, 자존自尊, 자강自彊과 더불어 안분지족安分知足으로써 소망素望, 사대事大를 누르고 실질實質에 터전하면서 역행力行으로써 생활을 개척해 나가는 '자강역행의식'自彊力行意識이라고 했다. 이러한 '인고忍苦와 불굴不屈의 의식', '자강自彊과 역행力行의 의식', '자주自主와 안분安分의 의식' 등을 한마디로 함축하면, '자강불식의식'自彊不息意識이라 할 수 있다. 이는 곧 갖은 어려움에 대처하면서 실정實情대로 받아들여 말없이 안분지족安分知足하며 불굴不屈하는 '돌'의 철리哲理로 비유된다.

▌인고, 불굴의 정신

낭도나무도 지는 지게여 마는 돌도 지는 지게여 마는
우리 어멍어머니 날 지운 지겐 놈이남이 ㅂ린버린 지게로 고나
설룬섧은어멍 날 설아서어 올적 어느 바당바다 메역국미역국 먹곡먹고
ㅂ롬바람불 적불 때 절물결일 적마다 궁글리멍흔들리며 못 사는 구나

나 전싱은전생은 무르에여린 전싱이여 돌아 가멍가며 날 울리더라
가난ㅎ고가난하고 서난흔서러운 인싱인생 빙은병은 드난드니 머서난ㅎ다더 서럽다
가난도기 서난도섧지도 말앙말아 지장세미 물만이물만큼 살라

* 지장세미 = 서귀포시 서홍동에 있는 샘, 고종달 전설이 깃들어있음.

449

모든 사람은 다 '자기의지'에 의해 태어나지 않는다. 어쩌다 태어나 보니 무거운 지게가 얹혀있다. 하필이면 남이 내동댕이 쳐버린 무거운 지게를 뒤집어썼다. 내 어머니가 날 잉태하였을 때 미역을 먹여 내 골육 骨肉을 굳혔다. 그런 미역의 생리生理를 그대로 닮아 연속적 고초를 숙명처럼 감수해 왔다. 그렇지 않아도 가난하고 서러운데 질병 등 액운厄運이 뜻밖에 덮치는 일없이 일상의 평형을 이어 나가기를 바란다. '지장새미' 샘물처럼 일정한 수면을 항상 유지하기를 바라는 마음이다.

> 낭짐에도나무지기에도 헌옷이 좋다 물짐에도물지기에도 헌옷이 좋다
> 헌옷 입엇당입었다가 ᄀ진옷새옷 입어도 석신바탕은 보난보니 흔석시라라한바
> 탕이더라

> 본디 ᄌᆞ냑저녁 어둑는어둡는 집의 오늘이엥오늘이라고 붉은때밝은때 ᄒᆞ랴하랴
> 어둑경은어둡거든 밤이엥밤이라 말라 밤도 아니 어두워러라

> 소섬우도, 牛島으랑 지둥삼곡기둥삼고 청산성산일출봉으랑 문을 들곡달고 한두
> 물에 물밀려오듯 새끼 청산 누울린다

* 한두물 = 성산읍 성산리와 오조리 사이에 있는 바다, 새끼청산 = 성산 일출봉 옆에 있는 자그만 봉우리

> 우리가 이엉저엉 ᄒᆞ당이리저리하다가 흔번한번어차 실수 뒈민되면
> 우알위아래등을 무꺼묵어놓고 소방산천 쳇대 우회위에
> 둥시렁ᄒᆞ게둥그스럼히 올려 놓곡 공동묘지 갈 적 의는에는
> 어느야 님이 날 막아 주멍주며 어느 부모가 날 막아 주리

* 쳇대 = 대패목, 상여아래 양옆에 매어 놓아 앞뒤로 길게 뻗치는 채

너른넓은 바당바다 앞을 재연재어 흔길한길 두질 들어 가난가니
홍합대합 삐죽 삐쭉 미역귀가 너울너울 미역에만 정신들연들여 미역만
흐단 보난하다가 보니 숨막히는 중줄 몰람구나모르는구나

근검勤儉, 질박質朴, 불굴不屈의 의지와 목숨 걸고 생업에 부딪치는 비
장悲壯과 불패不敗의 기백이 넘치는 노래들이다. 근검과 질박은 도민의
생활 그 자체이며 의식은 불가피한 수단일 따름이지 그 자체로 의미는
없다. 밤도 밤이 아니요, 밤이라고 어디 어두울까 라며 역설하고 있다.
저녁밥도 늘 늦어야 정상이다. 오히려 이른 저녁은 정도正道에서 벗어
난다. 신명身命걸고 바다에 뛰어드는 해녀들의 의지와 스스로 생활을
이겨내는 신념이 번득이는 해녀노래에서 해녀들이 노를 저어 나가면서
시야視野에 펼쳐지는 섬, 소섬은 기둥이요, 성산일출봉은 문門이라 했
다. 그 호연浩然은 '거인巨人 설화'인 '설문대 할망'을 방불케 한다.

지난날 제주도민의 삶은 불리한 여건으로 첩첩 쌓여 짓눌렸지만, 그
들은 이를 실정實情으로 수용하고 적극적으로 대처했다. 처절悽絶, 통분
痛憤에 직면하면서도 도민들은 패배하고 좌절하지 않았다. 심연深淵모
를 처절에 통달하면서도 그 처절의 극한을 박차고 나섰다. 차돌 같은
의지와 비장하리만큼의 강인함이 민요 사설 속에 역력히 숨 쉰다. 이는
민요가 지니는 불가사의不可思議한 힘이다.

▌자강역행의 정신

갖은 어려움을 인고忍苦하며 근면勤勉, 절검節儉함으로써 역경逆境에
불굴하는 제주도민들에게는 자주자립으로써 자존自尊하는 의지와 수분

守分, 지족知足하면서 실질實質에 터전하여 역행力行함으로써 생활을 이겨나가는 패기가 끈질기게 흐른다.

집 신 년딜집 있는 년들 집 자랑 말라 어욱참억새닷못다섯못 새띠닷못 들연들여 짓언 보난지어보니 삼간 이라라이더라
원員의 아덜아들 원인 체척 말라 신臣의 아덜 신인 체 말라
헌 자리에 헌 베개베개베난베너 원도 신도 저운새두려운바웃나없다

나록쏠이밭벼, 쌀이 낭지레나무지러가멍가며 산뒷쏠이산듸, 논벼 물 지레지러가랴 그 밥 흔술한술 날 주어시민주었으면 낭글나무를 지나지거나 물 지나흥컬할텐데

하니ㅂ 름하늬바람 한서방칩의집에 빗져먹은빛 얻은 장녜도장녜도웃다없다
빗져 먹은 워례도 웃다 올려 온댕온다고 제적, 笛 소린 나도
등을 굽엉굽어 의엄에구석에 들랴

* 장녜장리, 長利 = 절량기에 가난한 농가가 부농에게 곡식을 꾸었다가 한철 농사가 지난 다음 갚은 일, 보통 조나 보리를 꾸었다가 밭벼나 메밀 등으로 갚거나 같은 곡식이면 이자조로 1할 쯤 더 붙여 갚는다. 워례=농가에서 이웃끼리 곡식, 식량을 꾸었다가 갚는 일, 조금만 꾸었다가 더 보태지 않고 얼른 갚는 점이 '장녜'와 다름.

죽엉죽어가민가면 썩어질 궤기고기 산 때 미영움직여 놈이나궤라괴어라
미정밉든 궤정귀엽든 밥 줄인 셔도있어도 미정 궤정 웃 줄인 웃다없다

집 한 채 가졌다고 거드름 거리지 마라. 원님이나 신하의 자녀라고

잘난 체 말라. 권세權勢앞에 무릎 꿇기보다 그들과 평행선인 채 자족自
足, 자존自尊함이 보람차다. 어차피 육신은 진토塵土된다. 살아 있을 때
사력死力을 다해 근면勤勉, 역행力行으로써 자조自助, 이타利他하려는 생
활철학이다. 예전에는 아주 귀했던 백미白米를 통하여 역행제일力行第一
의 철리哲理를 말하고 있다.

> 요 농국농곡 農穀, 농사을 지어다근다가 우리나라 바칠 농ᄉ농사
> 전배 독선獨船 ᄒ실하실 농ᄉ
> 큰 부젠부자는 하늘엣하늘에 부제 족은작은 부젠 오곰엣오곰에부제
> 오곰엣 툭턱 오곰엣 툭

  소망素望, 항거抗拒를 자위自慰, 자존自尊으로 이끌면서 수분守分과 실
질實質에 터전 하여 충실하게 역행力行해 나가려는 의지이다. 어차피 큰
부자는 하늘이 내려주는 것, 가정을 꾸려나가고 공부貢賦에 힘 부치지
않을 정도의 부자면 족하다. 안분지족하면서 크게 승리하지는 못하지
만 절대 패배하지는 않는다. 오금을 오그렸다 폈다 하며 꾸준히 노력하
여 알찬 생활을 다져나가는 도민의 지혜. 오름의 돌은 남에게 기댐이
없이 묵묵히 자력으로 실존하고 긴 세월을 자강自彊의 의지로써 인고하
면서 불굴의 정신을 기른다. 돌의 철리哲理는 역사 이래 면면히 도민의
의지를 키워온 자강불식自彊不息의 주민의식이다.

> 오름에 돌광돌과 지세어멍은 둥글어댕기당도굴러다니다가 살을메살도리 난다
> 놈의남의 첩광첩과 소낭긔소나무에 ᄇ름바람은 소린소리는나도 살을메 웃다살
>   도리 없다
> 버륵버륵번듯번듯 살마꼿은반하, ᄹ夏꼿은 ᄒ를하루피영피여 웃어나진다없어진다

* 지세어멍 = 정절을 잘 지키면서 집안일을 착실히 하는 본처本妻

옛 제주도민들은 외화내허外華內虛한 바람을 제쳐두고 외허내화外虛內華한 돌의 생리를 택했다. 봉우리의 돌은 바라 본처本妻의 생리生理 그 자체여서 갖은 고난苦難을 다 이겼으며 혼자 굴러다니다가도 세월이 흐르면 언제 가는 살 도리가 생겨난다. 소나무 가지에 부딪쳐 우는 바람은 소실小室처럼 겉으로는 야단스러울 만큼 화사華奢하지만 끝내 살 도리를 마련 못한다. 소실과 바람의 외화내허성은 하루정도 화려하게 피었다가 이내 시들어 버리는 반하半夏꽃이다. 그러나 오름의 돌은 실정을 외면하거나 허황된 꿈에 허덕이지 않고 질박, 검소의 바탕이 깔려있다.

이와 함께 故 김영돈 교수님은 〈김영돈 외(1983), 「제주도민의 삼무정신」, 제주도〉에서 제주정신으로 '삼무정신'三無精神 도출하기도 했다. 이 글에서 삼무정신은 도무盜無[정의, 정직, 순박, 성실, 질서, 자강, 수분守分, 선비기질 등], 걸무乞無[자주자립, 自立, 자존, 자조자족, 근검근면, 검소, 강인, 복지 등], 문무門無[신뢰, 신의, 협동, 평화인류애] 등으로 구분하여 정리하였다.

이에 대해 故 송성대 교수님은 기존의 '삼무정신'에 대한 연구가 역동적인 미래를 향한 이념으로서가 아니라 규범이나 계율을 찾아낸 것에 불과하다고 전제하고 신자유주의적 세계질서를 추구하는 이 시대에 있어서 미래를 위한 제주적이면서 진취적인 시대정신을 찾아낼 필요가 있다고 판단하여 시대정신에 부합한 제주적인 정신으로 '해민정신'海民精神을 제안했다.

가장 제주적이면서 진취적인 시대정신인 '해민정신'은 "제주 선민들이 시공을 초월할 수 있도록 만든 사회 '삶의 이념'으로서 개체적 대동주의Individual Corporativism, 체제이념의 계도표상으로서의 해민정신Seamanship, 계도표상의 실천사상으로서의 자립주의Autarkism등이 제주 섬에서만 볼 수 있는 '제주이즘'Chejuism이라 할 수 있다. 제주선민들의 '개체적 대동주의'란 자연적으로 형성되어 실천된 이념으로 오늘날 재발견되어 가치를 인정받는 시간과 공간의 산물이다. '따로 또 같이' 이른바 '따또주의'이다.

이에서 보면, 이처럼 과정은 다소 다르지만 제주학의 대가大家들은 각자의 관점과 방법론을 가지고 제주의 역사, 문화, 도민생활을 통해 제주지역의 정체성, 제주정신, 제주도민 의식 등을 밝혀내는 성스러운 '업'業에 학문적 일생을 다 바쳤다 해도 과언이 아니다. 물론 흉내 내기조차 버겁지만 힘을 다하여 우리가 마땅히 이어받아야 할 필생의 과업이다. 그게 후학後學의 도리라고 선학님들은 가르쳐 주신다.

참고문헌

고재환(2001), 『제주속담총론』, 민속원.

고정종(1930), 『제주도 편람』.

고창석(1997), "17 · 8세기 제주지방 분재문기의 연구(Ⅰ)", 『탐라문화』 18.

고창석(2002), 『제주도 고문서 연구』, 도서출판 세림.

광령1리(1990), 『광령약사』.

국립무형유산원(2020), 『제주민요』, 도서출판 역락.

국립민속박물관, 한국민속대백과사전.

김동국(1979), "빈곤에 관한 연구", 『부산대학교 법학연구』 제22권 2호, pp. 273~291.

김동섭(2004), 『제주도 전래 농기구』, 민속원.

김상규(2009), "속담에 나타난 빈곤 · 분배의 분석 및 개선방안의 모색", 『사회과학연구』 제15권 제1호, pp. 5~27.

김상규(2016), 「우리나라 산업별 민요의 경제적 함의」, 『경제교육연구』 제23권 1호, pp. 51~84.

김상규(2017), 「우리나라 지역별 민요를 활용한 경제교육」, 『경제교육연구』 제24권 1호, pp. 65~97.

김상규(2017), 『민요와 경제학의 만남』, 이모션북스.

김순자(2006), 『와치와 바치』, 도서출판 각.

김영돈(1976), "제주도 민요에 드러난 생활관", 동국대학교 대학원 석사학위논문.

김영돈(1982), "제주도 민요연구", 동국대학교 대학원 박사학위논문.

김영돈 외(1983), 『제주도민의 삼무정신』, 제주도.

김영돈 외(1996), 『제주의 해녀』, 제주도.

김영돈(2002), 「제주도 민요연구」, 민속원.

김오진(2009), "조선시대 제주도의 기후와 그에 대한 주민의 대응에 관한 연구", 건국대학교 박사학위논문.

김정기 · 김홍식(1973), 『제주도 문화재 및 유적 종합조사보고서』.

김준형(2011), "조선후기 거지, 문학적 시선과 전승", 『한국어문학연구』 제56집, pp. 73~102.

김홍식 · 김석윤 · 신석하(1996), 『제주의 민속 Ⅳ, 주생활 편』, 제주도.

남석진(1987), "제주도 전통사회의 농업경영에 관한 연구", 제주대학교 교육대학원 석사학위논문.

南仁熙(1985), 『濟州農業의 百年』, 태화인쇄사.

네이버 지식백과, 한국민속문학사전.

네이버 지식백과, 한국향토문화전자대전.

네이버, 한국민속대백과사전.

대한제국농상공부수산국 편(1910), 『한국수산지 3권』.

대포마을회(2001), 『큰갯마을』.

稻井秀左衛門(1937), 「朝鮮潛水器漁業沿革史」, 조선잠수기어업수산조합.

藤永壯(1997), "1932년 제주도 해녀의 투쟁", 『제주도의 옛 기록』, 제주시우당서관.

명월향토지편찬위원회(2003), 『명월향토지』.

문화공보부 문화재관리국(1974), 「韓國民俗綜合調査報告書(濟州道篇)」.

문화체육부(1994), 『전통문화마을 보존 · 전승을 위한 모델 개발 연구』.

변성구(1986), "제주도 서우젯소리 연구", 제주대학교 교육대학원 석사학위논문.

송성대(1996), 『제주인의 해민정신』, 제주문화.

송성대(1998), 『문화의 원류와 그 이해』, 도서출판 각.

송성대 · 강만익(2001), "조선시대 제주도 관영목장의 범위와 경관", 『문화역사지리』 제13권 제2호(통권15호).

송성대(2020), 『문화의 원류와 그 이해』 개정증보판, 도서출판 각.

양택훈(1992), 『제주민가의 주거 공간변화에 관한 건축 계획적 연구』, 한양대학교 박사학위논문.

藤永壯(1997), "1932년 제주도 해녀의 투쟁", 『제주도의 옛 기록』, 제주시우당서관.

오만택(2010), "제주민요 교육을 통한 지역 정체성 형성에 관한 연구", 중앙대학교 국악교육대학원 석사학위논문.

오영심(2002), 「제주도 전통사회의 옹기의 생산과 유통에 관한 연구」, 제주대
학교 교육대학원 석사학위논문.

田口禎憙(1933), "제주도의 해녀", 『조선』 218호.

정경희(2006), '제주의 관모공예', 『제주도지』 제7권, 제주특별자치도.

제주도민속자연사박물관(1998), 『제주도의 농기구』.

제주도사연구회(1996), 『제주도사연구』 5집.

제주시, 디지털제주시문화대전.

제주시수산업협동조합(1989), 「濟州市水協史」.

제주시우당도서관(1997), 『제주도의 옛 기록』.

제주연구원〉제주학아카이브〉유형별정보〉구술(음성)〉민요

http://www.jst.re.kr/digitalArchive.do?cid=210402

제주특별자치도(2012), 『제주민속사전』, 한국문화원연합회 제주도지회.

제주특별자치도, 멀티미디어 제주민속관광 대사전.

濟州島廳(1937), 『濟州島勢要覽』.

濟州島廳(1939), 『濟州島勢要覽』.

조선총독부(1929), 『생활상태조사 2 제주도』.

조영배(2009), 『태초에 노래가 있었다』, 민속원.

종달리지편찬위원회(1987), 『지미의 맥』.

좌혜경 외(2015), 「제주민요사전」, 제주발전연구원.

주희춘(2008), 『제주 고대항로를 추적한다』, 주류성출판사.

田口禎憙(1933), "제주도의 해녀", 『조선』 218호.

진관훈(2004), 『근대제주의 경제변동』, 도서출판 각.

채희숙(2017), 『국회보』 2017년 2월호.

최재석(1978), "제주도의 첩 제도", 『아세아여성연구』 17, 숙명여자대학교 아
세아여성문제연구소.

하효마을지편찬위원회(2010), 『下孝誌』.

한국정신문화연구원(1980~1986), 『한국구비문학대계』.

한국학중앙연구원, 한국민족문화대백과.

한국학중앙연구원, 한국향토문화전자대전.

허은숙(2014), "제주옹기와 사람들",『제주발전포럼』제49호, 제주발전연구원.

허은정(2014), "꿩노래 사설 연구", 제주대학교대학원 한국학협동과정 석사학
    위논문.

현용준(1980),『제주도무속자료사전』, 신구문화사.

https://blog.naver.com/taeseong1203/220175161417(2012 개봉영화 비념)

[저자 약력]

진 관 훈

제주 출생, 동국대학교 경제학박사(1999년), 공주대학교 사회복지학 박사(2011), 제주한라대학교, 제주대학교 겸임교수 역임, 제주특별자치도 경제특보, 정책보좌관 역임, 현 제주테크노파크 수석연구원, 제주대학교 출강. 현 제주사회복지공동모금회 운영위원 겸 배분위원장. 주요 저서는『근대제주의 경제변동』(도서출판 각, 2004),『국제자유도시의 경제학』(도서출판 각, 2011),『사회적 자본과 복지거버넌스』(도서출판 각, 2013),『오달진 근대제주』(학고방, 2019) 등이 있음. 주요 공저는『한라산 총서 4, 한라산의 인문지리』(한라산생태문화연구소, 2006),『조선시대 제주사회와 타자인식』(제주대학교 탐라문화연구원, 2020) 등이 있으며 최근논문은 "일제강점기 신문기사로 본 제주해녀연구"(제주도연구 Vol 52, 2019), "제주민요로 보는 제주경제사 연구 시론"(제주도연구 Vol 55, 2021), "제주지역 공공 임대형 지식산업센터 건립 필요성 및 활용방안 연구"(한국지역경제연구, Vol 18 No 3, 2021) 등이 있음.

민요로 보는 근대제주의 경제와 사회

초판 인쇄 2021년 8월   4일
초판 발행 2021년 8월 10일

지 은 이 | 진 관 훈
펴 낸 이 | 하 운 근
펴 낸 곳 | 學古房

주   소 | 경기도 고양시 덕양구 통일로 140 삼송테크노밸리 A동 B224
전   화 | (02)353-9908 편집부(02)356-9903
팩   스 | (02)6959-8234
홈페이지 | http://hakgobang.co.kr/
전자우편 | hakgobang@naver.com, hakgobang@chol.com
등록번호 | 제311-1994-000001호

ISBN 979-11-6586-402-6 03900

값 : 28,000원